KB102088

한국의 무예 마스터들

나는 이 책을 나에게 국선도를 가르쳐준 덕당(德堂) 국선도 김성환(金性煥) 정사님께 바친다. 정사님은 내가 바르셀로나 올림픽(1992년) 문화사절단으로 참가했다가 불의의 교통사고로 스페인 발데브론 병원에 입원해 사경을 헤매고 있을 때 자나 깨나 기도와 격려를 해준 분이다. 나는 그로부터 국선도 진기단법(眞氣丹法) 223호를 받았다.

한국의 무예마스터들

박정진 지음

살림

이시종 충청북도지사

　우리 전통무예의 생생한 역사를 담아낸 『한국의 무예 마스터들』의 출판을 진심으로 축하드립니다.

　전통무예는 반만년 역사의 우리 민족이 수많은 외침을 받을 때마다 나라를 수호하고 한민족을 결속시킨 호국무예로 민족의 혼과 함께 역사의 굽이굽이 마다 면면히 배어 있습니다. 하지만 일제 강점기에 도입된 일본무도와 서양에서 들어온 스포츠에 가려 점점 설자리를 잃고 국가로부터도 아무런 지원 없이 방치된 상태에 있었습니다.

　이에 전통무예의 뿌리를 보존·계승·발전시켜 우리 무예문화유산이 올곧게 후대로 이어질 수 있도록 해야 한다는 절박한 심정으로 당시 국회의원이었던 저는 2005년 10월 31명의 동료 의원과 함께 「전통무예진흥법」을 발의하였고, 2009년 3월 법이 시행되었습니다.

　이와 비슷한 시기인 2009년 7월, 「세계일보」에 '무맥(武脈)'이 연재되기 시작했으니, 박정진 문화평론가께서도 저와 같은 고민의 연장선상에 있지 않았나 생각합니다.

돌아보면 '무맥(武脈)'은 우리 전통무예의 우수성과 척박한 한국무예계의 현실을 대중에게 알리는 기폭제와 같은 역할을 했고, 당대의 무인들을 탐방한 기록은 생생한 역사가 되었습니다.

그간 연재되었던 '무맥(武脈)'을 재정비하고, 무예올림픽이라 불리는 세계무예마스터십 대회 등 과거부터 최근까지의 한국무예사를 정리한다는 것은 후대를 위한 기록이기도 하지만 이해관계에 얽혀 나아갈 방향을 잃은 무예인과 「전통무예진흥법」에 대해 경종을 울리는 것이기도 합니다. 『한국의 무예 마스터들』은 단순히 전통무예에 관한 단편적 기록이 아니라, 전통무예가 지니고 있는 역사와 정체성, 그리고 앞으로 우리 사회가 나아가야 할 방향을 제시하고 있습니다.

역사적으로 '무(武)'는 개인에게는 신체단련과 정신수양의 수단이고 국가에는 자주성과 독립성을 유지하는 기반이었습니다. 그러나 아직도 우리 사회는 '武(무)'를 문화의 주체로 바라보지 않고 있습니다. '문(文)'을 숭상하고 '무(武)'를 천시하는 조선 성리학의 뿌리 깊은 역사가 남아 있는 것입니다. 대부분의 국가들은 '무'를 근간으로 존립하였으며 그 위에 '문'이 더해지면서 찬란한 문화를 꽃피웠습니다. 이제라도 '무'와 '문'이 함께 존중받는 사회가 되어야 합니다.

아무쪼록 우리나라의 무맥을 그린 『한국의 무예 마스터들』이 사라져가는 전통무예와 잊혀져가는 무예인들을 세상에 널리 알리고, 우리 후손들에게 무예의 정신과 중요성을 일깨워 주는 전통무예의 소중한 사료이자 한국무예를 한층 더 발전시키는 계기가 되기를 바랍니다.

2020년 12월
충청북도지사 세계무예마스터십위원회 위원장
유네스코 국제무예센터 이사장
이시종

우리는 흔히 완성된 인간을 말할 때 문무겸전(文武兼全)이라고 말한다. 또 조선시대만 하더라도 조정에서 벼슬하는 양반관리들은 문관(文官)과 무관(武官), 문반(文班)과 무반(武班)으로 불리었다. 그래서 文(문)과 武(무)가 합해져야 빛난다고 하여 '斌(빈)'자가 만들어졌다. 문화는 언제나 문무균형을 이상적인 목표로 삼아야 한다. 그러나 언제부턴가 우리 민족은 무(武)를 천시하고, 무를 문화의 적으로 삼는 지경에 이르렀다. 그렇게 된 데는 여러 가지 이유가 있겠지만 무엇보다도 사대주의에 찌든 조선조 선비들의 위선이 가장 크게 작용했다.

알량한 선비들의 주체성을 잃은 선진문화 추구는 반드시 사대주의로 치닫게 되고, 급기야 '사대주의=문화주의'인 것처럼 오인하게 된다. 그래서 민족의 혼을 잃어버리고 만다. 우리의 잃어버린 무예를 복원한다는 것은 단순히 무예의 술기를 복원하는 것이 아니라 민족의 정신을 되찾는 것이고, 민족사를 다시 주체적으로 운영해나가는 첩경이고 요체이다. 무인(武人)의 충(忠)과 신의(信義)와 실천정신을 높여야 문화의 주체성과 지배력을 되찾을 수 있다.

'문화능력=문력(文力)+무력(武力)'이다. 참으로 다행스런 일이지만, 우리는 세계에 하나 뿐인 무경(武經), 『무예도보통지(武藝圖譜通志)』를 가지고 있다. 우리의 전통무예를 복원하는 데에 결정적인 역할을 한 것은 물론이다. 그런데 문제는 그 책의 내용을 어떻게 몸의 운동과 실천으로 온전히 복원하여 민족문화의 피가 되고 살이 되게 하느냐이다.

평면의 책에 아무리 무예의 동작을 그림과 설명으로 자세하게 기록해놓았다고 하더라도 실지로 몸동작과 훈련으로, 몸에서 몸으로 사제(師弟) 간에 전수되지 않으면 그 무예는 어딘가 허점과 빈틈이 있기 마련이다. 특히 자연스러운 연속동작을 구성하는 데 이르기는 어렵다.

필자가 무맥(武脈) 시리즈를 「세계일보」에 연재하면서 내심 기대한 것은 기존의 각종 무예와 그 무예의 전통과 맥, 계보(系譜)와 정신을 탐색해보는 즐거움도 있었지만, 이러한 무예문화 복원운동을 통해 『무예도보통지』를 완벽하게 해석하고 복원해낼 수 있는 '어느 눈 밝은 인물'을 만날 수 있는 인연과 때를 기다리는 맛도 있었다.

지금에 와서 서로 불완전한 형태로 흩어진 전통무예의 파편들을 보면, 대체로 조선세법(朝鮮洗法)에 그 몸통이 있었고, 나머지는 필요에 따라 그것을 요약하거나 재구성한 것이라고 볼 수 있다. 여기에 또 현실적 필요에 따라 무예인들의 창의가 섞여들기도 했을 것이다. 그동안 수많은 무예인들은 전통무예의 파편(破片)을 붙들고 저마다 씨름해왔다고 할 수 있다.

조선세법은 말하자면 무예의 경지에 오른 장군(將軍)들의 무예였다고 말할 수 있고, 본국검(本國劍)은 조선세법 가운데서 집단적인 전쟁을 할 때 병사(兵士)들에게 필요한 기본 술기들을 재구성한 것으로 드러났다. 조선세법의 세법(洗法)의 의미는 '발이 먼저 나가면서 칼이 뒤를 따른다'는 뜻이다. 발이 먼저 가고, 그 뒤를 몸과 칼이 물처럼 자연스럽게 흐름을 의미한다. 그래서 세(洗)자를 쓴 것 같다.

"몸이 칼의 힘을 받아 움직이는 것이다. '격법(擊法)'은 칼을 내려치면서 멈춘다면 '세법'은 칼을 빗겨 치거나 수평으로 칠 때 그 칼의 흐름을 세우지(정지시키지) 않고 흐르게 한다."

칼의 흐름을 따라 몸을 이동해야만 몸이 뒤틀리거나 균형을 잃지 않게 된다.

"세법은 두 손으로 칼자루를 잡고 힘껏 치면 당연히 칼의 무게와 원심력으로 몸이 팽이처럼 돌게 된다. 조선세법을 보면 이처럼 위에서 아래로, 아래에서 위로, 허리에서 허리로 칼을 자유자재로 사용한다."

이때 일정한 보법(步法)과 수법(手法)과 신법(身法)을 사용하지 않으면 몸의 균형을 잃게 된다. 이는 총체적으로 몸의 이동과 균형의 실패가 된다. 쌍검의 어려움은 여기에 있다.

"세법의 어려움은 빗각과 수평 베기로 인하여 정확한 칼의 각이 잡히지 않으면 칼날로 치는 것이 아니라 칼 면으로 치게 된다."

조선세법은 모두 66세이다. 조선세법에서 33세를 뽑아 본국검을 만들었으며 이는 병사들의 집단무예에 필요한 것이다. 예도총도(銳刀)는 조선세법의 파편들을 모은 것이며, 수벽(수박)도는 조선세법의 권법 가운데 8법이 전수된 것으로 보인다. 오늘날 전하는 태극권류의 실상을 들여다보면 조선세법 검결의 영향권에서 벗어나지 못하고 그 일부를 가지고 편성한 것으로 보인다. 맨손의 권법은 멸실되어가는 무예의 환경 속에서도 오늘날 아리랑을 비롯해서 탈춤 등 여러 춤사위 속으로 스며들어 남아 있다.

일본의 검도조차도 실은 본국검의 격법을 위주로 일본화한 것으로 보인다. 이는 일본인의 왜소한 신체에 유리한 격법만을 취한 것으로 보인다. 검을 쥐는 형태를 보면 조선세법은 쌍수검(雙手劍)이고 전후좌우(前後左右) 회전을 하는 반면 중국은 편수검(片手劍)이 주류이다. 일본은 비록 쌍수검이지만 양손 간격을 벌려 잡는 양수법(兩手法)을 사용함으로써 회전보다는 보법이 전후(前後)를 중심으로 움직이게 되고 상하로 내려치는 격법(擊法)이 발전됐다.

조선이 세법(洗法) 위주라면 일본은 격법(擊法) 위주, 중국은 자법(刺法) 위주이다. 중국이 자법인 것은 역시 창(創)의 나라인 까닭이다. 한국과 일본과 중국이 각각 자기 신체와 자국의 실정에 맞게 검법을 독창적으로 발전시킨 것으로 보인다.

무기를 들면 무예였고, 무기를 들지 않고 맨손으로 하면 권법이었으며, 권법은 실은 춤의 동작과 연관이 많은 것으로 드러났다. 권법은 무기를 들었을 때의 원활한 동작을 위해 무기를 들지 않고 맨몸으로 수련을 하는 예비훈련이었다.

무예수련의 핵심은 무엇일까? 결국 마음을 비우는 데에 있다. 마음을 비운다는 말은 마음의 중심과 균형을 잡는다는 말이다. 그것은 고래의 『천부경(天符經)』에 나오는 '인중천지일(人中天地一)'의 마음이다. '인중천지일'의 마음이 되면 몸에 중심이 서고, 어떤 동작을 하든 중심을 잃지 않게 되고, 그런 다음에 몸의 주변, 즉 사방 어디에든 몸이 나아가게 되는 것이다.

이러한 마음이 되면 생각 혹은 의식이 가는 데 따라 모든 무예의 동작이 자유자재가 된다. 말하자면 무예의 원천적인 동작은 자연이 인간에게 준 것이다. 무예라는 것은 그것을 터득한 사람이 좀 더 체계화하고 술기를 유형화한 것이라고 볼 수 있다. '인중천지일'이 무형(無形)이라면 무예의 술기는 유형(有形)인 셈이다. 이는 자연의 기운생동을 몸으로 실천한 것이라고 볼 수 있다.

문인(文人)이 자연과 인간의 보편적인 법칙을 생각과 인문(人文)으로 깨닫고 기록한다면, 무인(武人)은 자연의 기운생동을 몸과 무예(武藝)로 깨닫고 실천하는 셈이다. 결국 문무는 하나가 되어야만 온전한 것이 된다. 한 나라에 제대로 된 무예가 없다면 개인이 아무런 준비도 없이 살아가는 것과 같다. 유비무환(有備無患)은 무예철학의 골자이다.

　「세계일보」에 연재된 지 20여년이 지난 뒤에 글을 묶으니 사실과 시대가 많이 변하여 맞지 않는 부분이 많고, 어색한 곳도 적지 않다. 그런 사정을 감안하여 읽어주기를 바랄 뿐이다. 몇 사람의 경우, 연락이 되어 현재 상황을 보태긴 했지만 그것도 글 전체와 어울리지 않는 부분이 적지 않다.

　이 세상에 고정불변의 것이 없음을 뼈저리게 느꼈다. 또한 변하는 것이야말로 상도(常道)임을 확인하는 계기가 되었다. 그렇지만 제자가 스승을 배반하고, 스승 또한 제자를 버리는 것이 일상사가 된 세태를 보면서 예(禮)가 땅에 떨어지고, 법(法)이 무너졌음을 느꼈다. 무덕을 갖춘 진정한 무인들은 드물고, 술기만 남았다는 인상을 저버릴 수 없었다.

　이 책이 묶어지는 데는 임성묵 총재의 공이 컸다. 말없이 크고 작은 궂은 일들을 처리하는 모습이 마치 수행자처럼 느껴져 세태의 실망에 대한 일말의 위로를 받았다. 문(文)이 없는 무(武)는 혼(魂)이 없는 무(武)이며, 무가 없는 문은 실천이 없는 위선(僞善)이 되기 쉽다.

2020년 11월 17일 칠순을 맞으며
坡州 交河에서 心中 박정진

차례

조선 후기 정조 때 편찬한 무예 경전『무예도보통지(武藝圖譜通志)』원본. 다른 군사서적들이 전략·전술 등 이론을 위주로 한 것임에 비해 이 책은 동작 하나하나를 그림과 글로 해설한 실전 훈련서라는 특징을 지닌다.

1 영원히 사라질 뻔한 무경(武經)

문화는 언제나 문무 균형을 이상적인 목표로 삼아야 한다. 그러나 언제부턴가 우리 민족은 무(武)를 천시하고 무를 문화의 적으로 삼는 지경에 이르렀다. 무의 신의(信義)와 실천정신을 높여야 문화의 주체성과 현실성을 되찾을 수 있다. '문화능력=문력(文力)+무력(武力)'이기 때문이다. 상무정신을 높이기 위해 무맥(武脈) 시리즈를 기획했다. 창간 기획물이던 선맥(仙脈), 유맥(儒脈), 불맥(佛脈)에 이은 무맥 시리즈는 우리의 무경(武經)인 『무예도보통지(武藝圖譜通志)』를 바탕으로 전통무술체계, 단체와 그 현황을 되돌아보면서 무문화(武文化)가 왜 중요하며, 한국문화가 어떤 허점과 약점이 있는지를 탐색하고자 한다. 결국 무(武)를 통해서 한국문화 전반을 재해석하는 장이 될 것이다. 무(武)가 문화의 하드웨어라는 공감대를 형성하고자 한다.

문화의 전승은 때때로 아슬아슬하기만 하다. 사람의 생명처럼 끊어질듯 하면서도 이어지고 생사고비에서 역전의 드라마를 쓰기도 한다. 세계에서 하나뿐이 무경(武經), 『무예도보통지(武藝圖譜通志)』는 그렇

전통무예서 : 『무예도보통지』

게 탄생했다. 임진왜란을 치르고 무(武)를 천시하던 조선은 비록 사후 약방문 격이지만 무예(武藝)에 관한 서적을 집대성하기 시작한다. 의주까지 몽진을 갔던 선조는 훈련도감의 한교(韓嶠)에 명하여 『무예제보(武藝諸譜)』를 만들었다. 연로한 영조를 대신해서 서무(庶務)를 대리청정 하던 사도세자는 이것을 증보하여 『무예신보(武藝新譜)』를 집대성해 낸다.

무예신보에 하마터면 사라질 뻔한 전통적 종합병장무예인 '십팔기'(十八技)가 들어간다. 십팔기란 사도세자에 의해 이름이 지어진 조선의 국기(國技)이다. 사도세자는 억울한 죽음으로 인해 비운의 세자로 알려져 있지만 실은 15세 때 무거운 청룡도를 자유자재로 구사한 신체 건장한 무골이었다. 세계에서 하나뿐인 『무예도보통지』는 사도세자의 유업을 이어받은 정조가 만들어낸 야심작이다. 그의 일등참모였던 서얼 출신의 이덕무(李德懋), 박제가(朴齊家), 그리고 무관 백동수(白東脩)

가 실학의 정신으로 일체가 되어 간행한 책이다. 특히 무예실기를 한 몸에 익히고 있었던 백동수의 역할은 지대하였다.

선조는 임진왜란 당시 명(明)의 원병이 사용했던 척계광(戚繼光)의 병서인 『기효신서(紀效新書)』를 마치 요즘의 스파이전처럼 몰래 입수하고, 뛰어난 무사 몇 명을 뽑아 명나라 장수들에게 비밀리에 기예를 배워 조선군에게 훈련하게 했다. 무예제보는 기효신서 중에서 군사 격자 기술인 6가지를 당시 조선 군사 조련용으로 재편성하고 재창안한 것이었다. 『무예도보통지』에서 연습지보(連習之譜)라고 한 것은 조선의 보(譜)를 다시 독창적으로 만들었다는 의미인데 자주성이 배어있는 대목이다.

『기효신서』는 중국 절강성 군대가 자주 침범한 왜구와 싸운 경험을 바탕으로 일본의 긴 칼에 대항하여 긴 창을 사용하여 이길 수 있는 방법을 기존의 병법서에서 정리한 책이었다. 전쟁은 병사들의 정신력도 중요하지만 우선 무기체계의 대결이다. 임난 때 명나라는 원군으로 먼저 만주의 기병(騎兵)을 보냈으나 왜군에게 몰살당하고, 이어 이여송이 이끄는 절강성 보병을 파견하여 평양성 탈환에 성공했던 것이다.

비운의 사도세자(장헌세자)는 연약했을 것이라는 선입관을 갖게 하지만 실은 군사, 용인(用人), 사형에 관한 것을 제외하고 영조를 대신해서 일찍부터 대리청정을 하였는데 힘이 장사였다. 유년 시절부터 군사방면에 탁월한 소질을 보여 활쏘기와 말 타기에 능하였고 유가와 병가의 책을 두루 읽어 소위 문무쌍전 하는 성군(聖君)의 덕(德)을 닦았다. 용모와 성향도 북벌(北伐)계획을 세운 효종을 빼어 닮아 문(文)보다는 무(武)를 더 좋아하고 조정 내의 파벌 다툼보다 북벌에 더 관심을 가졌다.

이러한 무인군주의 위엄과 뚜렷한 정치적 견해를 갖고 있던 왕세자

••••
조선시대 사도세자에 의해 이름이 지어진 조선의 국기(國技)이자 종합 병장 무예인 '십팔기' 중에 '곤봉'을 국방부 전통의장대가 시연하고 있다.

를 노론의 정파들이 두려워하게 되었고, 이들은 노쇠한 영조 사후의 자구책(自救策)으로 조선왕조 최대의 비극인 사도세자의 죽음을 음모했던 것이다. 이것이 임오화변(壬午禍變)이다. 이로써 조선왕조는 무골을 타고난 성군을 잃게 되었다. 사도세자의 피를 이어받은 정조 임금을 끝으로 왕도(王道)는 막을 내리고 세도(勢道)로 이어오다 결국 조선은 망국의 길을 걷게 되었다. 사도세자는 14세 때 '범이 깊은 산에서 울부짖으니 큰 바람이 부는구나'라는 호방한 시를 지었는데 오늘날 이러한 무인(武人)의 기상을 갖춘 지도자가 요구되는 때라고 할 수 있겠다.

　『무예도보통지』가 없으면 정통성 있는 우리의 옛 무예를 알아볼 길이 없다. 다행히 이 책이 전해짐으로써 복원이 가능했던 것이다. 임진왜란과 병자호란을 겪은 뒤에도 조선은 정신을 차리지 못하고 노론과 남인은 당쟁을 일삼았다. 영조의 승하로 간신히 왕위에 오르게 된 세손 정조(正祖, 1752~1800)가 한 일은 소위 실학 혹은 실학운동이라고 부르는 문화개혁이었다. 무엇이 실질(實事求是)이고, 무엇이 나라를 잘 살게 하느냐(利用厚生)를 기준으로 문물을 재정비하는 것이었다. 이것은 그의 무사정신에서 비롯되는 것이다. 정조는 활을 잘 못 쏘는, 당대의 걸출한 선비 다산(茶山) 정약용에게 벌을 주어 손에 피가 나도록 연습을 시키기도 했다는 일화도 있다. 정조의 실학운동이 성공만 하였어도 조선은 망하지도 않았고, 도리어 일본보다 적어도 50년은 더 먼저 근대화에 성공하였을 것이다.

이순신 장군의 『난중일기(亂中日記)』도 실은 임난 후 2백년이 지나 정조에 이르러 『이충무공전서』를 편찬하게 하면서 편의상 '난중일기'라는 이름을 붙여 권5에서 권8에 걸쳐 수록한 다음부터 그 이름으로 빛을 보게 되었다. 이충무공전서는 정조 19년에 완성되었고, 『무예도보통지』는 이에 앞서 정조 14년에 완성되었으니 앞 다투어 정리된 셈이다. 정조는 문약(文弱)한 나라를 문무균형으로 바로 잡기 위해 무(武)와 관련한 문물을 정리하게 하였다. '실학의 왕' 정조는 왜 무술을 정리하게 하였을까. 그는 무(武)가 가지고 있는 실천의 정신과 과학의 정신을 안 까닭이다.

『무예도보통지』. 이것은 세계에서도 하나뿐인 무경(武經)이다. 세계에서 유일하게 '족보 있는 무예'를 우리 스스로 썩힐 필요는 없다. 세계사적으로 여러 제국과 영웅호걸들이 지나갔지만, 이러한 무경이 남아 있지 않는 까닭은 무술이야말로 근세까지도 국가기밀이었고, 한방(韓方)의 비방처럼 비밀리에 구전심수(口傳心授)된 까닭이다. 조선왕조실록에서 보듯이 당대 기록 정신이 세계적으로도 투철하였던 조선은 억무숭유(抑武崇儒) 정책으로 무술과 무신(武臣)을 멸시하였지만 그래도 기록만은 철두철미하게 하였던 것이다. 주로 침략을 당하기만 한 나라가 당시 동양의 무예를 집대성하여 무경을 만들었다는 것은 실로 역사의 아이러니가 아닐 수 없다.

한국은 문(文)을 숭상하는 나라로 잘 알려져 있다. 또 '평화애호의 나라'라고 자위하고 있다. 여기까지는 좋은데 왜, 무(武)를 멸시하고 또 남의 나라로부터 수백 번의 침략을 당하는 지, 그게 문제이다. 문치(文治)와 평화라는 말 속에는 우리의 위선이 도사리고 있다. 문치라는 말속에는 바로 자주와 독립의 마지막 보루가 되는 무(武)를 멸시하고, 무(武)를 내란이라도 일으키는 말썽꾸러기처럼 문화(文化)의 밖으로 내몰아 버리는 '사이비(似而非) 선비정신'이 있다. 물론 여기에는 사대교린(事大交隣) 외교로 중국의 감시와 조공관계라는 동아시아의 국제질서가 내재해 있지만 우리 스스로도 독립과 자존에 투철하지 못했던 탓도 있다. 바로 그러한 문존무비(文尊武卑)가 가깝게는 일제식민을 자초한 것이다.

『무예도보통지』는 어쨌든 당시 동아시아의 병장무예를 총정리 한 것으로 마치 오늘날 슬로비디오를 보듯이 연속동작을 세밀하게 그림으로써 이를 복원하는 데에 결정적인 도움을 준다. 또 이 책이 '통지'(通志)라는 제목을 붙인 것은 새로운 분류와 체계화를 시도했음을 천명한 셈이다. 창(槍), 검(劍), 도(刀), 권법(拳法), 봉(棒) 등으로 나누어 자연스럽게 무예의 수준을 따라가게 정리했다.

『무예도보통지』는 군사들의 격자기술을 다룬 것으로 단거리 무기의 운용을 다룬 책이다. 활과 포(砲)처럼 원거리 무기에 속한다는 것은 취급하지 않았다. 참고로 활쏘기는 동이(東夷)의 후예인 우리 민족의 장기(長技)였는데 특별하게 기록할 것이 아니었고 아예 생활 속에 함께 하는 것이었던 것으로 보인다. 활이라는 것은 선비들의 육예(六藝)에 들어가는 것이어서 무사들의 무예로서 소개하는 데에 부적합하였거나 아니면 그렇게 심각하게 소개할 만한 꺼리가 없었는지도 모른다.

끊임없이 강대국의 침략을 받아온 우리 조상들은 이러한 무예의 집대성을 하였지만 여전히 무(武)의 자주성과 실천성을 무시하고 외세가 물밀 듯이 들어오는 구한말에도 쇄국을 하고 공허한 갑론을박하다가 부국강병의 시기를 놓쳤다. 문을 열어야 할 때 문을 닫으면서 위정척사(衛正斥邪)니 동도서기(東道西器)니 하면서 문화지체현상을 보였다. 무(武)를 천시하는 풍조와 소중화(小中華)라는 허위의식은 결국 식민지 전락이라는 혹독한 대가를 치르고서도 아직 고쳐지지 않고 있다. 아직도 이러한 문화적 고질병은 치유되지 못하고 국가에너지를 좀 먹고 있는 것이다.

한국에는 숭문(崇文)보다는 상무(尙武)정신이 필요하다. 이는 문화의 균형잡기, 문화치유를 위해서도 그렇다. 무(武)란 무엇일까. 무라고 하면 으레 전쟁이나 무기, 싸움을 떠올리고, 우리 민족은 싸움을 걸어오고 침략한 놈을 '나쁜 놈'이라고 말하는 데 길들여져 있다. 그런데 역사에서 침략하는 놈이 반드시 '나쁜 놈'만은 아니다. 그것은 문화적 힘을 나타내는 것이다. 세계사에서 전쟁이 없었던 적은 없었고 전쟁에서 승리한 자는 다음의 강자가 나타나기 전까지 세계를 지배했던 것이 사실이다. 문화능력이 있는 자만이 세계를 이끌고 지배하게 된다. 요즘 개념으로 보면 문(文)은 문화의 소프트웨어이고, 무(武)는 하드웨어이다. 결국 무(武)의 정신이 약하다고 하는 것은 문화의 하부구조가 약하다는 뜻이다. 이는 하체가 부실한 사람과 같다. 무(武)는 실천과 과학을 배경으로 한다. 왜냐하면 생사를 설지 않으면 안 되고 무기가 강한 쪽이 승리하기 때문이다.

인류문명사에서 발(足)과 무(武)는 머리와 문(文) 못지않게 변화의 원동력이었다. 우리는 흔히 문명사에서 머리만 중요한 것으로 알고 있다.

• • • •
전통무예 시연, 창-검 교전

그러나 사실 큰일을 한 것은 발이다. 발이 가면 현실을 바탕으로 실용성과 실천력을 높일 수 있다. 그러나 머리만 사용하면 탁상공론에 빠지기 쉽다. 현장에 가지 않는 것은 이미 그 현장에서 일어나는 현실적 생각 자체를 잃는 것이고, 일의 성패에서 유리한 고지를 잃게 된다. 인류사에서 발로 낯선 이국땅을 밟는 민족만이 진취적이고 생산적이며 세계를 이해하고 나아가 세계를 정복하고 세계를 다스리고 제국을 만들수 있다. 제국이란 무력을 사용하는 '나쁜 나라'가 아니라 결국 세계를 '다스리는 나라'이다. 무(武)는 단순히 무술이 아니라 과학이다. 전쟁과 무기의 이면은 바로 과학인 것이다.

『무예도보통지』는 인류문화유산으로 그 진가가 확인되어 2016년 5월(18일~20일) 유네스코 세계기록유산 아시아태평양지역 위원회 7차 총회에서 기록유산으로 최종 결정되었고, 2017년 10월(24일~27일)

유네스코 세계기록유산 국제자문위원회에서 세계기록유산으로 확정, 30일 등재되었다.

북한이 한국보다 먼저 세계문화유산에 등록함으로써 학술 및 복원의 주도권을 북한이 가지게 됐다. 북한과의 남북학술교류를 대비하기 위해서도 특히 순수 조선만의 무예인 '본국검'(本國劍)이나 '예도'(銳刀)의 원전인 '조선세법'을 객관적으로 북한보다 먼저 복원할 필요성과 당위성에 직면하게 되었다.

● ● ● ●

『무예도보통지』의 본국검 자세

2 본국검(本國劍), 단군에서 내려온 검의 정수(精髓)

우리 역사의 시원엔 국조(國祖) 단군(檀君)이 있다. 단군은 대체로 청동기 시대로 보고 있다. 적어도 성읍국가 혹은 초기국가의 단계를 청동기 이후로 잡고 있기 때문이다. 국가의 성립과 가부장제는 시기적으로 병행하고 있는데 이는 전쟁 때문이다. 다시 말하면 무사로서의 남자의 가치가 올라간 것은 전쟁이 빈번하고부터이다. 인구집단의 규모가 커지고 생존경쟁이 심화되고 인간 특유의 권력경쟁이 일어나고부터 집단 간의 전쟁은 가속화된다. 그 결과 탄생한 것이 국가이다. 적어도 청동기라는 금속무기를 사용해야만 여러 집단을 아우르고 통치할 수 있다는 것이 공통된 의견이다. 선진 무기체계가 없으면 국가라는 대단위 살림살이를 형성하기 어렵기 때문이다.

중국과 다른, 한국의 청동기를 흔히 북방식, 혹은 요령식(遼寧式) 동검(銅劍)이라고 한다. 흔히 스키타이-미누신스크 계열이다. 이 청동기를 토대로 성립한 국가가 고조선이다. 비파형 동검(요령식 동검), 다뉴세문경(多紐細文鏡), 청동방울이 고조선의 대표적인 유물이다. 최근 요

••••
십팔기를 배우는 초등학생들

하(遼河) 지역의 '홍산(紅山)문명'의 발굴은 고조선과 관련된 것으로, 혹은 고조선의 실체로까지 내다보게 한다. 요령 지방은 앞으로 계속해서 고고학계의 관심을 불러일으킬 것이다. 바로 그 요령식 동검은 우리 조상의 칼(검)문화의 상징이다.

'본국검'(本國劍)은 적어도 우리의 정통무예 체계가 삼국 시대, 나아가 고조선으로까지 그 뿌리가 올라간다는 것을 천명한 명칭이다. 본국검이 세상에 제대로 알려진 것은 해범(海帆) 김광석(金光錫) 선생이『본국검(本國劍)-조선검법교정』을 내고부터이다.

그 전에는 무예서적이나 실록, 사서에는 그런 말들이 있었지만 일반인들은 전혀 그것을 몰랐다. 본국검이 문헌상 처음 등장하는 것은, 현종 14년(1673)에 실시한 관무재(觀武才)의 종목이었음을 전하는 승정원일기(承政院日記)에서이다. 그 전승의 경로에 대하여는 자세하지 않다. 다만 본국검의 세명(勢名)이 '조선세법 24세보'와 동일하고 그 기원이 신라의 화랑에 맞추어져 있다는 사실을 알려주지만, 본국(本國)이라는 명칭에는 임진왜란이란 참상을 겪은 우리 선조들이 후손들에게 '단군조선'을 전하는 중요한 메시지가 담겨져 있다.

••••

단행본: 『본국검』 표지

한국 전통문화의 대표적인 거리인 인사동 길을 걸어 들어오다가 수도약국 빌딩 4층(서울 종로구 인사동 21)에 오르면 '십팔기 보존회'(회장 辛成大)가 있다. 이곳은 해범(海帆) 김광석(金光錫) 선생이 복원한 '십팔기'(十八技)를 그의 제자들이 가르치는 도장이다. 20평 남짓한 그리 넓지 않은 도장이지만 옹골차게 십팔기의 정신을 이어가고 있는 곳이다. 십팔기 보존회는 지난 2002년 10월 3일 국립민속박물관이 주최한 개천절 기념 '해범 김광석 한국무예발표회'를 계기로 탄생하였다. 현재 1백 50여 명의 대학교수와 전문가를 자문위원으로 두고 5백 여 명의 무예인이 활동하고 있다.

해범 선생은 구한말의 무관이었던 오공(晤空) 윤명덕(尹明德) 선생으로부터 십팔기를 배워 일평생 전승과 보급을 위해 노력해왔다고 한다.

오공 선생과 해범의 만남은 해방 직전으로 거슬러 올라간다. 강원도 횡성이 고향인 해범(海帆) 선생은 일제 말기 세상이 혼란스러워지자 가족을 따라 지리산 골짜기 문암(門岩: 장흥군 위치면, 화순군 도암면, 나주군 다도면의 경계 지역)으로 들어가 살았다. 본래 도가(道家) 집안으로 그 집안에서 내려오는 양생법과 간단한 무예를 연마하는 정도로 있었

••••
해범 김광석 선생

다. 그 시절에 왕래하던 지인들 중에 오공(晤空) 선생이 있었다.

오공 선생은 부산 피난시절에 혼자 피난 온 해범(당시 16살)을 발견하고는 막무가내로 붙들어 함께 살게 했다. 낮에는 먹고 살기 위해 뛰어다니고, 늦은 밤과 이른 새벽이면 어김없이 해범을 데리고 뒷산(천마산)으로 올라가 무예를 익히게 하였다. 그때마다 오공 선생은 항상 '십팔기'를 말씀하셨지만 당시에는 『무예도보통지』란 책도 없었으며,

오직 사제 간에 일대 일로 무예를 익혔다고 한다. 그곳에서 십팔기를 비롯한 무예 전반에 대한 이론과 실기, 그리고 수양에 필요한 여러 가지 양생법과 한약학을 반강제로 4년여 가르쳤다.

전쟁이 끝난 이듬해 오공 선생은 해범에게 함께 산으로 가 수양의 길로 갈 것을 몇 번이나 권했으나, 해범은 이를 거절하고 서울로 올라왔다. 나중에라도 오공 선생을 다시 뵙게 되리라 생각했으나, 아쉽게도 이후 다시 만나지 못했다고 한다. 서울로 올라와 사업에 크게 성공하고 학생 운동에도 가담했던 해범 선생은, 5·16 군사혁명이 일어나던 해에 돌연히 모든 것을 정리하고, 옛 문중 어른들을 찾아 전국 산천을 유람하며 한동안 수양의 길로 접어들었다. 6여 년 동안의 수행 끝에 다시 서울로 올라와 오늘에 이르게 되었다.

해범 선생은 1970년 서울역 부근에 최초로 십팔기(十八技) 도장을 열었다. 흔히 십팔기라고 하면 중국 무술쯤으로 생각한다. 십팔기라는

말을 오공선생으로부터 들은 해범 선생은 후에 『무예도보통지』를 보고 그곳에 십팔기가 있음을 알게 된다. 그래서 복원을 결심한다.[1] 그 속에서 추려 우선 민속학자 심우성(沈雨晟) 선생(전 문화재위원장)과 함께 『권법요결(1992)』과 『본국검(1995)』이라는 책자를 냈다. 그가 일련의 책들을 번역하고 원형을 복원하기 위해 애를 쓴 것은 우리 무예의 뿌리와 줄기를 잡기 위해서였다. 또 무(武)를 통해 민족적 자부심을 회복하기 위해서였다. 무(武)도 문화일진대 시대에 따라 흐르고 변하는 것이다. 문화의 교섭과 이동과 주고받음을 무시하려는 것이 아니라 그것을 전통의 바탕 위에 새롭게 놓음으로써 족보 있는 발전을 하게 하기 위함이었다.

"본국검은 십팔기 가운데서도 하이라이트에 해당합니다. 옛 화랑도의 무예가 어떠했을까를 상상하는 데에 본국검은 실질적으로 다가갈 수 있는 검법입니다. 임진왜란, 병자호란 이후 선조들이 그나마 전통무예에 관심을 갖고 당시에 정리하였으니 망정이지 그렇지 않았으면 우리는 중요한 문화유산을 잃어버릴 뻔했습니다. 그래서 명맥을 끊어지지 않기 위해서 노력하고 있습니다."

본국검은 '조선세법 24세'를 바탕으로 그 일부 세(勢)를 가지고 구성했다. '조선검법 24세'를 전부 행동으로 옮긴다는 것은 개인 무예가 중에서도 탁월한 자에게나 해당되는 일이다. 대체로 그 중 '10세'도 하기 힘들다. 그래서 본국검을 창안한 것이다. 흔히 무술이라고 하면 삼국 중 고구려가 먼저 떠오를 것이다. 만주 일대를 장악하면서 중국과 자웅을 겨루었던 광개토대왕이나 고구려, 발해 등이 뇌리에 박혀 있기 때문

---

1 오공선생에게 18기를 배웠다면 굳이 복원이 필요치 않았을 것이다. 적어도 오공에게 배운 18기가 『무예도보통지』에 실린 18기와 달랐기 때문에 복원을 시도한 것으로 보인다.

이다. 그러나 지금 고구려의 검술을 가르쳐주는 서적에 기록된 무보(武譜)는 없다. '산중(山中)무술'로 비전되는 것으로 기천문(氣天門) 등이 있지만 아무래도 책에 비해서는 정확성이 아쉽다.

신라는 비록 나당연합에 의해 당나라의 도움으로 백제와 고구려를 무너뜨리고 통일을 달성하였지만 통일의 과정이 결코 쉬운 일이 아니었다. 당나라는 한반도에서 결코 순순히 물러가지 않았기 때문이다. 당나라와 신라는 동아시아 세력의 판도를 바꾸는데 전쟁에서 전자는 삼국의 정복을, 후자는 삼국의 통일을 원하였기 때문이다. 신라는 백제 멸망(660년), 고구려 멸망(668년) 이후 한반도에서 물러가지 않고 도호부를 설치해 사실상 직접 통치를 강행하려 했던 당과 맞서 마지막 사생결단의 전쟁을 치르지 않으면 안 되었다. 평양에 있던 당의 안동도호부를 압록강 너머로 쫓아내기까지 7년간의 대당투쟁은 실로 백제나 고구려를 멸망케 하는 전쟁보다 더 어려웠을 것이다.

신라의 통일을 우리가 높이 평가하는 것은 바로 대당(對唐)투쟁 전쟁에 있다. 신라의 삼국통일은 당시 세계 최대의 제국이었던 당나라를 상대하는 것이어서 오늘날 미국과의 전쟁에서 승리한 베트남전에 비할 수 있다. 신라의 삼국통일과정에서 화랑이 혁혁한 공을 세운 것은 다 잘 알고 있다. 그러나 화랑정신만으로 결코 통일이 달성되지는 않았을 것이다. 그 뒤에는 결국 상응하는 무기 및 무예체계가 있었을 것인데 그것을 떠올리게 하는 것이 바로 본국검이다.

본국검은 신라의 화랑 황창랑(黃昌郎)에서 기원한다. 동국여지승람에 따르면 "황창랑은 나이 7세에 백제에 들어가 시중에서 춤을 추었는데 이를 구경하는 사람들이 담을 이루었다. 백제왕이 이 이야기를 듣고 불러들여 마루에서 올라와서 칼춤을 추게 하였다. 춤을 추던 창랑이 기회를 타 왕을 찔렀다. 이로 인하여 백제국인이 그를 죽였다. 신라인들이

창랑을 애통히 여겨 그 얼굴모양을 본떠 가면을 만들어 쓰고 칼춤을 추었다." 본국검의 기록을 보면 아마도 신라에서 왜국으로 전해졌을 것으로 보인다. 일본의 사무라이 정신도 한반도에서 넘어간 삼국의 무인정신이 일본적인 것으로 탈바꿈한 것은 아닐까.

본국검을 제대로 배우는 것은 쉽지 않다. 소위 안법(眼法), 수법(手法), 신법(身法), 보법(步法), 격법(擊法: 擊刺格洗)에 능해야 한다. 눈이 밝아야 손이 빠르다. 눈과 검의 동작 배합은 함께 시작하고 함께 움직이며 함께 고정되어야 한다. 눈이 보는 동시에 손안의 검도 목적하는 곳에 도달하여야 한다. 세(勢)가 고정되면 눈을 전방이나 검 끝을 평직하게 바라보아야 하고, 세가 움직이면 눈도 따라 움직여야 한다. 손은 실질적으로 상대의 검과 마주치는 신체의 최전방이다. 어깨는 몸이 검과 통하는 길에 있으며 경력(勁力)을 전해주는 관문이다. 세가 변할 때는 부드럽고 순조로워야 하며 세가 정해질 때는 어깨를 낮추고 겨드랑이를 허하게 해야 한다. 팔꿈치는 신체의 상지(上肢) 중 중절로 영활하게 변하여야 하고 내려뜨리지만 드러내지 않아야 한다. 손목은 검법을 가장 직접적으로 표현하는 곳으로 원활하면서도 힘이 있어야 한다. 어깨, 팔꿈치, 손목은 삼절(三節)이라고 한다. 삼합(三合)이 이루어져야 제대로 검을 휘두를 수 있다.

"실지로 무술을 할 때는 거의 무의식적으로 움직이기 때문에 완전히 몸에 익어 있지 않으면 정작 대결을 할 때는 쓸 수가 없습니다. 무예인들은 자기가 잘 쓰는, 몸에 익은 서너 가지의 짧은 '투로'(套路)(연속동작 방식)를 반드시 지니고 있어야 합니다."

본국검은 '본국'이라는 명칭에서도 알 수 있듯이 무예의 종주국으로서 자주성과 진취성을 드러내고 있다. 본래는 양날의 검을 사용하는 검법이었으나 십팔기로 정리되던 당시에는 이미 도법으로 사용하였다.

전후좌우로 공격과 방어를 구사하도록 구성되어 있는 매우 활달한 검법이다. 조선 시대에는 왕의 최측근 호위무사인 무예별감들이 특히 이 본국검에 능했다고 한다. 오늘날에는 국군 전통의장대가 이 본국검을 익히며 화랑의 통일정신을 계승하고 있다.

고조선의 주체 세력은 북부여에서 다시 고구려로 대통이 이어졌지만 유민들의 일부는 북으로 가서 선비족이 되고 남으로 분리된 일부는 동호족으로 불렸다. 이 동호족이 고조선의 철기문화를 가지고 남쪽으로 흘러들어 신라를 건국하였다. 백제는 고구려의 주체 세력이 분파되어 세운 나라이므로 고구려, 백제, 신라는 모두 고조선의 후예로 단군조선의 전통을 잇고 있다. 본국검에는 이처럼 유구한 한민족의 정신이 깃들어 있다.

3 예도(銳刀) 24세(勢), 중국검법도 손안에

　'조선세법(朝鮮勢法)'에서 화랑을 상기하기 위해서 새로운 검술로 재구성한 것이 본국검이라면, 당시 군영의 현실에 맞게 이름을 바꾼 것이 예도(銳刀)이다. 예도란 조선 군영에서 사용한 군도(軍刀)의 이름이며, 조선 칼의 기예를 말한다. 예도는 격자술이라 화려함을 추구하지 않고 실용과 군사들의 단체조련에 사용할 수 있는 것을 중심으로 구성되어 있다. 이것은 모원의(茅元儀)의 '무비지(武備志)'에 실려 있는, 족보가 확실한 조선의 고대 검법이다. 본래 무보란 아무나 손쉽게 얻을 수 없는 것이다. 마치 한방의 비전과 같기 때문이다. 오죽했으면 모원의 자신도 중국에서는 구할 수가 없었던 검보(劍譜)를 조선에서 구한 그 반가움에 흥분한 탓일까 '조선세법'이라 기록했다. 당시만 해도 문화교류에 있어서 남의 나라의 것은 국적을 성확하게 밝히는 것이 관례였던 것 같다.

　마찬가지로 『무예도보통지』의 찬자들은 왜(倭)의 검법을 소개하면서 '왜검'이라고 하였다. 문화에서 그 원류를 정확히 밝히는 것은 부끄러운 일이 아니다. 원천과 소속을 밝히는 일이야말로 문화를 대하는 진실성이면서 그 혜택에 고마움을 표하는 예절과도 같은 것이다. 표절이라는 문화적 절도를 스스로 용인할 수 없었던 까닭이다. 문화는 원작자가 누구든 그것을 향유하는 자가 주인이다. 당시는 국제적인 저작권료나 로얄티를 요구하는 제도도 없었겠지만, 예컨대 문화의 보배인 신화라는 것은 여러 나라가 공유하는 것이고, 무술도 그러한 것이었다.

『무예도보통지』의 '예도' 항목에는 조선세법의 유래와 예도와의 관계에 대한 자상한 설명을 소개하고 있다. 기예로서는 '예도보(銳刀譜)'와 '예도총보(銳刀總譜)'를 싣고 있다. 당시 군영에서 연보(連譜)의 형태로 조련을 위해 이미 사용하던 예도는 예도총보였다. 예도보를 만들면서 기존의 예도총보와 그것을 그림으로 그린 '예도총도(銳刀總圖)'도 함께 실었다. 조선세법이란 이름을 그대로 쓰면 조선의 다른 검법들과 구별을 하기도 어렵고, 또 당시엔 고대의 검(劍)이 아닌 요도(腰刀)를 주로 사용하고 있었기 때문에 '예도'란 새로운 이름을 붙인 것이다. 예도(조선세법)의 세명(勢名)은 화려하고 시정이 넘친다. 그 속에 고조선의 의례문화가 대 서시로 담겨있다. 거정세(擧鼎勢), 즉 '두 팔로 솥을 드는 것'과 같은 세명은 중국의 유명한 소림권법에서 처음 등장하는 세명이될 정도로 유명하다. 예도의 칼(검)에는 화식단도(華式短刀), 금식환도(今式環刀), 화식검(華式劍) 등이 있다. 『무예도보통지』는 한중일 삼국 무예의 정수를 뽑아 만든 것이기에 중국의 화식(華式), 일본의 왜식(倭式), 조선의 금식(今式)을 함께 수록하고 있다. 이는 조선세법의 기법만 알면 어떤 칼이든지 예도로 사용할 수 있다는 것이다.

무예에 있어 몸 전체를 움직이는 신법(身法)은 수법과 보법을 보완해주는 것이다. 머리는 의식의 지배하에 바르게 하고 목은 자연스럽게 세우고, 근육은 긴장시켜서는 안 되며 좌우회전이 부드럽고 자유로워야 한다. 척추는 바로 세워야 한다. 허리는 동작 진행시에 몸을 움직이는 축이 되어야 한다. 사람의 힘은 모두 허리에서 나온다. 허리돌림을 통해 검을 움직이고, 허리의 전환으로 힘이 있게 하며, 허리의 힘이 검 끝에 통해야 한다. 결국 몸을 세우고 허리에 중심을 잡아야 3백60도를 회전하여 공격할 수도 있고 사방에서 오는 적과 맞설 수 있다. 선비들의 마음에서만이 아니라 무인들의 몸에서도 중정(中正)이라는 것이 통한다. 무예는 흔히 서예에 잘 비교되는데 이것은 서예에서 중봉(中鋒)과 같은 것이다.

검을 든 사람의 손은 숙련되고, 마음은 고요하여야 한다(手熟心靜). 검을 익힘에는 마음과 동작, 내외 양자를 결합시켜야 비로소 공력이 강해지고 동작에 신운(神韻)이 깃든다. 결국 자유자재로 리듬을 탄다는 뜻이다. 여기에도 정중동(靜中動), 동중정(動中靜)의 원칙이 적용된다. 검법의 내용은 가히 철학적이기까지 하다. 마지막으로 보법은 몸과 검이 함께 움직이는 기초가 된다. 검을 꺼내고 타격을 주는 것의 바탕이다. 걸음의 이동은 경쾌하면서도 안정되어야 한다. 보법이 혼란하고 명확하지 못하면 상체가 기울고 흔들리고 신체의 균형을 유지할 수 없다. 그래서 족심(足心)은 공(空)해야 하고 발가락은 땅을 움켜잡듯이 단단해야 한다. 보폭은 연속 동작 중에는 조금 작아야 하고 정지 자세에는 조금 커야 한다. 적당해야 하며, 작은 것보다는 상대적으로 느리게 하여야 한다. 이 밖에도 손잡이를 잡는 법, 남은 손을 쓰는 법 등도 승패에 결정적으로 작용할 때도 있다.

조선의 선비들은 이처럼 훌륭한 우리의 무예가 이 땅에서 제대로 전해지지 못하고 명(明)의 모원의를 통해서 되찾게 된 것을 두고두고 통탄했지만 그러나 얼마나 다행이었던가. 문화는 때때로 남의 것에서 자신의 잃어버린 것을 발견하고, 나만의 것인가 싶으면 남도 그것을 사용

예도의 자세를 시범하고 있는 십팔기 보존 회장 신성대

하고 있음을 보게 된다. 같은가 싶으면 다르고, 다른가 싶으면 같은 것이다. 이것을 설명하는 방법으로 진화론이나 전파론, 혹은 구조기능론이나 생태적응론 등이 있다. 아무리 원천과 소속이 있다고 하더라도 문화는 흐르는 것이고, 변하는 것이다.

'조선세법 24세'는 지금까지 알려진 동양의 모든 검법 중 가장 뛰어난 것으로 평가되고 있다. 천하의 모든 검법의 기본이 되는 명실상부한 검경(劍經)이다. 특히 중국 무림의 어떤 검법도 이름은 요란하지만 실제 동작에 있어서는 결코 이 24세를 벗어나질 못한다. 이것은 뒤에 검의 노래인 검결(劍訣)을 이야기할 때 상세하게 다룰 예정이다. 그렇다면 이 '조선세법'의 검보는 과연 언제쯤 만들어졌을까? 아마도 '검'이라고 한 것을 보면 양날의 검이 주병기로 사용되던 고려 초 혹은 그 이전인 통일신라 때가 아니었을까 짐작되지만 그 기본은 고조선으로부터

● ● ● ●

『무예도보통지』의 예도 자세

전래된 것이었을 것이다.

조선검법 24세(朝鮮劍法二十四勢)는 쌍수도 · 예도 · 제독검 · 본국검 등 모든 본국(本國)의 검법(劍法)의 모체(母體)가 될 뿐만 아니라 동양의 모든 검법의 근원(根源)이 되기 때문에 세계 무예사에서도 매우 희귀한 존재이다. 그러나 『무예도보통지』 '기예질의(技藝質疑)' 편은 조선이 활에 너무 의존하고 검이나 창을 소홀히 다루고 있음을 보여준다. 전쟁에서는 가장 잘 다룰 수 있고, 동시에 쉽게 대량으로 구할 수 있는 무기를 사용하는 경제원칙이 존중된다. 예부터 활의 나라, 동이(東夷)라고 한 것은 쉽게 구할 수 있는 산죽(山竹)에서 비롯된다. 가볍고 곧아서 가장 멀리 갈 수 있는 장점이 있다.

신성대 회장은 "우리나라는 해외에 치우쳐 있는 곳이라 예부터 전하는 것은 다만 궁시(弓矢) 한 가지 기예만 있고, 칼과 창은 헛되이 기기

경복궁 국립민속박물관(당시 국립중앙박물관) 앞마당에서 벌인 장창 시범

(器機)만 있고, 익히고 쓰는 법은 없다. 말 위에서 창 쓰는 한 가지 기예가 있어 비록 시험장에서 쓰이나, 그 용법이 자세히 갖추어져 있지 않은 까닭으로 칼과 창은 버려진 무기가 된 지 오래다. 이 때문에 대진할 때 왜적이 죽음을 무릅쓰고 돌진해 오면 우리 군사들은 비록 창을 잡고 있고 칼을 차고 있어도 칼은 칼집에서 뽑을 시간이 없고, 창은 서로 겨루어 보지도 못하고 속수무책인 채 흉악한 왜적의 칼날에 꺾이고 만다. 이는 모두 창과 칼을 쓰는 법(法)이 전승되어 오지 않았던 까닭이다.”

예도를 전하는 십팔기보존회는 그동안 2백여 회의 각종 무예시연회를 개최했으며, 90여 회의 국립민속박물관 정기공연을 했다.

『무예도보통지』에는 열여덟 가지 무예 종목과 네 가지의 응용 종목, 그리고 두 가지 종목이 실려 있다. 수많은 참고 자료와 해설이 있음에도 불구하고 이 책에는 무예 이론이 거의 없다. 단지 ‘기예질의’ 편에 명

(明)의 허유격(許遊擊)과 한교(韓嶠)가 나눈 대담이 실려 있는데, 무예와 전술에 대한 원론적인 몇 가지 이야기뿐이다. 그리고는 각 종목마다 세명의 동작 설명과 함께 총보와 총도로서 투로(套路)를 그려 놓고 있다. 심지어 동작 설명만을 따로 언해본으로 추가해서 한문을 모르는 일반 백성들도 누구든 따라 할 수 있게 해놓았다. 대개 이 정도면 '웬만한' 문중에서 제대로 배운 무예인이라면 그 동작들을 재연하는 것이 그다지 어려운 일이 아니라고 한다. 그렇지만 그 '웬만한' 문중이 없는 것이 문제다.

십팔기(十八技) 중 6기(技)는 곤봉(棍棒) · 등패(藤牌) · 낭선 · 장창(長槍) · 당파 · 쌍수도(雙手刀)이다. 여기에 죽장창, 기창, 예도, 본국검, 왜검, 교전, 월도, 협도, 쌍검, 제독검, 권법, 편곤 등 12기(技)가 추가되어 십팔기(十八技)가 된다. 만주 벌판에 후금(後金)이 등장하자 조선은 기마전에 능한 후금에 대비하기 위해 청룡언월도(靑龍偃月刀), 협도곤(俠刀棍), 구창(鉤槍) 등의 무예를 도입된다. 광해군은 여기에 권법(拳法), 왜검(倭劍)을 추가하여 『무예제보번역속집』을 어명으로 출간하였으나, 그의 개혁정책은 인조반정으로 인하여 불발로 끝난다. 이후 영조 대에 이르러 대리청정 하던 장헌(사도)세자가 『무예제보』의 6기에다 12기와 기예(騎藝) 4기를 첨가하여 『무예신보』로 정비하였다. 이로서 역사상에 처음으로 '십팔기(十八技)'란 조선의 국방무예가 완성된 것이다.

정조 시대에는 이러한 전주(前朝)들이 이룩한 무예정책(군사정책)의 바탕위에서 다시 격구, 마상재의 놀이성이 짙은 2기를 추가하여 하나의 완벽한 계통을 가진 전문 무예서적으로 『어정무예도보통지(御定武藝圖譜通志)』를 완성한다. 이로써 24기(技)가 완성된다.

『무예도보통지』는 화약을 쓰지 않는 냉병기의 모음이다. 당시 조총이

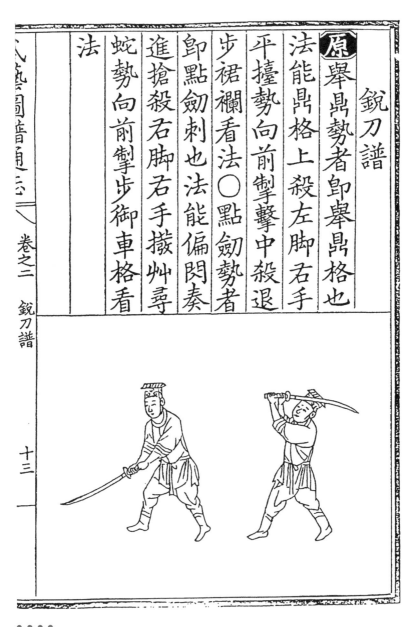

銳刀譜

[原] 舉鼎勢者卽舉鼎格也

法能鼎格上殺左脚右手

平擡勢向前擊擊中殺退

步裙襴看法○點劒勢者

卽點劒刺也法能偏閃奏

進搶殺右脚右手撥艸尋

蛇勢向前擊步御車格看

法

十三

『무예도보통지』의 예도

라는 화약무기, 즉 열병기가 등장한 뒤였는데 왜 정리한 것일까. 조총은 활보다는 전쟁에서 5배의 위력을 발휘하였다. 그러나 그때까지만 해도 조총이 원시적인 단계여서 활도 효과가 있었다. 또 냉병기와 열병기가 서로 조화를 이룰 때 전쟁에서 이길 수 있었기 때문이다. 십팔기는 개인무예가 아니라 병장무예로 표준화되고 규격화되었지만 개인의 무예도 겸할 수 있다. 스포츠는 여러 사람 앞에서 하는 것이지만 무예는 밀행(密行)을 중시한다. 보는 사람이 없는 가운데 혼자서 해야 잘 된다.

현재 십팔기를 거쳐 간 인구는 수십만 명에 이른다. 네덜란드를 비롯, 해외에도 전파되고 있다. 십팔기 중 본국검이나 예도는 가장 화려한 기술이다. 또 냉병기 중에서는 가장 보편적인 기술이기도 하다. 이에 비해 곤봉술은 무예의 어머니이다. 권법 자체도 무예이지만 무예인이 무기를 들어야 할 때 곤봉은 무기 가운데 가장 살생력이 약한 것이고 따라서 수양무술과 호신무술로도 가장 안성맞춤이기 때문이다. 따라서 승가의 무인들은 권법에 이은 곤봉술을 익히게 된다. 체육은 20대가 잘하고 40대, 60대로 갈수록 못해진다. 그러나 무예는 40대가 20대보다 잘하고 60대가 40대보다 잘한다. 무예는 힘과 젊음으로만 하는 것이 아니기 때문이다. 무예는 결국 인간의 성숙과 더불어 발전하게 된다. 무예는 전쟁에서 결국 적을 이겨야 하는 것이지만 오랜 시간을 끌면서 어떤 방법으로 하든 이겨야 하는 격투기가 아니다.

십팔기가 오늘에까지 명맥을 유지한 것은 기적에 가까운 일이다. 구한말 임오군란(壬午軍亂)을 계기로 구식 군대가 해산되고, 한일합병과 함께 전설 속으로 사라져 버린 '십팔기'. 십팔기라는 이름 석 자는 산중에 숨어버린 구식 무관을 징검다리로 하여 해방 후 해범 김광석 선생에 의해 세상에 빛을 보게 된다. 무예의 전승도 끊어질 듯 이어지는 끈질긴 생명력을 가지고 있다.

대한본국검예협회 임성묵 총재

4 본국검예, 『무예도보통지』를 복원하다

잃어버린 무예를 복원하는 과정은 참으로 지난한 역정이다. 무예에 관한 책이 남아있다고 해서 무예가 복원될 수 있는 것은 아니다. 무예의 입체적인 동작을 평면의 책에서 표현하기는 매우 어려울 뿐만 아니라 전문 무예인이라 하더라도 동작의 전후 맥락이나 회전 등 각종 동작에서 오차가 날 수 있기 때문이다. 그래서 조선왕조가 우리에게 남겨준 세계에서 하나뿐인 무예의 바이블, 『무예도보통지(武藝圖譜通志)』를 복원한 내용도 지금까지 사람마다 다를 수밖에 없었다.

무예의 복원도 처음엔 고고학처럼 파편을 가지고 원형을 추적할 수밖에 없다. 그래서 많은 무예인들은 저마다 일본의 무도나 중국의 무술을 가지고 복원에 매달렸다. 그러나 동선(動線)의 자연스러움과 칼을 쥐는 방법과 회전은 물론이고, 적을 다루는 실전효과 면에서 의문스러운 점이 한두 가지가 아니었다. 쌍수인가, 편수인가? 선후상하로 움직이는 격검인가, 좌우로 회전하는 세법(洗法)인가? 풀리지 않는 의문이 한두 개가 아니었다.

무예복원의 첩첩산중을 넘고『무예도보통지』의 조선세법과 본국검, 그리고 예도의 상관관계와 무예동작을 본래 모습에 가깝게 풀고 왜검류와 교전보를 복원한 본국검예(本國劍藝)의 임성묵(林成黙) 총재(대한본국검예협회). 일찍이 학창시절부터 온갖 무예를 경험하고 문리를 터득한 임 총재가 본격적으로 무예복원에 나선 것은 「세계일보」에 절찬리에 연재되었던 '박정진의 무맥'(총 43회)을 본 것이 큰 계기가 되었다. 무예인들은 대개 태권도를 통해 입문하거나 일본의 공수도(가라테), 합기도, 검도 등을 통해 무예에 접근했다.

　임 총재는 공주 유림 회장을 지낸 부친 임재순(林栽淳) 선생으로부터 어려서부터 사서삼경을 비롯한 한학을 배웠으며, 동양정신에 대한 깊은 조예가 있었다. 갑골문, 금문, 전서에도 능해 고문서를 읽는데도 남다를 뿐만 아니라 무문겸전의 인격을 이룰 수 있었다.

　1990년대에, 한국검도에 입문하여 무예인의 길을 걷기 시작했다. 한국검도를 수련하다가 본능적으로 일본검도의 몸짓이 있음을 눈치 채고, 어딘가 우리 몸에 맞는 무예가 있을 것이라고 짐작했다. 그때부터 한국 전통검의 역사에 대한 호기심이 발동하였고, 임 총재는『무예도보통지』를 틈틈이 연구하면서 한국무예 전반을 들여다보게 된다.

　당시까지 무예인들은 으레 자신의 무예가 최고이고, 전통이고, 정통이라는 것을 강조해온 터였기 때문에 종잡을 수가 없었다. 결국 조선무예의 전모는 파악하지 못한 채 자신이 알고 있는 조각들을 붙잡고 수련을 하거나 그것을 제자들에게 가르칠 수밖에 없었다.

　임 총재는『무예도보통지』라는 무경(武經)이 우리나라에 전해오고 있음에 자부심을 갖고 기쁜 마음으로 연구에 몰두하던 중 필자가 연재한 '박정진의 무맥'을 읽고 깨달은 바가 있었다고 한다. 그는 특히 '검결(劍訣)'을 집중으로 다룬 '무맥 6 – 비결을 숨긴 칼의 노래, 검결(劍訣)'

편(2009년 7월 2일)에서 큰 힌트와 깨달음을 얻었다. 그 검결들을 소리 내어 여러 번 읽는 순간 각종 무예들이 한꺼번에 눈앞에 펼쳐지면서 이 들이 한 뿌리에서 갈라진 사실을 깨닫게 되었다고 한다. 그동안 무예동 작에서 막혔던 부분이 풀리는 가운데 빛과 희열을 맛보았다.

검결은 검술의 요체를 담은 일종의 무예인의 시(詩) 혹은 주문(呪文) 과 같은 것이었다. "검결에 비밀을 푼 열쇠가 반드시 있을 것이다. 이 암호를 풀어야만 『무예도보통지』의 무예를 복원할 수 있다!"라는 다짐 으로 검결을 해독하는 데 집중했다. 세명(勢明)을 모르면 완벽한 복원 은 어렵다. 이 말은 검결의 해독 없이는 복원할 수 없다는 의미다.

깊은 학문도 없이 남의 문중의 가결을 복원하거나 남이 하는 것을 보 고 흉내 내다간 자칫 무당춤을 추게 된다. 그래서 무예계에서는 전통적 으로 계보를 따지고 명가를 존숭해주는 것이다. 세명과 투로 동작을 시 적으로 현란하게 전하는 것은 문파 무예계의 일반적인 관행이다. 하지 만 대개의 병장무예에서는 세명을 간단하고 분명하게 지어 부르는 경 향이 강하다.

중국은 같은 세명을 해석한다 해도 특히 과장이 심하다. 중국에서도 조선세법의 세명을 그대로 쓰고 있는 경우가 많다. 이는 조선세법을 베 꼈다는 얘기이다. 조선세법의 세명은 실지로 동작을 구체적으로 설명 한 경우가 많다. 조선세법의 세명과 권경 32세는 동아시아의 천하가 전 국 시대(戰國時代)인 패권 시대(霸權時代)로 접어들기 시작한 시점, 즉 우리로서는 단군조선 시대에 우리 선조들에 의하여 만들어진 문서일 가능성이 높다. 이러한 문서를 만든 이유는 전쟁에 대비하여 겨레의 생 명줄을 지키려 한 것이 그 첫째이고, 둘째는 심신을 단련하여 승화된 인간을 길러내려는, 신불(神佛)의 경지에 있던 조상이 내린 법문이었는 지도 모른다. 왜냐하면 전통적으로 중국의 문서는 설계가 되지 않았고 우리 선조들의 문서는 집을 지을 때처럼 철저한 설계를 가지고 있기 때문이다.

공자가 만년에 주역을 읽으면서 가죽끈이 세 번이나 끊어졌다는 위편삼절(韋編三絶)이라는 말이 있지만, 임 총재 앞에는 얼마나 읽고 또 읽었는지 20여 권의 한·중·일 고무예 서적들이 너덜너덜해진 채로 펼쳐 있다.

그는 우선 한국과 중국에 같은 검결이 있음에 착안하여 그 원류를 캐는 작업에 몰두했다.

"조선세법의 검결을 보던 중 중국의 각종 무술에 같은 이름의 검결이 있음을 알고, 그 이유가 무엇인지 알고 싶은 불같은 마음이 일었습니다. 그 후 척계광(戚繼光)의 『기효신서(紀效新書)』와 모원의(茅元儀)의 『무비지(武備志)』, 소림무술과 무당파와 태극권을 『무예도보통지』와 비교하면서 보게 되었어요. 그러던 중 『무예도보통지』의 조선세법(예도)과 무비지에 기록된 조선세법의 그림이 다름을 알게 되었고, 왜 달라졌는지에 대해 의문이 갔습니다."

그 비밀을 푸는 것은 쉽지 않았다. 결국 『무예도보통지』의 저자들은 무비지에 그려져 있는 그림의 비표(祕標), 즉 무예동작의 방향과 회전을 나타내는 머리 관, 허리 띠 모양의 숨겨진 의미가 무엇인지 몰라서 그것을 빼고 그렸던 사실을 수년간 연구 끝에 알게 되었다.

"그 비표의 의미는 동영상이 없는 옛날에 무예동작의 회전이나 좌우 방향을 표시하기 위해서 편의상 채택한 화공(畵工)의 방편이었음을 알아냈어요."

또한, 『무예도보통지』에서 권법을 예로 들며 조선세법이 세법, 자법, 격법으로 분리되어 있지만 실은 서로 연결되어 있다는 『무예도보통지』

의 기록[2]을 보고 확인한 결과 조선세법의 전후가 서로 수수세로 구성되면서 전체 66세도 하나로 연결된 것을 확인한 것은 조선세법 복원의 커다란 성과라 할 수 있다.

'무비지'의 조선세법은 임진왜란 때 중국인이 가져가서 기록한 것으로 그렇기 때문에 그 이름이 '조선세법'이었다. 『무예도보통지』의 조선세법은 이를 중국에서 다시 가져와서 예도(銳刀)란 무명으로 기록한 것이다. 여기서 조선은 근세 조선의 조선이 아니라 '고대 조선(고조선)의 검법'으로 임진왜란 이후부터 중국검술과 맨손무술에 영향을 준 것임을 알아냈다.

"조선세법의 동작이 우리의 '수벽도(手擗道: 수벽치기, 수박치기)'에 일부 전해졌으며, 『해동죽지(海東竹枝)』(1921년)에 그 기록이 보인다."

"옛 풍속에 손기술이 있는데 오래전부터 내려온 검의 기술로부터 나왔다. 서로 대적하여 앉아서 양손으로 서로 오고가면 치는데 일 수(一手)라도 법칙을 실수하면 맞아 넘어지는데 이 이름을 수벽치기라 한다."

또한 임 총재는 검결의 중요성을 다음과 같이 역설한다.

"조선세법이 고대 조선의 것이고, 같은 검결이 중국 여러 지방의 무술에 잔존하고 있었다는 것은 임난 이후에 일시에 중국 전역에 전파되었다기보다는 고대 조선에서부터 중국과 일본 등의 무술이 조선의 영향권에 들어있음을 반영하는 것입니다. 그리고 본국이라는 것 자체가 고대 조선을 의미하는 것입니다."

동아시아 무예의 가장 완전한 형태는 조선세법이다. 지금까지 무예

2　中國之二十四槍三十二拳隨機百變雖或有數勢之相連未必勢勢相承聯絡不斷如易之有序卦故茅氏論朝鮮劍勢亦分洗法刺法擊法而己我國銳刀旣載茅說乃復習以俗譜.

● ● ● ●

四藝(무예·서예·다예·사예) 수련을 무인의 덕목으로 중시한다.
2018년 7월 7일 삼예(三藝) 수련 모습(선촌서당 청학동 예절 학교)

를 저마다 파편적으로 볼 때는 그러한 사정을 몰랐지만, 전모가 파악되는 것과 함께 조선세법이 무예의 근원이라는 것을 알게 됐다.

특히 『역자고(譯者考)』[명대(明代) 양신(楊愼) 저술]의 주석에 의하면 중국 고대부터 전래되는 많은 검법 중 가장 실전적인 쌍수검을 곤온검(법)이라 했는데 이미 『무비지』를 찬술한 모원의(茅元儀, 1594~1640) 대에 와서 거의 실전되다 '곤오검결가'만 무편에 남아있고 기법은 사라진 상태였다고 한다. 모원의는 '조선세법'의 검결과 곤오검결을 보고서야 조선세법이 바로 실전된 '곤오검법'임을 알아차린 것이다.

곤오검에서 중화의 곤오·청평·팔선·순양의 4대 검문이 나오고, 조선세법이 도가에 영향을 미쳐 칠성검·태극검·팔쾌검·천둔검으로 분화되었다. 후대에 800여 검술 유파가 형성되었다. 조선세법이 이처럼 중요한 무예사적 의미를 가지로 있기 때문에 중국의 무예학자 마명달은 곤오국을 중국의 역사로 보고 조선세법을 중화의 검법이라는 논리를 펼치고 있다. 역으로, 곤오국은 하(夏)나라의 제후국이며 하나라는 동이족이 세운 나라여서 곤오검법에서 파생된 중화의 검술은 모두 조선세법의 아류가 되는 것이다.

조선세법의 검결은 모두 66세(勢)를 2~3개씩 묶어 24세로 구성했다. 중국에 흩어져있는 무술의 검결은 부분적이고 파편적일 뿐만 아니라 여러 형태로 변형되어있음도 드러났다. 일본에서 검도 제정형(대도 7본, 소도 3본)을 만들 당시에도 조선세법을 참고해서 구성했다. 임 총재는 조선세법은 땅의 24절기에 맞게 24세로 구성되었고, 본국검은 한민족의 삼수에 맞게 하늘의 수 33세로 구성되었다며 조선세법은 24개(조선24검), 본국검은 10세(본국10검)로 나누었다.

조선세법의 기법과 검결은 '예도(銳刀)'에도 전해지고 있다. 예도총보는 『무예도보통지』를 만들기 이전에 고만흥의 부친 후점이 어느 곳에서 배웠는지는 모르지만 그 기법을 이미 조선군에서 팔십여 사람이 수련하고 있었다.[3] 예도는 1734년(영조 10년) 조선 군영에서 일부 무관들에게 전해진 무예였는데 예도(조선세법)와 비교한 결과 차이가 있었나. 그러나 연습지보(連習之譜)로 익히고 있던 터라 그냥 버리기 아까워 '예도' 뒤에 붙여둔 것이다. 조선세법의 전승과정에서 일부 누락되고

---

3 『승정원일기』(영조10년, 1734. 8. 8), 銳刀則高萬興之父後漸未知學於何處而其術甚奇故仍以敎他人今爲八十餘人矣.

흩어지면서 동작의 순서와 검결이 불완전하게 민간에 전해진 말하자면 '간소화된 조선세법'이었다.

예도의 골자는 조선세법의 격자각세(擊刺格洗) 개별 기법 66세를 24세(勢)로 묶어 나눈 것에 고만흥에 의해 전해진 의례용 4세를 추가했다.

조선세법은 총 66세인데 비해 '예도총도'는 총 18세이다. 그런데 재미있는 것은 예도총도 18세 중 4세는 실전과는 무관한 의례용의 무예로서 그 옛날 제천의식과 관련되는 것으로 보여 주목을 받고 있다. 특히 이 4세는 조선세법을 기록한 무비지에도 없었던 것으로, 동작의 형태로 보아서 실전에는 필요 없지만, 의례에 필요한 것으로 보여 조선세법이 단지 전투를 위한 것이 아닌, 무예인들의 제천의식적 요소도 들어 있던 것으로 보인다. 이러한 점으로 볼 때 예도의 4세가 있기 때문에 조선세법이 한국의 것임을 역으로 증명하고 있는 셈이다. 예도의 4세(66세+4세=70세)는 다음과 같다. '7'은 북두칠성과 연결되고 '10'은 완성체 하늘을 의미하므로 한민족에게는 상징성이 크다.

태아도타세(太阿倒他勢): 하늘이시여, 적을 물리쳐주소서.(66세 이전 의례용 1세로 67세)

여선참사세(女仙斬死勢): 여신선이여, 적을 참하여주소서.(66세 이후에 의례용 68세)

양각조천세(羊角弔天勢): 제물을 드리니 하늘이여 살피소서.(66세 이후 의례용 69세)

금강보운세(金剛步雲勢): 하늘이여 기상을 충천하게 하소서.(66세 이후 의례용 70세)

옛 무인들은 전장에 나아가기 전에 천제를 올려 나라의 안녕은 물론이고, 외적을 물리칠 수 있도록 하늘에 비는 의례를 올렸으며, 따라서 검결의 순서도 매우 중요한 것으로 드러났다.

임총재는 조선세법의 전모를 밝히는 한편 검결에 사용된 글자의 모양이 검술의 동작과 일치하는 것을 찾아냄으로써 자신의 복원이 확실함을 뒷받침하는 결정적인 계기를 맞는다. 조선세법은 자세에서 글자를 취하고 핵심 글자에 글자를 덧붙여서 개념(검결)을 만들고, 개념은 다시 연결되어 한편의 이야기가 되는 대서사시의 형태임을 깨닫게 되었다. 이러한 기록 방식은 여타 고무예서에도 동일하게 적용됨을 확인하게 되면서 복원 연구에 탄력을 받게 된다.

조선세법과 본국검의 다른 점은 조선세법(勢法)의 세법(洗法)은 발이 먼저 나가고 칼이 뒤따라가는 좌우회전의 검술인 반면 본국검은 위아래로 내려치는 격법(擊法)위주로써 손과 발이 직선으로 동시에 나가는 검술이다. 조선세법의 66세 중 격법을 중심으로 33세(2개만 세법)를 뽑은 것이 본국검인데 이중에서 11세가 조선세법의 검결과 같다. 결국 본국검은 조선세법에서 격법만 간추려 재구성한 검술이라고 말할 수 있다. 본국검과 조선세법은 겹치는 부분이 많다. 검결이 같으면 동작이 같아야 한다. 그렇기 때문에 두 검법이 동시에 복원되어야 제대로 복원됐다고 말할 수 있다. 이처럼 검결은 당시의 문화가 결집된 용어다. 검결의 실체를 알지 못하면 무예의 동작은 추상에 빠져 허황된 무예가 된다. 검결의 해독 없이는 결코 복원을 말할 수 없다.

본국검은 흔히 신라의 검법이라고 지금까지 알려져 왔다. 일부는 '신검(新劍)'이라는 명칭으로 인해 본국검은 조선세법에서 구성해서 새로 만든 것으로 인식하기도 한다. 그러나 『무명자집』 시고 제6책 '시(詩)' 편에 기록된 신라검무황창랑(新羅劍舞黃昌郞), 『해동역사』에 중국 황실

본국무예원에서 제자들을 지도하는 임성묵 총재

어부(御府)에 『기신라검첩(寄新羅劍帖)』이라는 책이 존재했다는 기록, 중국의 전당시(全唐詩)에 「여제발신라검가(與弟渤新羅劍歌)」라는 한시를 보면 신라검(新羅劍)이 매우 유명했고, 이것을 『무예도보통지』에서 신검(新劍)이라 표기한 것으로 이것이 본국검(本國劍)이라는 것이다. 이와 같은 기록과 조선세법에서 본국검이 나온 것으로 신라기원설은 수정되어야 한다고 임총재는 말한다.

　임 총재는 선조들이 본국검(本國劍)이라 한 것은 본국검 33세를 복원한 결과 검로(劍路)가 땅에 '본(本)'자를 쓰며 움직이기 때문이라 한다.

이렇게 되면 '땅이 근본'이라는 것으로 본국검이란 무명의 진의가 설명된다. 이러한 문화적 코드를 본국검에서 찾아냈다는 것은 대단하다고 칭송하지 않을 수 없다. 이상을 통해 짐작해 보면 격법 위주의 본국검이 일본으로 전래되어 일본검도의 원형이 되었다고 볼 수 있다. 조선세법과 본국검 및 일본검도는 모두 검을 두 손으로 잡는 쌍수기법인 반면, 중국은 주로 한 손으로 검을 잡는 편수기법이다. 중국이 편수인 것은 철제의 기술 영향으로 길고 큰 검보다는 가볍고 얇은 검을 보편적으로 사용한 때문으로 보인다고 말한다. 또한 임 총재는 2017년 6월 29일 일본 대동류유술 종가대리 '이시바시기규'와 명치신궁 지성관에서 아아키도(合氣道)를 지도하고 있는 '다나카 시게호', 합기도(合氣道)도주 '우에시바 모리테루'를 만나 '본국검(本國劍)'이 일본에 전래된 사실을 알리며 본국검예를 전달했다.

임 총재는 10여 년에 걸친 복원과정에서 수제자인 임수원 박사(林秀源, 대한본국검예 협회장)와 함께『무예도보통지』의 기록과 실기를 비교해가며 동작의 정확도와 자연스러운 동선을 찾아냄으로써 성공적으로 복원작업을 완수할 수 있었다.

임 총재는『무예도보통지』에 기록된 내가장권의 6로 10단금(六路十端錦)이 고조선 문화 체계에서 만들어진 문서임 밝히고 "태권도와 6로 10단금의 관계성에 대하여"란 주제로 세계무도학계에 2019년 11월 1일 제주도에서 발표했다.

6로의 7언 율시

佑神通臂最爲高: 오른손을 들어 신께 도움 구하네(探馬勢).

斗門深鎖轉英豪: 수레에 두 손 묶여 끌려가는 호걸이여(七星拳)

仙人立起朝天勢: 선인이 어두운 새벽 여명에 일어나(朝天勢)

撒出抱月不相饒: 산문을 나서니, 달빛만이 나를 반기네(當頭捕勢).

揚鞭左右人難及: 채찍이 좌우 두 사람이 휘두르며 다가오네(拗單鞭勢)

煞鎚衝擄兩翅搖: 급히 철퇴로 척살하여 두 놈을 포획하고 양손을 거두었네(擒拿勢).

임 총재는 장삼봉의 내가장권과 태극권의 계보가 다르다고 설명한다.

"내가장권은 송나라 때 장삼봉이 크게 일으켜 소림무술과 쌍벽을 이룬 맨손무술로서 태극권으로 알려져 있으나 실제로 태극권과 내가권은 계보가 다릅니다. 장상봉은 기록상 요동 사람으로서 동이족의 후손인데, 장삼봉과 관련 있는 내가장권의 핵심 권결(拳訣)인 6로는 7언 율시다. 6로 10단금(六路十端錦)의 가결(歌訣)에 이두문(吏讀文)과 조선세법의 검결이 사용되었고, 칼과 도끼 채찍을 사용하는 무기술을 맨손무술에 적용한 것이 내가장권으로 이는 동이족의 무술계통일 수밖에 없습니다. 특히 두문(斗門), 선인(仙人), 조천세(朝天勢), 좌산호세(坐山虎勢) 등의 용어는 한민족의 정체성이 들어있고 시어 내용도 고조선의 문화가 들어있는 개념들로 이를 뒷받침하고 있습니다."

오늘날 중국이 자랑하는 내가장권은 동양 맨손무예의 근원처럼 되어 있다. 내가장권은 요동(遼東)에서 출발한 무술로 현재 기록상으로서는 장삼봉(張三峰)이 창시한 무술이다. 그는 동이족의 후예이다. 내가라 한 것은 소림을 외가라 했기 때문이다. "명사(明史) 방기전(方技傳)"에 따르면 장삼봉은 요동 의주 사람으로 이름은 전일(全一), 또는 군보(君寶)이고, 호는 삼풍(三豊)이다. 무예수련을 통해서 도통의 경지에 올랐다는 뜻으로 '단사(丹士)'라 불린다. '丹(단)'은 '仙(선)'의 개념과 통한다.

우에시바 모리테루 · 다나카 시게호에게 『본국검예』 증정

장삼봉의 스승은 화룡진인(火龍眞人)이고 그의 사부인 진단(陳摶: 호는 圖南)은 중국 화산(華山)에 은거하였다. 송나라 태조는 진단에게 희이 (希夷)라는 호를 내렸는데, 이는 그가 '진단(震檀)'의 영역인 동이족 출신이기 때문이다.

실제 성종(1488)대의 『표해록』에 "이 지방은 곧 옛날 우리 고구려의 도읍인데 중국에게 빼앗겨 소속된 지가 1,000년이나 지났지만, 고구려 풍속을 지키고 고구려사를 지어 제사를 지낸다."고 기록되어 있다.

화룡진인은 진단으로부터 천둔검법과 선단(仙丹)의 비결을 배운다. 천둔검법은 도가적 검법으로 조선세법과 연결되어 있고, 비결, 단결(丹 訣), 금난(金丹)은 한민속 계열이 수련해온 내가호흡의 비결을 나타내 는 용어들이다. 한편 팔선도의 군선 중 한 명으로 알려진 검선(劍仙) 여 동빈(呂洞賓)은 여산(廬山)에서 화룡진인을 만나 천둔검법(天遁劍法)을 전수 받았다. 조선의 이인상(1701~1760)은 중국의 검선도를 참고하여 여동빈의 모습을 검선도(劍仙圖)에 그려 취설옹 유근(1690~1780)에게

헌정했다.

장삼봉과 여동빈은 같은 스승을 모시고 있었던 것으로 보아 장삼봉도 천둔검법을 배웠을 것이다. 결국 '진단-화룡진인-장삼봉-여동빈'으로 무맥의 계보가 이어졌던 것이다. 즉 장삼봉의 스승은 화룡진인(火龍眞人)이 동이족이기에 조선세법의 기법과 '6로'가 전해져

화룡진인(火龍眞人)에게 천둔검법(天遁劍法)을
전수받은 검선(劍仙) 여동빈(呂洞賓)

내가장권을 창시한 것으로 유추할 수 있다. 맨손의 태극권과 검의 태극검을 서로 연결시키는 것도 이와 같은 연유다.

황백가가 지은 내가권법에 의하면 장삼봉이 죽은 후 100년 뒤에 그를 사숙한 왕정남이 홀로 산속에서 수련하여 내가권을 완성했다고 한다. 왕정남은 권법 외에 창·도·검·월을 동시에 수련하면서 "어느 부분은 창법과 같고, 또 어느 곳은 검법과 같고, 월법과 같은 것을 알았기에 무시술을 연마하는 데 어려움이 없었다"고 한다. 즉 왕정남은 내가장권의 기법에는 검과 창 같은 무기술이 있음을 알아차렸다. 북방의 내가장권이 중원에 영향을 주어 태극권이 탄생했다.

진가태극권은 명말청초(1600년경) 진왕정이 창시했다는 설과 장삼풍이 창시했다는 설이 분분하다. 내가장권이 바탕이 된 권법의 '요단편세·당두포세·칠성권' 등은 진식태극권에도 사용되고, 조선세법의 '창룡출수(蒼龍出水)·과호(跨虎)·금계독립(金鷄獨立)·수두세(獸頭勢)·백원(白猿)' 등의 검결(劍訣)과 '세(勢)'는 그대로 사용됐다. 즉 조

56

선세법의 검결과 권결들이 서로 얽혀 있다. 진가를 수련했던 양로선(楊露禪)은 궁보(弓步: 양다리 사이의 거리를 넓게 하고 자세를 낮추는 자세)를 적용하여 양가류 85식을 만들었지만 진가류와 순서만 다를 뿐 같은 검결을 사용하고 있다.

왕종악이 지었다는 태극권보를 시중의 소금 가게에서 처음 발견한 무양(武禹襄, 1812~1880)은 양로선에게 진식태극권을 배워 무식태극권을 완성했다고 한다. 무식태극권의 96식에는 『무예도보통지』에 나오는 복호세(伏虎勢)와 하삽세(下揷勢)가 있다. 이처럼 태극권에 사용된 개념과 내가장권의 6로 10단금과 『기효신서』의 용어를 비교해 보면 조선세법과 관련이 없다고 쉽게 부정할 수 없다. 단지 중화는 창과 편수 문화에 맞게 자법 위주로 태극권과 태극검을 구성했기 때문에 무거운 검을 들고 쌍수로 빠르게 해보라 하면 검신이 일치하지 않기 때문에 할 수 없다. 이것은 태극권이 미완의 권법임을 스스로 보여주고 있는 것이다.

태극권의 궁보는 보폭이 넓어 회전에 적합하지 않아 좌우로 걷게 되고 동작이 느리고, 태극권에는 세법(洗法)이 빠졌기 때문에 태극이란 이름에 걸맞은 몸의 회전이 없다시피 하다.

한편 경주김씨 가문이 400년 간 전승해온 택격(太擊)의 몸짓은 내가장권이 조선으로 전승된 흔적들로 단절된 맨손무예의 정체성을 세우기 위해선 이를 뒷받침할 학계의 적극적인 해석과 연구가 필요하다.

태격(太擊)은 조선에 유교이념이 들어오고 무가 전시되면서 호암의 기호학파인 율곡학의 이론적 토대 위에 학문의 수양 목적으로 수련한 수박이 '태격'이라는 이름으로 성리학 이념에 맞게 권결을 만들고 태극론을 수박에 입혀 김제에 거주하는 경주 김씨 월성부원군파[신라 56대 경순왕 제3자 영분공(永奔公) 명종(鳴鐘)을 시조로부터 18대 손인 천서

(天瑞)를 중시조(中始祖)로 함]의 지파인 봉사공파(奉事公派)로 계승된 것으로 보인다.

태격은 유교이념과 성학십도와 같은 태극이론을 수박에 접목하면서 가결도 바뀐다. 가결에는 순보적의(舜步敵義)·우보웅형(禹步熊形)·태공조어(太公釣魚)·주유귀노(周遊歸魯)·군신상조(君臣相照) 등 요(堯), 순(舜), 우(禹), 탕(湯), 무(武), 강태공(姜太公), 주공(周公), 공자(孔子)로 이어지는 중국 성현들의 삶과 행적을 무예 동작의 명칭으로 바꾼다.

태격에도 조선세법의 검결인 창룡출수(蒼龍出水)가 창룡출해(蒼龍出海)로, 거정세가 천거정세(天擧鼎勢)로 바뀌고, 용약(踊躍)·양익(兩翼)·출동(出同) 등으로 사용되었다. 즉 태격도 조선세법과 연결돼있는 것이다. 태격은 경주 김씨 봉사공파의 심신수양용으로 400여 년 계승되어오다가 17세기경 20세손 병화가 천하태격대보도(天下太擊大寶圖)를 마지막으로 정리한 것으로 보고 있다. 천하태격대보도는 태극본원도(太極本源圖), 제1태극도(第一太極圖), 제2태극본도(第二太極本圖), 제3심성정도(第三心性情圖), 제4인심도심도(第四人心道心圖), 제5부상만정도(第五扶桑滿庭圖), 제6상읍례도(第六相揖禮圖), 제7무식진법도(第七武式陳法圖), 제8중성공지도(第八衆星共之圖), 제9인화중통도(第九人和中通圖) 등 모두 10개의 도식으로 구성돼있다.

이것은 왕종악이 쓴 '태극권보(太極拳譜)'에 상응하고, 태격요결(太擊要訣)의 배경은 성리학으로 짐작된다. 퇴계의 성학십도(聖學十圖)의 그림은 이것과 같다. 태격은 태극지술(太極之術)의 이치인 태극에 도달하기 위해 마음을 다스리는 학문적 방법론을 토대로 탄생한 무예이다. 태격은 총 53가지의 동작 중에 호흡동작이 5가지, 무예동작이 48가지다. 퇴계의 활인심방과 같은 9가지 호흡방식의 좌식행공(5장, 扶桑滿庭), 입식행공(7장, 武式陳法)과 실전 무예수련(9장, 人和中通法)에서도 호흡을

본국검예 임수원 회장과 함께 수련을 마친 후

중시하고 있다.

이렇게 찾아보면 오늘날 태극권 이론을 바탕으로 한 몸동작이 이미 우리에게 있었지만, 무를 천시한 관계로 무예로 발전시키지 못했고 이런 소중한 자료가 나와도 학계는 문화인류학적 연구방식을 통해 단절된 무예사의 연결고리를 만들어내지 못했다. 태격은 내가장권의 동작을 더 많이 가지고 있다. 즉 회전에 필요한 자연스런 보폭인 도기룡세(倒騎龍勢)가 보이고 태극권에서 형식적으로 사용되는 단편세(單鞭勢)가 실질적으로 사용하는 요단편세로 볼 수 있다. 이처럼 내가장권에서 이어신 맨손부술의 근원은 조선세법에서 찾아볼 수 있다.

임 총재는 현재 『무예도보통지』의 복원과 함께 전승을 위해 포천 소재 '본국무예원'에서 제자들을 수련시키고 있다. 『무예도보통지』의 무예를 복원하여 중국무술과 일본무도를 대체하고, 도장문화에 맞게 술기를 개발하여 제자들에게 전수하고 있다. 깊은 한학적 소양이 바탕이 되어 무예를 인문학적으로 발전시키면서 '藝(예)'를 중심으로 한 무예(武藝), 서예(書藝), 다예(茶藝), 사예(射藝)를 한국 무예의 정체성을 담는 무예철학의 근본으로 삼고 제자들을 양성하고 있다.

전수제자로 총관장 김광염을 중심으로 김재환, 김동훈, 정주현, 이임선, 유은지, 김승민, 조영웅, 노연균, 백운식, 안경호, 김근호, 김정필, 김동제, 정규호, 유운암, 이승영과 이승량, 임만수, 가광순, 유응선, 이종훈, 이병홍, 김석환, 이창경, 정호종, 이영직 등이 있다.

임수원 협회장은 "조선세법의 전수는 물론 대동류의 뿌리인 상박무와 내가장권을 복원한 본국수박, 전통 활쏘기인 射藝(사예)와 무인문화의 정수였던 무인다례를 복원하여 보급하고, 100세 시대를 맞춰 남녀노소 모두가 수련할 수 있는 본국역근경과 조선세법을 맨손으로 구현한 본국권을 보급하여 국민건강에 앞장설 계획을 가지고 있다"고 한다.

임 총재가 복원한 조선세법과 본국검을 총정리 한 『본국검예』(1, 2권)는 2013년 9월 시중에 나와 무예인들의 독립심과 자긍심을 높이면서 무예계의 필독서로 자리 잡고 있다. 이어 2019년 12월 1일 국회의원회관 대강당에서 『무예도보통지』에 기록된 왜검류 전체를 복원한 『본국검예 3 – 왜검의 시원은 조선이다』의 출판기념회를 개최했다. 또한 2019년 군 특공무술의 교본 제작에 자문위원으로 참여하여 군 특공무술의 술기를 『무예도보통지』의 개념과 원리를 연결시킴으로써, 임 총재는 현대판 무사 백동수가 되었다.

5 비결을 숨긴 칼의 노래, 검결(劍訣)

무예의 동작을 전하는 검결(劍訣)은 흔히 노래로 되어 있다. 이를 가결(歌訣)이라고 한다. 적을 죽이거나 상해할 것을 목적으로 하는 무예이긴 하지만 살벌함을 부드러운 노래로 부드럽게 하고자 하는 의도가 있다. 또 비전의 검법을 남이 쉽게 해독하지 못하도록 숨기고자 함이다. 검결을 보면 어느 유명한 시인이나 선사나 도사들이 지은 게송과 같다. 검법은 예나 지금이나 구전심수(口傳心授)의 대상이다. 따라서 같은 문중에서 실제로 익히지 않은 사람은 그 비결을 보고도 동작을 제대로 흉내 낼 수 없게 되어있다. 그렇지만 같은 문파 사람들끼리는 한 두 초식만 보고도 금방 알아차리게 된다. 무예는 국가든, 문중이든, 개인이든 쉽게 외부에 그 비법을 노출하지 않는다. 따라서 그것을 남에게 자랑하지도 않을뿐더러 자세한 동작설명을 남기지도 않는다.

예컨대 유명한 중국 소림무술 가운데 간가권(看家拳)의 경우, 제1투로(연속동작)인 개산권(開山拳)에서 제 13투로인 수원추(守院捶)에 이르기까지 각 투로는 '7언 율시'(律詩)처럼 각 행이 일곱 자의 시(詩)처럼 되어 있다. 각 투로마다 대체로 40행 전후이다. 7언 율시로 한시를 규정한 것은 북두칠성 사상과 관련 있다. 수련생들은 이 가결을 암송하면서 동작을 따라 하는 것이다. 이는 마치 스님들이 불경의 구절을 독경하는 것과 같다. 실지로 무인들도 수도를 하는 자세로 임하지 않으면 안 된다. 무인도 수도자처럼 자신의 영혼의 구원과 자유와 해탈을 꿈꾼다. 단지 그 목적에 도달하는 방법이 무술일 뿐이다. 무인들의 상상계는 일반인의 범위를 훨씬 넘어선다. 무협지의 기상천외(奇想天外)의 내용은 이를 잘 나타내준다.

개산권의 첫 구절은 쌍비거정상운단(雙臂舉鼎上雲端: 일명 覇王舉鼎), 양수탁평늑하천(兩手托平肋下穿: 일명 雙手托塔)이다. 이 뜻은 "두 팔을 들기를 구름 끝에 솥을 올리듯이 하고, 양손으로 평평하게 뻗기를 늑골 아래 구멍을 뚫듯이 한다."이다. 이것은 일명 "패왕이 큰 솥을 들듯이 하라.", "두 손으로 무거운 탑을 밀듯이 하라."는 뜻이다. 소림 무승이 아니고는 도대체 이 시구절로 구체적인 동작을 떠올리기 어렵다.

창결의 경우에도 용이나 호랑이 등 짐승의 움직임에 비유한 세명을 많이 쓰기도 하는데, 그 동작의 요점을 표현하기 위해 때로는 다소 과장되고 현란한 시적 미사여구를 덧붙이기도 한다. '창룡파미(蒼龍擺尾: 푸른 용이 꼬리를 흔들어 헤치는 세)' 또한 '태공조어(太公釣魚: 강태공이 낚시를 드리우는 세)' '진왕마기(秦王磨旗: 진왕이 기를 쓸어 제치는 세)' '한신점기(韓信點旗: 한신장군이 기로 점하는 세)' 등 옛 고사에서 따온 세명도 있다.

각 문중에서 독창적으로 붙인 세명(勢名)은 타인들이 해석하기는 매우 어렵지만, 대개 일반적으로 통용되는 기본적인 세명은 어느 정도의 요령과 깊이가 있는 사람이면 미루어 짐작할 수 있다. 간혹 무학(武學)이 없는 문외한이 이런 세명의 특징을 모르고 엉뚱하게 글자 그대로 뜻

풀이를 하는 경우가 있는데 참으로 황당한 일이다. 무결은 아무리 시적으로 표현했다고 하더라도 그 동작이 구체적이지 않으면 무용지물이다. 한시 중에 나오는 고사나 고유명사를 모르고 글자 그대로 풀이하면 전혀 다른 뜻이 되는 것과 같다.

만약 무예인이 아닌 사람이 창법인 '미인인침(美人認針: 미인이 능숙한 자세로 바늘에 실을 꿰는 세)', '단봉무풍(丹鳳舞風: 붉은 봉황새가 바람결에 춤을 추는 세)'을 순전히 한자의 뜻대로 세를 풀어내면 어떤 모양이 되겠는가? 문외한에게는 뭔지 모를 황홀한 무희의 춤을 연상케 하지만, 세명으로는 엄격하고 정확한 공방(攻防)의 동작을 나타낼 뿐이다. 춤은 자신의 감정(흥)을 나타내기 때문에 자유스럽지만 무예는 자신과 상대의 목숨을 담보로 하기 때문에 동작의 목적과 움직임이 지극히 세밀하고 엄격하다. 따라서 그 실기는 구전심수의 전승이 아니고선 어떤 세명도 완벽하게 재현하는 것은 불가능에 가깝다.

무예에서 결(訣)이란 비결(秘訣), 요점(要點), 규문(竅門: 핵심내용), 묘법(妙法) 등으로 표현된다. 세(勢)의 의미나 이치 또는 동작의 요령을 농축(濃縮)하여 명쾌(明快)하게 표현한 간략한 문자(文字)나 자구(字句)를 말한다. 결(訣)에는 자결(字訣), 가결(歌訣), 구결(口訣), 요결(要訣), 심결(心訣), 권결(拳訣), 검결(劍訣) 등이 있다. 권결(拳訣)을 가결(歌訣)로 표현한 것을 요결(要訣)이라고도 한다.

깊은 학문도 없이 남의 문중 가결을 복원하거나 남이 하는 것을 보고 흉내 내나간 사칫 무낭춤을 추게 된다. 그래서 무예계에서는 전통적으로 계보를 따지고 명가를 존숭해주는 것이다. 세명과 투로 동작을 시적으로 현란하게 전하는 것은 문파 무예계의 일반적인 관행이다. 하지만 대개의 병장무예에서는 세명을 간단하고 분명하게 지어 부르는 경향이 강하다. 십팔기의 경우에도 장창 등 일부 종목 외에는 대체로 실질적이

商 甲骨文	周 金文	秦 小篆	漢 隷書	現代 楷書
				武 창과 방패를 들고 춤을 춘다는 악무樂舞의 뜻.
				藝 한 사람이 나무의 묘목을 심고 있는 모양을 그리고 있다.
				戲 창을 들고 높직이 걸터앉은 호랑이를 찌르는 모습으로 유희라는 뜻이다.
				義 끝부분에 갈고리 모양의 장식을 한 아我형 의장용 무기의 상형.

●●●●

'무(武) · 예(藝) · 희(戲) · 의(義)' 갑골문 · 금문 · 전서

고 구체적인 세명을 붙이고 있으며, 때로는 굳이 세명이라고까지 할 수 없는 방적(防賊), 살적(殺賊), 일자(一刺), 일타(一打) 등 일반 용어로서 설명하기도 하였다. 특히 일반 병사들이 기초적으로 익혀야 하는 왜검, 교전, 쌍수도, 제독검의 세명이 이런 경향이 강하다.

중국 무술의 세명은 특히 과장이 심하다. 중국에서도 조선세법의 세명을 그대로 쓰고 있는 경우가 많다. 이는 조선세법을 베꼈다는 얘기이다. 그러나 조선세법의 세명은 실지로 동작을 구체적으로 설명한 경우가 많다. 십팔기의 조선세법과 권법 32세의 세명과 기법은 동아시아의 천하가 전국 시대(戰國時代)인 패권 시대(覇權時代)로 접어들기 시작한 시점, 즉 우리로서는 단군조선 시대에 우리 선조들에 의해 만들어진 문서일 가능성이 높다. 이러한 문서를 만든 이유는 전쟁에 대비하여 겨레의 생명줄을 지키려 한 것이 그 첫째이고, 둘째는 심신을 단련하여 승화된 인간을 길러내려는, 신불(神佛)의 경지에 있던 조상이 내린 법문이었는지도 모른다. 왜냐하면 전통적으로 중국의 문서는 설계가 되지 않았고 우리 선조들의 문서는 집을 지을 때처럼 철저한 설계를 가지고 있기 때문이다.

고려 중엽 이후 중국의 과거제도를 도입하면서부터 숭문언무(崇文偃武: 문을 숭상하고 무를 억누르다)의 정책을 쓰면서 중국에 동화되어 버렸다. 만주의 고구려 땅이 중국에 편입되었고, 통일 신라 이후 한반도에 고립되다보니 한민족의 문물 전반이 중국식으로 되어 버렸다. 문화라는 것은 왕래하는 것이어서 때때로 준 곳에서 도로 받는 경우도 적지 않다. 물론 그 과정에서 조금의 변형이 있을 수 있고, 드물지만 환골탈태도 있긴 하다. 조선세법과 권법이 실려 있는『무예도보통지』의 성립은 중국의『기효신서』나『무비지』보다도 늦긴 하지만 여러 정황으로 보아 우리의 무학(武學)에서 비롯된 것으로 보인다.

기본적으로 권법은 검법뿐만 아니라 모든 무예의 입문(入門)이 되기 때문에 우리의 조선세법 가운데의 검세 중에서 중국무술의 권법에 쓰며 들어간 예가 상당히 많다. 앞에서 예를 든 조선세법 24세 중 가장 먼저 등장하는 거정세(擧鼎勢)는 소림권법의 패왕거정세(覇王擧鼎勢)로 권법과 검법에 모두 들어있다. 소림은 덕건 스님이 정리한 소림무술 계열 서적과 정종유가 지은『소림곤창도천종』등의 서적에 이런 예가 많다.

조선세법의 가장 기본이 되는 격자각세(擊刺格洗: 치고 찌르고 막고 배는 것)는 중국의 '무당검술'에서는 그들의 모법(母法)이라고 하고 있으며, 무당검이나 태극검에서는 흔하게 점검(點劍: 검을 점찍듯이 씀)의 기법이 등장한다. 이는 조선세법의 점검세(點劍勢)와 한 치도 틀리지 않는다. 발초심사세(撥艸尋蛇勢: 숲을 헤치고 뱀을 찾듯이 하는 세)는 정면 머리를 공격하는 세로서 소림무술의 곤법이나 검법에 모두 등장하고 태극검에도 등장한다. 직부송서세(直符送書勢: 서류를 바로 보내듯이 상대방의 공격을 감아서 다시 보내는 세) 역시 소림곤에 등장하고, 태산압정세(泰山壓頂勢: 태산의 힘으로 상대의 정수리를 압박하듯이 정면으로 강하게 찔러 나아가는 세) 역시 어딘가에 등장한다. 요락세(撩掠勢: 상하, 혹은 하상으로 씻어 배는 세)는 어느 무술에서나 등장하는 세명으로 태극검이나 소림검의 단골 메뉴이다.

충봉(衝鋒: 칼끝을 솟아 올림) 역시 소림과 태극검의 주요 기법이다. 백원출동세(白猿出洞勢: 하얀 원숭이가 동굴을 나가면서 좌우를 살피듯이 나아가는 세)는 소림무술과 당랑권에서 많이 등장한다. 참사세(斬蛇勢: 뱀의 머리를 비켜서 치듯이 하는 세)는 소림검에 있고, 수두세(獸頭勢: 짐승머리를 치듯이 가슴높이로 치는 세)는 소림에도 나오지만 태극권법의 중요한 기법이다. 조천세(朝天勢: 하늘을 향하듯이 칼을 세우는 세)는 소림곤과 소림검술의 조천일주향(朝天一柱香: 하늘을 향하듯이 향을 세우는 세)이라는 세명으로 많이 등장한다.

권법의 경우도 동일한 세명이 많다. 권법 32세를 장권(長拳: 물 흐르듯이 끊어지지 않는 세)이라고 하였는데 오늘날 우슈에서 말하는 소림이나 사권(査拳) 계통의 장권류와는 개념에 있어서 차이가 있다. 옛날에 장권이라고 한 것은 도도불절(滔滔不絶), 다시 말하면 팔이 굽어지지 않게 길게 뻗는 것이다. 우리『무예도보통지』에 전하는 32세 장권은 오늘날 태극권법이 성립된 기본 자료였던 것으로 보인다. 진씨 9대손이라는 진왕정(陳王庭)이 태극권(당시는 태극권이라 하지 않았고 그냥 장권(長拳) 또는 화권(化拳: 상대의 힘을 흘려보내고 변화시키는 세라 불렸다는 설도 있다)을 만들 당시에 진씨족들이 보유하고 있었던 권법이 바로 권법 32세(장권)이었다. 진씨족이 명(明)나라의 유신(遺臣)이었다는 설을 감안하면 역시 척계광의『기효신서』에 귀착될 수밖에 없다. 진가태극권의 시조라고 할 수 있는 진왕정이 남긴 '권경총가'는 이 32세의 가결을 기반으로 지어진 것이다.

요란주세(拗鸞肘勢: 팔꿈치를 위로 올려 가슴을 막는세)와 순란주세(順鸞肘勢: 요란주세가 회전을 할 때 변형되는 자세)는 란(鸞)의 글자만 란(欄)으로로 바뀌어 태극권의 포추권(炮捶拳: 주먹을 포처럼 쏘아대는 세)에서 그대로 살아 있다. 기법 자체가 동일하다. 요단편세(拗單鞭勢: 왼발을 앞에 내고 오른손으로 채찍을 휘두르듯이 하는 세)는 태극권 소림권 외에도 흔히 사용하는 기법이자 세명이지만 동작은 세명과 다르고, 복호세(伏虎勢: 호랑이가 웅크리듯이 하는 방어세)는 태극권과 소림권의 무술뿐만 아니라 선가(仙家)의 경전에서 욕정을 항복 받는다는 의미로 많이 사용되고 있다. 당두포세(當頭砲勢: 상단 머리를 막고 중단 가슴을 치는 세)는 태극권에서 그대로 사용되고 있으며 도기룡세(倒騎龍勢: 용을 거꾸로 타는 세)는 용(龍)의 글자가 려(驢)로 바뀌어 유명한 팔선(八仙) 중에서 장과로(張果老) 선인이 당나귀를 거꾸로 타고 다닌 고사로 인용되어서 도기려세(倒騎驢勢)로 태극권에서 사용된다. 이렇게 자구가 종종 바뀌는 것은 중국인이 사용하는 한자의 음가가 한자의 음가와 차이가 있기 때문에 유사 음가로 치환하는 경향이 있기 때문이다.

과호세(跨虎勢: 호랑이가 걸터앉듯이 하는 공격세)는 소림권에서 많이 사용되었고 점주세(拈肘勢: 팔꿈치를 갖다 붙이는 방어세)는 태극권의 기법으로 차용된 것으로 보인다. 금나세(擒拿勢: 잡아 낚아채거나 꺾고 누르는 세)는 중국무술 전반에서 세명이라기보다는 기법의 원리로 자리 잡은 무술이 명사가 된 예이다. 이 외에도 32세 가결에 나오는 기법을 세명으로 삼은 것들도 있다. 예를 들어 태극권 포추의 천심주(穿心肘: 심장을 팔꿈치로 공격하는 세) 같은 것들이다(도움말 朴淸正).

검의 세를 말하는 검결도 있지만 한 시대의 성인이나 영웅의 의지가 검결 속에 짧게 표현되기도 한다.

가장 역사적으로 떠오르는 것이 바로 동학을 창도한 수운(水雲) 최제우(崔濟愚: 1824~1864)의 검결(劍訣)이다. 수운은 유학을 정통으로 배운 선비였지만 무예에도 일가견이 있었던 듯하다. 바로 문무를 겸전한 수운이었기에 한 시대를 풍미하는 혁명가가 되었을 것이다. 수운은 죽음을 미리 예감하고 남원 은적사(隱寂寺)에서 1861년 검결을 지어 미래 동학혁명을 준비하고 마음을 다졌다. 그리고 "이제 내가 할 일은 거의 이루었다. 무엇이 두려우랴." 하였다.

시호시호 이내 시호 부재패지 시호로다.
(때로다, 때로다, 이내 때로다. 다시 오지 않을 때로다.)
만세일지 장부로서 오만년지 시호로다.

68

(수만 년에 날까말까, 남아장부 오만 년의 운수로다.)

용천검 드는 칼을 아니 쓰고 무엇하리.

무수장삼 떨쳐입고 이 칼 저 칼 넌즛 들어

호호망망 넓은 천지 일신으로 비껴서서

칼 노래 한 곡조를 시호시호 불러내니

용천검 날랜 칼은 일월을 희롱하고

게으른 무수장삼 우주(우주)에 덮여 있네.

만고명장 어디 있나 장부당전 무장사라

좋을시고 좋을시고 이내 신명 좋을시고

수운은 바로 이 검결 때문에 좌도난정율(左道亂正律: 도를 그릇되게 하고 바름을 어지럽게 하는 법률)이라는 죄목에 걸려 참형을 당하게 된다. 이 검결의 노래 속에 비수를 숨기고 있는 까닭이다. 검결 속에 한 시대의 운명과 흥망의 정기가 숨어 있었던 셈이다. 갑오농민전쟁 때 이 검결은 군가로 불리기도 했다. 그의 변혁의지가 잘 나타난 작품이다.

● ● ● ●

세계국술협회 서인혁 총재

6 국술(國術), 무술의 주체성과 세계화를 선도

　국술(國術) 하면, 먼저 떠오르는 것이 한국을 대표하는 무술의 이미지다. 그런 점에서 국술은 명실상부한 이름이다. 국술의 창시자 서인혁(徐仁赫) 총재(세계국술협회)는 무술의 주체성과 함께 세계화에 대한 남다른 포부가 있었음을 느끼게 한다. 이것은 용기(勇氣)이지만 아마도 그의 성공에는 남을 배려하는 인(仁)이 따랐을 것이다. 서 총재는 한국의 무술을 가장 먼저 대중화하는 데 지혜를 발휘하였고, 세계화에서도 성공한 인물로 평가 받는다.

　그는 이미 60년대에 무예의 도장화(道場化)만이 무예인이 살 길임을 깨달았고, 청소년을 상대로 많은 제자들을 길렀으며, 각종 대회를 주최하면서 '무예 한국'의 기치를 높이 들었다. 68년경에는 경상노와 전라도 등 전국에 7백 70개 도장을 거느린 무예계의 대부가 되었다. 태권도가 흥성하기 전에 이미 전국 대회를 통해 국술의 명성을 쌓아갔다. 태권도가 정부 주도의 정책으로 육성된 무술 스포츠였다면, 국술은 순전히 개인의 노력에 의해 세계화된 무술이라는 점에서 남다르다.

서인혁 국사

서인혁 총재는 국내 무술시장에서 성공했지만 동시에 한계를 느껴 세계화의 길을 가게 된다. 우리나라 인구로 볼 때 무술시장은 포화상태에 이르렀고, 세계시장을 개척하지 않으면 국술이 살아남기 어렵다고 판단한 때문이다. 이는 한국의 다른 상품과 마찬가지이다. 말하자면 무술을 시장의 법칙을 따르는 일종의 상품으로 미리 생각한 셈이고, 그래서 그는 세계적 명품 무술을 상상했다.

서 총재는 국술의 세계화 비결을 묻는 질문에 "그 나라 법을 잘 지키는 것"이라고 간소하게 말하기도 하지만 그 내용은 다음과 같다.

"미국에서 국술도장을 운영하고 지도자를 배출하면서 깨달은 것이 바로 세금을 잘 내는 것과 특허등록입니다. 세금을 잘 내야 어려움에 처했을 때 권리를 주장할 수 있고, 보호도 받게 됩니다. 1974년부터

전 세계에 나가있는 국술

1977년까지 미국 50개 주에 특허등록을 마쳤습니다.”

국술은 현재 한국을 비롯해서 미국, 영국, 네덜란드, 캐나다, 독일, 스페인, 멕시코, EU 등에서 국제특허를 취득했다. 국술은 현재 모든 기술의 특허출원(79년)을 마쳤을 뿐만 아니라 나스닥 상장을 위한 프랜차이즈 시스템(2012년)도 갖추었다. 무엇보다도 수출 무예로서 자긍심을 가지고 있다.

세계적 무예로 성장하면 도복이나 장비, 메달, 마크, 액세서리 등의 판매로 저절로 애국을 하게 된다. 최근 해마다 35억에서 40억 달러의 수출을 하고 있다고 한다. 대략 도복과 인쇄물에서 21억~23억 원, 검과 메달 · 상패 · 트로피 등 대외용품에서 긱긱 5억~13억 원을 세무당국에 신고하고 있을 정도이다. 물품 일체를 한국에서 생산함으로써 그 수입이 고스란히 한국으로 돌아온다.

국술은 세계적으로는 ‘왁사’(WKSA: World Kuk Sool Association)로 통한다. 1975년부터 세계국술협회의 약자로 사용하다가 세계화가 본격화된 2000년부터 아예 정식명칭으로 사용하기 시작했다. 국술의 세계적 위상을 드러내는 지표로 세계대회를 들 수 있다. 1981년 부산 구덕체육관에서 개최된 세계대회를 시작으로 미국, 한국, 영국 등을 돌면서 해마다 개최했으며 40회의 대회 역사를 가지고 있다. 참가인원도 해마다 1천5백여 명~3천여 명으로 성황을 이루고 있다. 전국대회도 1971년부터 개최하여 50회의 역사를 가지고 있으며, 참가인원은 1천 명~2천 명에 달한다.

국술은 현재 세계 68개국에서 650만 명의 회원을 거느리고 있는 수출 무예의 대명사이다. 미국에서는 많은 수련인구(도장 340개)로 인해 국술대회를 18개 주로 나누어서 개최하고 있다. 뿐만 아니라 대회심사와 순회시범단이 별도의 계열사로 움직이고 있을 정도이다. 세미나와 지도자연수교육도 게을리 하지 않는다. 무예상품으로 말하면 '명품무예'가 된 셈이다.

세계인의 건강과 평화에 대한 국술의 기여를 인정받아 2018년에는 서인혁 총재가 노벨평화상 최종 후보에 들어가기도 했다. 미국의 로펌 변호사 등이 추천한 사유를 보면 "지구촌 사람 450만 명에게 분쟁과 혼돈 대신 평화와 선함을 채워 넣었다"고 설명하고 있다. 말하자면 국술은 이제 무예를 넘어 세계문화로 자리 잡은 셈이다. 서 총재는 2007년 '만해대상 특별상'을 수상하기도 했다.

국술이 세계인으로부터 각광을 받는 것은 국술의 기술도 기술이지만 무엇보다도 평화 철학이 있었기 때문이다. 국술은 인(仁)으로 정신수양을 하고, 예(禮)로써 육체를 단련하며, 정(情)으로 마음을 다스림으로써 정신과 육체의 조화를 달성하는 것을 목표로 하고 있다. 이 같은 철학을 이미지로 표현할 때는 물(水)의 흐름(流)과 기하학적 완성의 원(圓)과 몸과 마음이 하나가 되는 화(和)로 표상한다. 동양의 '예'와 '정', 서양의 '합리성'을 융합함으로써 '화'에 도달하도록 한 것이 서양인들에게는 호소력이 컸던 셈이다.

국술의 검은 도복은 고구려 조의선사(皁衣仙士)의 '조의(皁衣)'를, 철학 이미지는 풍류도(風流道)의 '류(流)'를 채택하고 있어 한민족의 전통을 색과 이미지로 계승한다는 점도 특기할 만하다. 국술이 목표로 하는 인간상은 자기절제와 자기수양, 자기방어와 자기존중을 통해 '완성된 자기(Self)'에 도달하는 것이다.

세계국술협회 서인혁 국사

한편 세계무술이 된 국술을 관리하는 것도 쉽지 않다. 현재 미국과 유럽, 캐나다는 서인혁 총재가 맡아서 관리하고 있고, 중동과 중남미, 오세아니아, 한국은 동생인 서인주 회장(사단법인 국술원)이 맡고 있다.

서인주 회장(세계국술협회 부총재)은 무예인들이 사명감과 자신감을 가질 것을 당부한다.

"도장운영이 어렵다고 하지만 필사즉생(必死卽生)으로 임하면 운영을 못할 것도 없습니다. 도장 당 회원을 50명만 확보하면 운명이 가능하고, 그 이상을 확보하면 무예인도 질 실 수 있습니다."

현재 지구상에는 2천여 종의 다양한 무예와 무술과 무도가 군웅할거하고 있다. 이들 무예들은 대개 한국과 중국, 일본을 중심으로 분포하고 있다. 그만큼 동아시아 삼국의 경쟁이 치열한 분야이다. 삼국의 경쟁에서 이기면 세계적 승자가 되는 셈이다.

서 회장은 "무술계에서 처음으로 나스닥 상장을 한다고 하니까 허황된 꿈처럼 생각하는 사람들이 많았습니다. 그러나 우리는 가능하다고 믿고 있고, 실제로 몇 년 전부터 구체적인 작업에 들어갔습니다"라고 근황을 들려준다. 만약 나스닥 상장이 실현되고 세계무예 시장의 명품으로 자리매김 된다면 태권도에 이어 국술이 한국을 대표하는 무술로 인정받게 날도 멀지 않다.

1958년(3월 9일) 부산에서 출발한 국술원은 1961년부터 대한국술원으로 공식 출범한 뒤 전국적으로 도장을 개관하기 시작했고, 1967년 사단법인 대한기도회가 설립되었을 때 국술원도 여기에 참가한다. 대한기도회에는 당시 국내 무술단체(31개)가 망라되어 있었다. 1983년 국술원이 대한기도회를 인수하여 협회를 운영할 당시에는 국술원의 술기를 중심으로 해마다 2차례 전국순회를 하였으며, 국술교본의 표지를 바꾸어 대한기도회의 무술교본으로 사용하기도 했다. 그렇지만 국술원은 2000년부터 대한기도회를 탈퇴하여 사단법인으로 독립하게 된다. 그동안 국술의 형과 무기술과 호신술은 대한기도회를 통해 전국 소속 단체에 확산되었다고 볼 수 있다.

태권도가 동아시아 전통무예를 스포츠화·올림픽 종목화 하는 데 성공한 종목이라면 국술은 전통무예를 무예로서 세계화하는 데 성공한 종목이라고 할 수 있을 것이다. 태권도와 국술의 본격적인 세계화는 그 시기가 비슷하다는 점에서 한국의 경제성장과 궤를 같이 한다. 세계태권도연맹의 창설이 1973년 5월 28일이었고(초대 총재 김운룡), 세계국술협회의 창설이 1975년이었다(초대 총재 서인혁).

60년대 한국의 경제개발 붐과 더불어 활성화되기 시작한 무예는 70년대에 세계화의 발걸음을 내딛는다. 6·25로 초토화된 한국에서, 무에서 유를 창조하는 데는 무예부흥과 함께 무인(군인)정신이 주효했음을 알 수 있다.

국술은 씨름을 비롯해서 18기, 당수도, 합기도, 유술 등 한·중·일의 여러 무예를 집대성하고 체화한 끝에 새롭게 창조된 창시무예로서 그 술기가 다양할 뿐만 아니라 언제 어떤 곳에서라도 생활도구를 무기로 변용할 수 있는 술기를 보유하고 있다.

또한 국술은 맨손술기, 족술, 격투술을 비롯하여 궁술, 부채술, 포박술, 봉술, 검술, 지팡이술 등 270기법에 3608수(手)로 이루어진 종합무술이다. 국술의 장점은 그동안 전해 내려왔던 각종 스포츠와 전통무예의 기술을 근대적 무술체계로 체계화하는 데 성공했다는 것이다. 여기에는 신체의 동작과 도구를 무술화·무기화하는 서인혁 총재의 타고난 무예 본능 혹은 무예 재능이 크게 작용하였음에 틀림없다.

일제로부터 해방되자 일본 유학생들에 의해 카라데가 보급되었고, 최용술과 장인목에 의해 선을 보인 야와라 혹은 대동류유술에 무예를 좋아하는 사람들의 관심이 쏟아졌다. 최용술은 특히 주목을 받았는데 그는 대구에서 처음 지도할 때 자신의 무술을 합기유술이라고 하지 않고 야와라(柔)라고 하였다. 최용술의 야와라와 현재 일본 대동류 합기유술 본가에서 내려오는 술기는 적지 않은 차이가 있었다.

서인혁 총재는 최용술 이외에도 많은 무예인과 교류를 했다. 중국 쿵푸와 씨름, 유도에도 관심이 많았다고 한다. 특히 씨름은 당시 각종 씨름대회에서 이름난 씨름꾼이었던 그의 형인 서인석(徐仁錫) 씨로부터 배울 수 있있나. 서 총재는 경북 군위군 의흥(義興) 출신으로 이 지방에선 예로부터 무인들이 많이 출생했다고 의흥군읍지(義興郡邑誌)는 전한다. 서 총재 집안도 무골(武骨) 집안이었다. 5남2녀 중 차남으로 태어난 서 총재는 씨름선수였던 서인석을 형으로 두었고, 동생인 서인선(徐仁善), 서인주(徐仁柱)가 함께 국술에 투신했다.

●●●●
멋진 베기 시범을 보이는 서인주 회장

　제자들에게는 국사(國師)로 통하는 서인혁 총재는 평소에 "자연에서 영감을 얻었고, 자연이야말로 둘도 없는 스승"이라고 말한다. 자연의 여러 현상과 동물들의 자세, 그리고 인간의 생활 속에서 일어나는 모든 동작들로부터 무예의 형과 기술을 얻어냈다고 한다. 그의 무술본능은 오늘날에도 멈출 줄 모른다.

　국술의 미래상에 대해서도 서 총재는 이렇게 말한다.

　"세계적으로 국술 수련 인구가 증가하고 있습니다. 항상 똑같은 협회 운영과 지도 프로그램으로는 한계가 있습니다. 국술은 한국의 무술인 만큼 한국의 북춤, 부채춤 등의 전통문화를 많이 지도하고 있습니다. 무술과 문화 그리고 가락을 활용하여 국술이 결국 훌륭한 문화유산이 되어야 할 것입니다. 아무리 무술을 하고 건강해도 나이가 들면 수련에도 한계가 있기 마련입니다. 그래서 준비하고 있는 것이 무술과 가락이 함께 어울려진 '또 하나의 문화'를 만드는 것입니다."

말하자면 국술의 문화예술화이다.

무예라는 것이 전쟁과 사냥에서 발원하였지만, 오늘날 무예는 각종 무기의 발달로 전쟁의 도구와 수단으로써의 효능을 잃고 스포츠화의 길을 가고 있다. 무예가 스포츠화 하는 것이 대세라고 하지만 전문적으로 무예의 술기를 닦아서 자신의 건강과 기백을 살리거나 전문 무예인으로 입신하기를 원하는 사람도 있다. 고유한 무예의 길을 가는 무예인을 육성하는 것도 문화의 다양성을 보존하는 미덕이라고 할 수 있다. 국술은 그 대표적인 무예이다. 한국을 대표하는 스포츠가 태권도라면 한국을 대표하는 무술은 국술이라고 해도 과언이 아니다.

지금 세계는 정치·경제·사회·문화의 모든 흐름을 수시로 알 수 있고, 지구 끝에서 일어나는 일도 바로 인공위성이나 컴퓨터로 확인할 수 있다. 각종 미디어와 매스컴은 지구를 하나의 정보전달 체계로 묶고 있다. 이런 정보화시대에 무예는 과연 어디에 어떻게 초점을 맞추어 발전해야 하는지 고민할 때가 된 것이다. 인터넷과 유튜브 채널도 수시로 업데이트 되는 시대에 수많은 무예 채널 또한 분초를 다투듯 생겨나고 있다.

오히려 전문수련을 한 지도자들은 술기를 숨기기 바쁜 반면, 어설픈 수련자들은 자랑삼아 술기를 내세워 현혹하고 있는 현실이다. 과거에는 수련 동문일지라도 자기가 배우는 기술이 아닌 경우에는 관전할 수도 없고 쳐다봐서도 안 되는 엄격한 수련환경 속에 있었다. 연무장 내에 들어갈 수 없는 엄격한 통제 속에 기술을 사사하던 시대가 바로 엊그제 같은데 지금은 시연을 자랑하면서 도장회원을 끌어들여야 하는 시점이다. 어떤 무예든 대중과 더불어 살아남아야 한다.

종래 무예계는 도제식으로 운영되었다. 제자 한 명을 얻기 위하여 수련자를 받으면 오랜 세월을 지켜보다가 정식 제자로서의 입문을 허락하였다. 그러나 요즘은 남녀노소 불문하고 누구나 집 주변의 도장을 찾아 회원등록을 하면 수련을 받을 수 있다.

　무예가 갖고 있는 본질적인 형상은 없다. 무예의 궁극적 추구는 몸 공부를 통한 마음 다스림이다. 정기신(精氣神)이 하나인 인간이 되는 것이 무예를 닦는 사람들의 이상향일 것이다.

7 한국무예의 최고 브랜드, 태권도

    광복 후 한국을 대표하는 브랜드로 '태권도'만한 것은 없다. 태권도는 한국의 무술일 뿐만 아니라 한국의 정신을 상징하는, 국제적으로 소통되는 '말'이다. 태권도의 경기 용어는 한국말이다. 따라서 세계 태권도인은 한국말을 어느 정도하지 않으면 안 된다. 아마도 한글이 창제된 이후 세계인에게 가장 널리 보급된 것은 태권도의 보급물결을 탄 것일 것이다. 그래서 태권도=한국=한글은 하나가 되어 있다. 그런데 태권도의 원류를 보면 일본의 공수도(당수도, 가라테)를 비켜갈 수 없다. 일제 식민지 시대에 국내에 들어온 무술인 공수도를 우리에게 맞게 토착화하여 세계적 브랜드로 내놓는 데 성공한 것이 태권도이다. 문화적으로 보면 이보다 통쾌한 업적은 없다.

    태권도의 원류를 두고 설왕설래가 있지만, 고대의 전통무술에 그 뿌리를 갖다 대는 것은 차라리 콤플렉스적인 소산이라는 비난을 받게 된다. 그보다는 공수도(空手道)를 완전히 우리의 것으로 소화하여 확대 재생산한 것이라는 편이 훨씬 자랑스러운 태도이다. 다행히 오키나와의 당수도가 삼별초에 의해 전래된 무술이라는 그간의 학설이 있었지만 근자에 명확한 사료가 발견됨에 따라 태권도 콤플렉스도 사라질 수 있는 계기가 되었고 오히려 일본 공수도의 뿌리가 삼별초의 수박이었다는 것이 밝혀진 셈이다.

일본은 한국의 김치를 일본의 '기무치'로 개발하여 세계적인 상표로 만들지 않았는가. 문화란 원조가 어디인지를 따지는 것도 중요하지만 그보다는 어떻게 개발하고 시대에 맞게 창안하여 현재의 내 것으로 만드는 것이 최선이다. 지금 태권도와 일본의 공수도는 완전히 달라졌다. 그만큼 태권도인은 긍지를 가질 필요가 있다.

태권도는 한국의 어떤 문화 항목도 해내지 못한 세계화, 국제표준화를 한국인이 주도하여 만들어 낸 것이다. 그런 점에서 태권도 무예인은 찬양받아 마땅하다. 한국의 철학, 과학, 역사, 정치, 가요, 그 무엇이 태권도만한 일을 했는가. 말만 '선비문화'라고 떠들어대지만 우리의 학자들은 세계 시장에 태권도만한 '브랜드'를 내놓은 적도 없고, 앞으로도 심기일전하지 않으면 가능성은 거의 없다. 우리의 인문학, 지식엘리트의 수준은 아직 외국의 것을 베끼거나 추종자의 수준에 머물러 있다. 심지어 외국 오리지널(original)을 자신의 것으로 착각하는 부류도 있다. 최근 들어 대기업 군이 세계적으로 도약하면서 삼성, 현대, LG 등이 한국의 기업브랜드로 정착되어 가고 있지만 십여 년 전만 해도 태권도가 유일한 브랜드 종목이었다.

공수도의 손기술 중심에서 태권도의 발기술 중심으로 이동한 것은 참으로 한국의, 한국에 의한, 한국을 위한 이동이었다. 태권도는 물론 손발 두 기술의 복합이지만 현란한 발기술은 세계 무술사에서도 빼놓을 수 없는 대목이다. 최근 태권도의 경기체육화로 인해서 무술로서의 태권도의 면모가 상실되고 변질하였다고 비판하는 목소리도 적지 않다. 그러나 그동안 태권도인은 불모지의 한국무술에서 신천지를 개척한 것임에 틀림없다. 대기업들이 외국으로 가기 전에 태권도인은 간호사와 함께 제일 먼저 외국으로 진출했다.

한국 교민들은 태권도 도장과 교회를 중심으로 교민사회를 넓혀갔다고 해도 과언이 아니다. 태권도가 미국, 독일 등 유럽과 이란, 이라크 등의 동, 그리고 아프리카 등지에 심신수련의 무술체육으로 소개된 것은 광복 후 가장 자랑스러운 성취라고 해도 과언이 아니다. 선진 구미나 후진의 아프리카가 동시에 한국의 태권도를 가지고 세계 어린 2세들의 건강한 몸과 정신을 만들고 있다는 것은 실로 놀라운 일이다. 이것은 어쩌면 우리 시대에 이룩한, 공자(孔子)의 업적보다 더 탁월한 것일 수도 있다. 태권도는 현재 우리나라가 '세계무예축제'(충북 충주)를 주최하고 태권도의 종주국답게 '태권도 공원'(전북 무주)을 조성하는 바탕이 됐다.

태권도는 권법(拳法)이다. 맨몸으로 하는 무예이며 스포츠이다. 권법에는 무예를 하기 위한 전단계로서의 권법이 있고, 권법 자체가 목적인 것도 있다. 또 권법에는 무예에 가까운 것도 있고, 놀이에 가까운 것도 있다. 맨몸으로 하는 무예가 이 땅에 유행하는 것 자체가 이미 무기를 규제하고 배제하도록 강요하는 강대국 혹은 식민 지배국의 영향이라고도 할 수 있지만 맨몸으로도 무기를 든 사람들과 싸울 수 있으니 참으로 다행이다. 이들 두 무예의 공통점은 발을 사용하는 것이다. 바로 이 발에 우리 부예의 강점이 있다는 것은 세계가 이미 증명한 바이다.

무예에 있어서 손이 발보다 중요한 것은 다른 무기를 잡을 수 있기 때문이다. 발은 아무리 잘 사용해도 무기를 잡을 수 없다는 핸디캡이 있다. 이러한 발을 가지고 세계적인 무술로 만들었으니 다른 어떤 것보다 입지전적이라고 말해도 틀리지 않다. '발의 무술'은 평화를 사랑하는

최홍희 선생 생전 모습

한국인이 개발할 수 있는 최고의 무술임에 틀림없다. 태권도는 한국의 몸이고, 한국의 혼이다. 발은 또한 땅을 딛고 있으니 참으로 착실한 것의 제 일이고, 겸손한 것의 제 일이며, 순수한 것의 제 일이다.

우리 민족의 몸짓은 손짓보다는 발짓에 더 무게중심이 가 있다. 손짓은 발짓의 보조이다. 이를 '발 구름 놀이의 특징'이라고 할 수 있을 것이다. 소위 우리의 택견이라는 것도 실은 발 구름 놀이의 대표적인 것이다. 널뛰기도 그렇고, 제기차기도 그렇고, 씨름도 하체 중심의 발 걸기 기술이 발달되어 있다. 한국의 구기 종목 가운데 가장 대표적인 것은 역시 축구이다. 한국인이 동아시아에서 축구를 제일 잘하는 것은 바로 축구가 발의 스포츠이고, 동시에 골키퍼라는 수문장에게 승패의 비중을 주는 '수비 지향적 경기'인 것과 관련이 있다. 이는 야구가 피처 중심의 '공격 지향적 경기'라는 것과 대조적이다.

오키나와에서 기원했다는 공수도(空手道) 혹은 당수도(唐手道). 이것이 한국에 접목되더니 잠시 태수도(跆手道)로 변하고 다시 태권도(跆拳道)가 되었다. 손기술에서 발기술로 중심 이동을 하더니 어느 날 세계적인 무예 혹은 스포츠가 되었다. 이만한 속도와 내용으로 세계를 정복한 무예의 예는 없다. 태권도는 해방 전후 최홍희(崔泓熙) 등 일본 유학생들에 의해 들어온 공수도(空手道), 즉 가라테가 1955년 태권도(跆拳道)로 개명하여 오늘에까지 이르렀다. 태권도는 '택견'과 '태권'(跆拳)의

84

발음의 격의적(格義的) 통합, 그리
고 발의 기술이 만들어낸 신조어이
다.

1960년대만 해도 전 세계적으로
동양 무예의 대표는 가라테(空手道,
Karate)였다. 태권도는 그 그늘에
있었다. 월남파병은 태권도가 세계
적으로 발돋움하는 신호탄이었다.
'한국(따이한)=태권도'라는 등식은
월남에서 그치는 것이 아니라 미국
으로 상륙하였다. 태권도는 미국 사
람들에게 쉽게 다가가기 위해 '코리

최배달의 강인한 모습

안 가라테'라는 이름을 써야 했다. 가라테가 미국 대중에게 알려진 것
은 가라테의 영웅 오야마 마스타츠(大山倍達)의 카리스마 때문이었다.
재미있는 것은 그가 한국인이라는 사실이다. 그는 전남 김제 출신의 최
영의(崔永宜, 1922~1994)였다. 태권도가 가라테의 이름을 빌렸듯 그
는 일본인의 이름으로 알려졌다. 이게 식민지의 굴레라는 것이다. 그렇
지만 그의 일본 이름에는 한민족을 나타내는 '배달'(倍達)이라는 두 글
자가 숨어있다.

최영의(최배달)는 1937년 야마나시 군관학교에서 가라테(松濤館 계
동)를 배우기 시작하여 동경 척식대학의 학생이 되었다. 이즈음 근대
가라테의 아버지라고 할 수 있는 후나코시 기친(船越義珍)의 사설 도장
에서 2년여 간 학습하게 된다. 그리고 1947년 일본 경도(京都)에서 열
린 전후 최초의 무도대회 가라테 부문에서 우승한다. 한국 무예인의 피
가 폭발한 것이다. 이듬해 뜻한 바가 있어 치바(千葉) 현 남부에 있는

키요즈미(淸澄) 산에 들어가서 좌선과 무예 수련을 겸한 뒤 자신의 가라테를 정립하고, 1951년 문명세계로 돌아왔다.

그의 영웅담은 부지기수이지만 황소 52마리와 맨손으로 싸워 그 중 36개의 소뿔을 잘라버리고 세 마리를 즉사시켰다. 1954년에는 '블랙 코브라'라는 별명을 가진 타이 킥 복서와 대결, 1회 2분 만에 턱을 으스러트려 버렸다. 드디어 그는 1961년 가라테를 동양의 선(禪)과 접목하여 자유롭고 거친 쿠미테(組手)를 강조하는 '극진회(極眞會)'를 창립하였다. '극진 가라테'는 아마도 인간이 개발한 가장 강력한 무술의 종합일지도 모른다. 그는 만화 '바람의 파이터'(만화가 방학기의 작품이다. 2004년 양윤호 감독, 양동근 주연으로 영화화되었다)의 주인공이다.

가라테는 본래 일본의 무술이 아니다. 가라테는 오키나와 무술인 당수도(唐手道)였고, 그 당수도는 그동안 중국(인도 발생설도 있다)에서 전래되었다는 설이 있었으나 몽골군에 패한 삼별초가 제주도에서 오키나와로 이주하여 방어 진지를 구축하며 맨손으로 수련한 것이다. 원래 오키나와에서는 처음에는 '唐手(당수)'라 하지 않고 '테(手)'라고 했다. '唐(당)'자는 그 이후에 붙여진 이름이다. 세월이 흘러 오키나와가 일본 막부에 의해 무장해제 되고(이것을 일본말로 카타나가리, 즉 '칼 사냥'이라고 한다) 살기 위해서 빈손, 즉 공수(空手)로 대적, 생존적 몸부림으로 발전시킨 무술이다.

오키나와가 일본에 통합된 것은 1879년(琉球處分)이며, 그 이전에는 고려, 조선과 중국 그리고 일본에 번갈아가며 조공을 바친 독립 국가였다. 위도로 보면 중국 복건성이나 대만과 비슷한 위치에 있다. 일본 입장에서 당수도의 '당(唐)'자가 중국을 뜻하게 되자 같은 훈독 발음(唐=空=가라)의 공수도(空手道)로 바꾼 것이다. 무예라는 것도 문화의 일종으로 전해지고 변하면서 생성과 소멸을 거듭하는 것이다.

● ● ● ●

이승만 대통령과 최홍희 장군

일제 때 우리나라에 심어진 일본의 가라테는 1960년 이후 한국의 태권도로 급속히 진화한다. 가라테가 태권도가 되는 것은 이승만 전 대통령과의 일화가 있다. 1952년 휴전협정이 조인되기 한 해 전, 제1군단 참모장이었던 최홍희는 이 대통령에게 당수도 시범단의 시범을 보이는 기회가 있었다. 이때 이 대통령은 맨손으로 13개의 기왓장을 일격에 완파해버리는 데 감명한 나머지 국군에게 이 무술을 익히게 할 것을 명령한다. 이때 이 대통령은 "태견이구먼!"이라고 한마디 던진다. 이것이 당수도가 태권도로 둔갑하는 계기가 된다. 여기서 우리는 문화의 전승이라는 것을 생각하게 된다. 이 대통령은 분명 성장하는 과정에서의 '택견'을 보았던 것이고 그래서 그 비슷한 동작을 하는 권법을 '택견'으로 판단한 것이다. 문화는 쉽게 사라질 것 같지만 부활의 실오라기 같은 기회만 얻으면 되살아나는 법이다.

그때의 당수 시범은 '택견'의 발음을 회복하는 실마리가 되었으며 결

● ● ● ●

김운룡 전 국제올림픽위원회(IOC) 부위원장

국 '태권(跆拳)'이라는 격의명사를 탄생한 채 '태권도'(跆拳道)로 거듭
나게 되었다. 한국문화의 전승에서 글자보다는 발음이 중요한 것은 이
때문이다. 여기엔 또한 발(足)을 중시하는, '무기를 들 수 없는', '평화를
사랑하는' 우리문화의 특징도 가미되어 있다. 태권도에는 공수도의 '공
(空)'과 '발(足)'과 '평화'의 이미지가 복합적으로 어우러져 있다. 우리는
남의 무술을 통하는 우여곡절의 우회로를 거쳐 드디어 전통무술을 찾
은 셈이다. 여기엔 우리 무예나 권법의 무의식적 부활이 있다. 다시 말
하면 식민지 무예인 공수도에서 출발하였지만 그것을 빌미로 서서히
'손 중심'에서 '발 중심'의 무예를 창안해갔던 것이다. 이것을 무의식적
부활, 땅의 부활이라고 명명할 수 있다. 여기엔 한국문화의 '모성적 특
성'도 자리하고 있다.

태권도는 전통의 계승이라기보다는 전통의 회귀에 가깝다. 회귀를 통해 자생문화가 만나 창조적으로 발전한 좋은 사례이다. 태권도의 자부심은 바로 창조적 발전과 모항으로 다시 돌아온 우리의 무예로 초점이 맞춰져야 한다. 태권도의 현안은 현재 가장 필요한 종목으로 발전시키는 것이다. 만약 이것을 놓치면 심한 경우에는 세계인으로부터 버림받을 수도 있다. 한때 세계적으로 각광을 받던 종목도 어느 날 갑자기 사라진 경우도 드물지 않다. 기술 발전과 시대정신에의 적응에 실패한다면 태권도라고 사라지지 말라는 법은 없다. 한국의 태권도가 세계적인 태권도로 거듭나기까지 태권도 영웅들은 적지 않았다. 여기엔 훌륭한 무예가도 필요하고, 국제 스포츠 외교에서 발군의 실력을 보인 인물도 있었을 것이다. 또 무엇보다도 올림픽을 개최할 정도로 올라간 한국 국력의 뒷받침이 있었다.

태권도를 미국 주류 사회에 정착시키고, 기술향상에 이바지한 이준구(李俊九)를 비롯한 여러 인물들과 태권도가 올림픽 종목으로 채택되는 데 결정적 역할을 한 김운용(金雲龍) 등 스포츠 외교가의 공적은 참으로 위대하다고 할 수 있다. 태권도는 1970년 국제올림픽위원회(IOC) 승인 종목으로 채택된 뒤, 1994년 히로시마 아시아경기대회 때부터 정식 종목으로 채택되어 13개의 금메달이 걸려 있다. 태권도를 통해서 종주국의 국어인 한국어가 부분적으로나마 세계화되고, 세계적으로도 하나뿐인 한글이 여러 인종, 여러 문화에서 사용되는 계기가 되었다. 이는 경제개발의 성과만큼이나 기적에 가까운 것이다. 태권도는 단순한 스포츠나 무예가 아니다. 한국의 정신이 응결되어 있는 문무(文武) 문화의 결집이고, 앞으로도 한국문화의 선두에서 한국의 국가 브랜드 이미지의 선봉에 서 있을 것이다.

일본은 가라테를 태권도보다 먼저 세계에 보급하였지만 그것을 올림픽 종목에 넣고자 노력하지 않았다. 이는 가라테가 일본에서는 상류층에서 즐기는 종목이 아니라 하류층에서 즐기는 것이기 때문에 천시하였던 탓도 있다. 그리고 일본의 국기는 어디까지나 검도이고 유도이기 때문이다. 일본은 태권도를 밀어내고 가라테를, 중국은 우슈의 올림픽 종목 진출을 노리고 있다. 그러한 점에서 태권도인의 단합과 창진적 발전이 기대된다.

태권도는 초기에도 그랬듯이 항상 현재와 전통의 융합이다. 그것의 이름이 당수에서 시작되었든, 수박이나 각희에서 시작되었든 상관없다. 태권도는 존재이면서 동시에 생성이기 때문이다. 태권도는 끝없이 생성되지 않으면 안 된다. 그것이 한국무예의 대명사이고 세계적으로 보급된 한국무예라고 할지라도 진화하지 않으면 언제 사라질지 모른다. 혹자는 이종격투기 대회에서 태권도 출신이 한 사람도 없는 것을 들어 무예 중에서도 약한 무예라고 하지만 그것은 망발이다. 태권도는 격투기가 아닐 따름이다. 태권도는 무예임과 동시에 한국의 정신이다. 태권도가 한국문화의 총체성을 대표하는 지위를 누리고 있고, 앞으로도 누려도 좋은 것은 그것에 한국의 말과 한국의 정신이 녹아있기 때문이다. 태권도는 이제 김치나 된장과 같은 것이 되었다.

현재 한국의 무예 인구는 줄잡아 6백~7백만 명에 이른다. 역시 국기인 태권도가 약 5백~6백만 명으로 대종을 차지한다. 나머지 종목은 모두 1백만 명 정도이다. 단체의 수를 보면 단일종목으로는 검도가 제일 많았고, 그 다음이 합기도, 경호, 택견, 기타의 순이었다. 태권도는 대한태권도협회로 통합과정을 거치면서 단체는 줄어들었다. 태권도인의 단결이 더욱 요청된다. 만약 일본의 가라테나 중국의 우슈가 올림픽 종목에 들어가기 위해 태권도를 밀어내는 공작을 벌인다면 단호히 여기에 대응하여야 할 것이다. 전 세계 189개 나라 7,000만 태권도인의 성지가 될 무주 태권도 공원은 2013년 준공을 목표로 하고 있다. 한국이 성지가 되는 것이 다른 무엇이 있는가.

이준구 그랜드 마스터

8 무(武)와 무(舞)의 결합, 예술태권도

태권도는 지금 진화하고 있다. 그런데 구미에서 받아들인 태권도가 단순히 무술이나 스포츠에 불과한 것이었을까. 과연 태권도만한 무술과 스포츠가 없어서 그들은 태권도에 열광했을까. 아니다. 태권도는 그 이상의 무엇이 있었다. 한민족은 일제 식민치하의 질곡 속에서도, 광복 후 혼란과 빈곤 속에서 나름대로 생존의 위기에 직면하여 문화 부활의 제도로 태권도를 국민스포츠로 발전시켰던 것이다. 이는 새마을운동에 앞서 민족의 에너지와 야망을 일깨우는 신호가 됐다. 민족문화의 발전 과정에서 절체절명의 위기는 스스로 태권도라는 미래지향적 무술을 탄생시켰다.

흔히 건강한 몸에 긴강한 정신이 깃든다고 한다. 그런데노 조선 사회는 주자학이라는 정신을 앞세워 신체적인 것을 업신여기는 우를 범했다. 그것이 심하게 되어 결국 나라를 잃어버렸던 것이다. 서세동점의 시기에 일본은 재빨리 서양에 편승하여 제국주의국가로 변신하는 데 유일하게 성공한 동아시아 국가가 된다. 그러나 한국과 중국은 동도서기

미국 태권도의 대부 '그랜드 마스터' 이준구(오른쪽) 씨가 노익장을 과시하고 있다.

(東道西器), 중체서용(中體西用)을 부르짖었지만 근대화에 실패한다. 한국은 일제의 식민지가 되었고, 중국은 땅덩어리가 큰 탓으로 전체가 식민지가 되는 것은 면했지만 열강에 의해 국토가 점유되고 만주 일대는 만주국이라는 일본의 괴뢰정부가 들어섰다.

　문화의 하드웨어와 소프트웨어 경쟁에서 일단 패배한 나라는 수세를 만회하기 위해 노력하지만 결코 빠른 시일 내에 제자리를 찾지 못한다. 그게 지난 1백년간이다. 후진국이나 식민지가 국권을 회복하게 되면 대체로 경제개발을 비롯하여 과학의 진흥을 꾀하게 된다. 이는 하드웨어를 복구하지 않으면 소프트웨어의 발전을 기약할 수 없기 때문이다. 경제개발 이전에 국권을 회복하는 징후를 보이는 분야가 바로 스포츠나 무예 분야이다. 이는 문화의 하드웨어와 스포츠가 하부구조라는 공

화려한 예술태권도의 시범

통점을 갖고 있기 때문이다.

한국의 경우, 60년대 군사정권의 등장과 산업화·경제개발시대에 태릉선수촌으로 상징되는 스포츠 강화가 하나의 코드(code)로 작동하였다. 우리는 이 경험을 통해 무(武)가 과학과 연결되며 스포츠와 긍정적 피드백 관계에 있다는 것을 알았다. 태권도는 이에 앞서 한국의 발전을 예감했다. 태권도야말로 무(武)에서부터 문(文)을 진흥하는 징후가 되었다. 태권도는 월남전을 통해서 세계적으로 발돋움하였고, 전쟁의 종식과 더불어 중동과 서독, 미국 등 선진 구미지역으로 그 영역을 넓혔다.

한국 태권도사에서 영웅들은 많다. 그러나 그 가운데서 '미국 태권도의 대부'이자 '가장 성공한 이민자 200명' 중 유일한 한국인인 이준구(李俊九) 씨를 맨 먼저 떠올리지 않을 수 없다. 이준구 씨는 단순히 스포츠맨이 아니다. 그는 태권도라는 무술을 예술의 경지에 올렸으며 다시 미래 인류의 '수신(修身)의 도(道)'로 격상시키고자 노력하고 있다. 그는 또한 태권도를 외교로 격상시킨 인물이다. 무엇보다도 그는 미국의 주류 사회에 태권도를 제일 먼저 보급하여 한국의 위상을 높였을 뿐만 아니라 미국인의 건강과 도덕 재무장에도 기여한 인물이다.

이준구 씨는 미국에서 '구'자를 빼버리고 '준 리'로 통하고 그의 태권도는 '준 리' 태권도로 불린다. '준 리' 태권도는 무(武)와 무(舞)의 결합이면서 일종의 '예술 태권도'를 지향하고 있다. 그는 문(文) 숭상의 나라에서 태어난 사람답지 않게, 혹은 무예인으로서 당연한 것인지 모르지만, '체-덕-지(體-德-智)'를 주장한다. 흔히 우리가 말하는 '지-덕-체(智-德-體)'와 반대이다. 이는 문화를 관념이 아니라 실재에서 바라보고자 하는 일종의 역반(逆反)이다. 아마도 사대적 관념 놀이로 나라를 잃은 구한말의 역사에 대한 반성에서 비롯된 것일 것이다. 이는 세계적으로 몸 철학에 대한 관심의 제고와도 맥이 닿아 있다.

그는 또 진선미(眞善美)에서 선(善)을 빼고 그 자리에 애(愛)를 넣고 진미애(眞美愛)를 표방한다. 선은 위도에 따라 다를 수 있기 때문이다. 그의 수신의 규율(discipline)은 우리 문화의 고질병인 사대주의와 관념주의를 탈피할 수 있는 실용의 도로서 주목된다. 그가 체를 강조하는 것은 체육인이기 때문이 아니라 몸이야말로 수신의 출발점이기 때문이다. 사대주의적 선비들이 선진문화를 받아들인다는 명목으로 자신의 주체인 몸을 잊어버리고 오로지 경전에만 매달렸다가 식민지가 된 아폰 기억이 그를 무예인으로 만들었는지도 모른다.

보브 리빙스턴 전 美 하원의장은 그를 '그랜드 마스터'로 부르고 있다. 리빙스턴은 오직 준 리에 대한 존경심의 발로로 '28가지 역사를 만든 사나이'란 제목의 영문 히스토리를 집필하고 있을 정도이다. 태권도가 미국에 상륙하여 인기를 얻은 것은 실은 체육이라기보다는 규범을 가르쳐주는 것이었다. 이는 단순한 무예나 스포츠가 아니라 심신을 동시에 단련시키는 효과적인 수단이었다. 당시 청소년들의 도덕적 문란에 고민하고 있던 미국은 규율을 가르치는 도(道)로서 가장 가까운데서 찾을 수 있었던 태권도를 택했던 것이다. 그러한 점에서 태권도는 기회 포착을 잘한 셈이다.

여기서 규율이란 절도 있는 행동, 어른에 대한 공경, 자신에 대한 책임감, 술·담배·마약을 멀리하는 힘 같은 것을 말한다. 태권도는 효과적으로 물질 만능의 늪에서 허우적거리고 있는 미국인들에게 새로운 심신단련의 도(道)로 비쳤다. 규율은 아이들에게만 필요한 게 아니고 어른들에게도 필요했다. 당시 미국 사회는 규율이 문란했다. 그는 태권도를 통해서 동서양 문화의 교류와 소통, 그리고 이를 통한 제3의 문화 창조를 시도했다.

그는 1962년 6월 28일 "태권도를 배우면 우등생을 만들어 줄 것이다"라는 편지를 직접 써 189개국 주미 대사에 발송하고, 위싱턴에 태권도 도장을 개장했다. 이어 1965년 미 하원에 태권도장을 설치한 것을 비롯해 1968년 한국과 미국의 애국가에 맞춰 '태권무'를 만들었고, 최초로 태권도 안전기구(보호구)를 선보여 태권도 국제대회 개최의 발판을 마련했다.

그는 1975년 민주당과 공화당의 상·하원 의원 태권도대회를 처음으로 개최했다. 그에게 태권도를 배운 제자들은 권투영웅 무하마드 알

이준구 회장(右, 첫 번째)은 미국 태권도의 대부이자 스포츠외교의 선구자였다.

리(그의 코치 역임)를 비롯하여 브루스 리(족기를 가르치고 수기를 배웠다), 밥 리빙스턴 전 국회의장, 부시 전 대통령을 비롯해 콜린 파월 전 국무장관, 아널드 슈워제네거 캘리포니아 주지사, 깅리치 하원의장 등 수많은 워싱턴 정가의 정치인과 유명인들을 가르쳤다. 현재 상·하원 의원들에게 무료로 태권도를 가르치고 있다.

그는 미국 건국 200주년 기념일에 '세기의 무술상'을 수상했다. 1982년 독립기념일 집행위원장을 맡아 조지 워싱턴 기념관에서 '인간 성조기'를 만드는 퍼포먼스를 펼쳤고, 1985년 태권도장 운영 세미나를 처음으로 개최, 태권도와 비즈니스를 접목시켰다. 그의 업적 가운데 빼놓을 수 없는 것은 교육자로서의 그의 역할이다. 그는 1986년 상·하원 의원을 설득해 '미국 스승의 날'을 제정했다. 그는 또 구(舊) 소련 내 태권도 도장을 합법화해 65개의 도장을 설치하였고, 이를 인연으로 구소련 외무부가 주는 '가장 훌륭한 기사상'을 받았다. 그는 아인슈타인 등과 함께 미국 역사상 최대 공헌가 203명에 선정됐다.

리빙스턴 전 의장은 2003년 6월 28일 미국 워싱턴 시가 3만 명이 운집한 축구광장에서 '준 리 데이'(이준구의 날)를 선포했다. 이 사범은 유엔에서 '10021 행복론'을 강의한 덕분에 러시아 평의회로부터 '세계평화상'을 수상했다. '10021'은 '100세의 지혜로서, 21세의 젊음으로 행복한 삶을 살자'라는 캠페인이다. 이준구 회장은 이제 태권도 사범이 아니라 미국 사회에서도 스승으로 자리 잡고 있다. 그는 문무겸전의 현대판 인물의 대표로 보인다. 인도의 시성(詩聖) 타고르가 지은 '동방의 등불'을 영어와 한국어로 줄줄 암송하는가 하면 하모니카 연주는 수준급이다. 체육인이자 워싱턴 심포니 오케스트라와 하모니카 독주회를 열 정도의 뮤지션이기도 한 그는 마지막 열정을 후세의 교육에 전념하고 있다. 그의 태권도 철학은 체-덕-지이다.

"아이였을 때는 건강, 즉 '체'밖에는 없어요. 세 살이 되면 눈치를 보기 시작해 '덕'이 필요하고, 할아버지가 되면 지식과 지혜가 쌓이게 됩니다. 한국에 체육 시간이 거의 없는 것은 잘못된 교육입니다. 건강한 육체가 없으면 건강한 정신도 없습니다."

이것은 한국문화의 코페르니쿠스적 전환이다. 이는 히딩크 감독이 월드컵을 앞두고 한국 대표팀을 테스트한 결과 '기술이 문제가 아니라 체력이 문제'라는 것을 알아낸 것과 같다. 문화적 타성에서 벗어나 문화를 생성직으로 바라볼 때 문화적 창조가 일어난다.

그의 민간 외교관으로서 역할은 일일이 다 나열할 수 없다. 전두환·노태우 전 대통령 방미 시 워싱턴 정가의 인맥을 활용, 유명 인사들을 만나게 해 국빈의 체면을 살렸던 일, 이회창 전 한나라당 총재에게 주요 인사를 소개했던 일, 김치축제 때 상·하원 의원을 초청해 한국 음식을 맛보게 했던 일, 120여 개국에 태권도 도장을 열어 태권도 정신과 철학을 보급한 일 등 많은 역할을 했다고 자부한다. 이제 그는 무술인이 아니다. 문무겸전의 인물이다.

"태권도 경기가 재미없다고들 합니다. 발만 쓰는 태권도가 재미가 있겠습니까. 태권도는 새롭게 정립되어야 합니다. 한국에도 영어로 태권도를 가르치는 도장이 생겨나길 기대합니다. 태권도는 한국어와 한국문화, 음식 등을 전 세계에 수출했습니다만 이제 거꾸로 한국의 태권도 도장에서 영어와 미국문화를 배우는 것도 좋다고 생각합니다. 그 옛날 삼성과 현대 등 대기업들이 어려울 때 태권도는 인맥을 뚫어주는 효자였습니다. 태권도 도장이 전 세계 189개가 있다고 합니다. 이 도장이 자원외교와 민간외교의 중심이 되도록 정부는 활용해야 합니다."

그는 "에너지가 질량과 가속도의 곱($E=mc^2$)이듯, 행복은 참됨(眞) · 아름다움(美) · 사랑(愛)이 실천과 곱해질 때 가능하다"고 말한다. 여기서 E=행복, m=참됨 · 아름다움 · 사랑, c=실천이다. '참됨과 아름다움과 사랑이야말로 태초부터 설계된 우주 창조의 에너지원이자 가치'라고 전제한 그는 "생활에서 이들 가치를 행동에 옮김으로써 행복을 얻을 수 있다"고 주장했다.

무술 수련을 통해 '승리를 위한 7가지 자질'을 얻고 궁극적으로 행복에 이르는 실천을 체득한다는 논리를 펴고 있다. 7가지 자질이란 ▲ 속도(생각의 속도) ▲ 지구력(인내력) ▲ 타이밍(시간 엄수) ▲ 힘(지식) ▲ 균형(이성의 균형) ▲ 유연성(너그러운 인격) ▲ 곧은 자세(정직한 마음) 등이다. 그는 이 같은 자질을 기업 경영에도 적용해 시장정보의 수집 속도, 공급과 수요의 균형, 정직 · 책임 경영, 신속한 공급 및 애프터서비스 등을 갖춰야 경쟁에서 이길 수 있다고 말했다.

그의 '준 리 태권도'는 진화하여 무예에서 철학으로, 예술로 향하고

• • • •
이소룡에게 발차기를 가르치고 있는 이준구 씨

있고, 예술에서 문화의 종합 프로그램으로 발전하고 있다. 그는 심신의 균형을 통해 문무를 겸하는 한국의 대표적인 무예로서, 세계인들이 한국을 생각할 때 동시적으로 떠오르는 이름과 이미지로 태권도가 자리매김할 것을 기도하고 있다. 태권도가 이렇게 여러 모습으로 변모할 수 있는 힘의 원천은 힘과 기술을 동시에 발전시키는 기본의 충실함에 있다. 기본이 충실하지 않으면 다른 것은 저절로 힘을 잃기 때문이다.

이준구 씨는 이소룡의 소개로 〈흑권〉 등 몇 편의 영화에 출연하였으나 성공하지 못했다. 영화배우로 성공하지 못한 것이 도리어 그에게는 큰 행운이었는지도 모른다. 이소룡은 33살의 나이에 고인이 되었지만 그는 무술체육을 예술의 경지, 전인적인 인격의 양성의 도(道)로 끌어올리고 향년 86세로 2018년 5월 30일 별세했다.

생전에 귀국하여 필자와 만났을 당시 이준구 씨는 "태권도는 그동안 삼성, 현대 등 지금은 굴지의 기업들이 초기에 시장개척을 할 때 세계 여러 지역에서 현지 유력자와 연결시켜 주는 역할을 하였으며 대통령이나 왕의 경호 담당자가 되어 발판이 되었습니다. 말하자면 한국은 태권도로부터 세계에 알려지기 시작했습니다. 제가 미국의 국회의원들이나 주요 정객들에게 한국의 기업가들을 소개시켜준 것은 부지기수입니다. 지금도 여전합니다"라고 말한다.

그는 태권도의 발전에 자신감을 보인다. "태권도의 위력은 '태권도 월드컵'도 개최할 수 있는 수준입니다. 손과 발을 보다 다양하게 사용할 수 있게 함으로써 재미만 더하면 태권도의 생명력은 계속될 것입니다. 발만 주로 사용하게 해서는 한계가 있습니다. 현재 세계의 태권도 인구는 약 7천만 명에 이릅니다. 중국 우슈는 세계적 인구가 너무 적어 태권도와 상대가 되지 않고 일본의 가라테는 태권도에게 기선을 빼앗긴 것입니다."

그의 말을 듣고 있노라면 태권도는 지도자들이 파벌을 극복하고 보다 전향적인 자세로 기술을 발전시키고 세계를 끌어안는다면 얼마든지 세계 무술의 패자로서 가능성이 있는 종목이었다.

"태권도의 기본형은 농사꾼의 기본형입니다. 이것에 무술로서의 과학성을 강화해온 것이 오늘의 태권도라면 이제 예술성을 강화하는 것이 미래에 대비하는 자세입니다."

'등 따시고 배부르면' 흥에 겹고 춤을 추기 마련이라고 말하는 그에게서 인생과 삶의 달관의 경지를 보는 듯했다.

"광물성에 진리가 있고, 식물성에서 아름다움이 싹트며, 동물성에서 사랑이 샘솟고, 인간에 이르러 자신의 실체를 느끼게 되었습니다."

이준구 씨는 단순한 무예인이 아니라 이제 철학자, 예술가가 되어 있

었다. 한국을 빛낸 '그랜드 마스터'의 삶을 담은 500페이지짜리 만화책
이 원로 만화가 김산호 화백에 의해 제작되어 출간됐다.

• • • •
'택견' 인간문화재 송덕기 옹

9 지천(地天)의 무예, 택견

우주의 기운이란 저절로 움직이는 것이다. 그 힘을 받아 몸 안의 우주를 깨운다. 우주를 움직이는 것이 도(道)라면 사람을 움직이는 것은 기(氣)다. 굼실굼실, 능청능청, 유연한 몸짓 속에 우주와 하나가 되고 나의 몸은 깃털처럼 가벼워진다. 무예는 남을 공격하는 것이 아니라 깨달음에서 시작하여야 한다. 충주호를 끼고 있는 넓은 들판, 중앙탑 아래에서 펼쳐지는 택견 수련은 장관이다. 어디선가 자라면서 본 것 같은, 생활 속에서 친근한 몸짓이다. 한국인의 성품과 닮은 그 몸짓, 그래서 택견은 우리 일상인에 숨어 있는 무예의 무의식을 일깨운다.

택견은 품새가 결정되어 있지 않다. 자신이 익힌 여러 기술을 종합하여 그때그때 효과적으로 사용하는 열린 기술, 열린 무예이다. 부드러운 곡선 속에 날카로운 공격력을 가진 택견, 가장 한국적인 무예가 바로 택견이다. 1952년, 휴전협정이 조인되기 전 제1군단 참모장이었던 최홍희는 이승만 대통령이 지켜보는 자리에서 자기가 훈련시킨 당수도 시범단의 시범을 보인다. 자라면서 택견을 보고 알고 있던 이 대통령은

충주 택견 전수관 앞뜰에서 벌어진 택견의 '맞서기'

시범을 보고 '태껸이구먼'이라고 한다. 이렇게 하여 후에 태권도(跆拳
道)의 이름을 낳게 한 택견, 그 이름은 이래저래 민족 무예의 어머니 노
릇을 톡톡히 하며 오늘도 이어지고 있다.

이제 지천(地天)의 시대. 땅과 어머니가 하늘과 아버지보다 더 대접을 받는 시대, 평화의 시대는 택견에 날개를 달아줄 것이다. 땅을 중심으로 우주가 돌아가는 성격을 바꾸는 것과 함께 문무(文武)도 서로를 바라보면서 반면교사 역할을 하는 소통의 시대를 맞고 있다. 인류 전쟁의 성격이 달라지고, 무기체계가 달라지며, 삶의 모습도 달라진 지금, 무예는 수양무예, 호신무예, 경기스포츠나 건강스포츠, 예술무예의 성격으로 탈바꿈 하고 있다. 무기를 가진 무예가 설 자리를 잃은 지금, 놀이의 성격이 강한 택견은 더더욱 빛을 발할 때가 된 것이다.

택견은 무기 없이 맨손만으로도 강한 공격력을 가졌다고 하여 일제 때는 금지되고 수난의 세월을 보냈다. 그러나 무예의 무의식은 그렇게 쉽사리 사라지지 않는다. 왕십리 택견, 구리개 택견은 장안의 장사들의 겨룸의 한판이었고, 연승제로 벌어지는 택견은 때로는 한 사람이 여러 사람을 물리침으로써 패기와 오기를 불러일으키고 생활에 활력을 불어넣었다.

충주시 중심가인 호암동(虎巖洞), 둘레가 4킬로에 이르는 넓은 호암지를 바라보면서 충주시 문화센터 한 쪽에 충주시 '택견 전수관'이 있다. 입구에 '택견'이란 글자가 새겨진 커다란 바위가 그 옛날 동네 어귀의 입석처럼 서 있었다. 2천여 평의 대지에 300여 평의 도장과 부속건물이 들어서 있다. 우리나라에서 유일한 택견 예능 보유자 정경화 씨 (중요무형문화재 제76호)를 만났다. 그는 요즘 강의요청이 쇄도하고 제자들도 양성해아 하는 관계로 서울과 지방을 오가면서 분주한 나날을 보내고 있었다. 1983년 택견이 문화재로 지정될 당시만 해도 외로웠던 정씨는 이제 이수자와 전수생들만 해도 1백50여 명에 달한다. 그를 거쳐 간 제자들은 전국에 50~60만 명에 이른다. 현재 16개 시도에 지부가 있다.

택견 3대인 송덕기, 신한승, 정경화 씨가 수련 후 한자리에 모였다.

그는 최근에 '별걸이 택견'을 만들어 택견의 음양체계를 완성했다고
근황을 소개한다. 별걸이 택견이란 일종의 싸움 택견이다. 지금까지 택
견은 살수(殺手)보다는 활수(活水)에 집중하여 무예로서의 권위를 인정
받지 못한 편이었다. 활수란 상대방을 죽이지 않으면서 이기는 그야말
로 신사적인 기술이고 인간적인 기술이다. 그런데 무예에서는 이것이
도리어 불리하게 작용하였던 것이다. 지난 87년 고인이 된 신한승(辛漢
承) 선생의 유지를 받들어 그가 복원한 것이다.

"문화재라고 해도 유형문화재와 달리 무형문화재는 전통을 보존하고
고수한다고 해서 화석처럼 그대로 있어야 하는 것은 아니라고 생각합
니다. 무예의 기본 철학과 동작의 원리를 지키면서 변화와 발전을 거듭

::::
정경화 씨가 '손심내기' 술기를 선보이고 있다.

해야 한다고 봅니다. 변하는 것이 문화가 아닙니까."

무예인으로서의 그의 철학은 확고부동하다. 그는 문화의 화생만물(化生萬物) 하는 원리를 정확하게 꿰뚫고 있는 보기 드문 무예인이었다.

"종래의 '본때 뵈기 택견'은 발 중심으로 8마당이지만, '별걸이'는 손 중심으로 8마당입니다. 전자가 '지(地) 중심'이라면 후자는 '천(天) 중심'입니다. 별걸이는 좀 어렵기는 하지만 종래의 수비 중심의 택견을 공격 중심으로 바꾼 것입니다."

그는 별걸이를 복원하면서 택견의 외유내강(外柔內剛)이 얼마나 위대한 것인지를 역으로 알았다고 한다. 그러나 별걸이는 마치 암수를 만나야 성인이 되는 것처럼 택견의 진정한 짝을 찾은 기분이라고 말한다.

종래 택견은 지그재그로 움직이는 곡선인 데 비해 별걸이는 직선으로 움직이며 공격적이다. 상대방을 살리면서도 이기는 활수(活手)에 중점을 둔 것이 아니라 택견도 엄청나게 예리한 살수(殺手)가 있다는 것

••••
택견의 째차기 술기, 맨 앞에서 무형문화재 정경화 씨가 시범을 보이고 있다.

을 보여줄 수 있다고 한다. 그러나 택견은 어디까지나 활수가 우선이라고 한다. 전통 택견에도 살수가 없었던 것은 아니다. 단지 살수에 대해 조명을 하지 않았을 뿐이다. 육모방망이를 사용하는 육모술은 파괴력도 대단하다. 택견은 시합을 하기 전 상대방에게 '서거라'라고 소리쳐 '섰다'라고 대답하면 시합이 시작된다.

택견은 크게 서기택견과 결연택견(결연수)으로 나뉜다. 결연택견은 바로 싸움수이다. 택견의 기초와 기술은 품밟기(보법)와 활갯짓, 그리고 손발기술로 구성된다. 삼각지점을 번갈아 오가는 품밟기는 3박자의 한국 고유의 리듬을 타고 있다. 이는 발을 철저하게 보법으로만 이용하며 발가락에 중심을 두고 나아가 정권을 치는 공격적인 권투와 달리, 발을 주 무기로 사용하면서도 발뒤꿈치에 중심을 두어 활갯짓을 하고,

상대를 교란하며 탄력을 얻는 수비형의 기본동작이다. 손과 발로 하는 모든 공격과 방어는 활갯짓에서 나온다. 제지고, 해치고, 돌리기, 활갯짓의 부드러운 곡선과 품밟기의 독특한 걸음법이 모여 택견의 기본동작이 만들어진다. 품밟기를 이용해 상대의 중심을 흐트러뜨린 다음 차거나 걸어서 먼저 쓰러뜨리는 방법으로 승부를 낸다.

택견의 모든 동작은 부드러운 손동작과 재빠른 발기술이 물 흐르듯 연결될 때, 정중동(靜中動)의 택견은 정수를 드러낸다. 대부분의 무예 동작들이 끊고 맺음이 확실하지 않지만 택견은 그렇지 않다. 끊어질 듯 이어지고 이어질 듯 끊어진다. 직선적인 동작들은 파괴력도 크지만 제 스스로도 꺾이고 만다는 것이 택견의 기본정신이다. 택견의 동작은 굼실굼실, 능청거린다. 굼실굼실은 벌레가 움직이는 곡선의 모습이고 능청거리는 것은 버드나무처럼 잘 휘는 탄력을 말한다. '저것이 무슨 파괴력이 있겠느냐고 생각할지 모르지만 외유내강의 대표적인 무예가 바로 택견이다.

택견은 조선조 말까지만 해도 씨름과 더불어 민속놀이 판에서 흔히 볼 수 있는 것이었다. 우리 민족은 평화민족이어서 그런지 발을 사용하는 무예에 관심을 많이 보였다. 손은 보조인 것이다. 여기에 탈춤을 보태면 영락없는 삼총사이다. 이들 삼자는 하부구조와 무의식에서 통하고 있다.

택견과 씨름을 비교해보자. 택견의 '낚시걸이'는 씨름의 '밭다리'이고, '안뉘길이'는 '안다리'이나. '넛설이'는 '넛설이'로 이름도 같고, '두잽이'는 '뒤집기'이다. '오금잽이'는 '뒷무릎치기'이고, '딴죽'은 '차돌리기'이다. 택견과 탈춤을 비교하면 택견의 '어리대고 빗장걸이'는 탈춤의 '외사위'이고, '품밟기'는 '오금펴기'이다. 그래서 택견은 살바 없는 씨름이고, 공격하지 않는 탈춤이다. 이들은 모두 3박자이다. 천지인 3박자는 한민족의 DNA가 되어 이렇게 무술의 동작에도 스며있는 것이다.

무예의 궁극적 목표는 적으로 생각하는 상대방에게 위해나 살해를 가하는 것이다. 자신에게 위험이나 위협이 되지 않는 데도 상대에게 상해를 가하거나 죽이는 것은 진정한 무예인이 아니다. 내가 죽느냐, 아니면 네가 죽느냐의 기로에서 무예는 실력을 발휘한다. 그런 점에서 무예에서 맨몸(맨손)으로 싸우는 권법은 무기를 들기 위한 준비 혹은 예비동작인 것이다. 그러나 권법 자체가 무예인 경우도 많다.

우리 권법의 특징이 발에 있다는 것은 참으로 자랑스럽다. 우리 민족의 몸짓은 손짓보나는 발짓에 더 무게중심이 가 있다. 손짓은 발짓의 보조이다. 이를 '발 구름 놀이'의 특징이라고 할 수 있을 것이다. 소위 우리의 택견이라는 것도 실은 발 구름 놀이의 대표적인 것이다. 널뛰기도 그렇고, 제기차기도 그렇고, 씨름도 하체 중심의 발 걸기 기술이 발달되어 있다. 한국의 구기 종목 가운데 가장 대표적인 것은 역시 축구이다.

권법은 손과 발을 적절히 사용하는 것이다. 손은 발보다 속도 면에서 빠르다. 따라서 상대보다 먼저 정확하게 목표지점을 공략하는 데 유리하다. 이에 비해 발은 손보다 느리고 정확도도 없지만 공간의 확보와 활용에 능하고 일단 공격에 성공하기만 하면 파괴력은 엄청나다. 그러나 공격에 실패할 경우 되받아 공격을 당할 위험에도 쉽게 노출된다.

손발은 장단점이 있다. 권법 중에서도 손이 더 중요한 이유는 바로 손은 다른 무기를 들 수 있다는 점 때문이다. 손과 발의 궁극적 차이는 바로 다른 무기를 장착할 수 있느냐의 여부이다. 발은 그것을 할 수 없다는 점에서 불리하지만 그런 점에서 역시 평화적인 성격이 강하다. 발을 주무기로, 주 동작으로 하고 손을 보조로, 은폐기술로 하는 무예는 궁극적으로 평화의 무예이고, 놀이적 성격을 가질 수밖에 없다.

발은 모든 무예에서 보법(步法)으로 봉사한다. 그래서 발은 무예의 어머니와 같다. 보법, 즉 스텝을 잘 못 하면 제대로 공략을 할 수 없다. 보법이란 공간을 활용하는 데서 절대적인 것이다. 그러나 보법이란 무예에서 빛이 나지 않는 것이다. 무예인이나 수련자의 입장에서 보면 보법이란 학문의 기초와 같다. 보법이 없으면 아무 것도 할 수 없다. 발기술을 주로 하는 무예는 발이 보법임과 동시에 공격하는 무기가 된다. 보법에서도 상하선후는 종적이고 공격적이다. 이에 비해 좌우는 횡적이고 수비적이다. 횡적인 것은 결국 원을 지향한다. 종적인 것은 권위적이며 횡적인 것은 평등하다. 공격적인 무예는 '천(天)의 무예'라고 할 수 있고 수비적인 무예는 '지(地)의 무예'라고 할 수 있다. 그런 점에서 택견은 후자에 속한다. 그러나 이제 별걸이의 복원으로 천기(天氣)도 갖추게 되었다. 지기(地氣)를 중심으로 벌이는 무예가 천기와 하나가 된 것이다.

지난해 10월 3일, 개천절에는 '제1회 세계 택견대회'(충주 호암체육관, 10월 3, 4일)를 개최했다. '택견은 세계로, 세계는 택견으로'라는 슬로건 아래 거행된 세계대회에는 17개국 6백여 명이 참가했다. 택견은 이제 세계화의 길목에 들어선 셈이다.

정경화 회장은 택견의 문화적 확대 재생산을 위해 지난해 11월에는 '중요무형문화재' 기획행사로 '춤과 무예의 만남'(2008년 11월 22일, 충주 호암예술관)을 개최했다. 무(武)와 무(舞)는 하나에서 출발한 것임을 보여준 행사였다. 선부도 대금강문 문주인 설적운 씨, 승무 인간문화재 이애주(중요무형문화재 제27호) 씨와 함께 한 뜻 깊은 행사였다.

택견은 1983년 6월 1일 중요무형문화재 제76호로 지정되었다. 여기에는 고 신한승 선생의 헌신적인 노력이 컸다. 신한승 씨와 그의 스승인 송덕기(宋德基) 씨가 초대 예능 보유자가 되었고, 정경화(鄭景和) 씨에게 2대 째 이어 내려오고 있다. 송덕기 씨는 이전에 임호(林虎, 종로 택견 명인) 선생에게 사사 받았다. 또한 왕십리 택견의 명인은 박털배, 신재영 등이 있고, 구리개 택견의 명인은 박무경, 김홍식 등을 들 수 있다.

택견의 이름도 다양하다. 태견, 탁견, 탁견희, 덕건이, 각희 등이다. 현재 무형문화재 지정 이름은 택견이다. 그래서 택견으로 통일하는 것이 옳다. 놀이성이 짙은 택견, 맨손으로 하는 무예였던 택견은 무예의 갈 길을 미리 알고 있었던 것인가. 아니면 평화의 민족이 자연발생적으로 만들었던 가장 평화적이고 신사적인 놀이성 무예였던가. 택견은 어떤 무예보다 민족의 무의식에서 자라나는 무예이고, 한민족의 '어머니 무예'라고 해도 과언이 아니다. 탈춤, 씨름과 혈연성을 가지고 있는 택견의 앞날은 밝다. 정경화 인간문화재는 충주시 택견 전수관을 '택견원'이라고 부른다. 세계 택견의 본부라는 뜻에서다.

일제 시대 「제국신문」 주재(主宰)를 지냈던 최영년(崔永年)이 지은 『해동죽지(海東竹枝)』(1925년 4월 25일) 유희(遊戲: 놀이) 편에 '탁견희(托肩戲)'는 다음과 같이 소개된다.

"옛 풍속에 각술(脚術)이라는 것이 있는데, 서로 마주 보고 서서 차서 거꾸러뜨린다. 세 가지 법이 있는데 최하는 다리를 차고, 잘하는 자는 어깨를 차고, 비각술(飛脚術)이 있는 자는 상투에 떨어진다. 이것으로 혹은 원수도 갚고, 혹은 사랑하는 여자를 내기하여 빼앗는다. 법관으로부터 금하기 때문에 지금은 이런 작난(作難)이 없다. 이것을 탁견이라 한다."

그리고 이 글 뒤에는 한시가 붙어 있다.

百技神通飛脚術
輕輕掠過琦簪高
投花自是風流性
一奪貂蟬意氣豪.

백 가지 기술 신통한 비각술
가볍게 상투와 비녀를 스쳐 지난다.
꽃 때문에 싸우는 것도 풍류의 성격
한번 초선(貂蟬)을 빼앗으면 의기양양하다.

국궁 장영민 사범

10 중정(中正)의 무예, 국궁(國弓)

　예로부터 우리 민족은 활의 민족이다. 아마도 고대에서부터 중국 쪽에서 보면 우리 민족은 활로 대표되고 상징되는 민족이었던 것 같다. 알다시피 동이족(東夷族)의 이름에도 바로 큰 활, 대궁(大弓=夷)의 의미가 들어있다. 그런데 실지로 우리의 활은 그렇게 크지 않았던 것 같다. 그럼에도 대궁이라 한 것은 역설적으로 '활보다 사람이 크다'는 의미가 있다. 이에 비해 활보다 작은 일본인의 모습을 '矮(왜: 작다)'자로 표현했다.

　활을 잘 쏘고, 활을 주병기로 사용하는 '활이 강한 민족'이라는 뜻도 있다. 활의 크기는 덥고 습도가 높은 해양성 국가일수록 크다. 활의 크기는 우리나라에 비해 중국과 일본, 몽고가 더 크다. 그런데 그 성능은 우리에 비할 바가 못 된다. 우리의 활은 작으면서도 멀리 날아가는 것이 특징이다. 말을 타고서도 자유자재로 활을 쏘기 위해서는 활과 화살이 작아야 한다. 특히 마상에서 활쏘기는 우리 민족의 특기이다. 달리는 마상에서 날아가는 새를 쏘아 떨어뜨리는 무용담은 우리에게 낮설지 않다.

우리 각궁(角弓, 복합궁)의 경우, 전투용과 습사용이 다르긴 하지만 대체로 1백 미터에서 2백 미터 사이를 날아가는 데 비해 중국, 일본, 몽고 등 다른 나라의 활은 사거리가 그 반(半)에 불과하다. 활은 사람이 당기는 힘을 탄성에너지로 축적했다가 화살의 운동에너지로 전환시키는 기구이다. 긴 활은 살을 메겼을 때 시위의 각도가 넓어서 탄성에너지가 화살에 미치는 힘이 약해진다. 한국은 활이 주병기이기 때문에 여러 복합적인 재료를 써서 가볍고 작으면서도 멀리 날아가는 최첨단의 활을 개발하였던 것 같다. 도리어 너무 활에 의존하는 경향이 커서 다른 병기의 개발과 훈련이 제대로 되지 않은 불리한 측면마저 있었다. 일본이 칼, 중국이 창이나 전차에 의존하여 전쟁을 한 반면 우리는 임진왜란 때까지도 활에 의존했다.

한국의 활이 작은 것만 있는 것은 아니었다. 쇠뇌(弩)라고 하는 것은 장거리 공격을 위해 제작된 큰 활로 마치 요즘 화포(火砲)와 같은 구실을 하는 파괴력 있는 무기였다. 특히 신기전(神機箭)은 다발화포, 로켓 병기와 같은 것이었다. 대나무로 만들어진 화살대의 윗부분에 약통(로켓엔진)을 부착하고 폭탄에 해당하는 방화통을 약통 위에 올려놓고 도화선을 약통과 연결하여 폭발하도록 하였다. 기록에 의하면 임난 당시 이순신 장군은 쇠뇌를 잘 사용하였다고 한다. 또한 일반 화살보다 그 길이가 반도 안 되는 편전(片箭)은 조선의 비밀병기로서 세계적으로도 유일하다. 우리 민족은 활을 좋아하였을 뿐만 아니라 좋은 활을 만드는 과학성을 갖추고 있었다. 여러 재료를 사용하여 우수한 활을 만드는 데에 부지런하였다.

활의 생명은 바로 활의 탄력성에 있다. 우리의 각궁은 당시로서는 가장 탄력성이 우수한 무기였다. 활의 탄력성을 높이기 위해 산뽕나무, 참

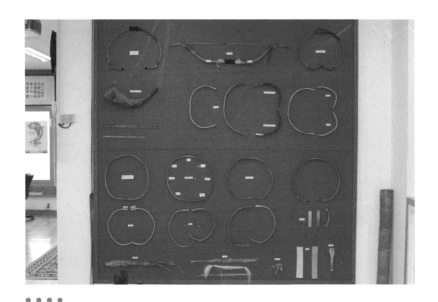

각궁을 만드는 재료와 과정들

나무, 대나무를 주재료로 하면서 안팎으로 무소뿔과 쇠심줄을 둘렀고, 접착 효과를 높이기 위해 민어부레를, 방습효과를 위해 자작나무 껍질을 사용했다. 각궁은 180도 뒤집어서 쓰는 만곡궁(彎曲弓)인 까닭에 다른 민족의 일자형(一字弓)보다는 탄력이 우수하였다. 중국에서는 고조선의 활을 단궁(檀弓), 맥궁(貊弓), 낙랑단궁(樂浪檀弓)이라고 하였다.

꽃샘추위가 아직 가시지 않는 봄날, 우리 활의 종가(宗家)라고 할 수 있는 황학정(黃鶴亭)을 찾았다. 시내에서 멀지 않은 사직공원 바로 위쪽이다. 황학정은 갑신정변 후 악화된 상무정신을 진작시키고자 고종의 어명으로 경희궁 회상전 북쪽에 세운 사정(射亭)이다. 경희궁이 헐리면서 현재의 위치인 등과정(登科亭) 옛터에 옮겨졌다. 황학정 건물(서울시 유형문화재 제25호)로 그때 옮겨왔다. 황학정기에 따르면 인왕산 서촌에는 풍소정, 등과정, 등룡정, 운룡정, 태극정 등 다섯 사정이 있

노익장을 과시하고 있는 황학정 고문 고 이선중 전 법무부장관

었다고 한다.

황학정 35대 사두(射頭) 신동술(申東述) 씨와 사범 장영민(張榮珉) 씨가 맞아주었다. 장영민 씨는 고 김경원 사범에게 "우리 사법은 기마사법에서 왔는데 점차 사라지는 것에 아쉽다"라며 기마사법인 정면보기의 11자 자세를 전수 받은 이후, 대한궁술원을 설립하여 기마사법 보급에 앞장서고 있다.

마침 이날 고문으로 있는 이선중(李善中) 전 법무부장관도 활을 쏘러 오는 날이라고 했다. 몇몇 회원들이 바람이 부는 쌀쌀한 날씨에도 아랑곳하지 않고 활시위를 당기고 있었다. 현재 회원이 170여 명. 황학정은 전국의 350개 활터의 종가이다. 고종이 활을 쏘던 경희궁의 전통을 잇고 있어서 그런지 활 애호가들의 성소(聖所) 같은 곳이다.

● ● ● ●

황학정에서 활을 쏜 옛 흔적, 등과정이라는 음각이 새겨져 있다.

이선중 고문(85)은 "예부터 선비들이 몸에 익힌 무예지만 제가 이 나이가 되도록 건강을 유지하는 것은 모두 활 덕분입니다"라고 '활 예찬론'을 털어놓는다. 지난 65년부터 황학정에 오른 뒤 지금까지 40년 넘게 한 달에 20일 가량 활쏘기를 해왔다. "활쏘기는 정신집중과 전신 근육 사용이 필요하므로 건강유지에 매우 적합하다"고 한다.

활쏘기의 요령을 묻자 이 고문은 사무실 벽에 걸린 '집궁제원칙(執弓諸原則)'과 '궁도9계훈(弓道九戒訓)'을 가리키고 읽어 내려가면서 해석한나. 활은 삽으년 우선 바람의 세력을 살피고, 가슴을 비게 하고, 줌손은 배에 힘을 주면서 태산을 밀듯 힘 있게 앞으로 미는 것이 핵심 내용이다. 궁도에서는 겸손과 청렴겸직이 으뜸이다. 활을 쏠 때는 침묵을 지키고, 이긴 사람을 원망하지 않으며, 타인의 활을 당기지 않는다는 것이 주요 내용이다.

황학정은 정부수립을 하자마자 국궁인 대한궁도협회를 발족한다 (1948년 8월 25일). 이어 양궁협회 창립도 주도하였다. 1961년 박정희 정권이 들어선 뒤에 대한궁도협회(조선궁술연구회가 전신) 간부들 앞에서 "북한에서는 이미 국제양궁연맹에 가입했는데 우리는 뭐 하는 겁니까?"라는 질책에 따라 서둘러 1963년 7월 27일 일본과 자유중국의 추천과 지지로 국제양궁연맹에 가입하게 된다. 그동안 양궁은 대한궁도협회 산하에 양궁부로 있다가 대한양궁협회로 분가하였다(1983년 3월 4일). 양궁은 올림픽에서 우리의 메달 종목으로 각광을 받으면서 대한민국이 '활의 나라'라는 사실을 세계에 선전하고 있는 셈이다. 대외적으로는 '활의 나라'의 명성을 양궁이 이어가고 마침내 국궁은 '전통 활쏘기'로서 민간에 의해 계승되다가 2020년 국가무형문화재 제142호로 '활쏘기'가 지정됐다. 국궁 인구는 현재 2만 5천여 명에서 3만여 명에 이른다고 한다.

황학정 대한궁도협회는 2002년에 '장안 편사놀이 보존회'(서울시 무형문화재 7호)를 서울시에 발족하고, 2007년에는 시대에 맞추어 황학정을 사단법인화 하였다. 호국무예 국궁은 그 명성에서 양궁에 밀리기는 하였지만 민간 차원에서 선비스포츠, 정신스포츠로 각광받고 있어 양궁보다 열배 이상의 많은 동호인들이 즐기고 있다. 생활체육궁도연합회가 주최하는 '민족궁대회', 한국문화재보호재단이 주최하는 '영조임금, 탕평(蕩平)의 활을 쏘다' 등이 민간의 국궁보존의식을 고취하고 있다.

우리 민족은 활을 잘 쏘기도 하였지만 역시 활의 성능도 우수하였던 셈이다. 문반과 무반 벼슬아치는 물론 일반 백성과 부녀자들까지도 활을 쏘는 모습을 볼 수 있었다. 궁궐은 물론, 도시 주변의 산에는 으레 사정(射亭)이 있었는데 일종의 국기였다. 활쏘기 대회는 거의 일상사에

••••
황학정 회원들이 활시위를 당기고 과녁을 바라보고 있다.

가까웠다. 활쏘기는 흔히 관덕(觀德)이라고 한다. 『예기(禮記)』 '사의(射義)' 편에 "활쏘기는 인(仁)의 길이다", "활쏘기는 자기 자신에게서 바른 것을 구한다", "몸을 바르게 한 후에 쏜다", "쏘아서 맞추지 못하면 이긴 사람을 원망하지 않는다"라는 구절이 있다. '바를 정(正)'자가 두드러진 다. 무예로서 인(仁)을 실천하는 것이 바른(正) 것이고, 그래서 '관덕'이라고 하였다.

황학정의 정기(亭記)에는 "활쏘기는 하나의 재주이지만 하나의 도(道)로서 이어져왔다(射雖一藝循環一道)", "읍하고 사양하며 활을 쏘는 것은 예를 강하는 것이다(揖讓講禮)"라는 글귀가 있다. 논어나 예기에 나오는 대목이 눈에 띄는 것은 그만큼 활쏘기가 선비들의 무예이기 때문이었다. 궁도장에는 으레 '정간'(正間)이라는 글귀가 있었다. 이 글자를 놓고 궁도인 사이에도 해석이 분분하지만 궁도의 성질상 '순간(瞬間)에 과녁을 바로 맞춰야(正) 하는 것'과 관련이 있을 듯하다. '사이 간

(間)’자라는 것은 시간(時間)과 공간(空間)과 인간(人間)에 두루 쓰이는 것으로 이 세 간자가 삼위일체가 되어야 궁도가 완성된다는 의미일 것 같다.

활은 선비들의 육예(六藝: 禮樂射御書數)에 들어갈 정도로 문무가 모두 수련한 것이어서 무예로서의 대접이 때로는 소홀하였지만 활은 적과의 먼 거리에서 승부를 낼 수 있는, 오늘날로 말하면 우수병기였으며 인류전쟁사에서 총이라는 것이 출현하기 전까지는 병기의 총아였다. 중국 사람들이 싫어하는 것이 고구려의 활과 북동풍(北東風)의 바람이다. 이 바람은 중국에 큰 변이 생긴다는 징조였다. 이것은 우리가 중국의 전차와 북서풍(北西風)을 싫어하는 것과 대조된다. 중국의 전차와 북서풍은 바로 중국이 한반도로 쳐들어오는 것을 의미한다. 언제나 국경을 접한 나라는 가깝고도 먼 사이일 수밖에 없다. 일본만 그런 것은 아니다.

말을 타고 달리면서 활을 쏘는 수렵도는 고구려 벽화에도 보이지만 바로 마상에서 쏘는 활이었기에 활은 작고 화살은 짧은 것이 효과적이었다. 적이 오면 재빨리 활을 쏘아대면서 응전을 할 수 있었다. 때로는 성안에서 멀리 다가오는 적을 사전에 궤멸해버리는 것이 무서워서 중국도 우리 민족을 침범할 때는 항상 활의 사정거리를 감안하여 공격했다. 중국과 한국은 언제나 두려워하면서 지냈던 것이 양국의 고대사였다.

황학정과 같은 사정(射亭)은 본래 병사들이 훈련을 하는 곳이었다. 궁성에서 가까운 곳에 위치하면서 평소에 각종 무예를 훈련하고 유사시에 궁성을 지키는 역할이다. 사정으로는 황학정 이외에도 남산의 석호정(石虎亭)과 비파정(琵琶亭)이 유명하다. 황학정이 왕과 문무백관이 활을 쏘던 곳이라면 석호정은 서민들이 주로 활을 쏘던 곳이다. 특히 비파정(琵琶亭)은 활터일 뿐만 아니라 조선 정예 별기군의 무예 훈련 장소였다. 남산의 북쪽 자락에는 중앙 삼군영이라 불리는 훈련도감, 어영청, 금위영 군사들의 무예 수련장이 집중되어 있었다. 비파정에서는 훈련도감 군사들이, 남소영에서는 어영청 군사들이, 남별영에서는 금위영 군사들이 무예를 갈고 닦았던 것이다.

오늘날 장충단(獎忠壇)공원은 1895년 일제에 의해 명성황후가 시해된 을미사변 당시, 이를 저지하기 위해 목숨을 바친 훈련대장 홍계훈과 궁내부 대신 이경직 등의 충절을 기리기 위해 고종이 설치하도록 지시한 곳이다. 이후 임오군란과 갑신정변으로 순직한 문 무신들까지 추가하여 장충단은 대한제국 당시 오늘날 '현충원'의 역할을 했다. 장충단에서는 봄, 가을로 엄숙한 제사가 거행되었으며 이는 대한제국의 장병들과 일반 백성들의 저항의식을 고취시켰다.

이러한 장충단의 상징성을 고려해볼 때, 임금과 도성을 지킨 어영청 군사들이 무예를 익혔던 남소영에 장충단이 설치된 것은 우연이 아니었다. 1910년 한일합방이 되자마자 일제는 장충단을 폐사하고 공원으로 조성하기 시작하였다. 이후 이토 히로부미(伊藤博文)를 기리는 박문사(博文寺)를 건립하고, 일제의 송덕비(頌德碑)를 세우며, 상해사변의 육탄 삼용사의 동상이 세워지는 등 일제의 집요한 장충단 격하 작업은 계속되었다. 우리 민족의 무혼(武魂)을 상징하던 장충단은 일제에 의해 철저히 모욕당했던 것이다. 제국주의자들은 언제나 피식민지의 상무(尙武)정신을 먼저 없애고 문약(文弱)하게 만드는 전략을 구사한다. 일제의 문치(文治)라는 것이 그 좋은 예이다.

남별영 또한 일제에 의해 놀이터로 꾸며졌다. 임진왜란 당시 왜군이 주둔했던 곳이라 하여 왜성대(倭城臺)라 부르며 이 지역에 유달리 애착을 보였던 일본인들은 1897년 이 일대를 조선 정부로부터 영구히 임

대받아 주악당(奏樂堂)과 연무대(演舞臺)를 만들고 벚꽃 600그루를 심어 술 마시고 춤추며 꽃구경하는 장소로 만들었다. 조선의 무인들이 창검을 휘두르고 활을 쏘던 남산의 북쪽자락은 조선 내에 거류하던 일본인들에 의해 공원으로 바뀐 지 벌써 100년이 넘었다. 동물원이었던 창경궁은 옛 모습에 가깝게 복원되었지만 오늘날에도 이 지역은 '공원'일 뿐이다.

최근 문화의 고부가가치 창출을 선언하며 '동대문 디자인파크'로 개발되고 있는 동대문 운동장은 옛 하도감(下都監) 터이며 남산 북쪽 자락에서 이어지는 이 일대는 우리 전통무예의 터전이다. 만약 문화 한국을 알리는 곳으로 이 일대가 개발될 요량이면 우리 전통무예의 공연장 하나 정도는 상설하는 것이 외국인들에게 시연도 베풀고 자존심을 높이는 데도 큰 도움이 될 것임에 틀림없다. 서울 성곽이 서울을 상징하는 유형의 문화유산이라면 성곽을 지키던 전통무예는 무형의 것이다. 이들도 복원되는 것이 마땅하다. 상무정신을 함께 드높일 때, 문화 한국의 선전이 균형을 이룰 것이다. 나아가 이곳에 무예 박물관이라도 하나 지으면 금상첨화일 것이다.

'십팔기 옛터'로 알려진 비파정은 조선 후기 최대 군영인 훈련도감의 군사들이 무예를 훈련하던 곳이었다. 당시 십팔기를 전문으로 익히는 별기군(別技軍)이 있었는데 2월부터 9월까지는 비파정에서, 10월부터 정월까지는 하도감에서 훈련을 하였다. 별기군에서 국왕을 밀접 경호하는 무예별감을 선출하였으니 한국 무예의 정수가 서린 곳이라 할 수 있다. 비파정 자리는 바로 현재 동국대학교의 자리이다. 석호정(石虎亭)도 이웃하고 있다. 이 일대가 바로 도성을 지척에서 바라보는 가장 높고 위악한 자리로서 무예의 본산이었다. 이 일대를 우리나라 상무정신의 본거지로 복원하는 일이야말로 민족의 주체성을 살리는 지름길일 것이다.

　장충단 공원은 아직도 쓸쓸히 '비 내리는 장충단 공원'일 뿐이며, 남별영 자리에는 수방사 이후 남산골 한옥마을이 들어서 다양한 전통 문화 공연을 벌이고 있지만 기개 넘치는 조선 시대 무인들의 기상은 찾아보기 힘들다. 현재의 남산 공원 일대에서 벌어지는 춤과 음악 위주의 전통 공연들은 일제가 조성해 놓은 그대로를 답습하고 있다. 한 번 거세된 무예 문화의 복원은 해방된 지 오랜 세월이 흘렀어도 아직 갈 길이 멀기만 하다.

김영섭 세계기사연맹 회장

11 마상무예, 실크로드 기마민족의 유전자

말을 타면서 무예를 펼치는 마상무예, 혹은 기사무예의 가장 클래식한 기술을 보유한 나라가 어디냐고 물으면 대부분 12세기 무렵 초원의 세계 최대 제국을 일으킨 칭기즈칸의 나라 몽골을 들 것이다. 아니면 기사도(騎士道)로 유명한 유럽이나 명마(名馬)의 산지로 알려진 중동을 꼽을 것이다. 그러나 놀랍게도 오늘날 세계 마상무예의 전통법식을 수출하고 있는 나라는 한국이다. 『무예보도통지』에 실린 마상무예 6종목의 덕을 톡톡히 보고 있는 것이다.

몽골에는 지금도 유목민의 생활 모습이 많이 남아있고, 유럽에는 기사도의 전통이 남아있지만, 마상무예의 기술을 제대로 보유하고 있지는 못하다. 조선은 임진왜란과 병자호란을 겪으면서 동아시아의 최첨단 무예를 집대성할 필요성을 느꼈고, 그 덕에 마상무예도 고스란히 전해지고 있다. 궁(窮)하면 통(通)한다고 했던가. 『무예도보통지』는 유네스코 세계문화유산(세계기록유산계획 국제등록부)에 등록되었다(2017년 10월 30일).

●●●●
마상무예 김영섭의 대를 잇고 있는 아들 김우성 씨

마상무예는 인류사에서 총이 등장하기 전까지는 전쟁에서 가장 중요한 무예로 각광 받은 '무예 중의 무예'였다. 이는 북방 기마민족들이 세계를 정복한 역사에서도 증명이 된다. 고구려를 비롯한 우리의 조상(동이족)들은 활과 함께 마상무예의 탁월함을 통해 오래 동안 중국과 대륙의 지배권을 다투었다.

말을 타고 활과 창과 칼을 사용하면서 각종 무예를 펼치는 마상무예는 말에 오르기 전에 이미 웬만한 무예를 마스터하지 않으면 안 된다. 달리는 말 위에서 균형을 잡고, 자유자재로 몸을 가누면서 무술을 펼치기 위해서는 무예의 달인이 되지 않으면 안 된다. 그래서 마상무예의 제일 신조는 '인마일체(人馬一體)'이다. 말의 속도, 무예의 강약과 리듬을 조절하기 위해서는 말과 일심동체가 되지 않으면 안 된다. 살아있는 말을 마치 자기의 몸처럼 느껴야 기술을 펼칠 여유와 기회를 얻을 수 있다.

올림픽 종목인 승마와 마상무예의 차이는, 승마는 철저하게 고삐를 잡아야 하는 스포츠이지만, 마상무예는 정반대로 고삐를 놓아야 하는 무예이다. 마상무예의 기사들은 무릎으로 몸의 균형을 잡으면서 마치 말을 자신의 하체처럼 느껴야 한다. 말은 기계가 아닌 살아있는 동물이므로 어떤 작은 동작과 소리에도 무엇을 의미하고 요구하는지, 서로 소통되지 않으면 안 된다.

세계 마상무예의 대부인 김영섭 회장(세계기사연맹 회장)은 요즘 세계를 지도하느라 한국에 머물 여가가 없다. 중동과 중앙아시아의 여러 나라들을 다니느라 눈코 뜰 새가 없는 것이다. 마상무예를 즐기는 '기마민족문화 1루트'에는 이란(페르시아), 터키(오스만 투르크), 카자흐스탄을 비롯한 중앙아시아 유목민족 국가들, 중국 회족(신장위구르자치구), 몽골, 그리고 한국이 포함된다. 2루트에는 인도, 말레이시아, 인도네시아가 포함된다. 이들 나라들은 모두 이슬람 문화권이기도 하며 고대 실크로드 문화권의 나라들이다. 이들 나라의 인구는 17억에 이르고 마상무예의 성장 잠재력은 어마어마하다.

올림픽 종목인 승마는 서구문화 중심으로 구성된 것이므로 이들 나라들은 전통종목으로 마상무예를 올림픽 종목에 넣어야 한다고 입을 모으고 있다. 다른 한편으로는 별도의 마상무예 축제를 기획, 실천하고 있다. 터키와 카자흐스탄의 국민체육부와 에스노(ethno, 민족) 스포츠협회는 '2021년 세계 기마유목민 문화축제' 혹은 '에스노 스포츠대회'를 기획하고 있고, 지금도 전국체전 규모의 대회를 각국에서 운영하고 있다. 아마도 전통무예 종목에서 단일종목으로 올림픽과 같은 규모의 제전을 이끌어갈 가장 유력한 종목이 마상무예이다.

김영섭 회장은 본래 도가계열 한국 도가정종(道家正宗) 백학문(白鶴

말 타고 활 쏘는 유적마(流鏑馬)

門) 출신이다. 백학문은 중국 당나라 때 종남산 일대에서 번창한 가문
이다. 백학문 수행결계(結戒)는 토납(吐納) 외에 도인법과 각종 권법(拳
法), 무기술(武技術)을 포함하고 있고, 내공(內功)수련과 탕세(湯洗)로
정신수련을 병행한다. 권법에는 목인(木人)과 장권(長拳), 단권(短拳)이
있으며, 비조(匕爪)는 그 정수라고 할 수 있다. 무기술은 십팔반(十八班)
과 외반(外班)으로 나뉜다.

　김 회장은 어릴 적 빙주(氷珠)수행을 잊지 못한다. 엄동설한에 추수를
한 수수깡 묶음에 짚단을 깔고 짚단 속에 들어가 겨울밤을 지새우면서

몸에 열을 북돋우는 내적(內赤)수련을 했다. 내적수련과 외적(外赤)수련은 도가의 기본이다. 현재 40년 째 수련 하고 있는 적전(嫡傳) 제자로는 김인준, 박병배, 박춘식, 성제훈 등이 있고 김 회장의 아들 김우성도 후계자 수업을 받고 있다. 현재 제자들은 3백여 명에 이른다.

"무예는 도제교육을 통한 인성교육과 기예를 전수하는 과정으로 끝없이 갈구하는 공부의 과정입니다."

목인(木人: 무예훈련을 위한 나무인형)을 앞에 두고 좌우의 손과 가운데 암수(暗手), 그리고 다리를 사용하는 공격과 방어기술 '백학문기예(白鶴門技藝)' 수련 과정을 보면 이소룡의 절권도 목인훈련이 떠오른다.

그는 무예의 고수를 찾아 중국과 대만 등을 유람하기도 했다. 그러던 중 1980년 초 『무예도보통지』를 접하게 되었고, 그 후 20여 년 각고의 노력 끝에 복원(2002년)을 완료했으니 마상무예를 위해 평생을 바친 셈이다. 녹원파오랜드의 도움으로 몽골에서 2백 마리의 말을 수입할 수 있었고, 제주도의 말과 훈련장을 제공받았다. 마상무예 경기장의 공간구성과 배치 등 경기장 설계를 비롯해서 경기규칙과 복식도 그의 손에 의해 하나하나 이루어졌다.

"세계 토종말의 크기는 거의 같습니다. 우리가 제주도 조랑말이라고 하는 것도 개량마입니다. 경기에 사용하는 말은 선수의 의사에 따라 자유롭게 선택하도록 되어있습니다. 선수의 몸무게와 말의 크기는 효과적인 경기를 위해서 선택되어야 하니까요. 말이 크다고 유리한 것은 아닙니다."

그는 요즘 세계 각지에서 열리는 대회 축사를 스마트폰으로 발송하기도 한다. 최근 오만 방문 중에는 카자흐스탄에서 열리는 에스노 스포츠협회 연말 시상식 축사를 발송하기도 했다.

"카자흐스탄은 중앙아시아 유목민 문화의 역사와 정신을 가진 나라

•••••
중앙아시아의 마상무예

로 한국의 마상무예와 긴밀한 교류와 협력을 이루고 있습니다. 고대인
들의 기마문화는 현재 21세기에 새로운 스포츠로 발돋움하고 있습니
다. …… 양국이 세계화에 앞장 설 것을 다짐해봅니다."

인류 역사와 문화에 바탕을 두고 있는 마상무예는 서구 및 엘리트 중심의 올림픽스포츠와 달리 일종의 '문화스포츠'로서 전통에 무게를 둔 인류 보편의 종목이다. 현재 세계기사연맹(WHAF) 정회원 35개국 및 국제텐트페깅연맹(ITPF) 72개국 등 1백여 개국이 참가하고 있다. 한편 이란과 인도네시아에는 기사학교 개설과 교과목 개설이 이루어지고 있다. 이슬람경전인 코란에 "수영, 말 타기, 활쏘기는 성인으로 가는 덕목"이라고 기술되어 있는 점도 마상무예의 붐을 이루는 큰 변수이다.

마상무예 세계대회인 세계기사선수권대회는 지난 2019년 제15회를 맞았다. 무예 단일종목으로 유일하게 유네스코의 공식후원을 받는 세계기사선수권대회(2019년 8월 27일~9월 1일, 속초시 영랑호 화랑도 체험 관광지)는 미국, 말레이시아, 이란, 터키, 핀란드 등 22개국 150여 명의 선수와 임원들이 참가한 가운데 성황리에 마쳤다.

특히 2019년에는 충주 세계무예마스터십 대회의 기사종목이 경기장 부재로 영랑호 화랑도 체험 관광지에서 개최되어 속초가 마상무예의 고장임을 다시 한 번 확인하게 했다. 이 대회에서는 말을 달리며 과녁을 향해 활을 쏘는 기사(단사, 속사, 연속사)와 마사희, 모구 단체전, 중동아시아 지역의 전통기사 경기인 콰바크, 2018년 시범경기로 선보인 중앙아시아의 카자흐스타일을 선보였다.

'마사희'는 고구려 고분벽화 〈기마사희도〉의 모습을 재현한 토너먼트 경기로 활을 쏘아 과녁을 맞혀 떨어뜨려 점수를 획득하는 종목이다. 그리고 '모구'는 싸리나무로 구를 만늘어 가죽으로 싼 공을 한 사람이 끌고 다른 2명이 말을 타고 추격하며 활을 쏘아 맞히는 박진감 넘치는 경기이다.

개회식에서는 오만의 텐트페깅(천막 말뚝 뽑기) 시범과 우리나라의 마상무예 시연을 통해 관람객에게 색다른 볼거리를 제공했다. 텐트페

깅은 유목민족 기마전술의 핵심으로 상대방의 텐트를 벗겨서 전쟁의 승패를 결정짓는 강력한 무술이다. 대회장 한편에는 무료 활쏘기 체험장을 마련해 관람객들이 직접 활을 쏴보고 각국의 전문선수들에게 지도를 받아볼 수 있는 프로그램을 운영했다.

대회장인 김 회장은 "지난 4월 산불 피해로 실내 승마장과 전통 복식, 물품 등이 전소돼 대회준비에 어려움이 많았으나 선수들이 대회를 치르는 데 한 치의 불편함이 없도록 최선을 다 하겠다"며, "이번 대회를 통해 세계기사선수권대회가 전 세계인들이 화합하고 평화와 우정을 나누는 한마당으로 한층 더 발전할 수 있도록 노력하겠다"고 메시지를 전했다.

오늘날 한국이 세계 마상무예를 주도하는 것은 활과 함께 기마민족의 피가 흐르고 있기 때문일 것이다. 임진왜란과 병자호란으로 나라가 피폐해진 조선은 무예의 진흥이 절실했던 까닭에 동아시아 무예를 종합 정리함과 동시에 각종 기술을 익히는 훈련을 계속했다. 마상무예는 가장 마지막으로 『무예도보통지』에 들어가게 되었지만 오늘날 볼거리와 함께 전통축제로 가장 성공할 수 있는 요건을 갖추게 되었음이 분명하다. 마상무예는 중동 석유왕국의 왕가와 귀족들에게는 필수 무예이다. 귀족클럽에 들어가기 위해서는 좋은 말과 마상무예를 즐기지 않으면 안 된다. 마상무예는 실크로드 초원길에 인접한 나라들의 세계 무예축제로서 성공할 확률이 가장 높다.

『무예도보통지』에는 지상무예 18개 종목과 마상무예 6개 종목이 포함되어 있다. 1594년 선조의 명을 받아 한교의 무예 6기인 『무예제보』(곤방, 등패, 낭선, 장창, 당파, 상수도)가 완성되었다. 그리고 영조 때 12기(죽장창, 기창, 예도, 왜검, 왜검교전, 월도, 협도, 쌍검, 제독검, 본국검, 권법, 편곤)를 더해서 18개의 무예를 담은 『무예신보』가 완성되었다.

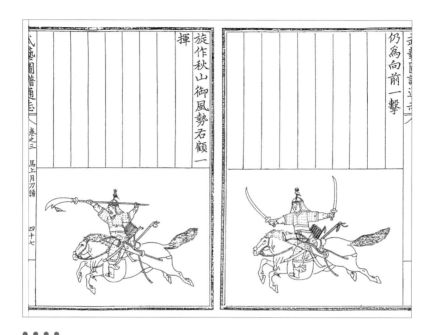

• • • •
『무예도보통지』의 마상무예 그림

이후 1790년(정조 14) 정조의 명을 받은 이덕무, 박제가, 백동수 등이 마상 6기(마상기창, 마상월도, 마상쌍검, 마상편곤, 격구, 마상재)를 더해 『무예도보통지』를 편찬하게 된 것이다.

북방 혹은 유목민족의 피를 속일 수 없었는지 실크로드의 가장 동남단에 있는 우리나라는 유라시아대륙 전체 마상무예의 전통을 보존하고 있다. 지금 실크로드의 중간에 있는 어떤 나라도 우리나라만큼 마상무예의 기술과 자료가 있는 나라는 없다.

말을 타면서 활을 쏘는 실력이 출중했던 동이족은 전쟁에서 마상무예를 장기로 적을 물리쳤다. 또한 장수의 실력을 가늠할 때도 말 타고 달리면서 과녁을 적중하는 기술로 우열을 다투었다. 말을 타고 달리며 활을 쏘게 되면, 화살의 가속도로 인해 적에게 큰 위협이 되었다.

김 회장은 특히 마상무예의 꽃이라고 불리는 '기사(騎射)'종목을 기마 스포츠로 발굴하여 세계화함으로써 세계로부터 칭송을 받고 있다.

기사종목은 말과 사람, 기술이 삼위일체가 되어야 하는 가장 화려한 무예로 달리는 말 위에서 45파운드의 강력한 궁력의 활을 당겨야 한다. 이때 양손의 힘을 조절하면서 몸이 위로 떠오르는 것을 방지하기 위해 등자(발거리)에 힘을 가하게 된다. 말은 위로부터의 압박감을 받게 되어 더욱 가속도를 내게 된다.

'마상월도'는 말을 타고 달리며 말 위에서 사용하는 칼로 파괴력을 높이기 위해 칼날이 휘어져 있는 게 특징이다.『무비지(武備志)』의 저자인 모원의(茅元儀)는 "단도와 수도는 거의 같다. 말 위에서 실용적으로 쓸 수 있다"고 했다.

'마상쌍검'은 지상에서 하는 쌍검과 다를 바 없지만 요도(腰刀)를 양손에 들고 펼치는 무예다. 고삐를 놓고 양손으로 기예를 펼치기 때문에 고난도 기술이다. 쌍검은 단도를 두 손으로 각각 쓴다.

'마상기창'은 달리는 말 위에서 창을 사용하는 기법이다. 전쟁 시 강한 위력을 발휘할 수 있어 조선 시대 무과시험 과목으로 채택되었다. 기창 길이는 15척이며, 사용법은 치고, 베고, 찌르는 동작 등으로 구성되어 있다.

'마상협도'는 보병이 사용하는 협도와 같다. 날이 넓고 자루가 길며, 그 형태가 눈썹과 같이 생겨서 '미첨도'라고도 한다. 월도와 비교하여 날이 얇고 가벼워 바람처럼 날렵하게 사용할 수 있다. 협도 길이는 7척, 날 길이는 3척, 자루 길이는 4척으로 아랫부분에 철찬을 사용했다. 기마병과 보병, 수군 모두 사용할 수 있다. 협도는 그 위력이 매우 뛰어난 장도로 전쟁에서 많이 사용되었다.

격구는 말을 타고 격구 채를 이용해 공을 쳐서 상대방 문에 넣는 경기다. 격구에 사용하는 격구 채를 장시, 사용하는 공을 목구, 공 넣는 곳을 구문이라고 한다. 예로부터 무관이나 민간에서 무예의 하나로 행해졌다. 민간에서는 '공치기' 또는 '장치기'라고도 하며 한자어로는 타구, 격구화, 농장희, 격봉이라고도 한다.

격구는 말 타고 행하는 기마병 훈련용 마상격구와 지상에서 도보로 행하는 귀족층 지상격구 2가지로 나눌 수 있다. 마상격구는 병사들이 모화관 또는 광장에서 마상궁술과 함께 행한다.

격구는 신라나 고구려 등에 주둔하고 있던 당나라 병사들에 의해 전해졌고, 고구려 유민들에 의해 발해에 전해졌을 것으로 추측된다. 격구는 무예를 숭상하던 고려 시대에 크게 성행하였다. 특히, 고려 시대 무인들은 마상무예를 기르기 위해 격구를 즐겼다. 무신정권 하에 격구는 무관 훈련용으로 쓰였으며, 귀족놀이로 행해지기도 하였다.

왕과 귀족은 격구를 사열하고 즐겼으며, 상으로 비단, 포목, 돈 등을 내리기도 하였다. 고려 의종 이후 격구는 국가 오락행사가 되었으며, 특히 궁중에서 단오절에 이를 성대하게 벌였다. 격구가 성행하여 한때 원래의 목적에서 벗어나 사치로 흐른 적도 있어 예종이나 충혜왕은 격구를 금지시키기도 하였다.

김영섭 마상무예 회장(한민족 전통 마상무예 격구협회장)은 "무예의 본질은 살생이 아닌 수행에 있다. 무예기술 체계를 보면 모든 유파를 막론하고 상대를 마주한 술기로서 마음작용에 따라 공수가 일어나게끔 기술 요소를 갖추고 있다"라고 말한다.

'덕당 국선도'의 김성환 정사

12 마음속의 신선, 덕당(德堂) 국선도(國仙道)

한국문화의 정체성을 논할 때 여러 단어들을 떠올리지만 실은 '선도'(仙道)만큼 호소력이 있는 것은 없을 것이다. 아직 체계화나 복원이 완성된 것은 아니지만 나름대로 건강에 도움을 주고, 마음 공부, 몸 공부, 기(氣) 공부를 통해 스스로 안심입명하고 자존할 수 있는 인격을 만드는 데 일조한 것에 틀림없다. 선도를 무예의 입장에서 보면 내공(內功)은 마음과 몸을 다스리는 호흡법이고, 외공(外功)의 경우 권법에 해당한다. 요즘 개념으로 보면 수양무예, 건강 체육에 가깝다.

선도의 기술은 여러 가지가 있지만 그 핵심은 단전호흡이다. 단전호흡은 흔히 도가(道家)의 전유물처럼 느끼지만 실은 옛사람들에게는 일종의 생활상식에 속했다. 옛사람들은 흔히 약간의 한의학 상식을 가졌듯이 나름대로 호흡법을 터득하고 있었다. 퇴계 이황도 '활인심방'(活人心方)이라는 단전호흡을 했고, 김시습(金時習, 1435~1493)도 '용호'(龍虎)를 단련하는 법을 후세에 전했다. 김시습 이후에는 북창(北窓) 정렴(鄭𥖄, 1506~1549), 『참동계(參同契)』를 주해한 권극중(權克中, 1560~1614)

••••
북한산 백운대 아래에서 선정에 들어가 있는 김성환 정사

등을 들 수 있다.

특히 정렴은 복잡한 단전호흡 체계를 일반인들이 알기 쉽게 요약 정리해서 이 분야의 대중화에 기여했다. 실제로 이 분야에 종사하는 대부분의 사람들이 정렴의 『용호비결'(龍虎秘訣)』을 통해 단전호흡에 접했다. 단전호흡의 대가들이라고 하는 상당수가 실은 『용호비결』을 나름대로 읽고 해석하여 자신의 세계를 구축하였다. 특히 이 비결은 필사본으로 나돌았는데 여기서 단학(丹學)이라는 말이 처음 등장한다.

"『참동계』 한 편은 실로 단학(丹學)의 비조가 되는 책이나 천지의 이치를 참작하고 괘효(卦爻)에 비교하여 설명하였기 때문에 처음 배우는 사람으로서는 어려운 것이다. 지금 입문에 있어서 쉽게 알 수 있는 것을 몇 장 적으니, 이것을 깨달으면 한 마디로 족한 것이다."

• • • •

백운대에서 학우세를 펼치고 있는 국선도인들

　이 필사본은 용호비결, 폐기(閉氣), 태식(胎息), 주천화후(周天火侯),
현관비결타좌식(玄關秘訣打坐式)으로 나뉘어있는데 모두 10장 미만이
다. 폐기란 보통 허파호흡을 하는 것은 단전호흡으로 바꾸는 것이다. 태
식은 단전호흡을 말하는데 호흡을 배꼽 아래 3치 정도 아래에 있는 하
단전으로 내리는 것이다. 주천화후는 호흡을 통해 축기된 기운을 소주
천, 대주천에 따라 운기하는 행공이다. 이 밖에도 절집 주변에서 재래
호흡법이 전래된 것으로 보인다.

　본래 선가(仙家)와 도가(道家), 불가(佛家)는 서로 통하는 점이 많았
다. 그래서 선가와 도가들은 절집이나 주변의 암자에서 기식(寄食)을
하는 경우가 많았는데 아마도 1970~1990년대 단전호흡 붐은 사찰과
암자 주변에서 전수받은 은일(隱逸)인물들에 의해 일부 전해오다 복원
된 것으로 보인다. 선가나 도가들은 흔히 자신들의 족보를 단군에 끌어

국선도를 수련하고 있는 15기 도반들

다 붙이기를 좋아한다. 그래야 전통성도 인정받고 정통성도 확보하기 때문이다. 그러나 계보가 단절 없이 전승됐는지는 확인할 수 없다. 그래도 선도가 자연발생적으로 원형을 어느 정도 복원할 수 있는 것은 아마도 인체의 구조나 자기복원력 때문이 아닐까.

급하면 호흡은 목으로 올라간다. 안정되면 될수록 호흡은 아래로, 단전으로 내려간다. 잠잘 때는 물론 호흡이 저절로 배 쪽으로 내려간다. 그래서 '미녀는 잠꾸러기'라는 말이 나온다. 단전호흡은 의식적으로 호흡을 단전으로 내리는 일이다. 또 내려서 운기를 함으로써 몸 전체의 소통을 꾀하는 것이다. 흔히 소통이라고 하면 사람과 사람 사이의 의사소통을 뜻하지만 실은 우리 몸도 외부와 끊임없이 소통하지 않으면 안 된다. 단전호흡은 심지어 공기 중에 있는 영양소를 들이마시는 관계로 건강에 크게 도움을 주는 역할을 하였다. 현재 선도수련을 하는 단체는 국선도, 단학선원, 덕당(德堂) 국선도 등 여러 곳이 있다.

'생활 국선도'의 기치 아래 선도를 수양과 건강법으로 발전시키고 있는 '덕당 국선도'를 먼저 소개한다. 현재 도반만 해도 65여만 명, 이를 감당하기 위한 사범도 1,200여 명에 이른다. 총 본원을 비롯하여 지원도 30여 개이고, 직장 분원은 강남구청, 경기도의회, 경기지방경찰청, 경찰대학교, 과학기술부, 관세청, 국토해양부 등 각급 관공서, 학교, 은행 등 120여 개에 이르며, 단전교실은 강남구민회관, 논현동 문화복지회관 등 240여 개에 이르러 전국적으로 400여 개의 수련장에서 수련을 하고 있다.

특히 덕당 국선도는 지난 2004년 『덕당 국선도 단전호흡법』(전3권)을 집대성하여 현대판 선도체계를 완성시켰다. 국선도에 입문하면 제일 먼저 중기단법(전·후편 각 50일 이상)에 들어간다. 그 다음 건곤단법(전·후편 각 50일 이상), 원기단법(전·중·후편 각 200일 이상), 진기단법(진기대기단법, 180일 이상)의 순으로 올라가는데 진기에 이르면 검은 띠가 되고 나름대로 유단자가 되는 셈이다. 각 단법은 전편, 후편으로 나뉘어있다. 국선도는 3년 이상을 하여야 진기에 오를 수 있는 셈이다.

특히 복잡한 산업사회에서 바쁜 직장생활을 하는 도시인들에게 정신적 여유를 주고 명상의 기회와 신체단련을 통해 건강을 유지하고 회복하게 하는 것에서 자부심을 느낀다. 대부분의 국선도인은 낮에 직장을 다니거나 전문직 종사자들이 많다. 특히 정신노동에 시달리는 이들에게 무엇보다 중요한 것은 건강이다. 덕당 국선도는 산중에서 선도를 전문적으로 닦는 것보다 일상생활 속에서 선도를 실천하는 것을 목표로 삼고 있다. 그래서 보다 단순하고 쉽게 할 수 있는 동작을 개발 중이다.

복잡한 동작보다 단순하면서도 오래 실천할 수 있는 것이야말로 성과를 낼 수 있기 때문이다.

국선도(國仙道)는 위로는 신라의 풍류도·화랑도, 고구려의 조의선인(皂衣仙人), 그리고 고조선의 '한밝문화' '밝달문화'로 연결된다. 그러나 고금소통(古今疏通)이나 온고지신(溫故知新)이 잘못되어 도리어 옛날의 생활로 돌아가는 것이 마치 옳은 것처럼 선전되는 경우가 더러 있다. 이는 호랑이 굴에 호랑이를 잡으러 갔다가 되레 잡히는 꼴이다. 특히 무슨 신통술을 부리거나 우화등선(羽化登仙), 장생불사(長生不死)라고 해서 죽지 않고 신선이 된다며 혹세무민하는 경우도 없지 않다. 덕당 국선도가 제일 먼저 내세우는 슬로건은 "선도는 종교가 아니다"라는 점이다. 어떤 종교인도 함께 수련할 수 있는 것이 선도이다. 선도만이 삶의 정의인 양, 삶의 전부인 양 선전하는 경우도 있다. 이는 옳은 선도인의 자세가 아니다. 선도는 옛 고조선문화체계이지만 그것이 오늘의 종교가 될 이유는 없다.

"어떻게 죽지 않는 사람이 있겠습니까. 불로장생(不老長生)만 되어도 여한이 없습니다. 크게 아프지 않고, 몹쓸 병인 암이나 당뇨, 고혈압 등 각종 성인병에 걸리지 않는 데 도움을 줄 수 있으면 그만입니다. 그 이상의 수련을 일반인에게 요구할 필요가 없습니다."

절 주변의 암자에서 근근이 명맥을 유지하여 오다 1960~1970년대 이후 얼굴을 내민 선도를, 평생을 바쳐 체계화하는 데 성공한 덕당(德堂) 김성환(金性煥) 정사(正師)는 "생활선도의 자세를 잃지 않는 것이 중요하다"고 말한다. 그가 이것을 특히 강조하는 까닭은 선도인 중 종교적 활동이나 메시지를 통해 선도를 종교화하는 경우나 『정감록』 등의 참서(讖書)를 통해 사회적 물의에 휘말린 안타까운 경우를 보았기 때문이다.

••••
국선도인들은 누구나 두좌법을 자유자재로 할 수 있다.

국선도는 민족 고유의 도(道)이다. 여기서 '도'는 특정 종교가 아니라는 말이다. 국선도는 무병장생(無病長生)을 위한 양생(養生)의 도이다. 장생(長生)이라는 말은 쓰지만 불사(不死)라는 말을 쓰지 않는다. 불사(不死)라고 하면 이미 종교적인 의미가 개입되기 때문이다. 그래서 심신수련법이라고 공표한다. 국선도인은 전인적 인간상을 창조한다. 이는 마음과 몸이 하나라는 것을 전제하기 때문이다.

"현재 우리 도장에는 대학교수, 언론인, 법조인 등 화이트컬러들이 많습니다. 특히 정신노동을 많이 하는 도시 직장인들에게 선도와 같은 수련법은 크게는 자연 친화력을 높이게 됩니다."

김성환 정사가 서울 용산구 남영동 숙대입구역에 도장을 낸 것은 1977년 10월. 그는 청계천(1971년 1월 '정신도법 총 본원' 개원)과 종로(1971년 10월 '선도단전수련원' 개원)에서 활동했다. 선도의 산 증인인 셈이다. 그는 요즘 남영동 총 본원에 있는 경우가 드물다. 경기도 양평군 청운면(淸雲面) 삼성리(三聖里)에 작은 농원 겸 야외수련장을 마련하였는데 그곳이 마음에 들기 때문이다. 불교에서 농선병행(農禪竝行)이 있는 것처럼 선도인도 농선병행(農仙竝行)을 하여 농심(農心)을 키움으로서 자연 친화적인 사고를 하고 자연으로의 회귀를 실천할 수 있는 내공을 길러주기 위함이다.

"도장에서 먹는 곡식과 채소를 자급자족하기 위해서 1986년에 부지를 마련하여 1991년부터 본격적으로 개발하기 시작했습니다. 제 마음 같아서는 삼성리에 아주 들어가고 싶습니다만, 아직 남영동 도장에 나올 일이 있어서 요즘은 일주일에 반반씩 있습니다. 앞으로 점점 그곳에서 기거하는 시간이 많을 것 같습니다. 저는 삼성리를 '호중별천지'(壺中別天地)라고 부릅니다."

그는 최근 선도의 이론적 심화에도 심혈을 기울이고 있다. 선도의 대중적 확산과 함께 이론을 보다 단순하고 정확하게 체계화하는 것이 필요하다는 인식 때문이다.

"우리 민족은 예로부터 음양사상을 숭배한 민족입니다. 쉽게 말하면 몸과 마음에서 중화(中和)를 달성하는 것이 선도입니다. 중화라는 것은 말은 쉽지만 달성하는 것이 쉽지 않습니다. 자칫하면 허황된 욕망에 시달리고 저급한 감정에 휘둘립니다. 음양오행이란 동양천리이며 자연법칙입니다. 자연을 배반하고는 자연의 일부인 인간이 살아갈 수 없습니다. 전후, 좌우, 상하로 움직임을 통해 몸의 균형을 이룹니다. 그렇게 하면 마음도 건강해집니다. 국선도를 하면 건강을 유지할 뿐만 아니라 자신감과 창의력이 올라갑니다. 이는 결국 국선도를 통해 자신이 가지고 있는 신비적 능력을 최대한 올릴 수 있다는 증거입니다."

"국선도 훈(訓)에 정심(正心), 정시(正視), 정각(正覺), 정도(正道), 정

행(正行)이라는 말이 있습니다. 여기서 '바를 정(正)'이라는 것은 실은 바로 '고요할 정(靜)'을 바탕으로 이루어지는 것입니다. 정(靜)하지 못하면 정(正)을 달성할 수 없습니다."

최근 그는 전통적인 천부삼경인『천부경』,『삼일신고』,『참전계경』에 관심을 더 갖고 있다. 이것은 종교 이전에 인간의 마음을 다스리는 데 큰 기술을 제공하기 때문이다.

"천부삼경을 케케묵은 것, 쓸데없는 것처럼 선입견을 갖기 일쑤입니다. 그러나 제가 오래 동안 연구해 본 결과 과학기술의 발달로 인해 물질적인 생활수단은 많이 발달했습니다만 도리어 정신적인 것은 퇴보한 감도 없지 않습니다.『천부경』을 흔히 조화경,『삼일신고』를 교화경,『참전계경』을 치화경이라고 합니다. 그런데『삼일신고』의 내용을 보면 깜짝 놀랄 진리가 들어있습니다.『삼일신고』는 천훈, 신훈, 천궁훈, 세계훈, 진리훈 등 5개훈으로 구성되는데 그 가운데 진리훈은 1백 67자로 되어 있습니다. 진리훈은 삼진(三眞), 삼망(三忘), 삼도(三途), 삼법(三法), 삼보(三寶)로 되어 있습니다. 삼법인 지감(止感), 조식(調息), 금촉(禁觸)을 통해서 결국 삼진인 본래의 성명정(性命精)에 도달하는 것이 목표입니다. 착하고 맑고 후덕한 마음을 갖는 게 국선도인의 이상적 인간상입니다."

그는 우리 민족의 슬기를 믿는다고 했다. 우리 민족 정신사의 맥을 쥐고 있는 그는 나이가 들수록 은자(隱者)·신선(神仙)의 전통에 마음이 가는지, 아예 삼성리에 들어가 '노선'(老仙)으로 살아가고 싶은 모습이었다.

2011년 6월 12일 서울 강북구 우이동 삼양로 481(수유리)로 (사)덕당 국선도 회관(본부)을 옮긴 후 현재에도 수련생을 꾸준히 넓히면서 일취월장하고 있다.

● ● ● ●
한국무예의 산 증인, 허일웅 교수

13 선무예(선술)로 고대 선도(仙道)문화를 부활시키다

동아시아 무예를 섭렵한 무예인은 어떤 생각을 할까. 전쟁과 사냥의 수단으로 출발한 무예는 과학기술의 발달과 더불어 각종 첨단무기, 가공할 무기가 등장한 지금 어디를 지향하고 있을까. 적에게 승리하기 위한 수단이었던 무예는 역설적으로 오늘날 개인의 건강과 세계평화를 지향하고 있다. 오늘날 세계 각처에서 벌어지고 있는 무예나 스포츠 대회는 모두 평화를 목표로 하고 있다. 고대 선술(仙術)의 복원자인 허일웅(許一雄) 교수(명지대 명예교수)는 "결국 무예는 오늘날 건강과 호신술, 그리고 세계평화를 위한 신체적 축제로서 자리매김한다"고 말한다.

고교시절 이미 합기도의 상당한 수준에 도달하였던 허일웅 교수는 1960년대 초반 국술원의 태동기에 창범으로 참가하게 된다. 부산 국술원 본원은 서인혁, 이한철, 김무진 등이 운영하고, 허 교수는 서울에서 김종윤과 함께 국술관을 운영하였다(1963년). 1960년대 초 합기도의 판도는 지한재의 성무관(마장동), 김무홍의 신무관(종로), 그리고 서인혁의 국술원(부산)으로 분포하였다. 그 후 합기도 무예는 대한기도회

■ 다나가 선생의 무도교류 표창장

■ 1988년, 장광덕 선생으로부터의 전수식

■ 1999년, 중국 우슈 7 단증

2002년 9월 28일, 비전목록 전달 및 대동류 후계자 지명

(1965년 6월)를 중심으로 재편되었다. 당시 허일웅 교수는 사무국장을 맡게 된다. 대한기도회(김두영)는 다시 한국합기도협회(김무웅) 및 국제연맹합기도(명재남)와 연합하여 대한민국합기도협회(1973년)를 발족하게 된다. 그러나 대한민국 합기도 협회가 깨어지면서 합기도는 이합집산하면서 수많은 단체(한국 무술계의 70% 정도)를 양산하면서 오늘에 이른다.

한국 근대 무예사를 크게 보면 태권도 계열과 합기도 계열로 나눌 수 있는데 태권도는 오늘날 올림픽 종목이 될 만큼 국제스포츠로 성장하였고, 국기로서 자리매김하였다. 그러나 합기도는 지금도 분파하고 있으며, 통합하지 못하고 있다.

허일웅 교수는 한국 근대무술의 산 증인이다. 1960년대 부산과 대구는 한국 근대무예의 본거지라 할 수 있었다. 최용술은 대구 북성로에서 유권술을 가르치고 있었고, 장인목은 대구역 앞(중앙통)에서 '합기도 국무관'이라는 간판을 내걸고 대동류유술을 가르치고 있었다. 허 교수는 일본 대동류의 정통인 장인목(張寅穆, 1915~2004) 선생으로부터 다케다 소가쿠(武田總角)의 대동류를 사사하게 된다(1966년). 그 후 대동류 수련을 계속하여 장인목 선생으로부터 2002년 9월 후계자로 지명되어 비전목록을 받게 된다.

허 교수의 무예인생 전기는 1975년 1월 영국무예협회 초청으로 합기도와 십팔기 사범으로 몇 개월간 체류하는 동안 일본 아이키도(合氣道)와 중국 타이시(太極拳)를 섭하면서 생각하는 바가 많았고, 귀국길에 홍콩을 들러 체계적인 공부를 위해서는 대학원에 진학하여야 한다고 생각하고부터다. 그는 명지대 대학원에 입학, 1979년 대학원 졸업 후 강사생활을 거쳐 1981년(34세)에 명지대학교 체육학과 교수로 취임하게 된다. 1986년부터는 용인대 무도학과에서 외래교수로 합기도

••••
허일웅 교수의 선술 시연과 저서들

를 지도하게 되었다. 아이키도의 본격적 수련은 1986년 5월 일본 도쿄
대학 아이키도부 학생들과 명지대학을 방문한 현 일본 아이키도 최고
수인 다나카(田中) 선생을 만나고부터이다. 대학교수로의 변신은 그에
게 세계적인 안목으로 무예와 스포츠를 보는 능력을 길러주었다.

  그의 선술(仙術)연구는 1981년 명지대학교 체육학과 교수로 부임하
면서부터 본격화되었다. 평소 이상적인 양생무예를 생각하고 있던 그
는 1986년 한양대학교 박사과정에 진학하면서 선술(仙術)연구에 박차
를 가하여 선인(仙人)들의 수행법인 도인법(導引法)과 각종 공법에 관
하여 연구하게 된다. 허준 선생의『동의보감』을 비롯하여 조선의『무예
도보통지』를 연구하였으며, 퇴계 이황의『활인심방』과 북창 정념의『용
호비결』을 접하게 되었다.『동의보감』과『활인심방』에 수록된 많은 도
인법들이 모두 중국의 문헌을 참고한 것이라는 자각(自覺)이 있어 중국
을 넘나들었다.

  또 우리나라 고대 대표적인 수련단체인 화랑도와 고구려의 조의선인
(皁衣仙人)에 대해서도 연구를 병행하였지만 정형화된 수련법이 알려

져 있지 않아 아쉬움이 컸다. 각종 도서를 집중적으로 연구, 박사학위 논문도 도인법(導引)에 관한 내용으로 약 10년에 걸쳐 연구하던 끝에 선술의 초석을 마련하게 된다.

허 교수는 1992년 한양대학교에서 '도인수행(導引修行)이 혈장(血漿)에 미치는 영향'으로 이학박사 학위를 받는다. 그리고 그해 8월 한중 수교가 이루어지자마자 이듬해 중국으로 건너간다. 중국 기공(氣功)에도 관심을 갖고 세계적인 기공학의 대부인 장광덕 선생(북경 체육 대학 우슈과, 기공과)으로부터 도인양생술(導引養生術)과 양생태극장(養生太極掌)을 전수받게 된다. 장 선생은 자신의 폐암을 양생으로 치료해 유명해진 중국의 대기공사다. 장 선생과의 만남은 선술 도인법의 폭을 넓혀 주었다. 허 교수는 1998년 태극권이 인체에 미치는 영향에 관한 논문을 베이징 체육 대학에서 발표하게 되어 1등을 차지하기도 하였다. 또한 1999년 8월 중국 우슈(wushu)협회에서 실시한 우슈 승단 심사에서 타이치로 7단위를 받았다. 이것은 한국인으로서 최초의 일이다.

허 교수가 선술을 무예체육인의 최종 목적으로 삼은 것은 선술이 건강과 평화를 도모하는 평화무술이기 때문이다. 무예와 스포츠의 학문과 실기를 겸비한 그는 제자들을 양성해 선술의 대를 잇게 하는 것이 여생의 목표이다. 선술은 동아시아 한자문화권이 고대로부터 공유하고 있는 선도(仙道)의 기술이다.

한국사의 원류를 거슬러 올라가면 태초에 어떤 문화가 있었었는지 궁금해지지 않을 수 없다. 우리는 흔히 우리의 조상으로 환인과 환웅, 단군을 말하며,『천부경(天符經)』을 인류 최고(最古)의 경전으로 내세우고 있다. 이에 반해 중국에서는 복희와 신농, 황제 등 삼황을 거론하고, 『주역(周易)』을 자랑한다. 한국과 중국이 들먹이는 조상은 다르지만, 이들은 모두 '선도문화'를 가지고 삶을 운영한 것으로 파악되고 있다.

특히 선도문화는 한국에서는 풍류도, 화랑도, 현묘지도(玄妙之道) 등 여러 이름으로 불리면서 우리에게 전해 내려오고 있지만 그 정체를 파악하기란 쉽지 않다. 그래서 한국과 중국, 일본은 서로에게서 문화를 배우고 복원하면서 자신의 문화를 가꾸어간다. 그만큼 공통의 문화원류를 가지고 있기 때문이다. 이들 3국은 고대에서부터 수많은 정복과 전쟁 등으로 인적 자원의 이주와 활발한 문화교류를 이루어왔다. 따라서 이들이 구가하고 있는 문화요소 중 상당수의 것이 누가 원류인지를 알기 쉽지 않다. 선술(仙術)도 그 대표적인 예이다.

선도는 동양의 3대 종교인 유·불·선의 바탕이 되는 도이다. 따라서 선도는 동양 종교의 근본이 되면서 동시에 선도 특유의 양생술(養生術)과 함께 독자적인 종교를 형성하고 있기도 하다. 선도는 지극히 개인적인 득도(得道) 혹은 우화등선(羽化登仙)을 추구하는 경향이 있어 여느 고등 종교들처럼 강력한 교단을 형성하지는 못하고 있다. 그렇지만 선도의 비법은 사자상승을 통해 지금까지 내려오고 있으며, 현대의학이 제공하지 못하는 신체의 세균 저항력이나 면역체계에 효험이 입증되면서 도리어 각광을 받고 있다.

현재 국내의 선술 인구는 대체로 100만 명에 이를 정도라고 한다. 웬만한 스포츠·무예 단체들도 선술을 표방하지 않더라도 모두 호흡과 관련되는 도인법과 양생훈련을 포함하고 있는 게 사실이다.

무술과 무예의 연마에 평생을 바쳐온 허일웅 교수는 지난 1993년, 일본과 중국에서의 오랜 유학을 통해 얻은 합기도와 기공의 엑기스를 뽑아 '선술'이라는 종목으로 집대성했다. 다시 말하면 선술이라는 이름 하에 자신이 배운 모든 무예와 체육의 지혜를 재정립하고, 선술의 기술이 일반 대중들에게 보급되어 건강과 행복을 증진할 것을 염원했다. 그의 문하에는 현재 수백 명의 제자들로 붐빈다.

집 뜰에서 수련하는 허일웅 교수

상대방에 대한 과격한 공격보다는 자신의 몸의 양생과 정신적 평화를 도모하는 선술의 '평화무술로의 특성'으로 특히 그의 문하에는 최근 중년여성 제자들이 많다. 선술은 어쩌면 어떤 무술보다도 여성무술로서의 특성을 지니고 있다고 해고 과언이 아니다. 선술에 오래 도취하면 저절로 평화로운 세상을 추구하기 마련이다.

한국인의 이상형은 어떤 인물일까. 아마도 신선(神仙)일 것이다. 『천부경』이 추구하는 이상세계는 신선의 세계이고, 신선의 세계는 굳이 사후에 전개되는 세계도 아니다. 이승과 저승의 구분이 없는 세계가 바로 신신의 세계인지도 모른다. 말하자면 죽음을 두려워하지 않으면서 양생을 통해 살아있을 때 건강과 안심입명을 이루는 것이 신선이다.

"인간은 의식적 또는 무의식적으로 자연환경을 수용하여 극복하는 적응을 통해 생존하면서 나름대로 선술문화를 현재까지 전해왔습니다. 시대에 따라 종족 유지 방법과 수단은 차이가 있지만 선술은 인류의 기

허일웅 교수의 아들, 허재원의 시연

원과 함께 존재했고, 사회의 요구에 따라 그 시대의 특질을 나타내면서 현재에 이르렀습니다."

선술을 고래의 정기신(精氣神)과 음양오행론(陰陽五行論)에 기초하고 있다. 정기신(精氣神)은 기론(氣論)적 인간관에서 보는 동양의학의 생리학이라고 할 수 있다. 이 삼자는 생명의 유기적(有機的)인 구성요소이다. 선술(仙術)의 모든 움직임과 원리는 모두 상대적 관계론인 음양오행의 원리에 따른다.

"경락(經絡)은 동양의 의학과 양생학에서의 인체를 통일된 하나의 유기체(有機體)로 설명하는 요체입니다. 경(經)은 머리에서 발까지 인체의 종적(縱的)인 흐름을 의미하고, 락(洛)은 횡적(橫的)으로의 흐름을 의미합니다. 경락(經絡)은 인체 내의 전신의 기혈을 운행하고 장부와 사지, 관절을 연락하고 상하 내외를 연계시키는 통로입니다."

선술, 혹은 선무예의 동작은 의식적으로 선회하는 가운데 움직이고, 목적적으로 선회하며 행공을 한다. 움직임은 선회로부터 시작되어 행하는 것은 감는 것에서 정지한다. 이는 온몸의 경락(經絡)을 소통시키고 전신의 기와 혈을 막힘없이 잘 통하게 하는 것을 추구하기 때문이다.

선술(仙術)의 요소는 크게 조신(調身), 조식(調息), 조심(調心)으로 나뉜다. 조신은 기초이고, 조식은 중개자이며, 조심은 조신과 조식을 주도한다. 선술이 다른 체육활동과 구별되는 것은 조심과 조식의 활동뿐만 아니라 조신, 조식, 조심의 3조가 합일을 통해 심신의 조화를 강조하는 것에 있다

허 교수가 개발한 양생공법은 호흡법(좌식호흡법, 와식호흡법, 입식호흡법), 환단법(還丹法: 입식단법, 전신양생법), 그리고 선(仙)의학(근육교정, 골격교정, 척추교정)으로 나뉜다. 선무예공법은 양생풍류장(養生風流掌: 도수법 1, 2), 양생풍류검(養生風流劍: 검법 1, 2), 양생풍류곤(養生風流棍: 지팡이 1, 2), 양생풍류선(養生風流扇: 부채 1, 2), 그리고 마지막으로 선술호법(仙術護法: 자위 호신법) 등이 있다. 허 교수는 고래의 선술의 요체를 요약하면서도 오늘이 보통사람들이 수련을 할 수 있도록 새롭게 프로그램화했다. 선술은 보건성과 예술성과 무예성을 갖춘 삼박자 무예스포츠이다. 선술은 심신화합은 물론이고, 사람과 사람의 화합을 추구한다는 점에서 미래 무예스포츠로 각광을 받고 있다.

허교수는 양생무예(선술기공 가족)로도 유명하다. 부인 박현옥(명지

대 사회교육원 선술기공치유과) 교수는 선술의 대모로 통하고 있고, 아들 허재원은 고교시절(1996) 제1회 우슈 선수권 대회 장권, 도술 등에서 금메달을 획득하고, 현재는 대학원에서 양생무예를 전공하여 중국국제헬스치궁(氣功)대회(2019년) '육자결(六字訣: 간·심장·비장·폐·신장)'에서 1등을 차지했다. 딸 허정아 역시 고교시절 태극권 선수였다.

동아시아 무예의 온갖 수련을 거치고 만년에 이른 허 교수는 오늘날 가족 전체가 하나가 되어 선술기공 가족이 된 것을 하늘에 감사하고 있다. 부모의 가업을 물려받지 않으려는 세태에도 불구하고 부인은 물론이고, 아들과 며느리까지 같은 계통에 종사하고 있다. 무(武)의 고수가 이제 무(無)에 이른 셈이다.

허 교수는 한양대학교 체육학과(1964년 입학) 재학 당시 대동류 합기유술 사사(1966년)를 했으며, 졸업 즈음 대한국술회 총본부를 설립했다(1968년). 이어 명지대학교 체육학과 교수(1981년), 한국 아이키도연맹 설립 회장(1991년), 중국 베이징 체육대학 연구교수(1994년), 대한기공협회 설립 회장(1995년) 등을 거쳤다. 또한 한국도교학회 부회장(2003), 대한 우슈협회 부회장(2004), 한국무도학회 부회장(2009)을 역임, 2010년 국민생활체육 전국 전통선술연합회를 창립하였다.

그는 현재 대한체육회 무예위원이며 국제적으로는 시안(西安) 체육대학을 비롯하여 여러 대학의 객원 교수를 역임하였다. 2012년에는 중국 정부가 주도하는 국제헬스치궁(氣功) 연합회 설립에 기여한 공로로 초대 집행위원에 당선되었다.

그의 무술실력은 중국 우슈협회 공인 7단(1999년), 대동류 합기유술 승계자(2002년) 등에서 엿볼 수 있다. 대한체육회 스포츠과학 연구상

수상(2004년) 등 스포츠의 과학화에도 괄목할 만한 업적을 이루었다. 서울을 비롯한 제주도까지 30여개의 지역선술협회를 이끌고 있다.

최종표 화랑도협회장

14 삼국통일의 무예 '화랑도', 무예철학의 근원

　'화랑도'라고 하면 누구나 삼국통일을 떠올린다. 신라는 삼국을 통일함으로써 한반도 단일국가 시대를 여는 한편 오늘날까지 면면히 계승되는 '한민족' 정체성을 확립했다. 삼국통일의 한복판에서 통일을 이끈 무예가 바로 화랑도이다. 화랑도라는 명칭은 무예의 술기보다는 정신으로 가치와 의의를 인정받고 있는 무예의 명칭이다.

　화랑도는 『삼국유사』와 『삼국사기』에도 기록되어 있는 '민족혼'이 담긴 무예로 화랑도의 계율로 알려진 원광법사(圓光法師)의 세속오계(世俗五戒)는 중국과도 차별되는 신라의 엘리트 철학 혹은 국민윤리로 오늘날까지 이어지고 있는 민족사상이다.

　세속오계는 사군이충(事君以忠: 충성으로써 임금을 섬긴다), 사친이효(事親以孝: 효도로써 어버이를 섬긴다), 교우이신(交友以信: 믿음으로써 벗을 사귄다), 임전무퇴(臨戰無退: 싸움에 임해서는 물러남이 없다), 살생유택(殺生有擇: 산 것을 죽임에는 가림이 있다)이다.

　흔히 성리학은 삼강오륜을 국민윤리로 삼는다. 삼강은 군위신강(君

••••
청소년 무예왕 대회에 입장하는 최종표 회장

爲臣綱), 부위자강(父爲子綱), 부위부강(夫爲婦綱)이며 오륜은 부자유친 (父子有親), 군신유의(君臣有義), 부부유별(夫婦有別), 장유유서(長幼有序), 붕우유신(朋友有信)이다.

유교의 삼강오륜에 비해 화랑도의 세속오계는 목적에 비해 수단을 강조하고 있다는 것이 특징이다. 충과 효, 신을 강조하면서 실천을 강조하고 있다. 말하자면 실천을 하지 않으면 무의미하다는 내용을 은연중에 내포하고 있다. 더욱이 당시 불교가 국교인 시절에도 "살생을 하지 말라"라고 하지 않고 잘 가려서 하도록 허락하고 있다. 이는 인간의 도덕을 강조하면서도 국가유지를 위해서는 살생을 하지 않을 수 없음을 강조하고 있고, 더욱이 전쟁에 임해서는 물러나지 말 것을 주문하고 있다.

세속오계는 삼강오륜보다 긍정적 실천을 강조하고 있다. 특히 살생

• • • •
대통령배 전국 화랑도 대회 모습

유택과 임전무퇴는 무사정신을 숭상하고 있다는 점에서 국가 간의 정복전쟁과 경쟁이 치열할 때 대외전투력을 증진시키고 있다는 점에서 문무겸전의 전통을 수립한 정신으로 평가되고 있다.

세속오계는 불교가 국교인 시절에도 호국의지를 드높인 철학 혹은 역사철학을 표출하고 있는 것이 특징이다. 이에 비해 삼강오륜은 내정에 어울리는 철학으로 국민 차원보다는 개인 차원의 도덕이라고 할 수 있다. 삼강오륜을 섬긴 조선은 국가의 독립성보다는 개인의 인격 완성에 치중한 나머지 구한말과 같은 국가 위기에 이르러서도 아무런 실력행사를 하지 못하고 일본 제국주의에 경술국치의 수모를 당하고 말았다. 심지어 중국 사대주의의 도구가 된 성리학은 나라가 없어지는 줄도 모르고 소중화주의(小中華主義)를 주장하는 얼빠진 선비들을 길러내는 모순에 빠졌다.

신라의 삼국통일은 바로 화랑도라는 주체적인 정신의 결정체가 있었기 때문에 가능한 일이었다. 화랑도는 한민족 최초의 국가철학으로 대접 받아야 마땅하지만 아직도 사대주의와 문치주의에 빠진 얼빠진 지식인들로 인해서 그 가치와 의미를 부여받지 못하고 있는 편이다.

한국화랑도협회가 탄생한 것은 바로 이러한 국가와 무예 분야의 분위기를 청소년 교육에서부터 일신하고자 해서이다. 이 협회는 화랑연구소 시절인 1989년부터 청소년을 대상으로 '화랑무예대회'를 12회에 걸쳐 개최하였으며, 2002년 사단법인이 된 후 대회를 대통령상(무예대회 중 대통령상은 하나밖에 없음)으로 격상시켜 '전국 청소년 무예왕 선발대회'를 개최, 총 18회의 대회를 열었다. 이제 전국 초 · 중 · 고등학교는 물론이고, 대학까지 알려져 있다. 연 3회에 걸쳐 대통령상을 받으면 우승 깃발 자체를 영구 보존하게 된다.

한국화랑도협회는 합기도와 태권도를 비롯한 각종 무예를 가르치면서도 특히 정신교육에 역점을 두고 있다. 화랑도 체험벨트 사업으로 전국 청소년 화랑도 체험학교 운영, 외국인 화랑도 체험 수련단 유치, 극기수련대회 등을 개최했다.

한국화랑도협회가 가르치는 몸 공부와 마음공부 종류를 보면 유술, 호신술, 선술(호흡법), 봉술, 검술, 다례, 웅변, 말 타기, 활쏘기(궁술), 가무(풍류), 청소년 리더십 강화 등으로 특히 여름방학과 겨울방학에는 전국 초 · 중 · 고등학교의 학급 반장과 부반장을 대상으로 '화랑도 테마 체험 수련단'을 운영, 큰 성과를 거두었다. 이 교육이 노리는 것은 인성교육, 예절교육, 정신교육, 리더십교육이다. 이를 위해 화랑도 체험 활동은 무예수련을 시작으로 선술을 통한 명상훈련과 스피치훈련, 분임토의 등을 병행한다.

체험기간은 15일, 한 달, 그리고 길게는 3개월 체험을 병행했다. 수련

방식도 종래 도제식(徒弟式)에서 도장식(道場式)으로 탈바꿈하면서 우선 양적으로 수련생을 늘여 무예의 맛을 보게 한 뒤 나중에 깊이를 더하기로 했다.

한국화랑도협회 최종표 회장은 신라의 화랑도 정신은 세계사에도 남을 만한 청소년 교육제도로 오늘에 되살리는 것이 마땅하다고 힘주어 말한다.

"흔히 신라의 삼국통일이 당나라와 연합군을 형성함으로써 쉽게 달성된 것처럼 혹은 잘못된 통일처럼 일부 사학자들에 의해 왜곡되고 있는데 이는 나라와 나라 간의 무력전쟁과 외교전에 대한 실상을 모르는 탁상공론입니다. 신라는 당시 통일을 위해 당나라와 7년간 대당투쟁을 통해 안동도호부를 평양에서 압록강 이북으로 물러나게 함으로써 통일을 완성하였으며, 당시 세계 최대 제국인 당나라를 물리친 동아시아 전쟁사의 큰 이변이었습니다. 신라는 명실공히 문무겸전의 나라로서 왕과 신하와 백성이 하나가 되었기 때문에 통일과업을 이루었던 것입니다. 신라의 통일사업을 성공리에 수행한 것은 바로 화랑도 정신입니다."

오늘날 남북분단 상황에서도 통일을 이루기 위해서는 세계사를 주체적으로 이해하고 운명할 수 있는 능력을 키우는 '주체성 교육'으로서 제2의 화랑도 교육이 필요하다고 역설한다. 또한 성리학의 삼강오륜보다 세속오계가 훨씬 더 주체성 교육에 적합하다고 말한다.

최종표 회장은 무인으로서 화랑도를 선양하고, 무예철학으로서 화랑도의 위상을 높이는 데 솔선수범해온 인물이다. 세속오계는 원효(元曉)의 화쟁(和諍)사상과 함께 오늘날 세계에 내놓아도 손색이 없는 민족철학사상이다. 고조선의 홍익인간(弘益人間)사상, 세속오계, 화쟁사상은 세계 종교철학사상 중에서도 가장 근본적인 사상을 이루었다는 점에서 민족의 자랑이라고 하지 않을 수 없다.

최치원의 「난랑비서(鸞郎碑序)」 기록을 보면 "우리나라에는 현묘한 도(道)가 있으니 이를 풍류(風流)라 한다. 이 종교를 일으킨 연원은 선사(仙家史書)에 상세히 실려 있거니와 근본적으로 유·불·선 삼교를 포함한 것으로 모든 민중과 접촉하여 교화했다"라고 했다. 말하자면 풍류도는 유·불·선 3교가 하나로 통합된 철학이었고, 이것이 국민철학으로 행세했음을 알 수 있다. 풍류도가 화랑군사집단에서 화랑도로 채택되었던 것이다.

"집에 들어와서는 부모에게 효도하고 밖으로 나가면 나라에 충성하는 것은 노사구(공자)가 가르쳤던 교지와 같다. 매사에 무위로 대하고 말없이 가르침을 실행하는 것은 주주사(노자)의 교지와 같다. 모든 악한 일을 짓지 않고 모든 선한 일을 받들어 실행함은 축건태자(석가)의 교화(教化)와 같다."

오늘날 일본 사무라이(武士) 문화의 원류가 되는 인물은 신라삼랑원의광(新羅三郞源義光)이다. 장보고의 후예인 신라의 무인들이 일본으로 이주함으로써 일본 사무라이 계급의 형성과 일본정신의 확립에 큰 영향을 미쳤음은 주지의 사실이다. 화랑도가 사용했던 기술은 적어도 한민족의 역사원류인 고조선으로부터 내려왔을 것으로 짐작된다. 김부식의 『삼국사기』에는 화랑을 "나라에 충성하고, 부모에게 효도하는 국가의 인재"라고 정의하고 있다.

화랑도의 절정기는 신라 진흥왕(37년) 때이다. 화랑도는 충·효·예를 비롯한 윤리 도덕을 중요시 하며, 호연지기와 리더십을 강조하는 무예이고 철학이다. 투철한 국가관에서 나오는 애국심, 부모에 대한 효도와 어른에 대한 공경, 상호간의 예의와 윤리, 친우 간의 신의를 중요시하는 것은 혼탁한 현대가 요구하는 시대적 사명이기도 하다.

두 사람을 제압하는 최종표 회장

   최종표 회장이 특히 화랑도에 주목한 계기는 합기도의 원류를 탐색하던 중, 일본 源正義(원정의) 가문의 가전(家傳)무예로 알려진 대동류 유술의 실질적인 창시자는 신라삼랑원의광(新羅三郞源義光)으로 신라의 이주민이었다는 것이 여러 학자들에 의해 증명되면서부터이다.

   화랑무사도는 우리의 것임에도 불구하고 오늘날 일본에는 사무라이 정신으로 면면히 전해지고 있는데 반해 한국에는 그 맥이 끊어지고 그로 인해 국가철학, 국민철학이 희박해짐으로써 항상 내우외환에 시달리고 있음을 안타깝게 여긴 때문이었다.

   최 회장은 지난 1975년부터 고 박동기(동국대학교) 박사와 함께 화랑도의 역사 찾기는 물론이고 화랑도의 현대화 작업에 박차를 가했다. 한국화랑도협회는 무예의 술기도 중요하지만 그 정신을 강조하는 데 주안점을 두었고, 어떻게 하면 무예인들에게 그 정신을 체화시킬지를 고심하는 단체이다.

최 회장은 1968년 김무홍 선생이 운영하던 창덕궁(비원) 옆 합기도 신무관에 문하생으로 입문, 새벽부에서 2년여 동안 수련했다. 그 후 1년여 동안 휴식을 취하고, 심기일전하여 을지로 3가 국도극장 옆에 있던 허일웅 선생의 대동류유술 도장에 다시 입문했다. 그때 허일웅 선생으로부터 대동류를 배우면서 화랑도가 대동류유술의 뿌리라는 이야기를 들었다. 그때부터 화랑도의 역사와 그 흔적을 찾기 위해 전국의 무예인들과 친교를 맺고 무예인의 화합과 단결을 위해 앞장서고 있다. 아마도 그는 화랑도의 발전과 중흥을 위한 무거운 책임감을 느끼고 있는 것 같다.

최 회장은 1975년 4월 서울 왕십리에 20여 평 남짓한 공간을 마련하고 화랑도연구소(도장)를 개관했다. 그 뒤로 을지로 2가, 종로 3가, 삼각지, 봉천동, 강남, 용산 등에서 도장을 운영하며 화랑도의 발전을 위해 많은 노력을 기울였다. 1989년부터는 전국 화랑도 대회를 개최했고, 현재 그 대회는 대통령상 대회로 발전하여 그 규모와 수준이 타의 추종을 불허하고 있다.

최 회장은 뛰어난 기술적 가치를 가지고 있는 화랑도가 전 세계로 뻗어나가지 못하고 있다는 아쉬움에 가슴 아파 한다. 전통무예란 그 나라의 역사와 혼이 담겨 있어야 한다고 믿기 때문이다.

지금은 현실에 맞게 신체단련과 정신수련을 통한 정서교육을 물론이고, 충·효·예가 한데 어우러지는 도덕교육과 그동안 수련해온 여러 무예를 융합하여 체계화시킨 화랑도를 보급하고 있다. 옛 화랑들은 명산대천을 찾아다니며 심신을 연마했고, 전투에 필요한 무예를 익혔다. 아울러 국토방위에 필요한 지형지물을 익혀 외적의 침략과 국난에 대비하는 훈련을 했다. 이러한 과정을 통해 무예 실력은 물론 인격과 지

옆차기에 맞고 튕겨나가는 모습

성을 갖춘, 국가에서 필요로 하는 인재로 양성됐다. 교육의 특징 가운데 두드러진 점은 공동체생활 속에서 개인의 역량과 국가관을 함양했다는 것이다. 이를 위해 정부가 화랑도를 세계화시키는 데 앞장서야 한다는 것이 최 회장의 주장이다.

무예를 통한 화랑정신은 삼국통일의 위업을 달성할 수 있는 원동력이 된 것은 물론이고 고려의 항몽(抗蒙)정신과 조선과 구한말의 의병정신, 일제치하의 독립정신 등에도 면면히 이어져 오늘날 대한민국이 나라를 잃지 않고 독립국가를 유지하는 데 지대한 영향을 미쳤을 것이라고 주장한다.

현재 한국 화랑도 협회의 조직을 보면 최 회장이 국선화랑을 맡고 있고, 그 아래에 화랑으로 관장들이 있다. 국선화랑은 전국을 통틀어 1명이며, 화랑들은 전국에 수십 명을 두고 있다. 한 명의 화랑이 거느린 각

낭도(수련생)는 수십에서 수백 명이다. 국선화랑(國仙花郞) – 화랑(花郞) – 문호(門戶) – 낭도(郞徒) 순으로 편성됐다.

화랑도의 역사가 찬란하고 뿌리 깊은 만큼 화랑무예 역시 오늘날까지 그 전통이 계승되어 오고 있다.

최근 화랑도 수련이 지극히 민주적이었다는 사실도 재조명되고 있으며, 상명하복이라는 하향식 조직체계가 아니라 어린 나이의 인재들을 발굴해 교육과 학습을 체험시켰다는 점이 부각되고 있다. 군주체제의 신분제도인 골품제도가 있었음에도 불구하고 여러 계층에서 유능한 인재를 발굴했다는 것 역시 당시로서는 파격적인 인사 시스템이었다고할 수 있다. 이렇듯 시대를 앞서간 교육과 학습 방식이 단일민족으로의통일(삼국통일)을 이루는 데 결정적인 역할을 했다는 평가다.

화랑도는 1970년대 후반부터 해외 진출을 본격화하고 있다. 미국을 비롯한 스페인, 네덜란드, 캐나다, 브라질, 멕시코 등 20여 개국에 이미보급되어 있다. 우리 민족 고유의 화랑도를 계승하면서, 현대에 맞게 발전시키고 있는 것이다. 다른 무예와 달리 그 분파가 없는 무예가 화랑도이다. 이러한 점도 단일민족으로서 삼국통일의 대업을 이룰 수 있었던 원동력에 화랑도가 있었다고 볼 수 있는 대목이다.

화랑도 수련은 강인한 신체와 정신력, 윤리도덕을 바탕으로 행복한 삶을 영위할 수 있도록 하는데 그 목적을 두고 있다. 이러한 이유로 화랑도를 가르치고 배우며 연마하는 모든 이들은 수련을 통해 몸과 마음의 기운이 바뀐다는 확신을 가지고 있다. 기운이 바뀌면 당연히 그 행동이 바뀌고, 행동이 변화한다면 운명이 긍정적이며 발전적으로 개선된다는 것을 깨우치게 된다.

모름지기 인간은 육체가 건강해야 사고(思考)가 건전고, 지식이나 체력을 남용하지도 않게 된다. 화랑도 수련이 단순한 무예 수련에 그치지 않는 이유이다. 화랑도를 익힘으로써 체덕지(體德智)의 인격 완성을 이뤄낼 수 있다. 화랑도는 정신과 신체 어느 한 쪽에 치우치지 않는 완성된 인간을 지향하며, 올바르고 보람찬 인생을 추구한다. 지금 이 시간에도 화랑도 지도자와 수련생들은 첫째 심신을 바르게 하고, 둘째 덕을 쌓으며, 셋째 신의를 중요시 하는 것을 게을리 하지 않고 있다.

장수옥 특공무술 대부

15 특공무술, 적을 필살하라

무술은 필요할 때는 적을 필살할 수 있어야 한다. 온갖 좋은 것을 다 갖추고도 상대에게 필살된다면 그것은 무의미하다. 물론 상대를 죽이지 않고 굴복하게 하는 것은 더 중요하다. 무술에서 기 싸움을 하는 것은 바로 그 때문이다. 이것은 동물적 본능이다. 그래서 무술은 '동물 되기'이다. 필요하다면 무엇을 쓰지 못할까 하고 나서는 것이 무술이다.

무술은 어디까지 진화하는가. 전통무술이 옛것의 진수를 알고 그것을 지키는 데 치중하는 것이라면 창시무술은 당대 최고의 술기(術技)를 통합하여 가장 훌륭한 무술을 창조한다는 데 그 의미를 갖는다. 물론 창조라는 것이 옛것을 바탕으로 온고지신하는 것인데 무술도 예외가 아니다. 현실적 결핍과 필요는 발명의 어머니다. 특공무술은 누가 뭐라고 해도 한국적 현실에서 한국적 필요에 의해 군에서 탄생한 것이다.

1970년 3월 31일 일본 적군파에 의해 일본 JAL 항공기가 납치되어 김포공항에 불시착했다. 당시 대테러부대가 없던 관계로 적절한 대응을 할 수 없었다. 1977년 10월 13일 독일 민항기가 납치되는 등 테러의 발생으로 국내에서도 대테러부대의 필요성이 대두됐다. 영국 런던에서 개최된 세계 대테러 대책회의에 김택수(후에 606부대장), 김진영(후에 육군참모총장)이 참석한 후 1977년 10월 20일 박정희 전 대통령이 대테러부대 창설을 지시하게 된다.

그리고 1977년 10월 대통령 지시에 의해 666특공대를 잠정 창설한다. 장교 2명과 특전사 소속 중에서 공수교육, 특수전 교육을 이수하고 체력, 무술, 사격, 신체조건 등에서 우수한 18명이 선발되었다(2/18). 1978년 6월 606부대로 정식 창설하게 된다(1/18). 5개월 후, 11월 김택수 장군은 '특공무술'이란 무명을 제안하고 경호실장 주관 아래, 청와대 연무관에서 첫 시범을 실시한다.[4]

이때 해전(海田) 장수옥(張水玉)이 민간인 신분으로 군의 위촉을 받아 합기도로 특공무술 개발에 참여한다.

이런 인연으로 1979년 박정희 전 대통령 앞에서 시범을 보였고, 소위 박 전 대통령이 시해된 10.26 사태 등을 거쳐 다시 1980년에는 전두환 전 대통령 앞에서 시범을 보이며 정식으로 경호사범(공무원 5급을)이 되면서 '대통령 경호실의 영원한 사부'로 통하게 된다.

606부대는 1980년 11월 12일 대통령 경호실 27특공부대로 명칭을 변경하여 대테러작전에서 경호업무로 그 영역과 임무가 넓어졌다. 경호실에서는 태권도, 합기도, 유도, 검도 4개 종목을 주로 수련했지만 장수옥 사부는 자신의 무술을 기반으로 경호원의 무술을 지도하기 시작했다.

장수옥 사부는 "현재 지구상에서 경호무술로는 가장 진화된 형태의 무술이다. 그 까닭은 내공과 외공을 겸비한 무술이기 때문이다"라고 자

---

4   대한체육회, 『전통무예백서』, 2018, 414쪽.

● ● ● ●

역대 대통령 경호

신 있게 말한다. 1985년에는 『특공무술 교본』을 출판하고 특공무술을 민간화 · 도장화 하는데 선구자적인 역할을 하게 된다.

장 사부가 발전하기까지는 철선녀(鐵扇女)로 통하는 미모의 아내 김 단화(金丹和) 씨가 큰 역할을 했다. 장 사부는 그때까지만 해도 외공에 주력한 나머지 내공에 대해서는 문외한이었다. 그런데 아내는 내공을 위주로 하는 정신도법수련원, 후일 국선도의 창시자 청산거사의 1대 제자였다. 철선녀라는 이름도 그가 지어준 이름이다.

그가 아내에게 크게 배운 것은 호흡법이었다. 호흡을 길게 하여야 공격 시간을 늘릴 수 있고, 동시에 타격을 받더라도 크게 상해를 입지 않는다. 그 호흡법은 바로 단전호흡이었다. 단전에 호흡의 중심을 두고, 그 중심을 잃지 않고 리듬에 따라 공격을 하면 그렇지 않을 때보다 몇 배의 연결 공격과 파괴력이 생겼다. 다시 말해 특공무술은 그의 외공과 아내의 내공이 만나 이룩한 무술이다. 그를 경호무술 사부로 만드는 데는 아내의 공이 컸다. 결국 성공한 남자의 뒤에는 항상 훌륭한 여자가 있기 마련이다.

특공무술의 핵심은 방어와 공격이 동시에 이루어지는 연속성이다. 흔히 공격이 방어라고 하지만 그것보다 한수 위인 공격과 방어의 동시성은 바로 절권도의 이소룡도 추구한 무술의 최고 경지이다. 중국에 절권도가 있다면 한국에는 특공무술이 있는 셈이다. 이 경지에 이르면 '동시성의 세계', '세계는 생성되는 하나'임을 무술을 통해 깨닫게 된다. 이소룡이 사망한 뒤 홍콩의 영화제작자가 수소문하여 장 사부에게 와서 영화배우 테스트(1978년 6월)를 한 것은 실로 우연이 아니다. 하마터면 영화배우가 될 뻔한 그를 잡은 것은 예상치 못했던 606부대로부터의 연락 때문이었다.

"호흡의 장단이 중요합니다. 호흡의 장단을 조절하면 열 번 숨을 쉬어야 할 것을 다섯 번으로 줄일 수 있고, 그만큼 공격과 방어를 숨을 쉬지 않고 계속 할 수 있게 됩니다. 그러면 상대방과의 경쟁에서 우선 호흡에서 이기고, 호흡에서 이기면 기가 살아나고, 기가 살아나면 몸이 유연해지고, 동작의 여유와 기량을 잘 발휘할 수 있게 되고, 궁극적으로 상대를 제압하게 됩니다. 또 한 가지, 힘의 근원이 다릅니다. 흔히 외공은

●●●●

특공무술을 배우는 새싹들

주먹지르기를 할 경우 어깨와 팔의 근육을 단련시켜 그 힘으로 가격을
합니다. 그러나 내공이 가미된 특공무술은 주먹지르기를 할 때도 손끝
에 힘을 주지 않고, 팔을 뻗는 순간 아랫배에 힘이 들어가도록 구성되
어 있습니다."

그의 장기인 평수법(平手法)은 일종의 장풍(掌風)으로 손바닥으로 상
대방의 급소나 혈을 타격하는 것인데 그저 피가 나거나 찢어지는 외상
을 주는 것이 아니라 시간이 갈수록 통증을 느끼게 하는 깊이 때문에
목숨을 잃을 수도 있는 것이나. 그의 다른 특기인 족기술(足技術), 즉 고
축차기는 쪼그려 앉은 자세에서 공중으로 뛰어올라 송판을 격파하는
기술로 지금까지 후배들에게 회자되고 있다.

장수옥의 특공무술은 태권도, 권투, 합기도 등과 내공과 외공의 장점
이 적절하게 결합되어 새롭게 탄생한 무술이다. 여러 무술의 단순한 집

합이 아니라 적이나 상대를 제압할 수 있는 무술체계로 거듭난 것이다. 특공무술의 수련과정을 보면 유급과정, 그 다음 초급(1단), 중급(2단), 고급(3단) 과정이 있고, 가장 높은 곳에 지도자과정(5~6단), 교수연구과정(6~7단)이 있다.

유급과정에는 기본자세, 기본형, 손목빼기, 기본꺾기, 손 공격, 발 공격, 손발 공격, 기본낙법, 기초체력 등이 공통으로 있다. 다음 과정인 초급과정에서는 생활무술을 할 것인가, 경호무술을 할 것인가, 국방무술을 할 것인가를 결정해야 한다. 그리고 경호무술 가운데서도 보통 경호무술을 할 것인가, 경찰무술을 할 것인가, 경비무술을 할 것인가를 선택하게 된다. 선택에 따라 무술의 내용도 달라진다.

생활무술을 하는 사람은 유단기본형, 손목수(안과 바깥), 발방어를 배우고, 경호·경찰·경비무술은 경호형과 단본형, 응용꺾기, 몽둥이 방어, 태클기술 등을 배운다. 국방무술은 특공형, 대결형, 선수공격 등을 배우게 되는데 중급, 고급으로 갈수록 세분화된다.

특공무술은 현재 유단자가 약 7만 명, 전국 130여개 도장(해외 3개 포함) 회원은 50~60만 명에 이른다. 여성 유단자가 30%에 이른다. 전국 70여개 대학 경호학과에서 특공무술을 가르치고 있다. 태권도 다음으로 막강한 세력과 실력을 갖춘 자생무술이라 할 수 있다.

지난 61주년 '국군의 날'에는 특전사 군인 4백여 명과 어린이 특공무술 수련생 30여명이 함께 계룡대에서 시범을 보이기도 했다. 태권도와 함께 우리 군의 무술이 민간에서 자리를 잡아가고 있다.

서양의 경호무술은 주로 '기계경호'이기 때문에 정신적 구심점이 없다. 경호무술을 관통하는 정신이 없다. 이에 비해 특공무술은 무술의 국방무예로 그 철학이 굳건하기 때문에 호국무예의 정신을 가지고 있다. 그것은 다름 아닌『무예도보통지』의 정신을 계승한 것이다. 장 사범은

• • • •

도복을 입고 제자들과 함께 선 장수옥

그동안 박정희, 전두환, 노태우, 김영삼, 김대중 전 대통령까지 모두 다섯 명의 대통령을 경호했다. 이들은 모두 정치적 노선과 철학이 달랐지만 그에게는 언제나 철통같은 경호의 대상이 되는 대통령일 뿐이었다. 그는 좌우사상과 지역당쟁에는 언제나 초연하였다.

1989년 초 아내와 함께 전두환 전 대통령이 백담사에 유배 아닌 유배생활을 할 때 문안을 간 적이 있다. 당시 현직 공무원 신분으로 그 같은 행동을 한다는 것은 상상조차 할 수 없는 일이었다. 정치적으로 동조하는 것이라면 현직을 떠날 각오가 되어 있어야 했고, 경우에 따라 백담사에 도착하기도 전에 저지당할 수도 있었으며, 정치적 반대파라면 백담사에서 거절하였을 것이다. 그는 담담하게 전(全) 대통령을 찾았다. 다행히 경호요원들이 모두 그의 제자들이었기에 제지를 당하지는 않았지만 보는 이에 따라 의심을 사기에 충분하고 하마터면 불이익을 받을 수도 있었다. 그의 인간적인 면모가 두드러지는 대목이다. 그는 전라도 익산 출신이고, 아내는 경상도 대구 출신이다.

특공무술의 특징은 실전성, 심신 수련성, 호국성이다. 무술의 체득방법은 심득(心得), 행득(行得), 언득(言得), 서득(書得), 고득(苦得)의 5가지 방법이 있다. 특공무술의 철학은 '공격과 방어의 동시성'을 통해 최고의 무술을 지향하는 것이다. 그는 언제나 훌륭한 무술이라면 찾아가서 배울 자세가 되어 있다. 전통이니, 고수니 하면서 목에 힘주고, 서로 잘 났다고 떠드는 것을 싫어한다. 그래서 특공무술은 공공연히 기존의 무술의 종합, 재창조라는 것을 선언한다. 언제나 결국 실전에서 승리하는 것이 무림의 세계가 아닌가. 세계 최고의 무술을 지향하는 것이 철학이라면 철학이다. 그러기 위해서는 언제나 중도, 중립, 중용의 정신이 필요하다.

그는 요즘도 스승으로서 갖추어야 할 세 가지를 실천하고 있다.

"배가 고픈지 안 고픈지, 기분이 좋은지 나쁜지, 돈이 있는지 없는지, 제자들이나 주위에서 전혀 눈치 채지 못하게 합니다. 이것이 사부로서 할 일이라고 생각합니다."

이런 말을 하는 그를 바라보면 역시 무술계에 거목임을 알 수 있다. 간혹 제자들 중 그가 권력에 가까이 있을 때 특공무술을 키울 이권이나 재력을 얻을 기회가 있었을 것이라며 아쉬움을 토로하는 부류도 있다. 그러나 반대로 그가 은퇴 후 사회에 나와서 뒤늦게 부정부패에 연루되어 구속이라도 당하면 바로 특공무술은 문을 닫아야 하는 것이 아닌가라고 반문한다.

그는 청와대에서 25년간 경호원들의 사부로 있었지만 자신에게 엄격

• • • •

제자들과 함께

하였고, 그동안 가난과 어려움에 시달리지 않은 것은 아니지만, 그래도 오늘날 일체 주위의 도움을 받지 않고 검소하게나마 살아갈 수 있게 된 것이 고마울 따름이다. 아내는 그가 청와대 근무를 시작할 때부터 저녁이면 외부전화를 끊어버렸다. 권력기관인 까닭에 잘못하면 청탁에 휘말려 나중에 큰 죄를 쓸 수도 있었기 때문이다. 사전에 이를 차단한 아내가 지금 생각하면 여간 고마운 것이 아니다.

특공무술의 발전을 위해 후계구도를 정하고 여러 준비와 고심을 하던 중에 다행히 아들 장은석(張恩碩)이 자신의 일을 접고, 뒤늦게나마 아버지의 일을 도우며, 특공무술의 세계화에 앞장서서 여간 든든한 게 아니란다. 아들은 지난 1888년 7월 정식으로 출범한 사단법인 대한특공무술협회의 전무이사를 맡고 있으며 경호전문 박사과정(국제대학)을 밟고 있다.

장은석 전무가 특공무술협회 산하 '엘리트 도장'의 운영에 관계하고
부터 어린이 수련생들이 부쩍 늘었다. 고지식한 장 사범과 달리 아들은
훈련과 음악을 병행하는 운영의 묘를 선택했던 것이다. 재즈음악을 틀
어놓고 어린이와 학부형이 함께 춤추고 노래하게 한 것이 주효하였다.
이를 못마땅하게 생각한 장 사범이 제지했으나 물러서고 말았다. 아들
의 말은 우선 도장에 학생들이 와야 무술을 가르치든가, 말든가 할 텐
데 그러기 위해서는 어린이와 학부형이 함께 즐길 수 있는 운영이 필요
하다는 취지였다.

　"요즘은 도복 입는 운동을 싫어하고, 골프 · 스키 등 레저스포츠에만
몰리고 있어요. 이러한 환경에서 생활체육이 되어야 생존할 수 있어요."

　아들이 미국 유학생활에서 얻은 능통한 영어실력과 진취적이고 실용
적인 사고방식은 그야말로 특공무술을 위해서는 천군만마를 얻은 것과
같았다.

　그의 마지막 말은 이렇다. 이것은 그가 얼마나 철두철미한지 짐작케
하는 말이다.

　"경호는 1%만 실수가 나도 실패이다."

16 국방특공무술, 새롭게 거듭나다

국방무술은 본래 국가기밀이다. 만약 국방무술이 적에게 완전히 노출된다면 적에게 전략을 노출시키는 것과 같기 때문이다. 태권도가 국기인 우리나라는 태권도를 중심으로 합기도 등 다른 무술을 융합하여 군인들의 훈련용 무술로 채택하면서 월남전 등에서 무용을 뽐냈다.

월남에서는 태권도 하면 한국, 한국 하면 태권도가 떠오를 정도로 한국을 상징하는 무술로 통했다. 그렇게 무용을 자랑하던 한국의 국군에게 날벼락이 떨어졌다. 1968년 1월 21일 새벽 북한의 124군 부대 정예요원(무장공비) 31명이 청와대 뒤편 세검정 고개, 평창동 일대에 난입한 소위 '김신조(金新朝)' 사건으로 국방경찰 관계자들은 혼비백산할 지경이었다

당시 김신조를 제외한 전원이 사살되었지만, 북한군인의 정신력이 얼마나 대단했는지, 김신조 마저도 자살이 여의치 않아 생포된 것일 뿐이었다. 그들은 일종의 자살특공대였다. 김신조 사건으로 군과 경찰은 초비상사태에 들어갔다. 재무장·재훈련의 반성이 쏟아졌으며 바로 북

••••
특공무술 연무 시범

한의 비정규전에 대비한 예비군이 창설되었고, 방어체제 전반에 일대 수정이 가해졌다.

한편 북한군이 수련하는 '격술'의 수준을 점검하기 위해 우리 군에서 선발된 태권도나 합기도, 중국무술의 고단자들과 북한 요원들 간에 대련을 벌이는 무술시범 행사가 비밀리에 이어졌다. 당시 모두 북한 요원들과 상대가 되지 않았다. 북한의 격술은 당시로서는 적을 살상하는 데 가장 최적화된 무술이었다. 군은 북한의 격술에 대항할 수 있는 새로운 무술의 개발이 절실했고, 여러 심사숙고 과정을 거쳐 대한민국의 새로운 국방무술로 특공무술이 발의되었다.

특공무술은 특수하고 절박한 시대적 필요에 의해 격술보다 월등한 무술체계를 시급히 갖추어야 하는 입장에서 당시 무예계 무술 전문가의 폭넓은 참여와 열정으로 완성되었다. 구체적인 술기는 물론이고, 무술의 목적과 원리, 이념체계를 단기간에 완성한 군(軍)창시무술이었다.

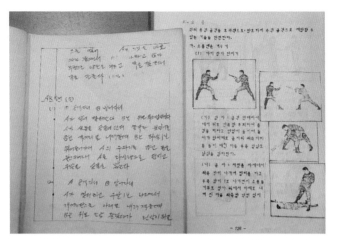

••••
특공무술 5공수여단 교범 박노원이 남긴 기록들

    1980년 6월 제5공수여단장이던 장기오 장군은 군 특수무술을 개발하기 위해 장수옥, 박노원(현 국제특공무술연합 회장) 등 여러 명에게 무술 개발을 위한 자문과 함께 실무 작업을 위촉하게 된다. 당시 워낙 위급한 상황이었던탓에 6개월 만에 무술을 완성해냈다. 그 당시 실무를 맡은 박노원은 자세한 무술 개발 기록을 남겼다.

    군부대 특성에 적합한 단도살상술, 기본치기, 공격수(선수), 방어수(후수), 권총술, 중봉술, AK방어술, 야전삽, 기본형, 특무1형, 특무2형, 대검형, 기합짜기, 낙법 등으로 구성됐다. 특공무술을 개발하고 그 무술을 익힌 교관들과 생포된 무장공비들 간의 대련에서 특전사 교관들이 공비들을 간단히 제압함으로써 특공무술의 우수성을 확인하게 된다.

    초창기 개발된 특공무술은 입소기간에 맞춰 개발된 단기간 수련체계였다. 군의 특공무술은 군 편제의 변화에 따라 이러한 단점을 보완하고 전장 환경의 변화에 따라 군 특수성에 맞게 일격필살의 살상력을 극

특공무술을 시연하고 있는 박노원 총재

대화하고 북한 격술의 동향과 전 세계 특수부대의 무술체계를 연구하여 이를 능가하는 강인한 특공무술을 자체적으로 계속해서 개발하고 있다.

군에서 사용하는 무술체계는 예나 지금이나 은밀성이 생명이다. 북한은 격술을 대항하여 특공무술을 개발했듯이 마찬가지로 특공무술의 술기를 연구하려 할 것이다. 한번 공개된 술기는 비밀이라 할 수 없기 때문에 모든 국가의 군이 사용하는 살수(殺手)는 극비를 다루듯 보안을 중시한다.

최근 육군은 전장 무기의 변화에 따라 특공무술의 술기를 지속적으로 발전시켜 왔으며 발전된 술기를 토대로 새로운 교본을 발간했다.

2019년 12월 31일『특공무술』(대한민국 육군)이 그것이다. 새로운 술기를 대폭 도입하였으며, 무예동작의 명칭도 조선조의『무예도보통지』의 전통을 살려 개명하였다.

새 교본에 참가한 자문위원은 임웅환(한국특공무술협회), 장수옥(대한특공무술협회), 박노원(국제특공무술협회), 임성묵(대한본국검예협회), 김은섭(태권도디팬스협회), 박정진(무예인류학 박사), 최종균(무예학 박사) 등이다.

신승룡 원사는 특전사령부 특공무술 심사관으로 5년 7개월(2014년 6월 1일~2019년 12월 25일) 동안 재직하면서 새로운 교범을 만드는 데 심혈을 기울였다. 종래 교본이 2007년에 발간되어 10여 년이 넘었고, 새로운 술기가 추가됨에 따라 기술체계와 용어를 새롭게 정립하지 않을 수 없었기 때문이다. 육군본부 교범을 정리하는 한편 군의 엄격한 심사절차에 의해 제대 후 단증을 발급하게 함으로써 종래 경찰청 가산점을 받지 못하는 문제도 해결했다.

최근 교본은 두 가지 면에서 큰 특징이 있다.

첫 번째는 특공무술의 역사적 · 철학적 · 문화적 뿌리를『무예도보통지』에 두는 한편 특공무술의 술기체계와 원리도 상고 시대로부터 내려온 상박(相撲)에 둠으로써 특공무술을『조선무예도보통지』의 현대판『신(新)무예도보통지』로 격상시키는 공헌을 했다.

두 번째는 육해공군 특수임무요원들이 모두 이 교본을 사용한다는 것이다. 조선조『무예도보통지』를 만들 당시 이덕부, 박제가, 박지원이 참여하고, 무예 실무자로서 무사 백동수가 참여한 것처럼 이번 교본 작업에는 군에서 신승룡(원사), 이지철(원사), 허재연(상사)와 최근『무예도보통지』를 복원한 본국검예 임성묵 총재가 참여했다.

'태기' 창시자 최종균 교수

17 태기(太氣) 속에 동양무예의 정수를 담다

우리 민족은 5천년 역사 동안 수많은 외침(970여 회)에 시달리면서도 민족적 정체성을 지켜오는 데 혼신의 노력을 해왔다. 민족문화를 살펴보면 무(武)의 문화가 왕성했을 때는 문화가 융성하였고, 그렇지 못할 때는 침략을 받거나 사대주의에 빠져 위축되었다. 최근세사에서 일본의 식민지가 되어 국권을 상실한 것은 민족적 수치였다. 그래서 경술국치(庚戌國恥)라고 한다.

오늘날 일제로부터 해방 70년을 넘었어도 민족문화의 자주성을 회복하지 못하고 전통문화의 국고(國故) 정리 사업을 제대로 하지 못하고 있는 것이 현실이다. 아직도 외래문화를 배우기에 급급할 뿐 그것을 주체적으로 소화하는 데는 관심을 주시 않는다. 말하자면 자생적 문화능력을 배양하지 못하고 선진문화의 모방이 발전이나 진화라는 이유로 미화시키고 있다. 문화적 야만성은 완력을 무력(武力)으로 잘못 인식하기도 한다.

조선에서 물려받은 문약(文弱)과 사대주의를 극복하기 위해서는 무예문화의 창달, 무덕(武德)을 강조하는 문화체질의 형성을 필요로 한다. 최근세사의 눈부신 경제발전을 보면, 5.16 군사혁명 세력의 한국판 개척정신이라고 할 수 있는 '하면 된다'의 정신과 유비무환(有備無患)과 멸사봉공(滅私奉公)의 정신이 주효했음을 알 수 있다. 5.16 혁명정신은 현대판 무인정신의 부활이었다고 해도 과언이 아니다.

국민소득 3만 달러를 넘어선 지금 대한민국은 선진국의 문턱에서 좌절하고 있다. 그 까닭은 바로 민주주의를 가장한 문민(文民) 세력들의 문약이 다시 고개를 들고 있고, 무인정신이 퇴조한 때문이다. 한국의 문민은 왜 사대주의에서 헤어나지 못하는 것일까. 한 마디로 무인정신, 독립정신의 결여 때문이라고 할 수 있다.

눈부신 압축성장의 그늘에는 부익부 빈익빈의 부산물이 있었고, 철학의 빈곤은 우리 스스로가 이룩한 발전에 의미를 부여하는 근대화 신화를 구축하는 데 실패의 원인이 되었다. 여기에 설상가상으로 남북분단과 체제경쟁은 국가기반을 흔드는 장애가 되었다. 무예문화도 사정은 마찬가지였다. 국기인 태권도는 경제개발과 함께 나라를 이끌어가는 정신적 지주가 되었지만 다른 무예는 아직 신화를 형성하지 못하고 있다.

우리의 주류무예는 일제 강점기에 유입된 검도와 유도, 그리고 당수도와 합기도였다. 검도와 유도는 일찌감치 학원무도로 침투하였고 스포츠화라는 움직임에 적극적으로 반응하면서 무도스포츠라는 형식으로 경기화가 이루어졌다. 당수도의 손기술에 발기술을 보완한 태권도는 강력한 정부의 후원으로 인해 무도경기화에 성공하여 오늘날 한국을 대표하는 무도스포츠로 성장하였다.

반면 합기도는 외래무도로 도장(道場)문화를 중심으로 활성화되었지만 맹목적인 일본 모방으로 인하여 아직도 명칭과 같은 근본적인 문제

• • • •

관절기를 펼치는 최종균 교수

를 극복하지 못하고 표류하고 있다. 한국 합기도의 대중화(기술전수 및
회원 확대)에 기여한 1세대 지도자들의 공적은 컸다. 그러나 일본 아이
키도(合氣道)의 무분별한 이름 도용, 그리고 제대로 수련하지 못한 기
술적 한계로 인해 수많은 단체분열 등 문제점을 드러냈다.

  창제무예로서의 '태기(태극합기도)'는 합기도 기술을 중심으로 여러
무예의 장점을 융합하는 새로운 한국무예의 정립을 목표로 하고 있다.
말하자면 '한국형 합기도'의 탄생을 의미한다. 여기에 견인차가 된 최종
균 교수(선문대)는 우리나라 여러 무예의 지도자와 고수들을 참여시키
는 것과 함께 새로운 무예철학도 동시에 정립하는 것을 목표로 했다.

  최 교수는 일찍이 '아자흔(합기무예 아자흔)'이라는 무예를 정립한 바
있다. 당시 그는 무예 전문 저널과의 인터뷰에서 이렇게 말했다.

  "새로운 명칭 '아사흔'에는 한국 합기도가 추구하는 철학이 담겨 있

'태기'를 시범 보이는 최종균 교수

다. 이름에는 그 무술이 추구하는 기법과 심법이 함축되어 있어야 한
다. 예를 들어 일본 검도의 경우는 '검을 사용하여 도를 추구하는 무예'
라는 것이 쉽게 이해되며, 유도의 경우에도 우선 '부드러움'이라는 이미
지가 떠오른다. 중국무술의 경우 더욱 자연합일적이고 지역적인 특색
을 표현하는 무술명이 대부분을 차지하고 있다. 그러므로 무술명은 가

급적 알기 쉽고, 들어서 그 무술의 기술체계와 사상을 이해할 수 있어야 한다. 특히 지역적이고 민족적인 내용이 함축되는 것이 가장 이상적이다. 합기도의 경우 관절기법과 당신기법, 도가 호흡법 등 동북아시아를 중심으로 하는 민족적, 신체 문화적 특색을 그대로 담고 있다. 이러한 특색은 중국의 영토적 팽창주의에 의한 동북공정(東北工程)과 탐원공정(探源工程)에 따른 대처방안으로도 깊이 숙고해야 할 과제라는 점에서 의의가 크다. 순 우리말 '아사흔'이라는 명칭은 우리 민족의 강인한 정신과 의미를 담은 홍익인간의 사상을 바탕으로 만들어진 명칭이다."

1980년대 '국풍운동(國風運動)'은 우리 전통에 대한 재검토가 이루어지면서 때부터 택견, 씨름과 같은 민족스포츠가 각광을 받게 되는 계기가 되었다. 그러나 국풍운동의 이면에는 급조된 일본식 무도철학과 사상이 깔려 있었고, 이로 인해 진정한 민족문화 운동이 되기에는 역부족이었다. 특히 오늘날도 무의식적으로 사용하고 있는 '도(道)'자는 우리 전통을 담은 신체 문화 용어로서 적합한지 의문이다. '도(道)'자는 누가 뭐래도 일본 전통 신체 문화를 교의화(敎義化)시키는 과정에서 도입된 용어다. 태권도의 경우에도 아무런 비판 없이 일본의 도 문화를 받아들인 것이 사실이다. 그로 인해 태권도의 신화를 구성하는 데 애를 먹고 있다.

대궁(夷=大弓)을 상징하는 동이족(東夷族)의 후예인 우리 민족은 찬란한 궁술과 기마 계열의 선두석인 몸짓이 있었음에도 불구하고 이를 계승 발전시키지 못하였다. 반드시 갑주(甲冑)무예의 계승에 대한 고민이 있어야 한다. '태기'가 국민적 '토탈무예'로서 자리매김하기 위해서는 『무예도보통지』의 각종 무예와 함께 마상무예, 그리고 현실적으로 일상에서 사용할 수 있는 권법이 포함되는 것이 마땅하다.

최 교수가 창제무예의 이름을 '태기'로 한 데는 여러 가지 이유가 있었다. 태기는 첫째, 명사로서 큰 기운이라는 의미가 있다. 우리말로 큰 기운을 의미하는 '한풀', '한기'와도 같은 의미와 함께 태극(太極)의 의미도 포함하고 있다.

둘째, 동사로서 태기질, 태질과 같은 '세게 메어치거나 내던지는 것'을 의미한다. 택견에서 태질은 상대의 중심을 흩뜨리면서 바닥에 메다꽂음과 동시에 맨손으로 가격함으로써 가격 충격과 지면 충격의 이중 효과를 얻는 맨손 응용기법(잡고 태질, 놓고 태질)이다.

셋째, 태권의 '태'와 합기의 '기'를 아우르는 합성어로 한국 전통무예의 독창성과 우수성을 상징하고자 하는 의도가 있다.

넷째, '아사흔'의 뜻을 살리는 의미가 있다. 우리 옛말 사전에는 '아ᅀᅡ'의 의미를 우리 겨레·민족을 의미하는 순우리말이라고 명시하고 있다. 또한 기존의 한국 합기도의 특색인 아훈의 손 모양을 표현한 아훈의 의미, 우리 민족 고유의 '처음', '밝음'과 같은 의미의 '아', 그리고 비록 보이지는 않지만 분명히 존재하고 있는 숨결과 몸짓의 흔적을 원형 그대로 간직하고 이를 계승 발전시켜 나간다는 의미의 '흔'을 붙인다. 또한 동양신체관의 정수(精髓)로 인정되며, 동양무술의 심오함과 깊이를 발현하는 우리 고유의 호흡법인 '아흠(阿吟)'호흡의 의미를 고유명사에 담아내야 한다.

그는 영문 표기인 All Hunankind Will benefit as the individual develops a Sound mind and Sound through A-Heun meditation and breathing(A·S·S·A-Heun)의 주요 문자를 합성하여 표기하고, 발음 표기를 강조한 아자흔(A-ZA-HEUN)으로 명칭 변경을 하고자 한다. 이처럼 한국화 된 합기도 기술체계에 더하여 전통적인 호흡법과 무기술을 더하여 새로운 '한국형 무예 태기 아자흔(TAE KI A-ZA-

'태기'를 시범 보이는 최종균 교수

HEUN)'을 세상 밖으로 내놓으려 한다.

태기의 기법은 70년의 전통성을 가지고 만들어진 세련된 한국형 합기도의 관절기법과 호신기법을 적용했다. 여기에 합기도 1세대의 기법인 한풀 김정윤 선생의 기법을 바탕으로 씨름기술을 융합한 파람무술의 신상득, 한국형 합기술의 정립자인 지한재 선생의 기법을 계승한 송성용, 민족의 무경인『무예도보통지』의 본국검법과 조선세법을 복원한 임성묵, 그리고 내 · 외 36반을 정통으로 수련하였고『무예도보통지』의 마상무예를 복원한 김영섭을 중심으로 전통적인 기법체계를 적용한 수련체계를 만들었다. 그리고 무예인류학자이면서 무예철학자인인 박정진 박사를 초청하여 창제위원을 구성했다.

최종균 교수는 합기도 8단을 베이스로 태권도와 유도, 그리고 칼리 아르니스의 전문가이기도 하다. 용인대학교에서 동양무예를 전공하고, 일본체육대학 석사과정에서 일본무도의 역사와 사상적 특성에 대하여 연구한 후, 1996년 중국 북경체육대학에서 고급 연구원으로 중국의 무술특성과 문화사에 대하여 연구하였다. 이후 용인대학교에서 박사 과정을 마치면서 일본무도와 중국무술에 대하여 이론적으로 연구하였다.

그는 현재 선문대학교 무도학과에서 후학을 양성하는 과정에서 위에서 언급한 우리 무예의 고민에 대하여 많은 연구를 하였고, 끊임없는 연구 활동과 무예지도를 병행하면서 각 분야의 최고 전문가를 찾아 나섰다. 오랫동안 대학교수로 봉직하면서 마침내 전통과 현대의 감각을 아우르는 새로운 종합형 무예를 창제하기 위한 전문가를 엄선하여 창제의 기치를 올렸다.

임성묵 본국검예 총재는『무예도보통지』의 조선세법과 본국검을 가장 완벽하게 복원하여 스스로 자기화에 이르는 업적을 이루었다. 임 총재의 독특한『무예도보통지』에 대한 내용 해석은 이론적 측면과 실기 측면에서 기존의 해석을 뒤엎을 정도로 커다란 연구 업적을 이루었다.

김영섭 세계기사연맹 회장은『무예도보통지』에서 마상무예를 개인적으로 복원하여 세계화에 성공하였다. 우리 민족 고유의 방식으로 전 세계의 기사(騎射)문화를 주도하는 선구자적인 인물이 되었고, 전 세계인이 우리 민족 고유 방식의 기사와 모구, 그리고 격구를 익히고 있다.

신상득 파람(바람)무예 회장은 손파람, 달파람, 비파람, 기파람, 예파람, 대파람, 검파람 등 일곱 개의 파람 바탕수를 개발하였다. 그리고 보국기예, 경호기예, 경비기예, 울수기예, 건강기예 등 다섯 개의 파람 응용수를 창안했다.

태기무예 창제위원들은 모두 우리의 전통무예가 무시되고 있을 때 전통적인 신체문화의 중요성에 눈을 뜨고 피눈물 나는 수련과정을 거쳐 전통을 복원한 인물들이다. 태기무예는 이러한 전통적인 신체문화를 익히고 이를 현대화시키며 전통 신체문화를 무형동력으로 재창출하는 노력을 끊임없이 하고 있다.

■ 태기무예 창제 위원

위원명	무술분야 및 특성	명상계 기법	대표 저서
최종균	관절기, 급소 및 경락조법, 중봉기법	도인양생공	한국 합기무예 아자흔
신상득	파람무술: 손파람, 대파람	기파람	랑의 환국
임성묵	전통본국검예, 무예도보통지	내가강권	본국검예
김영섭	마상무예, 지상무예	도가명상 수행파	도가명상 수행파
송성용	한국형 합기술	합기형 단전호흡	합기도 교본
박정진	태기무예사상론	신체적 존재론	『한국의 무예 마스터들』 외 100여 권

'한풀' 신상득 사범

18 랑(郞)의 무예, '한풀'

　　동아시아의 고대사를 보면 대체로 중국에서 한국을 거쳐 일본으로 선진문화가 이동하는 경로임을 알 수 있다. 고대사 중에서도 상고 시대, 즉 삼황오제 시대는 물론이고, 주(周) 이전 하은(夏殷)의 문화, 다시 말하면 당시 동이족이 개입한 문화에 대해서는 한국과 중국이 함께 이룩한 문명의 성격이 강하다. 문화란 돌고 도는 경향이 있어서 그 원류가 불분명한 경우도 없지 않다. 한국과 일본의 관계는 크게 보면 한국에서 이주한 세력이 일본의 지배층이 되어 고대사를 이끌었고, 일본 왕가는 핏줄로 한국과 섞여있다. 혈통뿐만 아니라 고대문화의 한일관계는 한국에서 일본으로 건너간 경우가 많다.

　　동아시아 무예사에서 '택견(태껸)-태고이(手乞)-태권(跆拳)'의 발음(언어학자는 能記라고 한다)이 유사한 것은 아무래도 범상치 않다. 문화의 끊임없는 교류를 나타내는 것이다. 결론부터 말하자면 한국의 택견은 그 옛날(신라 혹은 가야 시대로 추정됨) 일본으로 건너갔다. 그것은 오늘날 일본에서 태고이(手乞)로 남아있다. '태고이'는 일본 고무예(古

●●●●
'한풀'을 시연하는 신상득 씨

武藝)의 대표적인 것이다. 그런데 일본의 가라테 시연을 보고 있던 이승만 전 대통령은 '택견'을 떠올리고, '태껸이구먼!'이라고 했고, 그 발음으로 인해 한국의 무예가들은 일본의 가라테를 발판으로 다시 태권(跆拳, 태권도)을 재창조해냈다. 물론 이 같은 창조에는 전통 택견이 큰 몫을 했다. 전통 택견은 태권도뿐만 아니라 합기술(대동류유술)에 기술적 기반을 둔 '한풀'의 재창조에도 크게 기여한다. 이것이 무술의 본능이다.

 한국의 태권도가 일본 가라테의 영향을 받은 반면 일본의 대동류 및 합기도라는 것은 한국의 택견에서 그 원류를 찾을 수 있다. 그것이 바로 '태고이'라는 것이다. 일본의 태고이 무예의 전통을 오늘에 되살려 1965년 재창조한 것이 '한풀'이다. 한풀은 1985년 택견을 만나면서 우리 고유의 정통성을 확보하게 된다. '한풀'은 한민족이 잃어버린 '고(古) 무예'를 되살린 오늘의 무예이다. 이것을 두고 법고창신, 온고지신이라고 할 수 있다.

'한풀'의 뜻은 '크고 바른 하나 되는 기운의 무예'이다. 크고 바르게 되자면 하나가 되지 않을 수 없고, 따라서 '하나 되는 기운의 무예', '한 기운의 무예'이다. '한풀'은 '랑(郎)의 무예'라고도 한다. '랑의 무예'는 쉽게 말하면 '화랑도의 무예'라는 뜻이다.

'한풀'은 대중적으로 보면 합기술(合氣術)의 일종이다. 합기도(合氣道)라는 말이 일본에 의해 만들어졌기 때문에 덕암의 무예를 순우리말로 새롭게 만들 필요가 있었고, 그래서 한글학자 최현배 선생의 고견을 들어 '한풀'(1965년 4월)이라는 이름이 탄생했다.

일제 식민지 시대에는 선진 일본문화가 물밀듯이 한반도에 역류하여 들어왔는데 그 가운데 그 옛날 우리에게서 흘러갔다 다시 돌아온 것들이 많다. 그래서 흔히 일본의 것이라고 말하는 것 중에서 쉽게 '왜색'이나 '일본의 것'이라고 치부하거나 속단하는 것은 금물이다. 물론 그 옛날 흘러간 것이 조금도 변하지 않고 고스란히 있다가 그대로 우리에게 다시 돌아온 것은 없다. 그동안 일본이 자신의 문화로 갈고 닦은 것이다. 문화란 결국 사용하는 자가 주인이라는 점에서 현재의 소유를 무시하지 못하지만 그래도 그 원류는 추적할 만하다. 그 속에 문화의 원형이 숨어 있기 때문이다.

'랑의 무예'도 그러한 경우이다. 흔히 우리는 '랑'(郎)을 '사내'랑이라고 한다. 그러나 그것은 후대에 한자를 붙인 것이고, 그 이전에는 '더불어'의 뜻이고, '더불어 하나 됐다'라는 뜻이다. '머루랑, 다래랑 먹고' 할 때의 랑, '너랑 나랑'할 때의 랑이 그 흔적을 가지고 있다. '랑의 무예'의 마지막 형태가 신라의 '화랑'이다. 그리고 보면 '아리랑'의 랑도 범상치

'한풀'을 시연하는 신상득 씨

않고, 갓 결혼한 남자를 지칭하는 '신랑'의 랑도 예삿일은 아니다. 한민족은 어쩌면 '랑'을 지향하는 민족인 것 같다.

흔히 우리 고대문화의 원형은 천지인 사상이라고 한다. '랑의 무예'는 영(靈, 넋)과 혼(魂), 몸뚱이(魄)가 하나 되는 것을 지향하는, '인중천지'(人中天地)를 실천하고 있는 무예였던 것으로 짐작된다. 신(神)은 예전에 '검'이라고도 했는데 이 '검'자도 심상치 않다. 왜 검이 신이고, 칼의 옛 이름이 검(劍)이며, 왕을 왜 임금(임검)이라고 하는가. 임금은 실은 '검임'의 말 바꿈이다. '검'자에 '이다', '되다'의 서술어가 붙어서 '검이 된'의 뜻에서 다시 그것이 명사화되어 '검이 된 자'의 뜻이다. '검이 된 자'는 '임금'이고 바로 '랑이 된 자'를 말한다. 그 옛날의 지도자는 바로 '랑'이 되는 것이 필수 과정이었던 것이다.

'랑'이란 결국 오늘날 문무가 겸전된 자를 말한다. 그 무예의 전통이 가장 타락하여 구한말에는 '화랭이'가 되었고, 그래서 결국 나라가 망하였던 것이다. 그런데 아이러니컬하게도 그 일제 식민의 시절에 일본으로부터 '랑의 무예'가 조상을 찾아온다. 문화의 흐름에도 눈에 보이지 않는 DNA같은 것이 있어서 제 조상을 찾는지도 모른다. 일본인의 이름에 유독 '랑'(郞)이라는 글자가 많은 것은 한국문화의 정수를 일본이 갖

고 있는 것의 상징인지도 모
른다.

'한풀'이 처음 우리나라
에 상륙할 때는 이름이 '대동
류'(大東流) 혹은 '대동류유
술'(大東流柔術), '야와라'였
다. '한풀'이라는 이름을 지을
때 최현배 선생은 고민이 컸
다. 주시경 선생이 훈민정음
을 '한글'이라고 지은 기억을
되살려 '크고 바른'의 의미를
되살려 '한'자를 쓰고 나머지
는 '기운'을 뜻하는 순우리말
의 '풀'이라는 말을 보태 '한

'한풀'을 시연하는 신상득 씨

풀'이 탄생했다고 한다. 기운의 순우리말은 '풀'이다. 우리는 지금도 '풀
이 죽었다'라는 말을 쓴다. 바로 기운을 뜻하는 우리말이다. '기'라는 말
도 순우리말인데 한자말로 '기(氣)'자를 많이 쓰기 때문에 '풀'자를 선
택했다. '한풀'이 후일 동아시아에서 우리 문화의 독자성이나 차별성을
줄 것으로 짐작했음은 물론이고, 그때 소유권을 주장하기 위해서다.

대동류는 '합기도'를 다룰 때 이미 소개한(「세계일보」, 2010년 2월 16
일자) 넉암(德庵) 최용술(崔龍述, 1899~1986)에 의해 국내에 전해졌
다. 결국 한풀은 대동류의 전통 위에 새롭게 정리 개발된 '전통적 창시
무술'이 된다. 한풀은 최용술에게 가장 오랜 기간 수련을 하였고, 수제
자로 활동했던 김정윤(金正允: 1936~)에 의해 탄생했다. 김정윤은 '한
풀'을 창시하고 을지로에 '한풀수련소(밝터)' 간판을 내건 1965년(5월)

부터 2000년까지 신현배, 이승희, 김성열, 정영태 등 1백여 명의 사범을 배출했으나, 현재는 신상득(申相得) 가승(스승에 가까이 다가간 제자라는 뜻의 순우리말)이 그를 잇고 있다.

신상득 가승은 1997년부터 본격적으로 합류하여 '한풀의 역사'를 밝히기 위해 일본 현지 답사를 통해 『랑의 환국』(2005년, 이채) 전3권을 집필하는 한편 한풀의 부흥을 위해 최선을 다하고 있다. 신상득 가승은 1982년 신학공부를 할 때 한풀수련을 시작하여 2020년 현재까지 한풀에 몸담아 왔다.

1950년대까지 최용술의 대동류는 야와라, 유술, 합기유술, 유권술, 유은술, 기도 등 다양한 이름으로 불리다가 1960년대 들어 최용술의 제자들에 의해 합기도, 국술, 한풀 등이 탄생한다. 이중 합기도는 대한합기도, 국술원, 국제연맹합기도 등 큰 단체에서부터 수도관, 용술관, 정기관 등 작은 단체까지 다양하게 분파된다.

이러한 제 유파들의 수장들이 공통적으로 인정하는 인물이 바로 김정윤이다. 김정윤은 1960년대 초반 20대의 나이로 『합기술』, 『기도』를 펴냈으며, 또한 2000년대에는 택견의 무형문화재 기능 보유자였던 송덕기 옹의 시연을 담은 『태견』(한풀에서는 택견을 태견이라고 한다)을 냈다. 당시 이 책은 한국무예의 뿌리를 알려주는 것으로 무예계에선 저마다 전범으로 삼은 책이다. 한 가지 분명한 것은 '한풀'이 택견을 만나면서 한 단계 진화하고, 민족무예에 그 원류에 대한 확신을 가졌다는 점이다. 이것은 택견과 한풀이 만나서 이룩한 문화의 확대 재생산의 일종이고 이는 택견과 한풀의 공동의 공일 것이다.

택견의 대명사인 품밟기는 상대를 어르는 기술이다. 공격하는 듯하면서 물러나고, 물러나는 듯하면서 공격하는, 상대를 종잡을 수 없게 하여 상대를 제압하는 기술이다. 택견의 여러 기술은 대동류와 통하는 것이 많았다. 택견의 과시(꽈시, 꺽과시)는 대동류의 야추노바쿠(野中幕)라는 관절기를 통칭하는 것이었다. 한풀의 화려한 관절기는 이것을 원류로 한다. 대동류의 혈(신경)차단기는 택견의 '물주', 힘빼기(力의 拔)는 품밟기, 활갯짓에 해당하는 것이다. 대동류의 매발톱수(다카노쓰메 카타)는 월정(月挺)이었고, 미키리(見切)는 택견의 눈째기였다.

무엇보다도 이들 고대무술은 우리의 전통인 '울'(울타리, 우리, 우리나라)사상, '구슬'(슬기, 지혜, 마음수련)사상, '검'(칼, 갈다, 몸 수련)사상의 결정체이다. '울'사상은 '나를 지키는 것'(울두리)을 목표로 '담금질하다'(달기)를 뜻한다. '구슬'사상은 마음의 지혜를 닦는 정신수련이고, '검'사상은 몸을 닦는 기술수련을 뜻한다. 몸과 마음을 닦고, 울타리인 나라를 지키는 것이 무예인의 목표였다.

김정윤의 스승, 덕암 최용술은 합기도 계통의 도주(道主)로 숭앙받았다. 실지로 그가 한국 무예계에 미친 영향은 대단하다. 그는 한국 현대무술의 중흥조라고 할 수 있다.

우리나라 합기유술의 지도를 보면, 일본의 우에시바 모리헤이(植芝盛平)의 '아이키도'(合氣道) 계통이 있고, 일본의 대동류유술 계통이 있고, 그리고 가장 폭넓은 제자와 지지층을 거느리고 있는 최용술을 도주로 삼는 합기도가 있다. 그럼에도 불구하고 합기(合氣)라는 이름의 사용은 마치 합기도 계통 전부가 일본의 '아이키도(合氣道)'에서 전수된 것처럼 오해를 불러일으켰다. 그것은 우에시바 모리헤이에 의해 정립된 '合氣道(합기도)'라는 한자의 이름을 그대로 사용하면서 생긴 것이다. 이로 인해 합기도인 가운데는 대동류 무술에 맞는 다른 이름으로 바꾸어야 한다는 주장이 일찍부터 있었다.

합기라는 이름을 쓰지 않는 대동류 계통의 무술로는 '한풀' 이외에도 '국술' 등 여러 창시무술이 있다. 이 가운데 대동류의 전통에 가장 충실한 무예가 '한풀'이다. 그러나 김정윤은 한풀을 창제하면서 대동류와의 결별을 선언했다. 이는 우리 무예로의 재탄생을 주창하는 것이었다. 김정윤은 가장 최근(2010년 2월)에 낸 저서에서 '大東武'(밝터)라고 명명하였다.

한풀의 기술은 참으로 방대하다. 최용술의 방대한 기술을 일정한 원리와 공식을 찾아내 정리한 기술이다. 흔히 격투기술이라고 할 수 있는 기술인 손파람을 12기본기법으로 정리하였다. 12기본기법은 기본형, 이동기술, 공격기술, 방어기술, 공격방어기술로 나뉜다. 기본형은 몸맨두리라고 하는데 공격과 방어를 위해 취하는 기본자세로 겨룸새, 투그림새, 몸한새가 있다.

이동기술에는 걸음새, 뜀새, 구르기가 있고, 공격에는 지르기, 후리기가 있다. 방어에는 걷어내기, 비켜나기, 채기, 받아내기 등이 있고, 공방에는 몸풀어나기, 태질(태지기) 등이 있다. 손파람은 대표적인 맨몸기술로 이중에서 맨손으로 하는 기술을 손따수라고 한다. 이 밖에도 맨몸기술에는 다리로 상대를 차고, 넘기고, 꺾는 다리수와 가장 기술의 양과 폭이 큰 꺾과시(관절기술)가 있다. 꺾과시 기술만 해도 이루 셀 수 없을 정도이다.

한풀에는 맨몸기술 이외에 무기를 사용하는 무기술과 던지기를 하는 팔매가 있다. 무기술에는 목검을 사용하는 빌랑대와 검을 사용하는 검랑대, 막대기를 사용하는 지팡대가 있다. 팔매에는 사슬(쇠, 가죽, 천)과 활, 태(칼 던지기)가 있다. 한풀에 대동류에는 보이지 않는 이런 폭넓은 기술이 있다는 것은 놀라운 일이다.

한풀의 기술은 마치 '한글'이 자모음을 조합하여 글자를 만들 듯이 그렇게 무술을 만들어갈 수 있다는 점에서 무술의 한글이라고 할 수 있다. 한풀의 기술은 손파람, 꺾과시, 빌랑대, 다리수, 풀달기술(기운을 닦달해서 상승·집중시키는 수련)로 크게 5가지로 분류된다.

김정윤은 한풀의 기술과 용어를 정리함과 동시에 수련기구 개발에도 박차를 가했다. 손에서 강력한 기운을 뿜어내는 수련을 위해 고안된 손파람북을 비롯해 목검인 빌랑대(참대, 달기대), 빌랑대를 수련하는 빌랑대북, 아무리 치고 차도 넘어지지 않는 헛애비, 높이 뛰어오르기를 수련하는 뜀틀, 멀리 뛰는 수련을 하는 징검돌 등 여느 도장에서는 구경하기도 힘든 기기묘묘한 수련 기구를 창안해 만들었다.

김정윤은 대동류가 한국의 신라에서 일본으로 건너간 고대무술이었고, 일본의 다케다 소카쿠(武田惣角源正義: 다케다 소카쿠 미나도모노 마사요시)를 징검다리로 다시 한국의 최용술에 넘어온 것이라는 점, 이에 앞서 신라 화랑의 후예 '신라(시라기) 사부로 미나모토노 요시미츠'(新羅三郎原源義光)를 시조로 하고 있다는 것에 착안, 대동류가 우리의 전통무예와 어딘가에 연결점이 있을 것이라는 데 초점을 두고 연구를 해왔다. 그것이 바로 한국의 택견이었다.

김정윤은 일본 후쿠시마(福島) 아이즈(會津)를 비롯하여 일본 전역을 탐방하면서 '웅야'(熊野: 구마노) 혹은 '우흑'(羽黑: 하구로) 등 일본신사에서 일본을 대표하는 무인상 '테고이'(手乞)상이 있음을 보게 됐다. 일본에서는 '테고이'를 일본무술과 씨름의 원류로 보고 있다. '테고이'라는 일본 발음은 한국의 '택견'과 크게 차이가 없다. 그는 일본 탐방에서 도리어 우리의 신선교(神仙敎)의 전통을 그들이 잇고 있으며, 그들의 신노(神道)가 바로 그러한 전통의 연속임을 알았다. 말하자면 일본에는 우리가 잃어버린 고대의 문화가 남아있었다. 태고이는 일본에서 발견한 '잃어버린 택견'이었다.

골굴사, 대종사 양익 스님의 사진 앞에 좌정한 적운 스님

19 한국의 소림사, 골굴사 선무도

　중국 소림사(少林寺: 河南省 嵩山)에 소림무술이 있다면 한국의 골굴사(骨窟寺: 慶州 含月山)에 선무도(禪武道)가 있다. 옛 신라 화랑이 명산대천을 찾아 심신을 수련하던 자리, 함월산 자락에 자리한 선무도 총본산. 이름하여 선무도 대금강문(大金剛門)이다. 대금강문이라는 말에서 선무도가 단순히 무술이 아니라 선정(禪定)에 들어가는, 견성성불을 목표로 하고 있음을 알 수 있다. 여기서 선정이라는 것은 단순히 좌선이나 명상을 뜻하는 것이 아니라 행주좌와(行住坐臥), 어묵동정(語默動靜)에서 일심불란(一心不亂) 삼매(三昧)에 들어가는 것이다.

　골굴사에서 10여분 거리에 있는 감포 앞바다에는 삼국통일을 이룬 신라의 30내 문무왕이 왜구로부터 나라를 지키기 위해 동해 용(龍)이 되었다는 수중릉(水中陵)이 있고, 그 용이 드나들었다는 감은사(感恩寺)가 자리하고 있다. 골굴사는 신라 선덕여왕 때 인도의 승려 광유(光有)가 인도의 석굴사원 형식으로 조성하고 이어 인근에 임정사(林井寺)를 조성했다. 임정사는 후에 원효 스님이 확장하여 기림사(祇林寺: 골굴

대적광전 앞뜰에서 수련에 여념이 없는 스님들

사에서 1킬로미터 거리)라고 하였다. 이 지역은 조선조 때는 수군통제부가 있었던 군사적 요충지이기도 하다.

함월산도 범상치 않다. 이제 한국이 세계에 우뚝 서는 아시아 태평양 시대, 동아시아가 세계의 주역으로 나서는 '달의 시대'에 달을 머금은 함월산이 골굴사를 감싸고 있다. 원효대사가 열반했다는 경주 주변의 혈사(穴寺)가 이곳으로 비정되고 있다. 원효대사의 혼령이 이곳에 왕생하여 통일의 기운을 일으키고 있는 느낌이다. 이곳 주불인 마애아미타불(보물 581호)도 문무대왕 수중릉을 향하고 있어 호국불교의 의지를 엿볼 수 있다. 골굴사 선무도인들의 우렁찬 고함소리는 지금 '신(新)화랑'을 외치는 울림으로 다가온다.

골굴사는 우리나라에서 유일하게 굴 안에 관음상과 지장불, 약사여

래불을 모신 법당이 있다. 굴 안의 법당 외에 남근석과 여근석이 기묘한 모습으로 서있고 깎아지른 듯한 바위를 뚫고 샘물이 솟아 신비감을 더해준다. 아마도 오랜 옛날, 전불 시대부터 성지였던 것으로 보인다.

선무도는 불교의 전통 수행법인 안반수의경(安般守意經)의 금강영관(金剛靈觀)이 본래 이름이다. 그동안 승가에서 비전으로 전해져 오던 것을 시대의 추세에 따라 대중화되면서 붙여진 이름이다. '아나파나사티'는 몸과 마음과 호흡의 조화를 꾀하는 '지관(止觀)수행 체계'로 간화선에서 크게 발전시킨 것이다. 밀교와 천태종도 이 수행법을 실행하고 있다.

"선무도의 제 수행형태는 근본 불교에서 비롯된 밀교적인 수행법으로써 정중동의 조화를 통하여 신·구·의(身·口·意) 3업(三業)을 정화하기 위함이며, 그 몸과 마음과 호흡의 조화가 정신과 육체의 청정무구법신을 이루어 위없는 깨달음에 나아가기 위함이다."

본래 불가에는 스님들의 선정수행을 돕는 건강유지법으로 불교무술이 비전되어 왔는데 승병제도가 있을 당시는 매우 발달하였다. 억불숭유의 조선조에 이르러 불교무술은 억압을 받아오다 임진왜란 당시 승병제도가 1592년부터 갑오경장이 일어난 1894년까지 운영되었다. 갑오경장 이후 승병제도가 없어지고부터 선무도의 맥도 끊어졌으며 그동안 무예를 백안시하는 풍토가 절집에 만연하였다. 선수행을 하는 승려들 사이에는 관절염 등 각종 질병에 시달리는 경우가 많았다. 이는 불교무술과 양생법을 잃어버린 탓이다.

선무도는 크게 선요가, 선무기공, 선무술로 나뉘며 좌관(坐觀), 입관(立觀), 행관(行觀)등의 수행법이 있다. 선무도에는 봉, 검, 권 등 각종 병장기 기술이 총망라돼 있다. 선호흡은 호식(呼息), 지식(止息), 흡식(吸息)의 3단계로 이루어지고 다양한 동작이 곁들여지는 점에서 단전호흡과 다소 다르다.

선호흡은 특히 서서 생활하는 인간에겐 척추 아랫부분에 무리가 가해진다는 점에 착안, 7종의 동물 — 호랑이, 원숭이, 용, 곰, 거북이, 학, 사슴을 본떠 기의 흐름을 원활히 하는 12개의 동작이 있다. 선무도의 가장 큰 특징은 부드러움이다. 신체에 큰 무리가 없으면서도 강력한 파괴력을 구사한다. 다른 무예가 공격과 방어의 개념으로 구성되어 있다면 선무도는 신체의 유연성과 균형을 바탕으로 불교의 이상세계를 구현하고 있다는 점이 다르다.

인간은 동물과 달리 수직보행을 하면서 각종 척추질환에 시달리게 되었고, 네 발 짐승에서 볼 수 없는 각종 질병이 생겨났다. 동물 동작들은 중추신경계와 내장생리계, 교감신경 및 부교감신경계, 그리고 호흡에도 큰 영향을 미친다. 특히 현대 도시인들은 운동부족과 각종 스트레스에 시달리고 있다. 그래서 도리어 일종의 '동물-되기' '자연-되기'가 큰 수련의 원리이다. 인간도 자연 속에서 숨 쉬는 생명체이기 때문이다.

소림무술의 시초는 달마대사가 면벽수련을 하는 승려들의 건강을 위해 5가지 동물의 움직임을 따라서 만들었다고 전해지는데 선무도도 마찬가지다. 이 동작을 수련하면 모든 병의 예방과 치료가 가능하다고 한다. 불가에서는 참선을 하다가 병이 나면 여러 기공법으로 치료를 하였으며 선무도에는 그러한 이치가 곳곳에 스며있다.

적운스님은 개(동아보살)와 원숭이(오공이)를 키우면서 동물사랑도 실천한다.

"동물에도 불성이 있다는 것이 잘 알려져 있습니다. 그래서 동물과 함께 하면서 자칫하면 빠지기 쉬운 스스로의 오만을 다스리고 있습니다."

선무도는 범어사의 고(故) 양익(兩翼) 스님이 1960년대에 복원함으로써 빛을 보게 됐다. 양익 스님은 1971년 범어사 극락암에 연수원을 설립한 후 적극적으로 불교 무술 지도법을 개발하였고, 1978년에는 청련암에 금강 영관 수련원을 열어 본격적으로 지도하였다. 청련암에는 선무도의 여러 동작을 그린 그림들이 입구에 그려 있다. 이는 중국의 소림사와 어깨를 나란히 하기 위함이다.

골굴사 적운(寂寂雲) 스님을 비롯하여 보령 백운사 법천 스님, 마산 성덕암 가영 스님 등 선무도를 대표하는 스님들이 모두 양익 스님의 제자들이다. 적운 스님은 3

골굴사 선무도 포스터

기였다. 적운 스님이 '선무도대금강문'의 적통을 이었고, 이밖에 시중에 알려진 선관문, 불무도 등이 선무도 계열이다.

선무도를 복원한 양익 대종사는 관주(觀主)였고, 현재 적운 스님은 문주(門主)이다. 선무도 총본산은 현재 전문 무술인의 양성과 일반인의 심신건강 교육 프로그램 및 사찰체험 등 여러 방향에서 운영되고 있다.

적운 스님은 서울 돈화문 앞에서 도장을 열고 도시포교에 나섰다. 처음엔 치료센터, 건강요법에 치중했으나 현재는 템플스테이(temple stay)로 운동의 방향을 바꾸었다. 템플스테이는 1992년부터 운영한 것으로 한국 불교의 전통문화를 체험하기 위해 사찰을 찾는 외국 관광객에게 가장 신선한 프로그램으로 다가서고 있다.

●●●●

경주 인근 감은사 들판에서 수련하는 수련생

특히 연말연시 '해넘이 해맞이 선무도 템플스테이'는 세계적으로 알려져 있으며, 사찰안내와 참배, 강의와 시연으로 구성된 프로그램은 벽안의 관광객에게 문전성시를 이루고 있다. 천지기운이 생동하는 새벽 4시, 새벽을 여는 목탁소리와 함께 이어지는 예불과 독경, 좌선은 물질문명에 찌든 서양인에겐 심신의 큰 충격으로 받아들여지고 있다.

참가자들은 오륜탑 언덕에서 영정입관수련 후 일주문까지 포행을 하며 명상을 한다. 울창한 수목의 기운, 새소리, 꽃향기를 마시며 행해지는 '걷기 명상'이다. 한 톨의 밥알, 반찬도 남기지 않고 모두 설거지하여 마시는 발우공양은 서양인들에겐 신선한 경험이다. 오전 수련을 마치면 108배를 한다. 점심 공양 후 사찰청소, 보수작업 등을 하는 함께 하는 노동울력은 옛 '농선(農禪)병행'을 떠올리게 한다.

차를 마시며 대화하고 성지순례를 한다. 성지순례는 인근의 오어사,

기림사, 석굴암, 장항사지, 감은사지, 문무대왕 수중릉 참배 등이 포함된다. 프로그램 일정에 따라 가감이 된다. 여름방학, 겨울방학 중에는 청소년을 대상으로 '선무도 화랑수련회'를 운영하여 선무도 인구를 확산하는 데 주력한다. 특히 조선조 말까지 3백여 명의 승병들이 상주했던 1,500년 전통의 기림사 방문, 감은사 탑돌이, 수중릉 참배 등은 인기를 끌고 있다. 그리고 대안교육으로 장기입산 프로그램을 운영하고 있다.

적운 스님은 일찍부터 무술을 좋아한 아버지의 영향으로 태권도와 검도 등 각종 무술을 익혔으며, 20세(1975년)에 부산 범어사에서 출가하여 7년간 수도에 전념, 비구계를 받고 선방에서 있다 1984년부터 선무도의 복원창시자인 양익 스님을 만나게 된다. 양익 스님은 1960년대부터 선무도의 복원에 주력하여 전국의 노스님들을 찾아다녔다. 선무도는 특히 일제 때 만주에서 독립운동에 나섰던 스님들 중 고수가 많았다. 그러한 선배들이 있었기에 오늘날 적운 스님 대에 와서 선무도가 세계적으로 꽃을 피우게 된 셈이다.

선무도는 무술이지만 수행과 무술의 비중을 따지자면 10대 1이라고 한다. 수행이 먼저라는 얘기다. 현재 골굴사에는 선무도 대학, 선기공 재활복지센터, 선무드라 춤 테라피 연구소, 맑은 마음 사람들 운동본부 등이 함께 있다.

선무도는 깨달음을 위한 수행법이기에 적을 이기려고 하는 것이 아니라 자신을 이기는 무술이다. 선무도에서 가장 중시하는 것은 호흡이다. 어떤 힘겨운 동작을 할 때도 참선을 할 때의 호흡과 선정을 잃어서는 안 된다. 빠른 동작이나 느린 동작이나 힘든 동작이나 가벼운 동작이나 항상 호흡이 같아야 한다.

선무도는 한마디로 '움직이는 선(禪)'이다. 참선에선 좌선이 중요하지만 행선(行禪)을 병행하는 것이 선무도이다. 선무도는 부처님의 가르침인 '아나파나사티'라는 호흡법을 중심으로 몸과 마음과 호흡의 조화를 통해 참다운 깨달음을 얻는 수행법이다.

조신법(調身法)은 선요가를 비롯하여 선무도의 동(動)과 정(靜)의 조화를 통해 심신을 맑고 건강하게 가꾼다. 또한 명상과 참선수련을 통해 자아(自我)를 깨닫게 하고, 진실된 언행과 적극적인 자신감을 배양함으로써 긍정적인 사고를 도와준다. 조식법(調息法)은 '아나파나사티'라는 부처님의 바른 호흡법으로 들숨과 날숨의 조화를 통해 몸과 마음을 안정시키고 삼매로 인도하는 선호흡법이다.

골굴사 법당에는 원효대사의 영정이 모셔져 있다.

"저는 속세로 말하면 원효대사의 46세손입니다. 무예인을 떠나서 한 수행자로서 원효대사를 존경하며 따르고자 합니다. 원효대사의 화쟁(和諍)사상을 몸으로 실천하여 출가승으로서의 깨달음을 달성함은 물론이고, 분단의 아픔을 딛고 이제 통일을 앞둔 국가에 이바지하고자 합니다. 불가에서는 인연을 중시합니다만 아무래도 제가 설씨로 태어나서 이곳 골굴사에서 일생일대의 대업에 매진하게 된 것은 범사가 아니라고 생각합니다."

현재 선무도를 거친 인구는 수만 명에 달한다. 인터넷에서 관리하고 있는 인구만 9천여 명 수준이다. 이중 1천 6백여 명이 유단자이다. 유단자들은 무조건 '선무도 대학'에 입학하여야 한다. 미래의 선무도 동량을 키우기 위해서다. 외국인 수련생들도 5~6백여 명에 달한다. 외국인 가운데는 프랑스인이 3백여 명으로 가장 많고, 미국인이 2백여 명, 오스트리아, 캐나다인이 각 30여 명이다. 조만간 미국과 유럽에 선무도 지부를 낼 계획이다.

적운 스님은 지난해 애틀랜타 애모리 대학(기독교 감리교 재단)의 초

선무도를 수련하는 외국인 수련생들

청을 받아 특강을 했다. 적운 스님은 미국에서의 성공도 자신하고 있다. 애모리 대학은 2007년에는 티베트의 달라이라마를 초청하였고, 그 다음해 적운 스님을 초청하였다.

지난 해 템플스테이 참가자는 연인원 2만 8천여 명에 달했다. 지난 해 한국관광객 10만여 명 중 30%가 골굴사를 찾은 셈이다.

적운 스님은 그동안 마치 '무소의 뿔'처럼 선무도의 세계화를 위해서 달려온 셈이다. 적운 스님은 경주시의 협조로 지난 2008년까지 '제6회 화랑의 후예, 전통무예 대회'를 개최해왔는데 7회 축제부터 '골굴사 무예대회'(2009년 11월 1일)라는 타이틀을 추가했다. 이 대회는 특히 '골굴사 중창 20주년, 선무도 포교 25주년'를 기념했다. 전국 16개 무예단체의 무술인 3백 명이 참가하고, 4천여 명의 일반인이 참관하는 등 성황리에 마쳤다. 민간 레벨에서 벌이는 무술대회로는 사상 처음이다. 적운 스님은 이 행사에 대해 만족하면서 정부차원의 협조와 지원이 있으면 발전 속도가 훨씬 빠를 것이라고 내다봤다.

"중국에서는 소림무술을 정부차원에서 육성하고 지원하고 있습니다.

저희는 순전히 사찰 레벨에서 진행하고 있는데 앞으로 한국 문화의 해외선양과 한국 불교의 해외 포교를 위해서도 정부 차원에서의 지원이 절실합니다. 특히 외국인들의 관심이 지대한 것이 큰 보람입니다."

선무도는 동국대학교를 비롯하여 부산대학교, 한국예술종합학교, 경희대학교, 경주대학교, 서울예술대학교 등 10여 개 대학교에 전공 및 교양과목으로 개설되었으며, 상황과 여건에 따라 변화가 있지만 지금도 여러 대학에서 개설 문의가 들어오고 있다.

20 무문(無門) 스님, 비선무(飛禪武)로 날다

무예와 권법의 중간에 있는 무술, 흔히 무기를 잡는 것이 격에 어울리지 않은 불가의 스님들이 애용하는 것이 봉술이다. 엄격하게 말하면 무기를 들지 않으면 무예가 아니다. 그래서 무인들은 살상의 무기가 낯선 현대에 들어 무기 대신 곤봉으로 무예를 익히는 경우가 종종 있다. 살상의 무기, 냉병기의 필요성이 줄어든 요즘 봉술은 무인들의 무기에 대한 욕구를 달래준다. 봉은 무게감과 함께 실감을 주며, 때에 따라선 무기가 되기도 한다. 봉술의 고수들은 봉 혹은 막대기 하나로 얼마든지 여러 사람을 상대하여 무릎을 꿇게 할 수 있다. 그래서 봉술을 '무예의 어머니'라고 한다. 현재 한국에서 봉술의 1인자는 낙산사 주지 무문(無門) 스님이다. 스님이 무술의 고수라고 하니 어색하게 들릴지 모르겠지만 무승(武僧)은 소림권으로 결코 낯설지는 않다.

무문 스님은 출가하기 전 이미 십팔기의 고수였다. 해범(海帆) 김광석(金光錫) 선생의 수제자 가운데 한 사람이다. 현재 해범의 문하에는 약 1백여 명의 고수가 있다.

그는 종종 우스개로 말한다. "무술을 하고 싶어서 출가를 했습니다." 이 말에는 일말의 진정성도 있음을 느낄 수 있다. 설마 인생 절체절명의 출가를 두고 그랬을까 싶지만 그의 무술 사랑을 읽을 수 있다. 무골(武骨)이 공부를 해야 문무겸전의 진정한 대인이 나온다고 한다. 실제로 학자나 예술가 등도 무골에서 시대를 초월하는 훌륭한 문인이나 예술가, 스님이 된 경우를 종종 볼 수 있다. 그만큼 무골들은 시세에 따라 변하지 않고 초지일관하는 고집과 무덕을 바탕으로 하는 의리가 있기 때문이다.

그를 만나면 무혼(武魂)이 느껴진다. 야생의 스님이랄까. 한국 불교의 미래를 짊어질 동량으로 손색이 없다. 무덕을 지녀야 큰일을 하는 것은 세간이나 출세간이나 마찬가지이다. 선(禪)공부, 공(空)공부에 찌든 스님이 아니라 보기 드물게 단순함과 용기를 물씬 풍긴다.

해수관음보살의 도량, 낙산사. 지난 2005년 4월 5일, 이 일대에 불어닥친 불의의 대형 산불로 전소에 가까운 피해를 입었다. 그동안 조계종과 정부차원의 지원이 있었지만 복원불사를 하느라 스님은 힘겨운 몇 해를 보냈다. 무문 스님은 부지주로서 묵묵하게 그 어려운 일을 감당하였다. 복원불사가 도리어 그를 실천불교의 모범으로 자리 잡게 하였다. 이러한 면면이 당시 주지이며 그의 법은사(法恩師)인 정념(正念) 스님에게 믿음직하게 보였던지, 조계종단에 강력 천거하여 최연소 주지가 됐다. 정념 스님은 한주(翰注)로 추대되었다. 무문 스님은 또한 젊은 엘리트 승려답게 낙산사 복지재단을 설립하여 요양원장으로 요양원을 모범적으로 운영함으로써 지역민들의 큰 호응을 받기도 했다.

낙산사 복지재단은 지난 1996년 신흥사 복지원으로 설립인가를 받아서 반야노인요양원(1998년), 반야주간보호센터(1998년), 반야전문요양원(2004년)을 운영하다가 2005년 지하 1층, 지상 3층의 건물을 마련하고 '낙산노인전문요양원'으로 중흥된다. 그리고 낙산주간보호센터 개원(2005년)에 이어 사회복지법인 낙산사 복지재단으로 법인분리가 된다. 현재 대한불교 조계종 낙산사 복지재단으로 되어 있다. 2006년에는 낙산모자원도 설립하였다. 차근차근 실천불교의 모습을 보인 것이 어느덧 조계종의 대사회사업의 모범으로 자리 잡게 된 것이다. 그에 대한 신뢰는 무술이 아니어도 두텁다. 그의 선공부도 만만치 않다. 바쁜 가운데서도 동국대 대학원에서 '선병(禪病) 치료'에 관한 주제로 석사학위를 받았다.

무문 스님은 1996년 건봉사 영수(英壽) 스님을 은사로 출가해, 1997년 녹원 스님을 계사로 사미계, 2004년 보성 스님을 계사로 구족계를 수지했다. 스님의 속명은 배주현. 서울대 농경제학과 88학번으로, 그해 여름『무예도보통지실기해제』의 출간 기사를 읽고, '전통무예 십팔기' 동아리에 가입한 후 십팔기를 전문적으로 배우기 위해 신촌 십팔기 도장을 찾은 것이 인연이 되어 오늘에 이르렀다. 1989년 '제1회 전통무예 십팔기 연합회' 발표회에 참가하게 되었고 해범 선생에게 군복무 기간을 제외하고 6년여 동안 착실하게 십팔기의 각종 무예를 익혔다.

해범 선생의 무예는 도가(道家)계열에 속한다. 그는 도가에도 상당한 경지에 올랐다. 서울대 농대를 졸업하고, 제일제당에 다니던 어느 날, 임진왜란 당시 승군의 궐기 도량이었던 건봉사에 들린 것이 인연이 되어 갑작스럽게 출가를 결심하는 계기가 됐다. 그는 역시 무승(武僧)의 인연이 있는 모양이다. 왜 하필 승군이 궐기한 곳에서 머리를 깎게 되었을까. 건봉사는 임난 때 서산대사, 사명당의 승군이 궐기한 곳일 뿐만 아니라 일제 때 만해 한용운 스님이 야학(夜學) '봉명학교'를 세운 곳이기도 하다.

지금은 건봉사가 말사로 전락했지만 조선조까지는 강원도 일대의 본

● ● ● ●

무문 스님의 봉술 시범

사였으며, 아직도 금강산 최남단에서 금강의 기운을 내품으며 방문객
으로 하여금 기감을 느끼게 하는 도량이다. ROTC 장교로 최전방에서
군복무 후 잘 나가는 대기업 엘리트 사원이었던 그는 항상 깨달음에 대
한 갈망으로 고민했다. 특히 몸 공부와 마음공부에 대한 관심이 많았다.
타고난 문무겸전의 혈통이었던 셈이다. 스님의 문무겸전은 일반인과는
좀 다르다. 흔히 무술계의 문무겸전은 무학(武學)과 무술(武術)을 겸하
는 것을 말하는데 스님에게는 무학과 선학(禪學)이 문에 해당하고 무술
이 무에 해당된다.

인도 남해 봄베이 부근의 보타낙가산, 중국 절강성 주산열도의 보타산과 함께 세계 3대 관음성지인 오봉산 낙산사의 전통과 위풍의 회복을 위한 국민적 성원으로 복원할 수 있었다.

천년고찰 낙산사는 복원불사에 착수하여 지난 2007년 11월 16일 1차 회향에 이어 2009년 10월 12일 2차 복원불사 회향식을 봉행했다. 낙산사는 화재 이후 국립문화재연구소의 2년여에 걸친 발굴조사, 각계의 전문가들로 구성된 복원위원회의 자문을 받아 천년고찰의 사격(寺格)을 되살리는 데 혼심의 노력을 했다. 낙산사의 사격이 가장 크고 장엄했던 조선 세조 때의 모습을 복원하기로 하고, 이때의 모습이 잘 반영되어 있는 단원 김홍도의 작품 낙산사도(洛山寺圖)를 기본 모형으로 불사를 진행했다. 주요 전각에 수막시설을 설치했고, 곳곳에 여러 대의 방수총도 마련해 놓았다.

낙산사는 강화 보문사, 남해 보리암과 함께 우리나라 3대 관음성지이기도 하다. 낙산사의 주된 금당은 다른 사찰과 달리 원통보전(圓通寶殿)이다. 원통보전은 원통전 혹은 관음전으로 불리며, 관세음보살을 주불로 모시고 있다. 원통보전에는 건칠관세음보살상이 독존(獨尊)으로 봉안되어 있다(2003년 2월 3일 보물 제1362호로 지정). 후불탱화로 아미타극락회도가 걸려 있으며 그 밖에 관음상 주위로 오른쪽에 신중탱화(1959년)와 동종(銅鐘), 의상대사 진영 등이 조성되었다.

바닷가 사찰답게 빈일루(賓日樓), 송월요(送月寮)가 있는 것도 의미심장하다. 빈일루(賓日樓)는 '해를 맞이하는 누각'이란 뜻이고, 송월요는 '달을 전송하는 요사'라는 뜻이다. 아마도 전통음양사상이나 다른 역사적 의미가 깔려있는 사찰일 것이다.

스님은 그동안 인적이 드문 건봉사와 봉정암에서 마음 놓고 고난이도의 기술을 닦았다고 한다. 그는 주지가 되고 처음으로 '비선무'(飛禪

십팔기 비선무 수련생들

武) 도장을 구비했다. 스님은 비선무의 창시를 오랫동안 준비해왔다. 선 공부 때문에 건강에 시달리는 도반들을 보면서 달마대사의 역근경에 못지않은 십팔기의 무술을 절집에 뿌리내리게 할 요량이었다. 아마도 머지않아 낙산사 비선무 도량은 중국의 소림사와 자웅을 겨루는 새로운 사찰이 될 것을 의심치 않는다. 그는 기초가 탄탄한 무술의 고수이며 여기저기에서 이것저것 주워 담은 무술이 아니라 가문 있는 십팔기 집안의 후예이기 때문이다.

그는 앞으로 길러낼 제자들을 생각하면 벌써부터 가슴이 뿌듯하다고 한다. 낙산사가 스님과 신도들, 그리고 일반 수련자들을 위해 마련한 유 스호스텔의 1층 70평 남짓한 공간은 나름대로 시설을 갖추었다. 도장의 이름을 '十八技 飛禪武 修練院'이라고 했다. 도장의 전면에 조계종 마크와 십팔기 마크가 좌우에 나란히 그려진 '십팔기 선무도' 현수막도 걸었다. 양양 일대의 청소년들에게도 개방할 예정이다. 이제 한국 불교계에 전통 십팔기를 바탕으로 하는 비선무의 시대를 열겠다는 각오이다.

"도가는 몸을 정밀하게 다스리며 아끼는 반면 병가는 살상을 목적으로 하기 때문에 몸이 망가져도 우선 급한 기술 위주입니다. 도가는 건강 위주며 몸이 일종의 환경입니다. 그래서 도가의 무술과 병가의 무술이 다른 것입니다. 요즘과 같이 살상을 위한 냉병기가 필요 없는 때에 건강호신술은 도가의 무예가 바람직하고 또한 수준도 높습니다. 도가의 무예를 익히면 정밀한 기(氣)의 이동통로가 몸에 생깁니다. 또 몸을 다쳤을 때는 복원력도 매우 강합니다. 저는 한방 침을 맞으면 반응이 무척 빠릅니다. 그런 점에서 도가의 무예는 지독할 정도로 과학적이지요. 흔히 도가라고 하면 무위자연이라고 해서 신선술과 같은 것을 떠올리는데 도리어 과학적입니다."

그가 짠 비선무의 커리큘럼은 매우 실용적이면서도 다양하다. 비선무는 결국 십팔기 무예에 북창 선생의 전통호흡법인 오금희, 불교의 천대소지관, 그리고 해범 선생의 역근법과 도인법 등 무예와 도불(道佛)이 망라된 것이 특징이다.

몸 풀기, 기본자세, 기본발차기, 상체수련, 응용발차기, 낙법, 기본권법, 반뢰권(해범 선생 내공수련법), 중기권법, 고급권법, 초급대련, 중급대련, 고급대련, 도법, 권법, 장봉, 중봉, 북창 선생의 용호비결인 오금희, 내공수련, 좌선법, 108배 등으로 구성된다. 이것만 제대로 익히면 거의 완벽에 가까운 무예인이 된다.

몸 풀기는 정수리 돌리기, 장운동, 압퇴 등으로 구성된다. 기본자세는 가식, 궁전식, 기마식, 허식, 독립식, 부퇴식, 일좌식, 좌반식 등 8종류이다. 기본발차기는 앞차기, 회심퇴, 옆차기, 돌려차기, 발올리기 등 5종류이다. 상체수련은 권추, 반주, 2인 수련 등으로 구성된다. 응용발차기는 발등치기, 외파각, 내파각, 소퇴, 이기각, 선풍각, 연환퇴, 낙법에는 고양이낙법(구르기)이 있다. 그리고 기본권법은 1로에서부터 8로까지, 중기권법은 호권, 현각권, 개산권(소림간가권)이 있으며, 고급권법에는 응주포가권, 후권, 맹호권, 초급대련에는 권추대련, 철형대련, 기각대련, 중급대련에는 삼권대련, 삼권권추대련, 장권대련, 고급대련에는 강기대련이 있다. 도법에는 육로도법, 제독검, 본국검이 있으며 검법에는 격자격세, 조선검법 24세가 있다. 장봉에는 1로에서 3로까지, 오금희에는 호랑이, 곰, 원숭이, 사슴, 학 등 다섯 동물의 호흡법이 포함된다. 내공수련은 참공(마보참장공), 내장세(인도법), 외용세(도인법), 좌선법은 조신, 조식, 조심, 좌선전후 몸 풀기 등으로 구성됐다. 108배로 모두 끝난다.

"비선무의 '비(飛)'자에는 날다, 높다, 뛰어나다 등의 뜻이 있어요. 선(禪)과 무(武)가 균형 있게 스며있다고 볼 수 있습니다."

무문 스님은 오랜 숙고 끝에 십팔기에서 정수를 뽑고, 나름대로 각종 수련의 전통을 불가에 맞도록 개편하였다.

"진정한 무예는 나이가 들수록 강해집니다. 체력을 바탕으로 하는 체육과는 다릅니다. 체육은 나이가 들어 체력이 저하되면 후퇴하지만 무예는 그렇지 않습니다. 40대가 20대를 이기고, 60대가 40대를 이깁니다. 무예인은 숙달된 경력(勁力)을 쌓아가는 자들이기에 그것이 가능합니다."

그곳을 찾았던 일행은 스님을 졸라 주지실 마당에서 잠시 그의 봉술을 보기도 했다.

"절의 크고 작은 불사로 인해 그동안 수련을 거의 하지 못했습니다. 잘 될지 모르겠습니다. 멀리서 오셨기에 한 번 해보기는 하겠습니다."

붕- 붕-. 묵직한 물체가 청량한 공기를 가르는 동안 스님은 마치 한

마리 봉황새처럼 마당을 돌았다. 춤추듯이 사방을 휘젓고 돈다. 먼발치에서 보면 아마도 사람은 보이지 않고 봉의 움직임만 보일 것이다. 원을 그리면서 휘감아 돌던 봉이 훌쩍 크게 한 번 도약하더니 맹렬하게 땅을 내리친다. 쩡-. 맨땅에서 파열음이 솟는다. 화염에 그슬린 고송 아래에서 펼치는 봉술은 이내 기운생동으로 사방에 활기를 불어넣는다.

"오랜만에 해서 그런지 호흡과 동작이 제대로 리듬을 타지 못하는 것 같습니다. 숨이 차서 힘드네요." 스님은 계면쩍은 듯 슬쩍 미소를 보여주었다. 그러나 그의 동작을 보면 예사롭지 않았다. 특히 그의 비공(飛功)은 허공에서 한참 유지될 정도였다.

"네덜란드 라이든 대학에 갔을 때입니다. 최복규 십팔기 무예도반이 현지에서 십팔기를 지도하고 있었어요. 처음에 저는 구경만 했지요. 그러다가 주위의 권고도 있고 해서 봉술시범을 보였더니 그곳 무술인들의 대접이 달라지더라고요. 봉술을 배우고 싶다고 하더군요."

봉술과 권법은 예부터 스님들이 즐겼다. 소림사의 권법은 일반에 잘 알려져 있는데 십팔기의 봉술도 크게 다르지 않다. 십팔기야말로 당시 한·중·일의 무예를 종합 정리한 동아시아의 문화적 재통합이었기 때문이다. 살생을 금하는 절집에서는 봉술이야말로 건신(建身)과 호신(護身)을 위해 허용된 유일한 무예이다.

그는 특히 스님들의 선병(禪病) 치료에 관심이 많다. 그래서 박사학위 논문도 이것을 주제로 할 예정이다. 이미 여러 차례 관련 논문을 쓰면서 준비하고 있다고 한다. 대각사상연구원(大覺思想硏究院)에서 발행하는 「대각사상(大覺思想)」논문집에 실린 '천태지자대사의 전적에 나타난 선병 치료에 관한 소고'(2005년)라는 논문을 보여준다.

"간화선에선 화두공부는 내려왔지만 공부를 하는 동안 스님들의 건강유지를 위한 비방은 전해오지 않았기 때문에 많은 문제를 안고 있습니다."

그는 십팔기를 익힌 것이 불가에서도 크게 도움이 된다고 한다. 결국 그는 문무겸전에 도불겸전인 셈이다.

"출가해서는 수행의 방편으로 틈틈이 몸을 놀리는 데 그쳤습니다만 불가(佛家)와 도가(道家)의 수련법은 일맥상통하는 점이 있습니다. 도가의 호흡법과 양생법은 불가의 참선, 좌선법과 크게 다르지 않지요. 수양을 통해 도를 깨우치는 것도 같습니다."

참선을 하다보면 올바른 수행법을 몰라 병에 걸리는 경우가 많다. 약으로도 고칠 수 없는 경우가 대부분인데 이를 선병이라 한다. 스님은 군복무 시절 무릎 인대가 파열되는 중상을 입은 적이 있다. 의가사 제대 판정을 받았지만 끝까지 복무를 마쳤다. 도가의 양생법으로 인대를 치료한 때문이었다.

무문 스님이 즐겨 하는 권법은 맹호권(猛虎拳)이다. 맹호권은 도가 문중에서 전해지는 오령권(五靈拳) 중의 하나인데 힘이 넘치고 활발하며 도약이 비교적 많다. 권(拳)을 펼치는 스님의 신법(身法)은 공중에 몸을 날려 연이어 차내는 발차기에서 절정에 이른다. 그 발차기는 일품이다. 무림고수들의 무협지에서나 볼 수 있는 비각(飛脚)이다.

"몸의 공부에는 끝이 없습니다. 평생을 배우고 연마하며 공을 들여야 합니다. 출가한 몸으로 기예를 닦는 것은 남이 아니라 나를 깨뜨리기 위함이지요. 십팔기는 꼭 간화선과 같습니다. 진도가 나가지 않고 있다가 어느 날 갑자기 활연대오(豁然大悟)합니다."

21 반탄(反彈)의 민족무예, 기천문(氣天門)

십팔기(十八技)가 우리의 족보 있는 무예의 보고라면 기천문(氣天門)은 족보가 제대로 없이 교외별전(敎外別傳)으로 내려온 선가(仙家)의 보고이다. 때때로 문화는 족보가 없이도 면면히 내려와 문화인자(文化因子)로 인하여 새롭게 재생되고 부활되는 것을 볼 수 있다. 기천문에도 권법을 비롯하여 검법과 창법이 고스란히 보존되어 있으며 우리 민족 특유의 단전호흡법인 기법(氣法)마저도 계승되어 있음을 볼 수 있다. 이는 참으로 불가사의하다. 기천문에서는 대륙의 기질과 사나운 북풍과 맞서 싸우면서 살아온 우리 민족의 삶을 읽을 수 있다. 택견이 유희적 성격이 강하였다면 기천은 살수(殺手)로 바로 이어지는 무예였다.

민족의 성산(聖山), 백두산을 거점으로 한 한민족 고유의 무예 기천문(氣天門). 그동안 말로만 전해오고 귀로만 들려오던 산중무예의 진수를 보여주는 기천은 설악산에서 수련해 오던 1대 문주(門主) 박대양(朴大洋) 진인(眞人)이 1970년대 시중에 내려옴으로써 새로운 시대를 맞는다. 그동안 기천은 산에서 산으로 옮겨가며 비전으로 전해왔는데 백두산에서 태백산으로, 태백산으로 설악산으로 백두대간을 타고 내려왔다. 백두산 시대는 전설 같은 시대이고, 태백산 시대는 박대양 진인의 스승인 원혜상인(元慧上人)의 시대이며, 그 이전은 민족의 지킴이가 전해왔다고 할 수밖에 없다. 지킴이는 글자 그대로 이 땅의 지킴이다. 지킴이는 민족의 위기 때마다 홀연히 나타나서 장수들을 도와주고 바람처럼 사라졌다.

기천문을 비유하자면 바로 '바람'이라고 할 수 있다. 그 옛날 백두산은 대풍산(大風山)이었다. '큰 바람 산'이다. 그래서 기천의 일곱 가지 보배 같은 칠보절권(七寶切拳) 중 그 처음은 바로 대풍(大風)이다. 대풍이란 싸움에서 상대방의 몸에 바짝 붙어서 벌이는 역수(逆手)이다. 여기에 제대로 맞게 되면 나가떨어진다. 그 다음이 풍수(風手)이다. 풍수는 반탄(反彈)의 수로 원으로 감아서 치는 것을 말한다. 반탄이란 항상 힘을 쓰려는 방향과 반대로 역근(逆筋)을 통해 궁극적으로 목표인 합(合)에 도달하는, 공격의 탄력성을 높이는 것이다. 또 끊어서 치는 것이 아니라 물 흐르듯이 연결하며 쭉쭉 밀어서 찔러주는 솜씨는 엄청난 파괴력과 함께 언제나 예상 밖의 권법(拳法)을 하나 더 가지고 있어서 상대의 허점을 공격한다.

쉽게 말하면 반탄이란 움직이려는 방향과 반대로 먼저 움직여 반작용의 힘을 사용하여 계속 탄력성을 잃지 않고 공격할 수 있는 원(圓)의 무예이다. 이것은 공격이 실패하였을 때에도 방어에도 효과적이고 다시 다른 수를 넣을 수 있는 공간이 있는 수이다.

기천에서 비연수(飛燕手)는 살수(殺手)이다. 상대를 한 방에 눕히는 수이다. 산에 가면 돌제비라는 것이 있다. 돌제비는 몸집이 작지만 몇 마리가 모이면 독수리도 막아낸다. 비연수는 그 돌제비가 날개를 치면서 독수리를 막아내는 것에 비유한 수이다. 이것은 현재 2대 문주인 박

제자들과 산중수련에 여념이 없는 박사규 문주

사규(朴士奎, 73세) 도인(道人)이 자신의 합기도 실력으로 1대 문주인 박대양 진인에게 승부를 걸었다가 순식간에 나가떨어지고 무릎을 꿇음으로써 기천에 입문하게 된 문제의 살수이다.

무술인들은 태생적으로 여러 무술을 좋아한다. 그래서 한 가지 무술만 하는 경우는 드물다. 박문주도 젊었을 때 이미 합기도와 권투, 태권도를 상당한 수준까지 경험했다. 그는 호연지기로 가득한 젊은 시절, 우연히 이름을 들은 대양진인(大洋眞人)과 한 번 자웅을 겨루려고 약수동 기천문 도장을 찾았다. 당시 체구가 아담한 동자승 같은 분이 앉아있는 것을 보고 거들먹거리며 "한 수 배우러 왔습니다"라고 정중히 인사를 하였다. 이 말은 무술인에겐 "한 번 붙어보겠다"는 도전장이다. 대양 진인도 문득 인연임을 깨닫고 "딱 한 수만을 쓰겠다"라고 응수했다. 이때 대양 진인은 '연비파문(燕飛波紋)'이라는 절수(切手)를 사용했다. 대양

진인과의 대결에서 박문주는 두 수를 받지 못하고 참패했다.

바람의 무예, 가장 탄력성이 높은 무예, 기천은 선가(仙家)나 도가(道家)의 특성상 기록을 회피하고 산중비전(山中秘傳)으로 전해왔기 때문에 오직 무예의 실증으로 민족의 주인임을 당당히 내세울 수밖에 없다. 기천문인이면 누구나 "말이나 글에 집착하지 말고 몸으로만 수행하라"는 좌우명을 잊지 않고 있다. 내가신장(內家神將)은 기천의 트레이드마크이다. 보이지도 잡히지도 않고 무게도 형체도 이름도 없는 것에 도전하는 도반들은 처음이자 끝이라고도 할 수 있는 내가신장의 자세를 통해 기(氣)의 오묘한 세계에 접한다.

기천은 '몸으로 닦는 도(道)'이다. 기천의 도학은 '몸으로 중용을 깨닫는 도'라고 한다. 내가신장은 '기천태양역근마법내가산장(氣天太陽易筋馬法內家神將)'의 줄임말이다. 내가신장에서 역근법(易筋法)은 기천문의 독특한 수련법이다. 반탄(反彈)은 역근의 원리가 있기에 가능하다. 흔히 역근법은 달마의 소림무술에서 시작한 것으로 알려졌는데 실은 바로 기천의 핵심 이론이다. 역근은 역으로 꼬아서 힘이 안배가 되게 하는 이치로 생고무를 꼬아놓았을 때 원상태로 돌아가는 힘이 생기는 것과 같은 이치이다. 처음엔 어렵지만 심신을 건강하게 하는 첩경이다. 기천문은 단학(丹學)에서도 가장 정면 승부하는 수련법이다.

내가신장의 기마(騎馬)자세는 억지로 단전호흡을 하지 않아도 저절로 단전호흡을 하게 되고, 저절로 온몸이 떨리는 진동을 경험하게 되는 기법(氣法)이다. 내가신장 하나라도 금강(金剛)에 도달할 수 있다는 전설이 있을 정도이다. 말하자면 내가신장은 기천의 처음이자 끝이라고 할 수 있다. 겉으로 하늘의 기(氣)를 내세우는 기천문은 내용에서는 '지천합틀무(地天合틀無)'라는 역순의 원리를 숨기고 있다. 여기서 '틀'이란 태극을 말하는데 발음의 운을 위해서 '틀'이라는 말도 대체하였다.

왜 땅이 먼저인가. 인간은 땅에 사는 동물이기 때문이다. 땅에 살기 때문에 하늘을 동경하고 하늘의 법칙인 천부(天符)에 충실하고자 한다.

"원이 흐르다 멈추는 곳에 최대한 힘을 집중해서 공격한다. 공격은 흐르는 원 속의 한 점에 대한 순간적인 집중이다. 순간적인 집중이 고정되어서는 안 된다. 흐르는 이치는 물(水)과 같고 집중의 이치는 불(火)과 같다"

물과 불의 이치를 무예에 그대로 적용한 무예, 기천문.

"손 씀씀이는 화려한 꽃봉우리(手手花英)와 같고 걸음걸이는 나는 구름(步步飛雲)과 같다. 여기에 이르면 기천의 무예는 하늘과 땅의 흐름을 그대로 따르고(氣武天然) 한 자세는 아름답고 장엄하다(一態美儼)."

기천명(氣天銘)의 한 구절이다.

21세기는 '기(氣)의 세기'라는 전망이 한 · 중 · 일 삼국의 학자와 도인들에게 회자되고 있다. 기(氣)과학, 기(氣)산업이 활발하게 기론되고 있는 것도 이를 반영한 것이라 할 수 있다. 기천의 무예는 고구려뿐만 아니라 북방민족 전반에 퍼졌던 것이다. 부여에서는 대천(代天)이라고 하였고, 고구려는 경천(敬天) 혹은 다물, 백제는 교천, 신라는 숭천(崇天), 발해는 진종(眞倧)이라고 하였다.

기천의 단계는 행인(行人), 그리고 공인(功人), 정인(正人), 법인(法人), 도인(道人), 진인(眞人), 상인(上人)으로 나뉜다. 처음 입문을 하면 행인(行人)이고, 10년 하면 공인(功人), 또 10년 하면 정인(正人)이 된다. 그 위에 법인(法人), 도인(道人)이 있다. 진인(眞人)이 되려면 거의 평생을 바쳐야 하고 상인(上人)이 되는 것은 노력이라기보다는 타고나야 한다. 내공 위주의 정적인 수련을 정공(靜功, 正功), 외공 위주의 동적인 수련을 동공(動功)이라고 한다.

옛말에 지성(至誠)이면 감천(感天)이고, 감천이면 순천(順天)하고, 순천이면 응천(應天)하고, 응천이면 청천(聽天)하고, 청천이면 낙천(樂天)하고, 낙천이면 대천(待天)하고, 대천이면 두 대천(頭戴天)하고, 두대천이면 도천(禱天)하고, 도천이면 시천(侍天)하고, 시천이면 강천(講天)하고, 강천이면 대효(大孝)하고, 대효이면 안충(安衷)하게 된다는 말이 있다. 이는 하늘을 대하는 마음이 점점 층을 달리하여 승화된다는 의미이다.

기천의 종가는 어디까지나 한민족이다. 따라서 민족웅비를 무예로써 뒷받침한 것을 찾는다면 바로 기천이고, 고구려 무술의 흔적을 가장 많이 볼 수 있는 것도 기천이다. 기천인들은 단군에게 예를 올리는 단배공(檀拜功)을 외치면서 수련에 들어간다. 단배공은 하늘과 땅의 가운데 내가 있음을 몸과 마음으로 체험하고 표현하는 것이다. 단배공은 단군배공(檀君拜功)의 줄임말이다. 지기(地氣)를 양손과 양발 끝에 모아 태산이 엎드리는 듯 하는 인사법이다. 한 번 할 때 4~5분을 한다. 이것 자체가 수련이다. 기천인들은 항상 산(山)의 이미지를 연상하면서 무술에 들어간다. 산은 한민족 문화의 원형이기 때문이다. 수행은 먼 산을 오르듯이 한다. 힘을 쓸 때는 산을 들어 올리듯이 하고 산을 밀듯이 하고 산을 내리누르듯이 한다.

기천문 2대 문주 박사규 도인(道人)를 만나러 계룡산을 찾았다. 기천문이 문주(門主)라는 직함을 쓰는 것은 중국의 소림파, 무당파, 화산파처럼 독립된 무술체계를 가진 무문(武門)임을 과시하기 위해서다. 계룡산 국립공원 입구 동학사(東鶴寺)와 신원사(新元寺)로 가는 삼거리에서 신원사 쪽으로 1백여 미터 올라가면 기천문으로 올라가는 팻말이 보인다. 입구에서 차로 10여분 들어가니 '기천문'이라는 큼지막한 입석이 보였다. 주변에는 암자, 당집이 산기슭에 늘어서 있었다. 계룡산 동쪽에는 동학사, 서쪽에는 갑사(甲寺), 남쪽에는 신원사가 있다. 북쪽에도 원래 절이 있었지만 폐사되어 현재는 비어있다. 북쪽을 상신리(上莘里)라 한다. 소설 '단'의 주인공 봉우 권태훈(1900~1994) 옹이 상신리에서 오래 살았다고 한다.

신원사 오른쪽에 '중악단'(中岳壇)'이 설치되어 있다. 조선 시대 국가 적인 차원에서 산신을 모신 곳이 세 곳 있었다. 묘향산의 상악단(上岳壇), 계룡산의 중악단, 지리산의 하악단(下岳壇)이 그것이다. 세월이 흐르면서 상악단과 하악산은 사라졌지만, 계룡산 신원사의 중악단은 아직도 남아있다. 그만큼 백두대간에서 비중 있는 포인트가 계룡산이다. 5,000년 민족 정신사의 뿌리가 보존된 곳이 바로 계룡산 중악단이다. 계룡산과 함께 우리나라 3대 변혁의 산은 황해도 구월산(九月山), 김해 모악산(母岳山)이다. 이들 산들은 모두 평지에 솟아있는 산이다.

박사규 문주가 계룡산에 머문 것도 우연은 아닌 것 같다. 그는 갑사에 5년, 신원사에 2년 머물렀던 적이 있으며 여기에 '기천문 계룡본산(鷄龍本山)'(충남 공주시 계룡면 하대리 1구 191-1 번지)을 잡은 것은 5년 전이다. 계룡산 일대에 머문 것은 12년째다. 마침 주말이라 전국에 흩어진 기천인들이 많이 모였다. 허름한 시골집을 개조해서 아담한 황토 집 본산을 만들었다. 마당은 제자들로 붐빈다. 그의 호는 중용(中庸)이다. 호를 경전의 이름을 사용하고 있는 것이 특이하여 물었다.

"호가 중용이군요."

"예, 그렇습니다. 좀 과분한 이름이지만 그 이름 때문이라도 실천을 하려고 배수진을 친 셈이지요."

황토집 방 안에 들어가니 조그마한 단군 영정이 놓여있고 앉은뱅이 책상과 고목나무 밑둥을 다듬어 만든 널찍한 차상(茶床)이 있다. 그는 평범한 얼굴에 풍채가 우람하지도 않았다. 키도 170cm나 될까. 그러나 그의 눈빛은 예사롭지 않았다. 아직도 눈빛이 예사롭지 않고 얼굴은 동

임만수·정호종·이승량의 수련 모습

안이다. 몸 전체에서 기운이 넘쳐나고 있었다.

연천봉 아래 수련장은 본산에서 약 2백여 미터 떨어져 있다. 밝은 햇살이 비치는 숲속에서 행해지는 수련은 부드러운 분위기 속에서도 엄한 가르침과 신체적 고통을 정면 돌파함으로써 기(氣)를 일찍 터득하게 하는 정공법을 택하고 있었다. 확실한 축기로 아랫배가 다북 차면 반탄을 철저하게 이용하는 수법(手法), 신법(身法), 보법(步法)으로 힘찬 기상과 저절로 행해지는 듯한 원운동의 묘미를 느끼게 한다.

기천에 입문한 뒤 그는 대양 진인의 혹독한 가르침을 이겨냈다. 그가 2대 문주에 오른 것은 1996년 10월 3일 개천절이었다. 지금까지 박문주를 거쳐 간 기천인은 줄잡아 1,000여 명에 이른다. 도장은 전국에 20여 곳이며 대학교 동아리도 점차 늘어나고 있다. 그는 "미래를 위한 종자(種子)를 얻기 위해 산중수련을 계속하고 있다"고 말했다.

"해동검도 초창기 때는 기천육합단공도 같이 수련했지만 본격적인 수련은 계룡본산에 입문하면서부터였습니다. 기천 수련은 선도수행법으로 심오한 수련법입니다. 입선법으로 기혈의 순환을 왕성하게 해주어 몸의 균형을 바르게 잡아주고 건강을 덤으로 주는 수련법입니다."

이승량 총무원장(22년)의 말이다.

임만수(14년)와 정호종 예무단장(12년)은 매주 일요일 계룡산을 찾아 기천을 수련하면서 심신을 단련하고 있다.

"해동검도의 뿌리는 기천에서 나왔기 때문에 본향에서 기천을 수련하고 있습니다. 기천의 기본자세와 해동검도의 기본기는 같습니다. 단지 차이라면 맨손에 칼을 들었다는 것뿐입니다."

기천의 역사가 2020년 현재 50여 년이 되었어도 정인은 102명, 법인은 33명, 도인은 6명에 불과하다. 그만큼 어렵다. 조정현(曺定鉉) 씨는 "민족의 얼을 찾기 위해 생사를 초월하는 경지에 이르러야 비로소 세계문화를 운운할 수 있는 자격이 있다"고 말한다.

박사규 문주는 기천에 입문하게 된 인연을 "역대 조사(祖師)들이 불러서"라고 한다. 역대조사란 정신계의 무수한 스승들을 가리킨다. 그 스승들이 자신을 산으로 불렀다는 말이다.

"저는 서울에 살면서도 마음은 항상 산에 있었습니다. 꿩의 마음이 콩밭에 가 있는 것이나 마찬가지이지요. 그러다가 1997년 마흔아홉 살때 자연스레 산에 들어오게 됐습니다."

그가 머물고 있는 계룡산은 특히 기가 가득한 성산(聖山)이다.

"공자, 석가, 예수만 성인이 아닙니다. 우리 조상 중에도 훌륭한 어른이 많았습니다. 계룡산은 정신세계의 고단자들이 머물다가 간 곳입니다. 자신만의 안테나가 있는 사람이라면 그 기운을 느낄 수 있어요. 또 계룡산은 인자한 산입니다. 어머니의 품 같아 이른바 기도발이 잘 받습니다. 흔히 다른 산을 섭렵하고 계룡산에 들어와야 좋다고 합니다. 그만큼 계룡산의 기운이 강하다는 뜻이지요.”

“에너지가 시공을 초월해서 존재한다고 보십니까?”라는 단도직입적인 물음에 그는 서슴없이 응수했다.

“그렇습니다. 법은 시간의 제약을 받지 않아요. 그래서 후학들이 공부할 때 그 법 또는 에너지와 접속하면 많은 도움을 받을 수 있습니다. 기록을 남기지 않아도 그 법을 찾아갈 수 있어요. 문제는 자신이 얼마나 예민한 안테나를 세울 수 있느냐 하는 것입니다.”

그는 동이 틀 때 일어나 활동을 시작하고 해가 떨어지면 활동을 중지한다. 자연의 리듬에 맞춰야 한다고 생각하기 때문이다. 아침에는 계룡산 봉우리를 순례한다. 우선 관음봉에 올랐다가 문필봉으로 간다. 천제단이 있는 문필봉에서 수련을 한 후 연천봉으로 이동한다. 이렇게 한 바퀴 도는 데 3시간 정도 걸린다. 아침 6시에 시작하면 9시가 약간 넘어 숙소로 돌아온다. 낮 시간에는 혼자 경전을 읽거나 방문객을 맞이한다. 지리산, 모악산, 설악산, 속리산 등에서 공부한 산사람들이 기천문 문주가 계룡산에 있다는 소문을 듣고 찾아오는데, 그들과 도담(道談)을 나누며 기운을 나누기도 한다.

박사규는 전남 진도에서 태어났다. 진도는 호남의 예향 중 예향이다. ‘진도에서는 개도 붓을 물고 다닌다’, ‘진도 남자 중에서 북장단과 판소리 못 하는 사람이 없다’는 말이 전해질 정도이다. 진도에서 성장한 박사규는 예인적인 기질이 있으면서도 무술을 좋아했다. 10대 후반부터 합기도를 시작해 합기도 공인 5단에 이르렀다. 1970년대 후반 장충체육관에 전국 합기도 고단자 30인이 초청되어 시범을 보인 적이 있는데 그도 30인 안에 들었을 정도로 고단자였다.

박 문주는 요즘 진도 출신의 ‘씻김굿 무형문화재’인 박병천 씨의 무가(巫歌) 녹음테이프를 수시로 듣는다. 박병천 씨의 가락을 들으면 흡사

기천의 동작들을 위한 장단 같다는 생각이 들어서이다. 가장 천대받았던 무속인들이 상고 시대부터 내려오는 민족의 리듬과 가락을 보존해 왔다니 아이러니가 아닐 수 없다.

석준호 통일무도 창시자

22 무도통합을 꾀하는 통일무도(統一武道)

살아 숨 쉬는 생명체인 우주는 팽창과 수렴을 반복한다. 그것은 흔히 문명적으로 분열과 통합으로 나타난다. 지금은 수렴과 통합의 계절이다. 상대적인 우주는 상대적이기 때문에 절대를 요구한다. 통일무도는 무예의 통일과 인격의 완성을 위해 통일교에서 개발한 자생무예이다. 무예의 정수를 모아 새롭게 창시된 통일무도는 각종 무예가 각자의 개성을 살리면서 동시에 그 장점을 수렴하는 한편 통합에 따른 새로운 기술을 개발하고 기존의 기술을 향상시키며 오늘에 이르고 있다.

각종 무예의 장점을 수렴하기 위해선 겸손하지 않으면 안 된다. 이는 강물이 바다가 되는 것과 같다.

무예인들은 대개 자신의 무예가 최고라고 생각한다. 그러나 창시무술인 통일무도는 통합을 위해서 낮아지고, 낮아지기 때문에 각종 무예의 장점을 볼 수 있다. 통일무도는 살수의 무예가 아니라 제압의 무예이고, 전쟁을 위한 무예가 아니라 평화를 위한 무예이다. 그래서 고난이도의 기술을 가르치지만 무술시합에서 치명적인 기술을 쓰지 못하게

• • • •

남양주 종합운동장에서 벌어진 '2010 원구 피스 컵 대회'에서 통일무도 시범을 보이고 있는 선문대 학생들

하고, 쓰면 감점을 하게 되는 특이한 무예이다.

통일무도는 선수들의 안전을 위해 헬멧을 착용하도록 하고 글러브를 끼도록 한다. 각종 무술의 여러 기술을 동시에 쓰게 하되, 별도의 통일무도체계를 완성해 놓고 있다. 종합무예적인 성격은 용인대학의 용무도와 같다. 통일무도는 어떠한 공격에도 비무장적인 상태로 자신을 방어할 수 있는 것을 목표로 하고 있다. 공격보다는 방어가 목적인 평화의 무도인 것이다.

이것은 종래 무술이 걸어오던 길과 반대의 길이다. 전쟁 기술로서의 무예가 이제 심신단련과 정신통일, 건강증진, 호신과 인격완성에로 나아가고 있다. 이는 평화 시 무술 본래의 목적이기도 하다. 통일무도에는 기술로서의 무술, 예술로서의 무예, 깨달음의 도로서의 무도가 모두 포함되어 있다.

'2010 가인·아벨 원구(圓球) 피스 컵((Peace Cup) 천주연합대회'(4회)는 통일사상을 스포츠와 문화로 실현하는 대회였다. 이 자리에서 통일무도를 익힌 선문대학 학생들은 무술시범을 시연했다. 세계 각국에서 모인 선수들로 성황을 이룬 통일교 세계문화체육대전은 마치 작은 올림픽처럼 진행됐다. 이어 오후에 경기도 청평 청심원 체육관에서 열린 '제5회 세계무도 피스 컵 토너먼트'는 세계통일무도인이 한바탕 실력을 겨루는 자리였다.

'세계무도피스컵대회'는 대륙별로 치러지며, 짝수 격년제로 실시된다. 또한 이와 달리 통일무도가 실시하는 '세계무도월드컵대회'는 무도 종목별로 홀수 격년제로 치러진다.

통일무도는 1979년 1월 5일 미국에서 시작됐다. 통일교 문선명 총재의 제안과 지도로 통일교의 경전을 뒷받침하는 심신단련의 무도로 시작됐다. 문선명 총재는 '단련용진'(鍛鍊勇進)이라는 휘호를 내렸다. 1983년 1월 석준호 회장은 미국 원리연구회 책임자로 발령이 나게 되는데 이를 기회로 미국 여러 대학 캠퍼스를 순회하면서 '무도와 통일사상'이라는 강좌와 통일무도 시범을 개최한다. 당시 보스턴, 텍사스, 위스콘신, 캘리포니아 대학 등 공산주의 운동의 본거지를 공략하게 된다.

문선명 총재가 창시한 통일무도를 구체적으로 창설하면서 지금까지 이끌어온 세계통일무도연맹 석준호(石俊溪) 회장은 "통일무도가 통일교의 선교에 큰 힘이 되는 것을 오랜 미국 활동과 해외 각국의 선교를 통해 뼈저리게 느꼈다"면서 앞으로 "통일교회가 가는 곳에 통일무도가 함께 공존하였으면 하는 것이 바람이다"고 말한다.

통일 원리를 중심으로 통일무도는 각종 무술을 재구성하는 방식을 택했다. 말하자면 창조적 재구성이다. 마침 국내에서는 1976년 문선명

• • • •

남미 아르헨티나에서는 2세대 어린이들도 통일무도 수련에 열중하고 있다.

총재의 현몽(영계의 지시)으로 한봉기(韓奉基) 선생이 창시한 원화도(圓和道)가 있어 이들은 안팎으로 상생관계를 이루며 발전해왔다.

통일무도는 원형운동을 중심(주체)으로 하고 직선운동을 주변(대상)으로 함으로써 완성됐다. 원형운동 가운데 가장 대표적인 것은 바로 원화도이다. 원화도는 정확하게 말하면 원구(圓球)운동이다. 공처럼 구르는 형상을 모델로 했다. 통일교 행사에서 '원구'(圓球: Won-Gu)라는 말을 많이 쓰는 것은 원구의 의미가 원을 중심으로 상하좌우 전후가 90도로 온전히 하나 되어 어디에도 치우치지 않는 평등한 관계를 이룬다는 통일교의 원리를 내포한 때문이다.

원형운동은 힘의 소모가 없는 주체적 운동이고, 직선운동은 힘의 소모가 있는 대상적 운동이다. 이는 주체와 대상으로 나누는 통일사상을 기조로 무도를 재구성한 결과이다.

"모든 기술과 동작의 의미와 가치를 부여하고 인격완성으로 나아가는 게 목적이다."

통일무도는 참사랑과 양심의 도리를 기본으로 동양과 서양의 가치, 전통과 현대의 가치, 정신과 물질적 가치의 조화·통일을 목표로 하고 절대적이며 보편적인 우주적 가치인 통일 원리를 중심으로 무도를 체계화했다.

통일무도에는 동작의 각 단계마다 철저히 통일 원리와 사위기대(四位基臺)가 적용된다. 예컨대 무도의 절대적이고 보편적인 자리에는 통일 원리(心情, 참사랑)가 있고, 그 아래 좌우에 원형운동으로 부드러운(柔) 동작, 직선운동으로 강한(剛) 동작이 있다. 이들이 다시 하나가 될 때 통일무도가 완성된다.

참사랑을 기준으로 하면 마음과 몸, 그리고 성숙한 인격이 있고, 가정으로 보면 남편과 아내, 그리고 자녀가 있다. 이렇게 사위기대는 수많은 원형과 변형이 가능하다. 통일무도의 본(本)은 몸과 마음의 조화를 이루고 손과 발동작의 조화를 증진시키며 겨루기 기술을 발전시키는 것을 근간으로 하고 있다.

통일무도의 첫째 본은 '평화의 본'이다. '평화의 본'은 완전히 긴장을 풀고, 깊은 단전호흡을 하면서 끊임없이 물결치는 것과 같은 동작으로 구성되며 원형동작과의 혼연일치를 통해 구형적(球形的) 비전을 갖는다. '평화의 본'의 원리는 참사랑을 바탕으로 몸과 마음의 통일을 기하고 내적 평화를 이루며, 그 평화가 가정, 종족, 사회, 국가, 세계에 이르는 것이다.

통일무도는 '사위기대의 본', '원화의 본', '성화의 본', '삼단계의 본', '참가정의 본', '통일의 본', '창조의 본', '천승의 본', '참사랑의 본', '왕권의 본'이 있다. 앞으로 계속해서 개발되고 확장될 예정이다. 재미있는

것은 통일무도의 기본형이 바로 통일 원리를 도상으로 보여주는 상징이며 아이콘(圖象)이라는 점이다. '무도의 도상'이다.

통일무도에는 이 밖에도 '통일무도발레'를 비롯하여 '일보 겨루기', '프리스타일 다단계 겨루기', '기본 호신술', '진보된 호신술', '자유 겨루기', '무기술' 등이 있다.

석준호 회장은 중학 시절부터 유도를 했다. 아버지는 유도계의 '유성(柔聖)'으로 불리는 고(故) 석진경(石鎭慶) 선생으로 한국인으로서는 처음으로 유도의 최고 경지인 10단에 오른 인물이다. 일본 교토의 입명관(立命館) 대학 법학과를 나온 석진경 선생은 문무를 겸전한 대표적인 유도인으로 널리 알려졌다.

그는 어릴 적부터 아버지의 문무겸전의 모습을 보면서 자랐다. 그래서 무술을 한다고 해서 공부를 소홀히 하거나 체육선수라고 해서 공부를 하지 않아도 된다고 생각하는 사회풍조를 보면 안타깝기 그지없다. 무술이든 학교 공부든 모두 공부이다. 인격완성을 위해서는 모두 필요하다. 무술을 닦으면서 공부를 하면 심신의 균형을 이룸으로써 학교 공부도 더 잘할 수 있다는 것이 그의 지론이다. 이는 미국 어느 대학교의 실험조사에서 증명된 바 있다. 무도에 대한 잘못된 우리의 선입견, 그리고 무도를 주먹과 폭력을 휘두르는 것으로 잘못 인식한 무도인의 자업자득이다.

석 회장은 승단이 어렵기로 소문난 한국 유도계에서 9단에 올랐다. 아직 아버지의 10단에 비할 수는 없지만 그래서 감히 넘겨다볼 수 없는 자리이지만 10은 완성수이다. '완성을 향해 달려가는' 것을 목표로 삼고 있다. 그는 승단할 때마다 무도인으로서 항상 겸손함을 잃지 않고자 노력한다. 한국 무예계에 가장 필요한 것이 겸손함이라는 것을 일찍 터득한 때문이다.

그는 서울고등학교 3학년 재학 시절 유도를 하다 다치는 바람에 대학입시를 앞두고 크게 방황한 적이 있고, 그 후 3년여 동안은 청년기 질풍노도의 시대를 보냈다. 그때 어느 날 꿈에서 '통일교를 찾아가보라'는 하늘의 목소리를 들었고, 그 후 통일교 신자가 되었다. 그것은 운명적이었다. 그는 아버지로부터는 무도를 배웠고, 문선명 총재로부터는 통일사상을 배웠다. 그래서 그 둘이 만나 오늘날 통일무도를 만든 셈이다. 통일무도는 태생적으로 문무겸전의 무예이다.

석 회장은 문선명 총재가 탄생한 나라인 한국에, 기독교인들이 이스

라엘 예루살렘을 찾듯이 앞으로 세계 통일교인들이 두고두고 한국을 찾을 것을 의심치 않는다. 문화적으로 볼 때도 그동안 외국에서 수입하기에 급급하였지만 이제 수출이 더 많아질 날이 머지않았다고 생각한다. 지금도 벌써 문화예술의 수출이 시작되고 있는 것이다. 그는 통일무도도 훌륭한 문화수출의 주역이 된다고 생각한다.

피스 컵 대회에 참가한 일본인 다가미츠 호시코(聖子孝光) 씨(61, 통일무도 7단)는 "통일교와 통일무도는 세계적인 보편적 가치를 지녔으며 따라서 미래에 세계문화를 선도할 것으로 확신한다"고 말한다.

러시아에서 온 시라프니코바(28, 통일무도 2단) 씨는 "통일무도를 배우면서 삶의 활기를 얻었다"고 고백한다. "현재 모스크바 일원에는 1백여 명의 통일무도 수련생들이 있으며, 러시아 전체에는 수천 명에 달합니다." 10여 년 째 통일무도를 수련하고 있는 그녀는 통일무도 발레의 선수이기도 하다.

국제평화지도자 대학(IPLC: International Peace Leadership College) 교수이며 세계통일무도연맹 아시아지역 회장인 비너스(Vinus G. Agustin) 씨는 "필리핀에 소재한 이 대학에서는 졸업생 전원이 통일무도를 필수로 이수하기로 되어있다"고 소개한다.

세계 각국에서 온 언어와 피부 색깔이 다른 여러 선수와 심판들을 보면서 '무도의 세계화'라는 것이 말에 그치는 것이 아니고 이미 세계적으로 실현되고 있음을 알 수 있었다. 그 중앙에 통일무도가 있다. 통일무도는 현재 세계 120여 개국에 소개되고 있으며 앞으로 통일교가 가는 곳이면 어디든 손발처럼 따라갈 예정이다.

통일무도의 세계화 여정을 보면 1980년대 초기 통일무도 간부인 겐사쿠 타카하시가 영국과 독일을 방문하여 지도를 시작하였고, 네덜란드에서 유럽대륙 세미나를 개최하였다. 마이클 켈렛은 통일무도 학교를 샌프란시스코에 설립하였으며 여기서 수련한 핀란드 수련생은 고국으로 돌아가 첫 유럽지부를 세웠다. 바로 직후 에스토니아에도 통일무도 학교가 세워졌으며 에스토니아는 당시 소비에트 연방에 속해 있었다. 에스토니아를 기반으로 석준호 회장과 타카하시는 문선명 총재의 소련 방문 전에 입국할 수 있었다.

그 후 통일무도의 핵심 사범들은 동서 유럽과 브라질, 아르헨티나, 케냐, 필리핀, 타일랜드 등에서 통일무도 특별 프로그램을 개최하였으며, 1980년대에는 1백여 명의 유단자가 배출되었다. 이들은 통해 다시 수천 명의 수련자들이 통일무도를 배울 수 있었다. 특히 필리핀은 마닐라를 중심으로 전국에 40개의 지부가 설립되었다. 그리고 다시 필리핀 사범들을 통해 동남아, 아프리카, 남미 등지로 통일무도가 전파되었다.

1980년대 말 아르헨티나 국가 지도자인 구스타보 줄리아노 씨는 통일무도를 브라질, 우루과이와 남미 다른 나라에 소개했다. 루나파크 스타디움에서는 5천 명의 관중 앞에서 통일무도 시범을 보이기도 했다. 케냐에서는 가장 괄목할 만한 성장을 했는데 헨리 뭉가이가 후렌시스 니루와 함께 통일무도 도장을 32개나 열어 총 1천여 명의 학생을 보유하였고, 이들은 에티오피아의 룬다에 도장을 열었다. 콩고 민주공화국에는 필리핀인 후로레스에 의해 통일무도가 소개되기도 했다. 통일무도 교관은 에스토니아 대통령의 경호원들을 가르쳤으며, 히로시 가리타 씨는 독일 경찰학교와 여러 대학에서 가르쳤다.

소비에트 연방이 해체된 후 1992년 다카미츠 호시코가 이끄는 통일무도 시범단이 에스토니아, 우크라이나, 모스크바, 상트페테르부르크에서 시범을 보였고, 이 순회 후 마이클 켈렛 씨와 돈 하버 씨는 상트페테르부르크에 통일무도 분부를 설립했다.

세계인의 참여로 통일무도는 세계화될 수 있었다. 이는 태권도가 세계화를 이룬 이후 무예계에서 이룬 세계화 가운데 가장 괄목할 만한 공적이다. 통일무도는 보이지 않는 가운데 문선명 총재의 러시아 방문과 러시아의 개혁과 개방에 일조하였다. 말하자면 '보이지 않는 힘'으로 작용했던 것이다. 무술인, 무도인이야말로 세계의 변화와 문명의 새로운 전개에 앞장설 수 있음을 보여준 실례이다. 문사(문인)들은 본래 보수적이다. 무사(무인)들이야말로 새로운 도전을 하고 개척하는 용기를 갖춘 장본인들이다. 무골이야말로 큰일을 수행하는 능력의 소유자들이다.

통일무도의 세계화는 여러 모로 태권도에 비할 수 있다. 태권도가 한국을 세계에 알리는 데 큰 영향을 미치고, 그 후 기업인들이 세계 경영을 하는 데 손발이 되어준 것처럼 통일무도도 앞으로 통일사상을 세계에 알리는 첨병이 될 것으로 기대한다. 통일사상은 일개의 종교가 아니다. 인류의 절대적이고 보편적인 가치를 종교에서, 철학에서, 문명에서, 고금(古今)에서 실현하는 사상이다.

세계화의 성공이 어느 정도 실현된 문선명 총재는 2001년 5월 4일 이스트 가든에서 열린 모임에서 통일무도 로고를 선정했다. 로고의 가운데 붉은 점은 참사랑(심정)을 나타내고, 그 주변의 노란색과 푸른색 태극은 주체와 대상, 원 둘레의 붉은 테두리는 수수(授受)작용을 표현하여 쌍방향의 화살표가 있다. 이것은 통일사상을 나태낸 것이다.

통일무도가 정립됨으로써 통일교는 문무겸전을 실현한 셈이다. 통일무도는 행동하는 통일교이다. 석준호 세계통일무도연맹 회장은 현재 통일교(세계 평화통일 가정연합) 한국회장(제13대)을 역임하고 있으며, 선문대학교 · 선화예술고등학교를 비롯하여 통일교 8개 교육기관이 포함된 선문학원 이사장(제6대) 직을 겸하고 있다. 또 무예계에선 현재 세계평화무도연합회 회장, 세계경찰무도연맹 회장직을 맡고 있다. 그는 오늘날 문무겸전의 대표적 인물이다.

현재 통일무도 수련생 중에는 비통일교인이 80%를 차지할 정도로 일반에 널리 퍼지고 있으며, 앞으로 '원화(圓和) 통일무도'라는 새 이름으로 새 도약을 꿈꾸고 있다. 그는 문선명 총재가 써준 휘호 '충효지도 만승지원(忠孝之道 萬勝之源)'을 언제나 가슴에 새기고 있다고 한다.

圓和道

원화도 창시자 한봉기 선생

23 원구(圓球)의 무예, 원화도(圓和道)

한국의 무술 가운데 가장 한국적이고, 때로는 평범한 것 같은 무술이 원화도이다. 원화도는 특별히 어느 누구 한 사람, 또는 어떤 집단에만 은밀하게 비전된 것은 아니다. 우리의 조상들이 언제 어디서든지 해오던 아주 간단하고 작은, 그러나 긴요한 '삼무'(巫, 舞, 武) 동작을 말하며 그 시원은 '비손'(비는 손)에 있다.

일상의 삶 속에서 기쁘면 기쁜 대로, 슬프면 슬픈 대로 '오직 감사' 하는 마음으로 두 손을 부비며 살아온 한민족. 지구상에서 가장 평화를 사랑하는 민족이 한민족이다. 그래서 한민족은 문명권에서 살면서도 한 번도 먼저 남의 나라를 침공한 적이 없다. 이러한 수비적 자세는 때로는 역사에서 온갖 어려움을 겪는 원인이 되기도 했다.

수많은 외세의 침공, 그리고 가장 최근세사에서 일제의 강점과 식민통치, 남북분단 등으로 이어지는 역사의 질곡 속에서 우리 문화의 정수는 부분적으로 크고 작은 차이는 있지만 단절의 아픔을 맛보았다. 무예에서도 예외는 아니었다. 가장 한국적인 무예, 원화도의 부활은 한봉기

● ● ● ●

원화도를 수련하는 세계 각국의 수련생들

(韓奉基) 선생을 기다리지 않으면 안 되었다.

　원화도는 원의 회전과 공격, 방어를 하나의 동작으로 구현하는 전통 창시무술이다. 1972년 3월에 출발, 1976년 3월부터 본격적으로 개발되기 시작하였다. 한봉기 선생은 통일교 문선명 총재를 비롯하여 수많은 영계의 선인들로부터 전수를 받았다. 한 선생은 명상수련 도중 한 사람 앞에 4수씩 3,000명의 선인들로 부터 12,000수를 전수 받았다고 한다.

　호랑이 담배 피우던 시절의 이야기 같지만 아마도 한 선생의 열성에 감복한 신선들이 도왔거나 아니면 한 선생이 스스로 연구에 열중하다 보니 꿈에서도 스스로 현몽하게 되었을 것이다. 원화도의 이런 유래는 도리어 대중화시키는 데 장애요인이 되기도 했지만 사실인 것을 어찌하랴. 서울 성동구 화양리 작은 셋집에서 숙식과 도장을 겸하면서 연구에 연구를 거듭했는데 어떤 때는 양식거리가 없어 굶기를 다반사로 하였다고 한다.

●●●●
성도원의 원화도 시연

　현재 세계원화도연맹 전기화(全基華) 씨는 당시의 어려움을 털어놓
는다.
　"어느 날 도장에 들렀는데 선생님은 며칠을 굶 었는지 힘이 없어 보
였습니다. 제대로 먹지 못하고 힘든 무예를 연구하고 연마하였으니 민
족 무예의 복원이라는 사명감이 없이는 한시도 끌어갈 수 없었을 것입
니다."
　한봉기 선생은 원화도를 다 배우고 개발하는 데 약 6년이 걸렸다
고 한다. 원화도의 기술은 본래 공격수 6,000수, 상대수 6,000수 총
12,000수로 추정하고 있으나 현재는 8방향 5가지씩 총 40개(8×5)의

기본형을 유지하고 있다. 현재의 기본형 이전에 팔괘의 원리를 기본으로 한 기본형이 있었다. 팔괘를 기본으로 하는 기본형은 한 가지 기술로 짧게 구성되었으며 방향은 다시 3방향으로 나누어 총 24방향(3×8)이었다고 한다.

우리 민족은 예로부터 신바람의 민족이었다. 천지신명을 믿는 소박한 믿음의 동작이 어깨를 타고 온몸으로 흐를 때 희열을 이기지 못해 드러내는 것이 몸짓이요, 신바람인 것이다. 어쩌면 오늘을 사는 우리는 그것을 까마득히 잊은 듯하지만 언제라도 바람이 불기만 하면 '소리를 내는 갈대처럼' 우리는 저절로 신바람을 일으킬 것이다.

신바람은 더러는(평화로운 때) 춤으로, 더러는(위급할 때) 무도로 나타났으며, 더러는 어울려 노는 놀이로 나타났다. 예부터 가무를 좋아하던 우리 민족이 아닌가. 원화도는 춤추고 노래하며 하늘에 빌고 기원하던 우리 민족의 자연스러운 몸짓이 무도로 정리된 것이다.

그래서 원화도는 '무당 무(巫)'자 무도(巫道), '춤출 무(舞)'자 무도(舞道), 그리고 '호반 무(武)'자 무도(武道)로 구성된다. 이른바 '삼무'이다. 삼무는 제1의 무도(巫道), 제2의 무도(舞道), 제3의 무도(武道)를 한꺼번에 이르는 말이다.

무도(巫道)란 '하늘을 아는 무도'이다. '하늘을 안다'는 것은 곧 '하늘의 뜻을 안다'는 것이며, 그 하늘의 뜻이란 '널리 사람을 유익하게 한다'라는 홍익정신이다. 이것은 이기(利己)와 이타(利他)를 함께 하는 자리이타(自利利他)의 정신이다.

우리 조상은 하늘로부터 왔다고 하여 하늘백성(天孫民族)이라 한다. 그러기에 하늘의 뜻을 알아 나라를 세울 때도, 백성을 다스릴 때도 하늘의 뜻을 좇았다. 한 해를 여닫을 때도 감사와 반성으로 기원(祈願)했으며, 한 달과 하루를 보내고 맞음에도 하늘의 뜻을 따르려 기원했기에

● ● ● ●

외국 신문에 실린 원화도

제사(祭祀)하는 제천민족(祭天民族)이라고도 했다. 이런 제1의 무를 오늘의 의미에서 특정 종교의 것으로 해석할 필요는 없다.

제2의 무도(舞道)란 '사람을 아는 무도'이다. 사람을 아는 무도(舞道)란 더불어 사는 공동체적 삶을 의미한다. 공동체적 삶이란 너와 내가 따로 존재함이 아니라 모두가 함께 하는 홍익(弘益)의 삶을 말하며, 모두가 더불어 하나임을 말한다. 이를 나타내 감사하며 축수(祝手)하는 신앙이 가무(歌舞)로 나타났으며 가무(歌舞: 群舞)야말로 민족이 하나임을 자각케 하는 생활(生活)이요, 신앙(信仰)이었다.

제3의 무도(武道)란 순응과 조화, 절제와 규범의 무도이다. 순응(順

應)과 조화(調和)는 자연의 섭리에 대하여 경건함을, 절제와 규범은 사람과 삶에 대한 엄중한 질서와 규범을 말한다. 바로 이기(利己)와 이타(利他)의 공존을 위한 것으로 결코 이기를 위하여 이타가 희생되어서는 안 되며 동시에 이타만을 위하여 이기 또한 무시되어서는 안 됨을 뜻한다.

언제 어디서든 우리가 눈을 감으면 우리 마음의 눈에 선하게 되살아 비쳐오는 여러 몸짓, 춤 같기도, 무도 같기도 하며, 서로 어울려 노는 놀이 같기도 한 것, 이것이 어느 한 사람으로 출발했다면 어리석은 말이 된다. 노래를 좋아하는 이는 소리꾼이 되었고, 춤을 좋아하는 이는 춤꾼이 되었으며, 무도를 즐긴 이는 무사가 된 것이리라.

원화도의 '원화(圓和)'는 '여러 원(圓)의 어울림(和)'을 뜻하고, '도(道)'는 '할 짓과 말 짓'을 구별함을 뜻한다. 원화도는 원(圓)에서 출발하지만 결국 구(球)를 추구하는 운동이다. 무술을 하면 결국 신체를 움직여야 하고, 신체를 움직이는 것은 원구(圓球)의 운동이기 때문이다.

또한 원화도는 운동이 되는 모든 형태가 원을 그리는 것과 같이 구성되어 진행되며, '수직의 원'과 '수평의 원'을 기본으로 그 기울기의 변화를 통해 최종적으로는 구(球)를 추구하게 된다. 구(球)는 지속성, 영원성을 갖게 하고, 이 구의 변화, 즉 회전방향(각도), 회전거리(모양), 회전속도 그리고 힘의 강약에 의하여 여러 가지 공방의 형태가 나타나게 된다.

인간의 행동양식은 크게 두 가지로 분류할 수 있다. 그것은 바로 나를 기준으로 하면 '가는 움직임'과 '오는 움직임', 상대가 영향을 미치는 기준으로 하면 '미는 움직임'과 '당기는 움직임'이다. 이것에 영원성을 부여하는 것이 원운동이다. 원화도의 기술이 그 원운동을 변화시키면 얼마든지 유도류와 같은 넘기기, 태권도류와 같은 치기, 차기 그리고 합기도류와 같은 관절죄기의 형태로 나타낼 수 있다.

다시 말하면 원은 원화도 공방(攻防)의 기본 원리로 공방의 모양이다. 모든 공방은 힘을 내 뿜거나 끌어당김으로 이루어진다. 힘의 내보냄과 끌어당김이란 바로 생존의 원리인 것이다. 그러므로 생명체가 존재하기 위해서는 이 힘의 내보냄과 끌어당김 또는 보내고 맞이함, 주고받음, 밀고 당김이 어느 한 순간에도 끊어짐 없이 영속(永續)되어야 한다. 이러한 흐름을 보이는 선(線)으로 나타낸 것이 원이다.

원은 동작의 겉모양과 속 모양, 그리고 그것들의 회전운동을 함께 나타낸 것으로 정원과 타원, 태극원을 포함한다. 이를 바탕으로 모든 공방이 원 또는 타원, 태극원으로 이루어지게 되는데 무엇보다 우선될 것은 마음의 모양을 둥글게 하는 것이다.

화(和)란 어울림이다. 하나의 원에서 다른 원으로 옮겨가거나 옮겨올 때, 아무런 무리나 마찰이 없이 가장 자연스럽게 어울리는 것이다. 어울림은 음(陰)과 양(陽)의 조화, 강(剛)과 유(柔)의 조화를 말한다. 성급히 구는 상대에게는 느긋함으로, 느긋하게 구는 상대에게는 분주하도록, 힘을 위주로 하는 상대에게는 부드러움과 탄력으로 화(和)를 이루며, 발이 긴 상대에게는 짧은 동작으로 상대의 공격기지를 무너뜨린 다음 깊숙이 파고드는 방법 등이 화(和)인 것이다. 이 화(和)를 제대로 이룰 때 더불어 이로움을 얻게 되는 것이다.

화는 스스로는 물론 상대와도 잘 어울림이다. 그럴 때 훌륭한 공방이 이루어지기 마련이다. 공방 자체가 근본적으로 살상에 있지 않고 상대의 불의(不義)를 돌려 의(義)로 돌아오게 함에 있기 때문에 싸우지 않고 이기는 것이 최선이고, 싸움에 임하게 될 경우에는 일격필살이 아닌 일격필활(一擊必活)의 정신으로 반드시 승리를 쟁취해야 한다. 공방의 최종은 살상이 아니라 상생(相生)이어야 하기 때문이다. 따라서 원화도의

세계 각국의 원화도 수련생

궁극은 잘 어울려 사는 삶에 있다.

도(道)란 누구나 가고 오는 길이다. 그러기 위해서는 길을 길답게 사용해야 한다. 그러므로 원화의 도는 길을 길답게 사용해 잘 주고 잘 받아 잘 어울려 사는 삶이다. 따라서 생명을 지키기 위하여 생명을 상(傷)하게 한다는 논리를 원화도는 거부한다.

도(道)는 예(禮)와 통한다. 예(禮)는 서로에 대한 존중과 사랑의 표현이다. 특히 무도에서 예(禮)는 생명과 통한다. 신뢰와 정성이 담기지 않는 예로 시작된 무(武)는 생명을 다치게 한다. 무(武)에는 상해와 살상의 능력만 있기 때문이다. 이를 바로잡아 생명의 존귀함을 가르치고 실행케 하는 것이 도(道)이며, 도의 진정한 표현이 예(禮)인 것이다. 그러므로 무도(武道)의 참된 궁극은 '상생과 화합'이지 결코 '살상과 투쟁'이 아니다. 원화도의 궁극은 무(武)의 능력을 도(道)와 예(禮)의 경지로 정착시켜 이를 대중에 보급하여 서로 화합하고 공존(共存)하는 생활로 이끄는 데 있다. 따라서 무도(武道)의 궁극은 상생이어야만 한다.

원화도의 동작은 여럿이지만 실은 '비손=비는 손'에서 시작한다. 비손은 바로 원무(圓巫)이다. 예로부터 우리의 조상들이 하늘에 공(功)을 드릴 때 두 손을 가슴 앞에 모으고 정성껏 비비는 제행(祭行) 동작이다. 한 해와 한 달과 하루의 무사와 안일을 이 비손으로 기원(祈願)했다. 어쩌다 실족한 삶에 대하여도 이 비손으로 용서를 빌었다. 뿐만 아니라 나라의 평화와 안녕, 화합과 결속 그리고 반성과 다짐도 이 비손으로 축수(祝手)했으며, 삶과 죽음에도 이 비손으로 풀었으니 실로 비손이야말로 예로부터 한민족에게 있어서 길흉화복(吉凶禍福)과 생노병사(生老病死)뿐만 아니라 인생사의 모든 문제를 맺고 푸는 열쇠요, 믿음이며, 신앙이었다.

비손에서 '다스리기'와 '다스려 치기'로 발전한다. 다스리기란 생기를 일으켜 신체상의 결함 부위를 바로잡아 기능과 순환을 잘 되게 하는 '쓰다듬기와 비비기'를 말한다. 다스려 치기는 '다스림과 치기'의 두 동작을 말한다. 치기는 손으로 두드림, 동물이 새끼를 나서 퍼뜨림, 식물이 가지를 내돋게 함과 같이 생육의 의미를 지닌다. 다스리기와 다스려 치기를 하기 위해서는 비손으로 '정심'(正心)하여 생긴 마음의 힘을 비손에 모아 '생기(生氣)손'이 되게 하여 신체상 필요로 하는 부위에 생기를 보내 정기(精氣)를 북돋운다. 이는 원화도 몸 풀기의 기본동작이다.

비손에서 춤사위로 발전하는 것이 원화도의 원무(圓舞)이다. 비손에서 양 어깨를 타고 흐르는 동작은 춤사위와도 같아 마음속으로부터의 신명(神明)을 불러 몸 밖으로 표출해낸다.

비손에서 공방(攻防)으로 이어지는 원무(圓武)가 된다. 원무는 비손에서 이루어지는 원의 회전을 공방으로 부려 썼을 때를 말하며, 이를 회전공방이라 한다. 회전공방은 원화도에서 행할 수 있는 모든 동작을 가능케 하는데, 치기와 받아치기, 넘기기와 차기, 관절죄기와 봉 동작이 그러하다.

원(또는 원의 회전)은 꺾이는 각(角)이 없고 오직 360도 각에서 공방을 동시에 할 수 있다. 다시 말해 방어이면서 공격이고 또한 공격이면서 방어인 것이 일반 무도의 '직선 왕복형'의 동작과 큰 차이가 있다. 치기와 받아치기는 상해의 위험이 따르므로 수련 차원(상대에 대한 배려와 보호)에서 실행토록 하며, 다스려 치기의 방식으로 하는 것이 유익하다. 다스려 치기는 공방적 요소와 보건과 놀이적 성향을 함께 느끼며 수련할 수 있기 때문이다. 연습은 충분히 할 수 있으며, 상해의 위험에서는 절대적으로 안전하다.

이때 절대적으로 안전하다는 것은 '해야 할 것'(생각과 행위)은 반드시 하되, '하지 말아야 할 것'은 결코 하지 않아야 상대를 지키고 나를 제대로 지킬 수 있다. 무도 수련의 궁극의 목표는 상생(相生)이어야 하며, 보편적인 삶을 위한 무도만이 진정한 무도라 할 수 있다.

그렇다면 무도(武道)란 무엇인가? 무(武)란 살상을 꾀하는 힘과 칼과 같다. 도(道)란 해야 할 일과 하지 말아야 할 일을 분별케 하는 지혜이다. 지혜란 종과 횡을 상통케 하는 무한의 이치이며, 상생하는 무궁의 조화이다. 이는 생명의 궁극이다. 그렇게 보면 삼무인 원무도는 '없을 무(無)'자를 보태 '사무(巫, 舞, 武, 無)'가 되는 셈이다. '없을 무(無)'자는 자기를 비우는 것이고, 자기를 세상의 가장 작은 점으로 만드는 것(無所其內)이며, 자기를 세상의 가장 큰 원으로 만드는 것(無所其外)이다.

현재 세계원화도연맹본부는 경남 함안군 칠원면 장암리 902번지에 있으며 1천 5백여 평의 부지에 실내 및 야외도장을 갖추고 있다. 작고한 한봉기 선생의 아들 한형석 사범이 대를 잇고 있다. 한편 서울(봉천동), 전주(중화산동)에 지부가 있으며, 경기 가평군 설악면 소재 통일교의 청심신학대학원대학교(가평교육원)에서는 전봉기 씨가 가르치고 있다. 원화도 가평수련원에는 문선명 총재의 휘호 '신인지관계(神人之關係), 부자지이연(父子之因緣)'(1987년 9월 10일 서명)이 걸려 있다.

해외 지부는 미국, 일본, 아일랜드, 독일, 오스트리아, 리투아니아 등 15개국에 1천여 명의 수련생이 있다. 한봉기 선생의 작고로 제2기를 맞고 있는 원화도의 발전이 기대된다.

'혈기도' 세계연맹 총재 허장수 선생

24 혈기도(穴氣道), 땅에서 천기(天氣)를 먹는다

우리는 흔히 하늘은 저 높은 곳에 있는 것이라고 생각한다. 하늘과 땅은 아주 먼 거리에 있는 것처럼 생각한다. 그러나 그렇지 않다. 지구도 하늘의 바다에 떠 있는 태양계의 하나의 별에 지나지 않는다. 엄밀한 의미에서 별과 별 사이의 거리일 뿐이다. 지구와 분리된 별도의 하늘이 있는 것은 아니다. 있다면 지구를 포함한 하늘일 뿐이다. 다른 별들이 있는 곳을 편의상 하늘이라고 한 것이다. 별과 별 사이에는 물리학적으로 거리가 있다. 그러나 별들은 빛과 인력과 기운으로 서로 연결되어 있다. 생물학적인 의미에서 우리는 다른 별들과 하늘의 영향을 받으면서 지금도 살아가고 있다.

하늘과 땅은 인간들이 편의상 그렇게 나누어놓은 것에 지나지 않는다. 하늘과 땅은 한 번도 끊어진 적이 없다. 천지가 조응하지 않으며 일어나는 일은 하나도 없다. 태초에 인간들은 하늘에 순응하면서 살았다. 그러나 문명이 발달하면서 그것에 반하는 삶의 체계를 만들어 살기 시작하여 오늘에 이르고 있다. 문명이 아무리 발달하여도 자연의 일부로 태어난 인간은 자연을 벗어나 살 수 없다. 문명이 이룩한 체계와 자연의 체계가 상충되면서 자연은 이제 언제 인간에게 재앙을 줄지 모른다. 그러는 가운데 인간에는 여러 질병들이 발생하였다. 그 대표적인 것이 바로 당뇨병, 고혈압, 암 등과 같은 각종 성인병들이다.

이들 성인병은 필요 이상으로 많이 먹고, 사회를 유지하기 위해서 각종 스트레스에 시달리며, 숨을 제대로 쉬지 못하기 때문에 오는 현대병들이다. 적당히 움직이면서(노동하면서), 적당히 먹으면서, 적당히 자연과 순환관계를 유지하면서 살라고 하는 천명을 어겼기 때문에 발생한 것들이다. 혈기도(穴氣道)의 입장에서 보면 병원 신세를 지면서 노후 생명을 연장하는 고령화 사회는 무의미하다. 건강하게 젊음을 유지하면서 오래 살아야 한다.

혈기도는 자연과의 단절된 관계를 회복해주는 내공(內功)무예이다. 흔히 신선들은 하늘에서 바둑이나 장기를 두면서 시간을 보내는 한가한 초월집단처럼 전해지지만 실제로 신선들은 피나는 고생을 하면서 수련을 한 집단들이다. 피나는 수련으로 젊음을 유지한, 시간을 거꾸로 간 부류인 것이다.

혈기도를 비롯한 선도(仙道)는 하늘의 기운, 천기, 생기를 수련을 통해서 우리 몸에 축적함으로써 젊음을 오래 유지하는 무예이다. 신선이 되는 무예는 다른 무예처럼 반드시 사제지간이 있어서 전수되는 것도 아니다. 선도는 기통(氣通)에 의해 솟아오르기 때문에 다른 무술의 도움을 받는다고 하더라도 그것은 일종의 계기에 불과하다. 그래서 중간에 끊어지는 수가 종종 있다. 그래서 간헐적으로 스스로 터득하는 수련자들이 나오게 된다.

1889년 천우(天宇, 1875～1982) 스승이 금강산에서 한 신선을 만남으로써 가까스로 전해져 4대 째 이어 온 선도이다. 천우 스승은 강원도

••••

대퇴(미골과 선골)의 기운을 경추에 교감시키는 행공

로코스모스든, 마이크로코스모스든 구멍과 에너지로 이루어진 유기체이다.

인체에는 아홉 개의 구멍(大穴, 九竅)이 있다. 혈기도는 이 구멍과 피부세포의 수많은 구멍을 통해 인체에 외부의 천기가 자유롭게 드나들게 함으로써 양생하는 수련법이다. 혈기도에선 몸이 정신의 주인이다. 몸을 정신의 도구로 생각하면 잘못이다. 그리고 우주는 거대한 몸체계이다. 몸은 바로 마음으로 몸이 있어야 정신이 있고, 몸이 있어야 혼백노 있다.

혈기도 세계연맹 총재 우혈(宇穴) 허장수 선생은 겉모습은 덥수룩하지만 실지로 그의 몸은 청년 같았다. 제자들이 떼로 달려들어도 선생을 이기지 못한다. 경희대 체육과를 졸업하고 한때 권투선수로 활동했던 그는 어릴 적부터 무술을 좋아하여 태권도 등 여러 무술을 섭렵하였다.

각종 무예를 수련하면서도 일찍부터 도(道)에 목말라 했다. "과연 도가 있을까, 신선이 있을까"라는 의문이 항상 뇌리를 떠나지 않았다. 그러던 중 29세(1965년)에 천재일우의 기회로 내설악 한계령에서 천우(天宇) 선생을 만났다. 만나는 순간 '이 분이 도인이구나!'라고 생각했다고 한다.

천우 스승이 우혈 선생을 받아들일 때가 세수 90세였다. 우혈 선생을 만날 때까지 단 한 명의 제자도 두지 않았던 천우 스승은 좀처럼 입문을 허락하지 않았다. 무려 6개월을 머문 끝에 승낙을 얻었다고 한다. 어떤 질문이라도 하면 그날로 하산한다는 '무문부답'(無問不答)이 조건이었다. 나중에 그가 깨달은 것이지만 혈기도는 질문과 대답이 필요 없고, 오직 실천과 경험만이 득도의 경지에 이르게 하기 때문이었다. 질문과 대답은 도리어 방해가 될 뿐이다.

우혈 선생은 오로지 행공으로 전수된 7년여의 수련과정을 통해 동물과 곤충을 관찰하며 행공(行功)의 원리를 알고, 혈기도를 터득하기에 이른다. 결국 자연이 그를 가르친 셈이다. 스승은 단지 자연을 알게 한 인도자였다. 그가 10년 더 고차원의 수련과정을 거칠 무렵, 스승은 토굴을 나가더니 돌아오지 않았다. 1982년, 세수 107세였다.

스승은 등선(登仙)할 날을 알고, 미리 음식과 수분을 조절하여 바짝 마른 상태에서 뼈와 가죽만 토굴에 남겨두고 시해등선(屍解登仙)했던 것이다. 그는 겨울용 땔감으로 쌓아두었던 나무로 스승을 화장했다. 그는 당시 크게 깨달았다. "아! 이런 것이구나." 스승은 말없는 실천으로 보여주었다.

"말이 있으면 초월할 수 없다." "말로서 아는 것은 제대로 아는 것이 아니다." "몸으로 알아야만 제대로 아는 것이다."

우혈 선생은 스승과 이별한 뒤 설악산 한계령에서 하산하여 3년여 동안 여러 명산대천을 주유천하 하다가 1985년 아현동에서 첫 도장을 냈다. 그동안 여러 차례 도장을 옮겨 다니다 1995년부터 본격적으로 제자들을 양성하기 시작했는데 서울 인사동(153-3) 놀이마당 건너편 골목에 '혈기도 세계연맹' 본부 도장을 열었다. 혈기도는 미국, 캐나다에 지부가 있다.

우혈 선생은 지금도 제자들을 양성하지만 틈만 나면 훌쩍 가평군 현리에 마련한 은거지로 숨어버리기 일쑤다. 산이야말로 혈기도인이 거처할 영원한 안식처이기 때문이다. 한국의 산만큼 기운생동하고 곳은 없다고 한다.

혈기도의 수련은 이렇게 시작한다. '지이~(地)' 하는 구령과 함께 숨을 내뱉는다. 이것이 토(吐, 날숨)호흡이다. 어떤 호흡보다 토호흡을 중시한다. 이 호흡은 배가 등에 붙을 정도로 이어진다. 몸에 쌓인 오장육부의 탁기를 몰아내는 호흡이다. 이어지는 구령은 '처언~(天)'이다. 천은 들숨이다. 우주의 에너지를 혈을 통해 받아들이는 과정이다. 사람의 몸은 풍선과 같다. 풍선에 바람을 넣고, 풍선에 바람을 빼는 것이다. 이때 몸의 중심은 물론 단전(丹田)이다. 단전은 사람이 몸에서 농사를 짓는 자리이다. 그래서 단전이다.

이어 발목 관절 풀기와 허리 굽히기, 다리 가위 벌리기 등 예비 행공이 계속된다. 앉아서 허리를 굽히면 상체가 가볍게 땅에 밀착하고, 양다리를 완전히 벌려 '한 일(一)'자를 만든다. 일흔을 훨씬 넘긴 나이에도 고관절이 360도 자유자재로 회전한다.

한 동작은 10분씩 계속되지만 요즘 지루함을 참지 못하는 세태를 감안하여 1분으로 줄였다고 한다. 불과 몇 동작 만에 온몸에 땀이 맺히고, 경우에 따라서는 땀이 비 오듯 한다. 몸에서 혈문(穴門)이 열린 탓이다. 혈문이 열려야 기운생동할 수 있고 땅에서 천기를 받아먹을 수 있다.

••••

좌신하고 있는 모습. '혈기도' 수련의 일환이다.

    본래 행공은 무려 3백여 가지(356가지) 있지만 현재 수련생들에게 가르치는 것은 예비 행공과 본 행공을 합해도 30여 종에 불과하다. 이를 소화할 제자가 없기 때문이다.

    제자들 중에는 피부과 의사도 있고, 교수도 있고, 공무원도 있고, 언론인도 있고, 주부들도 있다. 지금은 각계각층에 알려진 셈이다.

    박장환(목동 · 피부과 의사) 씨는 "수련 3년쯤 되었는데 평소 달리기 연습을 하지 않는데도 마라톤 기록이 단축되고, 숨이 가쁘지 않았다"고 말했다.

황남준(언론인) 씨는 "수련 10년 째 접어드니 혈기도의 맛을 이제 몸이 알게 되었다"면서 "인생에서 어떠한 경험이나 인연보다 혈기도가 소중하다"고 말한다.

혈기도를 하면 음식을 많이 먹지 않게 된다. 지상의 음식물로만 영양을 보충하는 것은 아니다. 말하자면 대기 중의 천기, 즉 하늘 음식을 먹어 지상의 음식을 줄여도 충분하게 영양보충을 하는 셈이다. 뿐만 아니라 과다한 음식과 욕망에 시달리지 않게 된다. 현대인은 모두 과다한 영양과 운동부족, 그러면서도 욕망으로 인해 각종 스트레스를 스스로 쌓고, 그 짐을 지고 가느라 허덕인다. 인간은 참으로 지혜로운 것 같지만 실은 자연의 동식물보다 못하다. 이제 자연으로부터 도리어 배울 차례이다. 도대체 적당히 먹는 것을 모르고, 만족할 줄 모른다. 그것이 도리어 자연을 황폐화하고, 그 반대급부(자연으로부터의 보복)로 스스로를 황폐화하는 막다른 골목에 몰렸다.

우혈 선생의 하루 식사는 산야초와 두부 몇 조각이 전부. 몇 년 전부터 주변의 권유로 곡기(밥)를 시작했지만 두세 술이면 배가 불러 많이 먹을 수도 없다. 몇 해 전 사고로 인해 척추압박을 당해 보통사람 같으면 휠체어 신세를 질 정도였지만, 수술을 마다하고 혈기도 수련으로 다시 회복 중에 있지만, 그는 검버섯이 없어 청년처럼 맑다.

그는 한 호흡에 윗몸일으키기 50회가 가능하다. 한 호흡 반이면 잠이 든다. 자기 몸을 자유자재로 컨트롤한다. 엄지손가락으로 팔굽혀펴기를 한다. 50일간의 단식도 수행의 일부다. 그는 끼니라는 개념 없이 배가 고플 때 조금씩 먹는다. 자연은 그렇게 배고플 때 먹고, 배부르면 먹지 않는다. 그런데 현대인은 아무리 많이 먹어도 배고프다. 현대인의 병은 '많이 먹기 때문'이고, '모자라는 듯 먹어야 건강'하다고 한다.

"인간이 두 발로 걸으면서 좋아진 것은 척추의 척수에너지가 머리로 올라가서 두뇌용량이 늘어난 것이지만 그 반대로 척추가 압박을 받게 되고, 그로 인해 각종 질병에 시달리게 됩니다. 따라서 척추의 건강이 전부라고 해도 과언이 아닙니다. 척수를 충만하게 해야 젊음이 유지됩니다. 무병장수하려면 단전에 내공을 쌓아 요추를 강하게 해야 합니다."

혈기도(穴氣道)는 혈(구멍)에 기(에너지)를 불어넣는 도(방법)이다. 호흡은 혈을 소통하는 행공의 기본이면서 몸의 피로물질이나 유해산소인 '탁기'(濁氣)와 '객기'(客氣)를 버리고, 하늘과 땅의 기운(천기·지기)을 받아들이는 과정이다. 호흡은 마음이고, 호흡은 영(靈)이며, 호흡은 맛있는 음식이다.

단전에 축기를 많이 한 사람은 저절로 신선에 가까워진다. 척추의 힘은 유한하지만 단전의 힘은 무한하다. 척추는 힘이 없다. 척추를 받쳐주는 것이 요추이며, 요추를 받쳐주는 것이 단전이다. 그래서 단전을 강화하지 않으면 안 된다.

그가 다른 선도 수련 단체들과 크게 다른 점은 두 가지가 있다. 먼저 지식(止息)호흡을 하면 안 된다는 점과 토(吐)호흡을 중시하는 점이다. 지식호흡은 도리어 호흡의 자연스런 흐름을 인위적으로, 강제로 끊어놓기 때문에 많은 문제점을 노출한다는 것이다. 토호흡은 탁기를 배출하는 것을 우선하기 때문이다. 두 번째는 미골(尾骨)과 선골(仙骨)이 분리되는 것이 중요하다. 개과 쥐 같은 동물도 미골과 선골이 분리되어 움직이는데 문명인은 척추압박으로 인해 그것이 붙어있다. 이것을 수련을 통해 점차 분리해 요추가 잘 움직이면 천기의 소통이 더 활발해진다. 말하자면 직립보행에 따르는 문제점을 보완하는 셈이다.

"행공을 하면 몸에 다른 기운이 들어옵니다. 척수에 다른 기운이 들어와서 운기가 되면 정신은 몽롱해집니다. 그게 천기입니다. 행공은 자세가 가장 중요합니다. 요추가 뒤로 빠져 있으면 행공이 아니라 노동이 됩니다."

그는 우주적 '현재의 기(氣)'에 통달해 있다. 기란 바로 현재의 것이지만 그것을 제대로 하는 사람은 드물다. 기(氣)가 물질처럼 고정되어 있는 것으로 생각하는 것은 금물이다. 기는 정체성이 없다. 따라서 동일한 기는 없다. 생동하는 기운은 바로 현재의 다른 말이다.

"신선은 피와 땀의 결정체입니다. 신선이 놀고먹는 명산대천이나 주유하는 그런 존재가 아닙니다. 신선(神仙)은 자신의 신선(新鮮)을 유지하기 위해 피나는 노력을 하고 있습니다. 과거에 한 수련은 의미가 없습니다. 우주에너지는 현재 밖에 없으니까요. 세포는 100일만 지나면 바뀝니다. 공부는 내일 해도 되지만 오늘 하지 못한 행공은 다시는 할 수 없습니다."

그가 불치병에 시달리는 사람들에게 전하는 희망의 메시지이다.

"세포는 100일이면 한 번 바뀝니다. 100일을 살 기력이 있으면 희망이 있습니다. 100일 미리 죽는 것입니다. 몸이 잘못된 과거로 돌아가서 열심히 호흡하고 행공하면 바로잡을 수 있습니다. 인간은 대우주의 에너지로 살아갑니다. 아픔을 쫓아가야 아픔이 사라지고 전진할 수 있습니다."

그의 몸철학은 어떤 현대의 의사나 몸철학자보다 한 수 위이다. 또 교(敎)는 중심을 정하고, 울타리를 치지만, 도(道)는 중심이 없는 까닭에 울타리도 치지 않고, 대자연과 대우주의 에너지와 심신합일(心身合一)이 되는 것을 추구한다고 강조한다. 그는 선노(仙道)의 부활만이 우리 민족이 자주성을 회복하는 지름길이라고 한다. 일본은 신도(神道)가 있기 때문에 문화적 정체성을 갖고 문화선진국이 되었다고 덧붙인다.

"교(敎)는 복잡하고 어렵습니다. 그러나 도(道)는 간단합니다. '내가 나를 사랑하는 것', 즉 아아애(我我愛)입니다. 도는 나를 찾는 것이고,

몸을 놔주는 것입니다. 몸을 나눠야 몸이 머리를 잘 보필합니다. 어릴 때는 몸을 놔줄 줄 알지만 크면서 그 능력을 잃어버립니다. 머리가 몸을 간섭하면 안 됩니다. 몸은 주면 받고 안 주면 끊어버립니다. 몸은 판단을 하지 않습니다. 판단을 하지 않는 몸에게는 진기(眞氣)를 주어야 합니다. 진기를 주면 그 다음은 몸이 다 알아서 합니다. 어떤 기운이 오면 몸은 머리가 판단하기 전에 이미 그 기운을 받아들입니다. 머리로 이해하고 몸을 완성시킬 수 없습니다."

25 국선도 여자 고수, 철선녀(鐵扇女)

현재 한국의 무예 가운데 가장 한국적인 무예는 어떤 것일까. 십팔기만 하더라도 실은 동양 3국의 무예를 종합한 무술이다. 한국적인 무술이라고 알려진 종목이더라도 전승계보가 확실하지 않고, 기껏해야 3대를 올라가는 것이 드물다. 국선도(國仙道)는 현재 6대를 확인할 수 있는 유일한 종목이다.

현대적 국선도는 청산거사(靑山居士)로 알려진 비경(秘景) 고한영(高漢泳) 선생으로부터 시작되었다. 선도의 원류는 단군 시대를 넘어 배달국 시대, 환인(환얼) 시대로 거슬러 간다. 물론 수천여 년 전의 무술이 오늘날 고스란히 전수되었다고 보이지는 않는다. 그러나 그 가운데 일시적 단절이 있고, 때로는 변형이 이루어지며, 시대적 요구에 부응하였다고 하더라도 그 명맥을 유지하고 있는 것이 국선도이다.

국선도가 현대적 모습으로 등장한 것은 1967년 무렵이다. 정신도법 수련원으로 출발한 국선도는 세상에 드러나자마자 군대와 경찰, 그리고 관공서를 중심으로 무섭게 확산되어 갔다. 평소에 민족적인 것에 관

철선녀 격파 시범

심이 많던 군인들은 국선도라는 이름에 크게 감동을 받아 수련은 물론
이고 부흥에 앞장섰다. 때마침 일본과 영국 등 해외에서도 큰 관심을
보여 그곳 텔레비전에 출연하고부터 비약적으로 성장하였다.

1970년 일본 후지TV, 일본TV, 그리고 영국의 비즈니스TV, 미국의
시카고TV 등은 한국의 무술, 국선도를 국제적으로 알리는 데 크게 기
여하였다. 이때 텔레비전에서 가장 각광을 받은 인물이 홍일점이던 철
선녀(鐵扇女) 김단화(金丹和) 씨이다. 미스코리아 같은 예쁜 얼굴, 가녀
린 몸매에서 터져 나오는 파괴력은 그야말로 역도산 같았다. 사람들은
눈을 의심하며 관심을 보였고, 주간지를 비롯해서 각종 신문과 방송들
은 연일 그녀를 화제로 올렸다.

"국선도가 어떤 무술이길래 연약한 여자를 저렇게 괴력의 여장부로

철선녀 차력 시범

만들 수 있나."

　철선녀는 국선도 초창기 전파의 일등공신이다. 그때만 해도 무술을 천시하던 우리 민족은 별로 무술에 관심을 기울이지 않았고, 그나마 무술을 하더라도 일본의 당수도나 합기도, 검도, 유도 등이 주류를 이루고 있었다. 그나마 태권도가 기지개를 켤 무렵이었다. 청산거사가 가는 곳이면 으레 철선녀는 약방의 감초처럼, 그림자처럼 따라 다녔다.

　철선녀는 몸이 약해 절에 요양을 갔다가 청산서사를 만났다. 반신반의하면서 청산거사로부터 호흡법과 기수련을 배웠는데 얼마 되지 않아서 큰 효험이 나타났다. 몸이 건강해졌을 뿐만 아니라 몸에서 기운이 샘솟는 것 같았다. 철선녀란 이름은 부채처럼 가벼운 몸으로 쇳덩이 같은 힘을 발휘한다는 의미로 청산거사가 지어준 이름이다.

철선녀는 바윗돌을 배 위에 올려놓고 깨는 시범을 비롯하여 반대 방향으로 달리는 오토바이를 양팔에 매달아 끌어당기는 시범 등 여러 가지 시범을 보였다. 그녀는 단순한 차력사가 아니라 여자도 훌륭한 무예인이 될 수 있다는 것을 몸으로 보여준 인물이다. 더욱이 여자이기 때문에 남자들이 할 수 없는 무예의 경지가 있음을 보여주었다. 근육이 없는 여자가 수련을 계속한다면 부드러움과 탄력을 유지하면서 기운을 이용하는 데 유리하다는 것이다.

철선녀 김단화 선사는 "일단 기를 모아서 신체의 어느 부위에 집중하면 그곳은 도끼날도 들어가지 않는다"고 한다. 다른 어떤 무술보다 여성 수련자들이 많은 곳이 국선도이다. 어느 도장이나 남녀가 거의 반반이다. 특히 나이가 많은 수련자들이 많은 곳도 국선도이다. 국선도가 남녀노소 관계없이 수련을 받을 수 있는 매우 부드럽고 순리적인 무술임을 말해준다.

국선도는 처음엔 차력(借力)이라는 이름으로 저잣거리에 서지 않을 수 없었다. 이것은 단지 방편이었다. 차력이라는 이름에서도 알 수 있듯이 힘을 빌어서 쓴다는 의미가 내포되어 있다. 정신을 한 점(點)에 집중하면 인간은 주위에 기운생동하는 힘을 이용할 수 있다. 점을 통해 기운은 들어오고 나간다. 이것은 전파의 안테나와 같은 원리이다.

기운을 모으는 중심은 단전이다. 우주의 기운을 모으고자 할 때는 단전에 의식을 집중하고, 내보내고자 할 때는 목적하는 곳에 의식을 집중해야 한다. 따라서 국선도 수련의 관건은 단전자리를 잘 잡고, 그곳에 기운을 축기하고, 기운의 소통을 자유자재로 할 수 있는 몸의 기제(機制)를 만드는 것이다.

기운은 언제나 현재진행형이다. 그래서 과거도 현재완료형 과거이고 미래도 현재완료형 미래이다. 바로 시간을 어느 정도 이동할 수 있는

국선도 초창기 시범을 위해 서 있는 3인방, 앞줄 맨 왼쪽부터 청원 박진후 총재, 청화 김종무 선사, 철선녀 김단화 선사

능력 때문에 신통력과 괴력이 생긴다. 우주의 기는 끊어진 적이 없기 때문이다. 국선도의 내공과 기화는 흔히 신적(神的)인 것과 경계를 이루기도 하지만 일반인의 경우에는 건강과 생활의 활력을 도모하는 데 유익하다. 수련의 정도에 따라 건강유지에서부터 안심입명의 최고경지에까지 이를 수도 있다.

　우주에 흩어진 에너지를 사용할 수 있다는 것이 신비롭다. 국선도는 수련의 고수에 들어가면 우주와의 소통을 도모하기도 한다. 국선도의 최종목표는 인간으로서의 화천(化天)이다. 화천의 의미는 사람에 따라, 수련의 성노에 따라 다르겠지만 의식의 확장을 통해 우주적 자아, 즉 우아(宇我)에 도달하는 것이다. 동학을 창도한 최제우는 역사적으로 확인할 수 있는 최고 최적의 인물이다. 그는 내유신령(內有神靈), 외유기화(外有氣化)를 주창했는데 아마도 재래의 선도를 익혔을 가능성이 높다.

국선도의 전설적 1대 도인은 천기도인(天氣道人)이다. 그 후는 제대로 알 수 없지만, 청산거사의 스승은 청운(靑雲), 청운의 스승은 무운(無雲), 무운의 스승은 무상(無相), 무상의 스승은 무현(無絢)이다. 따라서 현재 청산거사의 제자들인 청원(靑元) 박진후(朴眞厚: 神力士), 청화(靑和: 太力山) 김종무(金宗茂), 청해(靑海: 鐵扇女) 김단화(金丹和) 등 6대에 이르고 있는 셈이다. 청산의 법 형제들은 맏형 비혁(秘赫), 둘째형 비거(秘岠) 권경검(權景儉), 셋째가 바로 청산거사 비경(秘景)이다. 청산거사 대는 '비(秘)'자 돌림이고, 그의 제자들은 '청(靑)'자 돌림이다.

국선도야말로 우리 민족 고유의 기(氣)를 바탕으로 하는 무술이다. 기를 바탕으로 한다는 것은 축기(蓄氣: 국선도에서는 '돌단자리'라고 한다)를 통해 몸의 바탕을 만들고, 운기(運氣), 즉 전신회통을 도모한다. 이렇게 훈련을 하면 몸은 평소에는 여자의 몸처럼 한없이 부드러울 뿐 아니라 유사시에 강력한 힘을 발휘할 수 있다. 국선도는 내공을 위주로 하는 무술이다.

밖으로 힘을 쏟는 것을 기화(氣化)라고 한다. 각종 무술이 단지 근육의 힘에 의한 것이 아니라는 것은 상식에 속한다. 그러나 한국 전래의 천지인, 정기신 철학을 바탕으로 정신(精神)을 강화하고, 기화를 통해 상대나 적을 무찌를 수 있는 무술은 국선도에 의해 집약적으로 전승되고 있다.

김종무 선사는 "국선도는 변천과정에서 그 이름이 붉, 순, 사이, 숌, 선인 등으로 불렸습니다. 도의 이름은 붉도, 현묘지도, 국선, 단기법, 단도, 밝돌법, 정각도 등으로 불리기도 했어요. 밝돌법은 한민족의 고대문명인 청동기 시대의 불함문명(밝문명=밝달=배달)의 시기로 거슬러 올라가는 한민족의 수련법임을 뜻합니다"라고 들려준다. 국선도의 외공이라고 할 수 있는 기화법 '기본동작'은 무엇보다도 상대의 경혈만 혈

수련생을 지도하는 철선녀(김단화)

타(穴打)하는 특징을 가지고 있다. 본격적인 외공인 기화법에는 국선도 무예 기화형 14개형이 있다. 화중법(火中法)에서 묘공법(妙功法)까지 있다. 각종 형들은 단전호흡과 긴밀하게 연관되어 있다. 따라서 외형만 따라한다고 외공이 되는 것은 아니다.

국선도는 건강과 호신의 시대적 요구에 따라 호신을 위한 질타법, 건강호흡행공법으로 노궁혈과 용천혈 밀기, 그리고 특공무술과 함께 하는 국무형(國武型)도 개발해놓고 있다. 그동안 내공 위주에서 무예로서 외 발전을 위해 현재 권, 봉, 창, 검, 쌍검 등 외공의 수련과 개발에도 박차를 가하고 있다.

국선도무예협회(총재 朴眞厚)는 청산의 1대 제자인 청원, 청화, 청해가 3인방이 되어 국선도를 새롭게 보급하고자 힘을 모은 단체이다. 이들 3인방은 청산거사가 살아있을 때에 산중수련을 같이 한 것으로도 유명하다. 인왕산 삼왕사(1968년)에서 함께 수련을 하였으며, 설악산, 지리산 등 명산을 찾아다녔다.

박진후 총재는 산중수련의 고초와 장점을 털어놓는다. 야외수련을 즐겨하는 이유는 청산거사와의 경험 때문이다.

"산중에서 초근목피로 지낸 적도 많습니다. 배가 고프면 정신이 맑아집니다. 정신이 맑아지면 내관을 하게 되고 내관을 하게 되면 몸이 유연해집니다."

이들 3인방은 종로 3가 팔진옥 4층(1969년)에서 국선도의 전신인 정신도법수련원을 열 때부터 응암동 서부경찰서 옆(1970년), 청계천 3가 동일빌딩(1971년), 그리고 백궁다방(1971년) 등으로 본부를 옮길 때마다 청산거사와 함께 했다. 현재 국선도 청산거사의 계열 수련단체는 이밖에도 국선도연맹과 세계국선도연맹 등이 있다. 줄잡아 2백여 도장을 거느리고 있다.

특공무술의 대부인 장수옥 총재는 아내인 철선녀의 비결을 털어놓는다.

"아내는 시범 때마다 내공실력으로 7센티미터의 송판을 이마로 격파했으며, 온몸에 철사를 감고 그것을 끊었습니다. 남자의 딱딱한 근육보다는 여자의 부드러운 몸에서 품어져 나오는 내공이 훨씬 강력한 것임을 깨닫게 해주었습니다. 남자의 근육은 기가 죽으면 도리어 굳어버립니다. 격투기에서 우람한 근육의 남자들이 기가 꺾이면 손 한번 못 쓰고 링에서 넘어지는 이유가 바로 여기에 있습니다. 근육은 굳어버리면 도리어 화가 됩니다. 그래서 항상 부드러움과 탄력을 유지하는 여자가 때론 유리합니다."

비록 가부장사회에 이르러서 여자는 집에서 아이를 낳고 살림을 하는 것이 주가 되었지만 과거 모계사회에서는 여자들도 무술을 닦고 전쟁에 참여하는 등 대사회활동을 많이 하였던 것으로 짐작된다. 국선도는 고대의 그러한 사회와 관련이 있을 가능성이 높다.

인간이 어머니 뱃속에서 한 호흡은 바로 단전호흡이다. 뱃속에서 탯줄을 끊고부터 폐호흡을 통해 살아가지만 호흡의 근본은 단전호흡인 셈이다. 이것을 보통 잊고 사는데 바로 이것을 재활하는 것이 단전호흡, 내단(內丹)이라는 것이다. 그러나 내공을 쌓는다고 해서 저절로 무술이 되는 것은 아니다. 거기에는 외공의 수련과정이 결합되어야 한다.

인간의 삶은 호흡과 직결된다. 사람에 따라 아랫배로 숨을 쉬느냐, 가슴으로 숨을 쉬느냐, 어깨로 숨을 쉬느냐에 따라 삶의 내용이 달라지며, 숨이 턱까지 차면 죽을 날이 머지않았다는 것을 뜻한다. 말하자면 호흡은 아래로 내려갈수록 건강과 장수에 가깝다는 뜻이다. 그러나 호흡을 아래로 내리는 일은 쉬운 일이 아니다. 그래서 심신수련과 단전호흡을 별도로 배운다. 단전호흡이란 과학적으로 말하면 복강 내의 복압을 높게 하여 기혈순환을 원활하게 하고, 대사기능을 촉진시켜 생명력을 활성화시키는 기술이다.

단전호흡의 운기에 들어가면 소주천 임독맥(任督脈)에 들어간다. 임독맥을 할 때는 단전에 축기를 한 뒤, 등 뒤로 기를 돌리는데 장강혈(꼬리뼈 부근)에서 백회혈까지 경맥이 독맥(金化科程)이고, 다시 앞으로 돌아 나오는 경맥이 임맥(木化科程)이다. 독맥을 하면 하단전의 정(精)과 상단전의 기(氣)가 만나고 임맥에서 중단전의 신(神)이 만난다. 그래서 정기신이 하나가 된다.

소주천에 앞서 단전에 의식을 집중시키는 수련을 하는데 이것을 점(點)을 이룬다고 한다. 다시 점에서 선(線)을 이룬다. 선은 관원혈(關元穴)과 명문혈(命門穴) 사이를 숨을 쉴 때 일직선상으로 오가는 것이다. 숨을 들이쉴 때는 관원혈에서 명문혈로, 숨을 내쉴 때는 명문혈에서 다시 관원혈로 움직이는 것이다. 이때 숨을 들이쉴 때 항문을 조이게 되고 내쉴 때는 자연스럽게 풀리게 된다. 이것을 궤도라고 한다.

정(精)은 지(地)이고, 기(氣)는 천(天)이고 신(神)은 인(人)이다. 이는 자연과 문명의 많은 것을 함축하고 있다. 정과 기가 만나는 것이 강하면 영적(靈的)인 사람이 되고, 정과 신이 만나는 것이 강하면 혼적(魂的)인 사람이 된다. 정(精)은 백(魄)으로 바탕이 된다. 수련의 급수가 올라가면 소주천에 이어 대주천에 들어가는데 대주천은 기경팔맥을 전부 유통하는 것을 말한다.

철선녀는 한창 기운이 펄펄 날 때, 남편인 장수옥 총재에게 "여보, 허벅지에 총 한 번 쏘고 싶어"라고 말한 적이 있다. 참 가공할 여인이다. 그러면서도 자신을 감추고, 자신을 낮추며, 남편과 평범한 가정을 꾸려왔다. 아내의 내공실력은 국선도 덕분으로 알고 있지만 아무래도 생래적으로 타고난 측면도 있었다고 생각한 장 총재는 어느 날 물었다.

"도대체 어떤 비법으로 송판이 깨지는 거야."

그제서야 아내가 비법을 공개했다.

"우선 기를 모으면 이미 눈앞에 쪼개진 송판이 보입니다. 미리 선견(先見)한 틈새를 향해 이마를 내리찍으면 송판이 두 조각이 납니다. 중요한 것은 송판의 정중앙을 정확히 때리는 거예요. 한가운데를 정확하게 받으면 무조건 쪼개지게 되어 있어요. 두 번째로 중요한 것은 분위기예요. 혼자 깨면 안 깨져요. 사람들이 나를 열렬히 응원해주어야 깰 수 있거든요. 사람들이 집중할 때 그들의 기를 빌려 쓰는데, 그것이 바로 인심법(引心法)이에요."

철선녀는 남자의 약점을 이같이 말한다.

"남자들은 여자들에 비해 속이 비었고, 매사에 빨리 포기하고 인내력도 부족합니다. 여성은 섬세하고, 도리어 담대합니다. 남성은 근육의 힘만 믿고 우쭐대기 일쑤입니다."

그렇다. 비어 있고, 부드러워야 기가 모이고 힘이 생긴다. 바로 이것이 여성성과 깊은 관련이 있을 것이다. 국선도의 옛 선사가운데 보덕(普德)이라는 여성 선사도 있었다고 한다. 여성성은 한없이 받아들이는 특성을 가지고 있다. 그것은 생의 탄력이며 보이지 않는 힘이다. 인류는 보이지 않는 그 힘을 이미 사용하면서 오늘에 이르렀을 것이다. 그것은 여성의 힘이고, 어머니의 힘이다. 국선도는 마치 어머니의 힘과 같다.

대구 옛 무덕관 전경

26 우리나라 무술의 고장, 대구

  우리나라 근현대무술은 어디서 시작되었을까. 해방과 광복에 이어 불어 닥친 6.25 전쟁은 대구를 무술의 고장으로 자연스럽게 정착시키는 역할을 했다. 해방 후 일본에서 들어오는 재일 한국인이 귀국하면서 여러 사정으로 도중에 머물거나 자리를 잡은 것이 대구요, 6.25 전쟁 때 유일하게 북한군의 수중에 들어가지 않은 도시가 대구였기 때문에 피난을 가다 도중에 눌러 앉은 곳이 대구이다. 그런 점에서 대구는 우리 민족의 지킴이와 같은 도시다. 또 역사를 보면 가야를 복속시키고 삼국통일을 이룬 신라가 이 지역을 중심으로 세력을 형성하였다. 경주가 동쪽으로 가까이 있고, 가야의 중심인 고령이 지척이다.

  대구의 시세를 보면 한반도의 등뼈인 태백산맥이 남쪽에서 마지막으로 지맥을 뻗은 팔공산이 북동쪽에서 병풍처럼 둘러치고 있고, 비슬산이 남쪽에서 방어선을 치고 있는 천혜의 요새이다. 그 사이에 낙동강이 북남으로, 그 지류인 금호강이 동서로 흐르고 있는 분지이다. 여름에는 가장 덥고, 겨울에는 가장 추운, 한서의 차이가 전국에서 가장 극심한 고장이었다. 그래서 사람들도 저절로 신체가 단련되는 조건을 갖추고 있다. 기라성 같은 무골들이 배출되는 것은 자연의 결과인지도 모른다.

대구는 이렇게 역사적으로, 환경적으로 무골의 고향이 될 소질을 갖추고 있는 셈이다. 무골의 전통은 한반도의, 한국 역사의 지킴이로 대구를 인식시키는 데 일조하였다. 6.25 때 낙동강 전선의 반격이 없었으면 현재 대한민국은 없다고 해도 과언이 아니다. 대구는 해방 후 합기도, 국술, 태권도, 유도가 뿌리를 내리고 세를 넓히는 중심도시가 되었다.

합기도 무술의 전설적인 영웅인 최용술이 그랬다. 그가 고향인 황간으로 돌아가는 길에 짐 가방을 잃어버려 정착한 곳이 대구였다. 무예인들은 저마다 이런저런 이유로 대구에서 여장을 풀었다. 대체로 근현대 무술의 윤곽을 그려보면 대구를 중심으로 경북, 부산, 경남, 그리고 전라도로 퍼져나간 양상을 보인다.

대구의 무덕관(武德館)은 무예나 스포츠 종목과 상관없이 떠올리는 '무덕(武德)'의 상징과 같은 존재이다. '무덕'은 태권도와 유도의 대표적 도장 이름이었으며, 그러한 정서와 이미지를 내포하고 있다. 무예가 성한 대구는 따라서 자연스럽게 무덕인 충(忠), 의(義), 신(信)의 도시인 셈이다.

1945년 해방과 1950년 6.25 전쟁 당시 무술의 고향 대구, 경북의 명인들을 보면 합기도는 대구가 본향이다. 서복섭, 장승호, 서병돈, 문종원, 김무홍, 지한재, 강문진, 신상철 등 기라성 같은 합기도인이 모두 대구 출신이다. 그리고 김무홍의 신무관, 지한재의 성무관, 도주직계 도장인 원무관-수덕관(修德館)에서 기라성 같은 인물들이 배출된다. 그 후 1959년 지한재의 성무관은 안동에서, 1960년 김무홍의 신무관은 대구에서 도장을 각각 서울로 이전하게 되면서 드디어 서울 중심이 된다. 이렇게 합기도는 대구에서 그 술기와 기반을 다진 후 서울로 상경하게

1959년 9월 3일 대한태권도협회 창립 기념사진. 앞줄 좌로부터 황기, 윤쾌병, 최홍희, 노병직, 체육회 임원 중 한 명, 현종명, 엄운규, 이남석, 그리고 뒷줄 좌로부터 김순배, 고재천, 남태희. 이들 중에는 아직도 생존해 있는 분들이 있다.

된다.

한편 도주직계에서 합기도를 익힌 서인혁은 전국을 돌며 재래무술, 사찰무술, 궁중무술 등을 종합하여 창시무술 '국술'(國術)을 만들어 국술원을 개원하고 세계적인 무술로 키워내는 데 성공한다. 비록 합기도에서 출발하였다고 하지만 그는 전래의 전통무술과 중국무술 등을 종합하여 새로운 무술을 창안해냈다. 국술은 창시무술 가운데 체육으로 변신한 태권도를 제외하면 우리나라에서 가장 성공한 창시무술에 속한다.

서인혁은 1959년 합기도를 바탕으로 전통무술을 융합, 현대인에 맞게 개량하고 집대성했다. 국술은 현재 스포츠인 태권도가 아닌 무술로서는 세계적으로 큰 수련인구를 가진 무술 단체이다. 맨손무술과 무기술 등 술기(術技)가 27기 3,600여 수에 이른다. 1991년 미 육군사관학교는 이를 체육종목으로 채택하기도 했다.

국술은 현재 미국을 비롯하여 유럽의 네덜란드, 독일, 룩셈부르크, 벨

••••
무덕관이 있던 대구시청 자리

기에, 스코틀랜드, 스페인, 영국, 아일랜드, 이탈리아, 포르투갈 등 세계 50여 개국 150여만 명이 수련하고 있으며, 유럽지역 90여 개의 도장에서 현재 20여만 명이 수련중인 글로벌 무술이다. 2008년 10월 11, 12일 창립 50주년을 기념하는 '국술원 세계선수권 및 시범대회'를 미국 텍사스 주 휴스턴에서 개최했다.

국술은 1970년 중반 호국무예로 각광을 받았다. 국술은 태권도, 합기도와 함께 '호국무예'에 포함됐다. 1975년에는(5월 1~2일) 문화체육관에서 '세계국술시범 및 선수권대회'를 열었는데 당시 1백 40명이 출전, 이중 70여 명이 이미 외국인이었다.

서인혁 이외에도 합기도를 거쳐 간 이름난 무인들은 허일웅(한국 기공협회회장), 전동석(대한기공과학협회 회장), 하일호(대한석문호흡협회 회장), 고 조자룡(불무도협회 회장), 이주방(미국 화랑도협회 회장), 김희

영(미국 한무도협회 회장) 장수옥(특공무술 회장), 이원욱(선관무협회 회장), 용무도(김병천 총재) 등이다. 합기도는 여러 창시무술의 바탕이 된다.

태권도의 경우 대구를 떠나서는 발전을 운위할 수 없다. 1945년 일제 해방 이후 국내에 여러 개의 도장이 생기게 된다. 크게 6개의 도장, 무덕관, 청도관, 지도관, 창무관, 연무관, 오도관이 있었다. 이 도장들이 1960년대에 합쳐져 현대 태권도의 모체가 된다. 여기서 가장 영향력이 큰 도장은 무덕관과 청도관이었다.

무덕관은 황기 선생에 의해 설립되었다. 황기는 어릴 때 택견을 배우고, 중국에서 태극권과 쿵푸를 배웠다. 덧붙여 그는 철도 회사를 다니면서 도서관에서 오키나와 가라테 책을 읽고 가라테의 철학을 읽었다고 한다. 1957년 황기는 한국 고전 무예서인『무예도보통지(武藝圖譜通志)』에서 한국의 전통무술 '수박'을 발굴한다. 또한 이 무예서로부터 손과 발의 타격 테크닉을 취해 무덕관 태권도의 기술을 완성시킨다. 무덕관은 당시 최대의 태권도 도장이었는데, 1953년과 1970년 사이에, 전체 태권도 수련자의 약 75%가 무덕관에서 수련했다고 한다.

태권도 인구가 가장 많았고, 실력자들이 운집한 곳이 대구였다. 태권도 도장 중에서 가장 많은 출신을 배출한 무덕관의 황기 선생은 대구 남산동 대건학교 부근에서 수박도 연원의 태권도를 시작하였는데. 이즈음 김도기 선생의 연무관도 대구에서 도장을 시작하였다. 대구에는 태권도의 전신인 당수도의 명인들도 많았나. 제일 먼저 당수도를 도입한 김도기는 태권도의 대명사가 된 격파의 달인이었다. 무덕관 출신의 홍종수, 지상섭, 최남도 등이 대단했고, 연무관 출신의 차영수도 태권도계에 이름을 남겼다.

무엇보다도 태권도를 창설하는 데 결정적인 역할을 한 두 인물은 무덕관의 황기와 오도관의 최홍희였다. 두 사람은 대구를 중심으로 활동을 전개하였는데 접촉할 기회가 자주 있었고, 가까이서 신의를 다진 것이 후일 큰일을 도모하는 긍정적인 작용을 한 셈이다. 당수도를 태수도로, 그리고 태권도로 발전시키고 정착하기까지 쌍두마차였다고 해도 과언이 아니다. 그 후 최홍희는 캐나다로 망명한 후 북한 중심의 국제태권도연맹(ITF, 1971년)을 운영, '국기 태권도'를 만들어준 대한민국에 배신행위를 하고 말았다.

최홍희의 ITF에 대항하여 창립된 것이 세계태권도연맹(WTF)이다. WTF를 만든 인물도 대구 출신의 김운용 씨이다. 그는 태권도계를 통합한 대한태권도 협회(KTA)의 초대회장(1971년)을 역임, 이어 초대 국기원 원장(1972년)에 취임하면서 태권도의 총본산 국기원(國技院, 1974년)을 건립한 인물이다. 1973년 세계태권도연맹(WTF)을 창설하여 초대 총재가 되었고, 대한체육회장, 국제올림픽위원회(IOC) 부회장(1992년)을 역임했다.

또한 그는 태권도를 경기방식으로 확립시켜 경기종목으로 발전하게 하였으며 '세계태권도대회'를 처음 개최하여 태권도의 세계화에 혁혁한 공을 이루었다. 한국이 낳은 세계적 스포츠 외교가로서 서울올림픽 유치와 태권도의 올림픽 정식종목 채택에 결정적 역할을 하기도 했다. 2001년 비록 차점으로 실패하긴 했지만 유색인종으로서는 처음으로 IOC위원장에 도전하였으며, 2004년 IOC위원을 자진 사퇴할 때까지 임기 4년의 부위원장을 두 차례 역임, 집행위원 두 차례, 그리고 IOC의 최고 요직인 TV분과위원장을 역임했다.

태권도가 스포츠로 변신하는 데 초석을 놓은 곳도 대구이다. 대구를 중심한 경산, 경주, 안동, 포항 등의 태권도 지관 개설은 태권도 인구의 대폭적인 확충에 성공하였으며 이를 발판으로 태권도가 전국체전에 처음 시범종목으로 채택된 곳도 대구에서 열린 1962년 제43회 전국체전(대구 시민운동장)이었다. 이듬해 1963년 태권도는 전국체전 정식종목이 되었다. 따라서 태권도가 '무도'(武道)에서 처음으로 '스포츠' 경기로 영역을 넓히는 역할을 한 곳은 대구 경북이었으며, 나중에 올림픽 시범종목(1988년, 서울올림픽)이 되고, 다시 올림픽 정식종목(2000년, 시드니올림픽)이 되는 시발점이었다는 것을 생각하면 태권도의 중심도 역시 대구라 하지 않을 수 없다. 1971 태권도가 '국기'로 지정되는 데에도 대구 경북 지역 태권도인의 역할이 지대하였다.

대구는 합기도, 태권도 외에도 유도의 중심도시이다. 대구시청 자리에 있던 무덕관(경북유도회)은 전국 유도의 중심 역할을 하였으며, 당시 최고의 시설로 전국에서 유명세를 타기도 했다. 무덕관은 당시 유도와 검도 도장을 겸하였다. 이선길은 유도계의 신화적 인물로 한국과 일본을 실력으로 재패한 인물이다. 그는 유도에의 꿈을 젊은이들에게 심어 주었으며 그래서 '유도계의 대부'로 통한다.

유도의 시작은 서울 YMCA 유도부(1909년 나수영, 유근수)였지만 실질적으로 한국 유도계를 움직인 곳은 대구이다. 대구의 유도는 계성학교를 설립한 북장로교 선교사 앤더슨에 의해 간이회(簡易會)라는 이름으로 1906년 11월 달성공원에서 시민운동의 일환으로 시작됐다. 그 후 계성학교를 비롯, 대구고보 등 5개 학교에 보급하기 시작하여 유도 인구를 확충해 나갔다. 대구는 한국에서 처음으로 유럽순회유도사절단(1955년, 6월)을 보낼 정도였으며 당시 권용우, 이석도 등 5명이 참가했다.

최영호는 대구계성학교 학생 유도부 창설자로 후진양성에 크게 기여한 인물이다. 신치득(경찰유도의 사범), 변영수(육군헌병학교 교관)도 초기의 인물이다. 유도계가 낳은 가장 큰 거물은 계성학교의 유도가 낳은 전 국회의원 신도환 선생이었다. 신도환은 김대중 씨와 김영삼 씨 사이에서 야당 권력의 거중 조정을 한, 현대 한국정치사의 거물로 성장하여 정치인으로 더 알려져 있지만, 실은 유도인으로서도 당시 최고의 실력자였다. 대구가 기라성 같은 유도선수와 올림픽 금메달리스트 안병근, 김재엽, 이경근선수를 배출한 것도 이 같은 전통의 영향이다.

뿐만 아니라 권투계에도 대구 출신의 명인들이 많다. 권투 하면 신구실 선생이 떠오른다. 신 선생은 권투로 한 경지를 이루었다. 그의 후예로는 이삼용이 있고, 노문학, 노추학, 박희도 선수도 대구 권투계를 빛냈다. 합기도, 태권도, 유도, 권투 등 무예와 스포츠 전반에서 대구 경북은 발군의 실력을 보였다. 이는 예로부터 무예와 체육에 대한 탄탄한 전통 덕분이다.

대구지방에서 무술 혹은 격투에 관한한 가장 신화적인 인물은 박용주이다. 그는 명치 대학을 나온 지식층으로 시인이기도 했으며, 대구 교남학교(대륜 전신)와 서울 중동고를 나왔는데 유도가 강도관(일본계) 5단이었다. 그런데 그는 흔히 싸움의 달인이라고 하는 전설적인 인물 시라소니 못지않은 인물이다.

박용주는 별명이 '명치대 의용', '싸움의 신'이었으며 당시 동양 3국(한국, 일본, 중국)의 '주먹의 황제'였다고 한다. 아마도 그가 대구라는 지방에서 은둔하다시피 해서 그렇지 만약 서울 무대에서 활약하였다면 더 널리 알려졌을 것이라고 한다.

싸움이나 무용담에 관한 그의 일화는 많은데 권투선수였던 이삼용과 박재수는 주먹에 관한한 당시의 무적이었는데 이 두 사람이 박용주를 공격했는데도 실패했다고 한다. 이삼용이 식사 중 갑자기 빠르고 강력한 주먹을 날렸는데 순간적으로 이를 피하고 박치기로 격파해서 이삼용은 병원에 실려 가야 했다고 한다. 박재수는 마음먹고 어느 날 갑자기 선수로 주먹을 날렸는데 박용주가 어느새 피하여 박재수의 목을 조르고 있었다. 박재수는 그 자리에서 무릎을 꿇었다고 한다.

김두한은 7년 정도 선배인 박용주를 알아보고, 대선배로 대우했다고 한다. 6.25 전쟁 후 김두한, 이정재, 시라소니는 부산에서 서울로 갔지만 박용주는 대구에서 줄곧 머물렀다. 김두한이 먼저 알아보고 대결을 피한 사람은 두 사람으로 바로 시라소니와 박용주이다. 박용주는 아마도 그가 일본 유도계 출신이라는 것 때문에 해방 후 자중하는 의미에서 은신하였는지도 모르겠다. 아마도 그가 정식으로 활약하였다면 주먹세계의 판도가 달라졌을지도 모른다.

대구는 이와 같이 무술의 고장이다. 그래서 그런지 5.16 혁명을 일으켜 오천년의 가난으로부터 민족을 구해낸 박정희가 혁명을 처음 꿈꾸던 곳이 대구요, 그가 이곳 대구 사범학교 출신임은 이미 잘 알려진 사실이다. 대구는 문무겸전의 도시이다. 교육의 도시로 알려진 대구는 바로 이러한 무골의 기운으로 문무균형, 천지합일이 되어서 민족의 구원자로 등장한 셈이다. 대구는 역사, 자연, 무골이 함께 하는 도시이다. 그래서 무술의 고장이다.

세계합기도총연맹 김정수 회장

27 일본에서 다시 돌아온 화랑무예, 합기도

한국에서 태권도 다음으로 일반에 널리 알려진 무술은 합기도(合氣道)이다. 그런 만큼 합기도가 한국무예에 미친 영향은 대단하다. 아마도 창시무술을 표방하는 무술의 7할이 합기도를 바탕으로 한 것이라고 해도 과언이 아니다. 합기도는 한 마디로 합기(合氣)를 하는 무술이다. 그렇다면 다른 무술도 기공을 다 활용하는데 합기도는 어떻게 기공을 운영하기에 이름 자체를 '합기'라고 표방하고 있다는 말인가.

합기도는 흔히 일본무술로 알려져 있다. 그러나 엄밀히 말하면 한국의 합기도는 일본 합기도에서 나온 것이 아니라 대동류 합기유술(大東流合氣柔術)이라는 고류유술(古流柔術)에서 독자적으로 갈라진 것이다. 일본의 아이키노나 대동류 합기유술 사범들도 한국의 합기도는 대동류에서 출발했다는 사실을 인정하고 있다. 그런데 최근 대동류의 원류가 신라의 화랑무예라는 연구결과가 속속 드러나고 있다. 만약 그렇다면 합기도는 신라에서 일본으로 건너갔다 다시 본국으로 돌아온 셈이 된다. 이는 많은 일본 문화요소들이 실은 신라, 가야, 백제, 고구려 등 한

반도에서 건너간 것이 대부분이라는 설과 부합한다. 고대 문화의 흐름으로 볼 때 이러한 주장은 폭넓게 지지를 받고 있을 뿐만 아니라 연구를 거듭할수록 증명되고 있는 실정이다.

한국에서 근대 합기도의 출발지는 대구이다. 부산과 대구가 여러 무술의 출발지가 되는 까닭은 광복 후 많은 재일 한국인들이 고국으로 돌아오는 선상에 이들 두 도시가 처음 있었을 뿐만 아니라 곧바로 이어진 동족상잔의 6.25 전쟁 와중에서 두 도시가 유일하게 북한군의 점령을 면한 남한의 최후방어선이 된 까닭이다. 합기도의 도주(道主)[5] 최용술(崔龍述: 1899~1986)도 이러한 실존적 상황 속에서 대구에 정착하게 된다.

일본에서 대동류유술을 익힌 최용술은 해방 후 귀국길에 올라 고향인 충북 황간으로 돌아가던 길에 짐 가방을 분실하고 여비가 떨어져 대구에서 정착하게 된다. 대구에서 생활하던 최용술은 달성공원 근처 양조장을 찾게 되었는데 그곳에서 약간의 시비가 붙었다고 한다. 그때 덩치가 큰 상대를 왜소한 체구의 그가 손목을 가볍게 뒤집어 비트는 것으로 제압한다. 이층에서 지켜보고 있던 양조장 사장의 아들 서복섭은 그 자리에서 쌀 몇 섬을 주고 무술을 배운다. 그날부터 서복섭은 그의 첫 제자가 된다. 그해가 1946년이다. 최용술은 당시 대구 덕산동 염매시장 골목에 위치한 자택 모퉁이에 지붕과 벽이 전부 가마니로 둘러진 4평짜리 도장에서 수련했다. 서씨는 1951년까지 혼자서 유권술(야와라)을 배운다.

무예연구가 이병선의 연구조사에 따르면 대동류는 일본으로 건너간

---

5   최용술은 "나는 合氣道를 하는 사람이 아니다 그리고 道主는 더욱 아니다"라고 했다 한다. 『대동무』, 장군, ㅂ·르터, 4343(2010), 127쪽.

• • • •

'영남의 호랑이'란 별명을 가진 합기도의 달인 김정수 선생

신라의 후예 삼랑의광(三郞義光)이 그 시조이고, 그는 일본이 혼란에 빠졌을 때, 거병하여 큰 전공을 세워 일본 황실로부터 무전(武田)의 성을 받았으며, 그의 무술이 다케다 가문에 전해져 중시조격인 35대 소우가쿠에 이어지고, 다시 천신만고 끝에 신라의 후예, 선산(善山) 사람 최용술에 전해져 신라의 무예가 천여 년의 세월의 세월을 넘어 최근세에 다시 신라의 땅, 한국으로 돌아온 셈이다.

　최용술은 소화 17년 8월 6일 다케다 북해도에 온 소우가쿠(武田惣角)에게 내동류유술을 배운다.[6] 영명록에는 20일 수련으로 기록되어 있지만, 최용술의 무력으로 보아 다케다 소우가쿠를 만나기 전 요시다코다로에게 대동류유술을 배웠을 것으로 학계는 보고 있다.

――――――――

6　2018년 10월 15일 「무예신문사」 기사, 최용술 영명록 기록

최용술은 제자들에게 흔히 말하곤 했다.

"너희가 하는 수련은 장난에 지나지 않는다. 다케다 소우가쿠 스승으로부터 온몸에 피멍이 들도록 두들겨 맞았다. 꼭 부엉이같이 생긴 소우가쿠 선생이 너무 보기 싫어서 잠을 잘 때 죽여버리고 싶은 충동을 숱하게 느꼈다."

다케다는 유술 고수이기에 앞서 일본 검(劍)의 대가였다. 항상 일본도(日本刀)를 이부자리 옆에 놓고 잠을 청했는데 인기척만 들리면 잠결에도 어느 새 검에 손이 가 있었다고 한다.

다케다 가문의 시조는 신라사부로(新羅三郎)라는 이름의 무사이다. 이는 일본무사의 뿌리가 신라계임을 증명하는 자료가 되는 한편 일본의 사무라이 정신, 무사도도 실은 한국의 무사도, 예컨대 신라의 화랑도가 일본에서 토착화과정을 거친 것으로 학계의 연구에 의하면 화랑도가 수험도가 됐다고 한다. 일본의 중과 적산궁(赤山宮) 지역이 장보고의 후예인 신라계 이주민의 거주지로 밝혀졌다. 장보고 시대에 신라삼광 원의광에게 대동류를 전했다고 보여진다. 이는 장보고의 상징물과 신라삼광 원의광과 무전신현(武田信玄), 대동류합기유술 종가의 상징물인 깃발무늬가 동일한 것에서 확인할 수 있다.

대동(大東)이라는 명칭은 장보고 시대에 발해와 신라의 압록강 지역 경계선을 대동구(大東溝)라고 부른 데서 유래한 것으로 보인다. 무사를 부르는 호칭도 일본 천태종의 좌주인 자원(慈圓)의 저서 우관초(愚管抄)에 표기된 바에 따르면 실은 일본의 '부시'(bushi)보다 한국의 '무사'라는 것이 더 가깝다는 것이다. 한국의 합기도는 마치 태어난 곳을 찾는 귀소본능의 회유어(回游魚)처럼 오랜 세월의 바다를 건너 처참할 정도로 피폐한 한국에 돌아왔던 셈이다. 합기도는 한국인의 상무정신뿐만 아니라 가난한 한국의 젊은이들에게 삶의 원동력을 불어 넣어준 무예이다.

서복섭 씨는 대구의 명문가인 서동진 국회의원의 장남으로 본래 유도인이었다. 서 씨가 쉽게 '手乞(수걸: 데코이)'[7]에 입문하게 된 것은 유도와 '야와라'(柔術)가 모두 대동류유술에서 파생한 것이기 때문이다. 1951년 장승호, 서병돈 등 2명이 입문한다. 이들이 서 씨를 비롯하여 오늘날 합기도[8]의 1세대인 대원로이다. 그리고 1955년 문종원, 김무홍, 지한재 등 3명이 입문한 데 이어 1956년 강문진, 1957년 신상철 등이 입문하게 된다. 이들이 합기도의 2세대가 된다.

서복섭은 1951년 한국 최초의 합기도장인 '대한합기유권술도장'[9]이라는 간판을 예의 양조장 2층에 걸게 된다. 1958년 한국합기도가 안동에서 지한재의 '성무관(聖武館)'과 대구에서 김무홍의 '신무관(新武館)', 부산에서 도주직계인 문종원이 '합기 경남지관(元武館)'을 각각 개관하면서 본격적으로 관(館) 중심의 가지치기를 하게 된다.

김무홍의 신무관에 김정수, 이민영, 원광화, 김무정, 하인호, 정환 등이 입문하게 되고, 지한재의 성무관에 유영우, 송주원, 황덕규, 이태준, 강정수, 김용진, 명재남 등이 입문하고, 도주직계 도장인 수덕관(修德館)에는 문종원, 강문진, 신상철, 송중회, 김정윤, 서인혁, 김영재 등이 입문하게 된다. 그 후 1959년 지한재의 성무관은 안동에서, 1960년 김

---

7   源正義 영감의 무명은 '手乞(수걸: 데고이)'이었다. '데코이(手乞)'는 택견의 일본 발음이라고 한다. 최용술은 대동류유(大同流柔)를 쓰기는 했으나 일본 이름이라고 하여 삼가 썼다. 주변 사람이 지어준 유권술, 유은술을 1~2년 사용하다 버렸다. 만년 (1970)에 아이키도(合氣道) 이름을 쓴 것은 본인의 뜻이 아니었다. 『대동무』, 장군, ㅂ · 르터, 4343(2010), 9~13쪽.
8   '합기도'란 무명은 최용술의 제자 지한제가 들여온 것으로 학계는 보고 있다.
9   '합기'는 '기합'의 의미로 사용된 것으로 1950년 지한재에 의해 사용된 '합기도'와 무관하다. 『대동무』, 장군, ㅂ · 르터, 4343(2010), 83쪽.

무홍의 신무관은 대구에서 도장을 각각 서울로 이전하게 되면서 드디어 서울 중심으로 된다.

대동류유술(柔術)은 일본 사무라이 무술의 기둥으로써 당시 일본무술계의 대표적인 유파이다. 대동류유술은 도합 270여 가지에 이르는데, 이를 최용술이 국내에 처음 들여왔을 때는 '야와라'(柔術)라고 불렀다. 한편 일본에서는 유술을 근간으로 하여 근대에 와서 걸어 던지고 메치는 기술을 중심으로 경기화해서 유도(柔道)로 발전시켰다. 아울러 유술을 근간으로 하여 유도의 던지고 메치는 기술과 달리 손목, 팔굽, 어깨 등 관절을 제압하면서 상대의 공격을 흘려내는 기술이 일본에서 아이키도(合氣道)로 발전한다.

합기도는 어디까지나 '선방어(先防禦), 후공격(後攻擊)'의 무술이다. 따라서 내 힘을 적게 들이고 상대를 제압하는 상승의 무술이다. 일본의 아이키도와 한국의 합기도의 다른 점은 아이키도가 흐름의 '유'(流)와 돌리는 '원'(圓)의 기술을 중시하는 반면, 한국 합기도의 주된 원리인 '화'(和)는 화합, 일치(一致)하는 것을 중시하여 관절꺾기를 위주로 바로 처리하는 것이다. 그러나 합기도는 '원(圓)의 무술'이다. 따라서 화원유(和圓流) 모두에 능해야 한다. 합기란 단전(丹田)을 중심으로 몸의 상체와 하체가 하나가 되어 힘과 기량이 구사되어야 한다. 그래야 기의 권능의 힘이 발휘되는 것이다.

합기(合氣)란 천기(天氣)와 지기(地氣)를 인체에서 조화롭게 하는 무술이다. 다시 말하면 천지인 합일을 추구하는 무술인 셈이다. 본래 하늘의 기는 호흡으로 얻고, 땅의 기는 음식물을 통해서 흡수하는 것인데 이것을 무술을 통해 달성하는 것이 합기도이다. 결국 합기도도 기공을 이용하는 무술의 한 종류이다. 합기도의 관절기는 특히 손의 합곡혈(合谷穴), 팔꿈치의 곡지혈(曲池穴), 어깨의 견정혈(肩井穴)을 주로 노린다.

김정수 선생은 보통 서너 명의 제자들을 상대해도 쉽게 처리할 정도의 실력을 갖추고 있다.

기가 모이는 이곳에 타격을 가하면 엄청난 충격이 된다.

합기도도 변하기 마련이다. 처음 최용술의 시기에는 관절기(關節技)를 특기로 했다. 그러나 뒤에 화려한 발차기와 강력한 주먹 지르기 등 타격기(打擊技)가 더해진다. 발기술은 김무홍 씨에 의해 고안되었다. 당시 태권도와 교류하면서 상대적으로 리치가 짧은 발차기를 보강할 필요가 있었기 때문이다. 이소룡의 유작 〈사망유희〉에 출연했던 지한재 선생이 발차기의 틀을 마련했다. 현재 합기도 발차기의 트레이드마크인 고공 발자기와 회축(回軸)이 그때 만들어졌다.

합기도의 고향인 대구에서 합기도를 지키고 있는 '합기도의 지킴이' 김정수(金正守) 선생을 만났다. 그는 현재 경일대학 경찰학과 교수로 재직 중이다. 한때 사업가로도 큰 성공을 거둔 김 선생은 사재를 털어 합기도의 물주가 될 것을 자원하기도 했다.

'타격기의 달인', '영남의 호랑이'라는 별명을 가진 김정수 선생은 지금도 단단한 풍채와 무예인으로서의 예기(銳氣)을 풍기고 있었다. 세계합기도총연맹을 이끌고 있는 김 총재는 김무홍 계열로 합기도 3세대가 되는 '살아있는 합기도의 역사'이다. 1970년대 초 김 선생은 이미 맥주병 다섯 개를 쌓아놓고 위에서부터 차례대로 주먹으로 깨뜨리는 기술을 보였다. 그는 '1초 8방타'로 유명세를 탔다. 일지(一指), 이지권(二指拳)으로 기왓장 두세 장을 격파하는 손가락 공력을 자랑했다. 타격기술만큼은 독보적인 존재였다.

"권법(拳法)은 내가 만들었지요."

원래 중국무술과 공수도에 관심이 많았던 김 선생은 단조롭고 파괴적인 주먹을 사용하는 형의권과 소림권 등에서 착안하여 숱한 공방동작을 만들어냈다.

그는 1979년 11월 대우그룹 김우중 회장의 특별한 지원에 힘입어 당시 기도회(총재 김두영), 한국합기도협회(총재 김무홍), 합기회(총재 명재남) 등으로 흩어져 있는 합기도인을 기존의 '대한민국합기도협회'(총재 최대훈)를 중심으로 통폐합하는 견인차 역할을 했다. 당시 통폐합과 더불어 김우중 회장이 총재로 취임하면서 합기도는 탄생 후 최대 발전의 기회를 맞게 된다. 당시 대우빌딩에 80여 평의 도장을 마련했다. 그러나 대한민국합기도협회는 다시 분열하고 마는데 동 협회를 유지만 했더라도 태권도보다 먼저 통합된 합기도는 상상할 수 없을 정도로 신장되었을 것임에 틀림없다. 그때의 아쉬움으로 김정수 선생은 현재 세계합기도총연맹을 이끌고 있다.

그는 1970년 6월 22일에서 9월 22일 사이, 오사카 만국박람회(세계 96개국 참가)가 열리는 3개월 동안 일본에 한국의 합기도를 소개하는 교류행사를 벌여 일본의 NHK를 비롯한 여러 방송에 알려 국위를 선양하는 성과를 얻었다. 그는 또 1970년에 대통령령으로 허가제로 되어 중구남발이 된 단증수여제도를 대한민국 합기도협회에서 발행하는 단증으로 통일하는 합의를 이루어냄으로써 합기도 단증을 한 단계 격상시켰다. 1974년에는 대구 아시아 극장에서 '제1회 전국합기도시범대회'를 개최하였다.

"유럽에는 현재 90여 개의 한국 합기도 도장이 산재해 있습니다. 미국에도 3개의 협회가 있습니다. 전통적인 무예보다 호신술로서의 무예가 재평가되고 있는 가운데 합기도는 어느 무예보다 본래 호신술에 가장 탁월한 효과를 발휘하고 있는 까닭에 앞으로 무궁한 발전이 기대됩니다."

그는 또 호신술, 건강, 체육화의 길을 무예계가 외면할 수 없는 이때, 합기도와 태권도의 협조와 상호발전도 도모해야 할 필요가 있다고 말한다.

"그렇게 해야 한국이 태권도에서 쌓아온 세계적 지도력과 지배력을 유지할 수 있을 뿐만 아니라 무예와 체육에서 세계를 계속 선도해 갈 수 있을 것입니다."

그가 이런 제안을 하는 것은 호신술에 취약한 태권도가 세계적 대세에 밀리면서 해외 태권도 도장이 태권도 한 종목만으로 도장 운영을 하는 것은 힘겹다는 소리와 함께 합기도를 동시에 가르칠 것을 제안해오는 도장이 많기 때문이다. 합기도와 태권도의 상호협조는 바로 한국의 무술계의 대표적인 두 브랜드가 상생하면서 시너지 효과를 거두는 첩경이 될 것으로 보인다. 태권도가 아버지라면, 합기도는 어머니인 셈이다.

그러나 현재 국내에는 60여 개의 합기도 단체가 난립해 있다. 대한기도회, 대한합기도협회, 국제연맹합기회, 세계합기도총연맹 등이 주축을 이루고 있다고 하지만 다시 한 번 심기일전의 대통합을 시대적 과제로 남겨두고 있다. 태권도의 발전이 관 중심의 운영에서 탈피하여 대한태권도협회로 하나로 통합한 데서 발전하였다는 사실을 주목할 필요가 있다. 안에서 하나가 되어야 밖에서 힘을 펼칠 수 있는 것이다. 지금 합기도는 외부에서 유입되어 국내에서 독창적으로 정형화되고 체계화시켰지만 일본 合氣道(아이키도)의 이름을 가져다 쓴 것이 문제가 되어 정체성 시비에 휘말리고 있어 매우 안타깝다.

28 '물(水)'철학의 무예, 이소룡의 절권도

한국이 광복 후 태권도의 세계화를 위해 노력했다면 중국은 절권도를 위해 노력하였다고 해도 과언이 아니다. 절권도(截拳道: 주먹을 저지하는 방법)는 손기술에 치중하는 반면 태권도는 발기술에 치중한다. 절권도가 이소룡 개인에 의해 창시되고 발전하였다면 태권도는 집단에 의해 발전하였다. 이소룡과 이준구는 미국에서 활동하였다는 점에서, 그리고 동양의 무예를 서양에 접목시키고, 그 존재를 알렸다는 점에서 주목된다.

한국이 낳은 그랜드마스터 이준구에 비할 수 있는 무예 인물로 중국의 이소룡(李小龍, 1940년~1973년)을 떠올리는 것은 매우 효과적이다. 그들은 단순히 봄을 움직이고 굴신하는 무예의 기술자가 아니라 철학의 소유자였다는 점에서 문화적 의미가 크다고 하겠다.

영춘권(詠春拳)에서 시작한 이소룡은 실전을 전제로 동양 무예의 여러 장점들을 취하여 결국 절권도라는 새로운 무술을 창안했다. 그가 요절하지 않았다면 아마 지금보다 훨씬 더 융성하였을 것이다. 절권도는

'물의 철학'을 무예에 철저하게 구현한 무술이다. 물은 잡을 수도 없는, 가장 자유로운 존재이다. 『도덕경(道德經)』에 나오는 상선약수(上善若水)를 실천한 무예가 절권도이다. 가장 부드럽고 유연한 가운데 가장

강하고 빠른 무술을 구사하는 절권도.

　흔히 브루스 리(Bruce Lee)로 통하는 그는 복잡다단한 중국무술을 절권도라는 단순하고 실전적인 형태로 종합했다. 재미있는 것은 그가 워싱턴 주립 대학 철학과를 다녔다는 점이다. 그는 유명한 철학자가 되지는 못하였지만 철학하는 무술가의 면모를 유감없이 발휘했다. 그는 33세로 요절했다. 아직도 그를 흠모하는 인구와 절권도를 애호하는 인구는 많다. 그는 공격과 방어를 동시에 하는 무술을 창안했다.

　그는 실전을 가상하지 않는 무술을 '조직화된 절망', '마른 땅에서 수영하기' 등으로 부르면서 '가짜 싸움'이라고 비난하였다. 상대방을 건드리지 않고 심판의 점수로 승리하는 것을 가짜라 하였고, 전통보다는 효율을 중시하였다. 그는 장식적인 것은 모두 생략하고 실용적인 기술만 남겼다. 그는 생성의 철학을 토대로 한 앞서가는 무예인이었다.

　절권도는 결코 가슴에서 손을 떼지 않는다. 가슴을 막으면서 동선은 가장 짧게, 손을 재빠르게 쓰면서, 발차기 등 다른 기술을 가미하는데 항상 자신의 중심을 잃지 않고 상대방의 중심을 허물며 중심선을 공격하는 것이 특징이다. 속도감 있게 공격하는 단순성과 직접성은 폭발적

이고 탐미적이기까지 하다. 영화에 나오는 그의 연속동작을 보노라면 자신도 모르게 취하게 된다. 그래서 그의 영화는 공전의 히트를 쳤다. 〈용쟁호투(龍爭虎鬪)〉는 그의 출세작이다. 그의 갑작스런 죽음으로 개봉하지 못하고 단편적 필름으로만 남은 〈사망유희(死亡遊戲)〉는 제목만큼이나 그의 인생을 시적으로 승화시킨다.

그가 중심으로 한 영춘권(Wing Chun)의 특징은 차이니즈 복싱이라는 닉네임처럼 수기(手技), 손기

••••

이소룡의 유작 〈사망유희〉 포스터

술을 주 무기로 하는 무술이다. 영춘권은 여러 속설이 있으나 청나라 시대에 엄영춘이라는 여자가 창시했다는 것이 정설이다. 영춘권은 여성의 입장에서 창안된 무술인 탓인지 결코 가슴공간을 상대에게 내주지 않는다. 특히 여성 특유의 순발력을 이용한다. 영춘권의 팔과 주먹은 그래서 안으로 파고들어 속도로 상대를 교란시키며 주도권을 잡는 방식을 택한다. 기습적으로 상대의 노출된 하단(주로 오금)을 공격하거나 걸어 넘어뜨린다.

엄영춘의 남편 양빅주에 의해 확대되어 간 영준권은 그의 제자 황화보, 양이제에 의하여 광동성, 복건성 지역에서 성행하였고, 그들의 제자인 양찬은 '영춘권왕'이라는 칭호를 받았으며 단 4명의 제자만을 두었다. 그중 진화순(陳華順)이 길러낸 제자 '엽문(葉問)'이 있다. 중국에 공산혁명의 물결이 밀어닥치자 엽문 일파는 홍콩으로 옮겨, 영춘권의 본

● ● ● ●

이소룡의 1인치 타격 시범

거지를 만들었다. 이소룡은 바로 엽문의 제자이다. 이소룡은 홍콩에서 영춘권을 중급 정도로 수련했다고 하는데 그것이 도리어 그가 다른 무술을 종합하는 계기가 되었는지도 모른다.

영춘권은 권법치고는 간략하면서도 위력적인 기술을 가졌으며, 이 점에선 북파 권법인 팔극권이나 형의권과도 닮았다고 한다. '영춘권 펀치'라고 부르는 직권은 주먹을 꼭 쥐고, 건배하듯 앞으로 쭉 뻗는다. 이것이 가장 기본적인 공격 기술이다. 이 밖에도 중심으로 들어오는 상대의 팔을 손바닥으로 쳐내는 기술(박수), 상대의 팔을 잡아채 잡아당겨 등이나 복부를 노출하게 하는 기술(엽수), 팔꿈치를 굽힌 상태로 상대의 내리치는 공격을 비트는 기술(봉수), 태권도의 얼굴막기를 낮춘 기술처럼 바깥쪽에서 들어오는 상대의 팔을 손날로 받는 기술(탄수)이 유명하다.

모든 무술의 정해진 법식을 부정한 절권도는 결국 상대방에 따라 자유자재로 대응한다. 결국 '권법은 체계가 아니다'라고 선언한 그는 절권을 특정한 법식으로 보지 않는다. 일종의 탈법식의 법식인 셈이다.

절권도에서 찾아볼 수 있는 영춘권의 흔적은 공방 시 이루어지는 손기술들 중 일부와 그리고 투로(태권도로 따지면 품새) 위주의 수련체계가 아닌 서로간의 기술 공방 위주의 수련체계 등에서 볼 수 있다. 대체적으로 손기술을 제외한다면 절권도는 영춘권과는 매우 다르다. 절권도는 영춘권에서 발기술을 대폭 보완한다.

절권도는 이소룡이 생전에 자신이 수련했던 태극권, 영춘권, 권투, 북소림권법, 태권도 등 모든 무술을 종합해서 만든 종합무술이며, 각종 무술에서 불필요한 동작을 걸러낸 실전무술이다. 특히 철학과 심리학, 여러 무술에 대한 체험과 분석, 각종 무술에 관련된 서적을 통해 다듬어졌다. 그리고 1967년 세계적인 무도잡지 〈블랙벨트〉 기자와의 인터뷰에서 최초로 공개함으로써 세상에 알려졌다.

절권도 외에도 종합무술이나 실전무술은 많이 있다. 하지만 절권도는 무술이라기보다는 하나의 철학이라고 하는 편이 옳다. 절권도는 모방적인 무술이 아니라 자신의 생각과 방식으로 자기만의 무술을 만들어가는 생성적이고 창조적인 무술로 각 개인이 자신에게 맞는 투로를 개발하지 않으면 안 된다. 그것도 실전에서 창조적으로 개발하며 대처하지 않으면 안 된다. 아무리 훌륭한 투로를 만들었다고 해도 실전에서 지면 실패인 것이다.

절권도는 어떠한 형식에도 얽매이지 않는다. 자신에게 필요한 것은 받아들이고 필요 없는 것은 버리면 된다. 일반 무술이 한 가지의 권법에 오랜 시간을 소모하고 반복 수련을 하는 것을 크게 지양한 셈이다. 태권도를 예로 들면 태극 1장을 배우고 오랜 반복 수련을 한 다음에야 태극 2장을 배울 수 있다. 자신에게 필요한 기술과 필요 없는 기술을 같이 배움으로서 시간이 두 배 이상 걸린다. 그래서 자신이 원하는 기술에 많은 시간을 투자해야 하지만 절권도는 시간을 낭비할 필요가 없다. 자신이 원하는 기술이 기본적인 기술이든, 고급 기술이든, 언제든지 숙달해서 자신의 것으로 만들면 된다.

일반 무술은 자세를 중요시한다. 다리의 방향이나 각도, 팔의 방향이나 각도, 기타 겉으로 봤을 때 균형 있는 자세가 나오도록 수련하지만 절권도는 자세를 중요시하지 않는다. 겉으로 봤을 때 불안정한 자세라도 자신이 편하면 되고, 다리를 굽히든 펴든, 팔을 올리든 내리든 자신이 편하다고 생각하는 자세를 취하면 되는 것이다. 그는 결국 개개인의 영혼에 권법을 맡겼다. 절권도는 존재의 무술이 아니라 생성의 무술이다.

이소룡은 무술도 자신을 표현하는 방법(예술)으로 규정하고 영화를 통해 중국무술의 진수, 나아가서는 자신의 절권도와 무예가로서의 이상을 표현하고자 했다. 그는 서양에 잘못 알려진 동양인에 대한 인식을 불식시키는 노력을 통해 할리우드를 점령한다. 그는 마지막 작품 〈사망유희(Game of Death)〉를 통해 자신의 무술철학을 표현하고자 치밀하게 계획했으나 그 작품을 완성하지 못하고 갑작스런 죽음을 맞이한다.

만약 〈사망유희〉가 개봉되었다면 하이라이트는 한국의 법주사가 될 뻔했다. 그의 유작필름을 보면 법주사와 거대한 미륵불상, 그리고 팔상전을 무대로 전개되고 있다. 크리슈나무르티를 존경했던 이소룡은 '무술에 자유'를 준 진정한 무술인이다. 그는 단순한 무술인이 아니라 수도자였으며 무술을 문화로 끌어올린 인물이다.

중국문명을 언급할 때 흔히 공자에 의해 창시된 유교를 말하는데 민중에게는 도교가 더 일반적이다. 다시 말하면 중국인의 무의식에는 도가의 정신이 흐르고 있으며 그것이 심층문화이다. 이소룡은 결국 중국

문화가 그의 DNA를 통해 내려준 것을 무술에서 부활시킨 장본인이다. 그는 결국 무술을 통해서도 의식의 확장과 깨달음에 도달할 수 있다는 것은 보여준 현대무술의 철학자이다.

이소룡은 서방세계에 중국무술, 동양무술의 존재를 알리는 첨병 역할을 하였다. 그가 영화배우로 성공하고 그로 인해 요절한 것은 참으로 애석한 일이다. 무술인으로서의 이소룡에 대한 평가는 아직 더 기다려야 한다. 하지만 잠정적으로 중국문명의 정신적 에센스를 뽑아 무술에 도입하여, 심신의 통합을 이룬 공적을 인정하지 않을 수 없다. 심신(心身)과 문무(文武)는 항상 떨어져있는 것 같지만 어느 날 우리도 모르게 특정인물, 천재적인 인물의 등장으로 하나가 되어 새로운 유형을 탄생시키는 것이다. 그것이 중국의 절권도이다.

훌륭한 무예인들은 절대 크지 않다. 대체로 키는 170센티 전후이고, 몸무게는 60~70킬로 전후이다. 이소룡과 이준구는 여기에 딱 들어맞는다. 두 사람은 또한 서로 교분을 쌓은 것으로 유명하다. 이준구는 이소룡에게 족기(足技)를 가르치고 이소룡은 이준구에게 수기(手技)를 가르쳤다고 한다.

이소룡은 요절하고 이준구는 장수를 누리고 있다. 이소룡의 절권도는 영화에서는 성공했어도 무술체육 분야에서는 한국의 태권도에 미치지 못한다. 이소룡은 개인적으로는 문화적 아이콘으로 자리 잡았지만 중국 국가적 차원의 아이콘은 되지 못했다. 앞으로도 절권도가 올림픽 종목이 되는 것은 거의 불가능할 것으로 보인다. 이에 비하면 태권도는 한국의 국가 아이콘 1호이다. 이소룡이 아무리 성공했다고 해도 한국의 태권도에 비하면 초라하다. 왜냐하면 태권도는 현재 올림픽 종목이며 세계 인구도 절권도에 비하면 압도적이다. 태권도는 동양이 수출한 세계 최고, 최대의 무술이다.

이소룡의 요절은 아무리 애석하다고 해도 지나치지 않다. 무예인으로서 이소룡에게 배울 것은 많다. 무엇보다 그는 실전의, 생성의 철학을 바탕으로 한 무예를 했다는 점이다. 그에게서 어딘가 세상의, 만물의 이치를 깨달은 무예인이라는 생각이 드는 것은 그의 신화를 계속 재생산하는 원동력이 될 것이다. 아마도 좀 더 오래 살았다면 그는 중국 도가의 정신을 무술체육에 도입하였을 것이고, 심신을 함께 수련하는 철학으로서의 절권도를 자리 잡게 하였을 것이기 때문이다.

이소룡은 미국에 체류하던 1958년에서 1964년까지 오직 무술만을 연마했으나 1964년 롱비치 가라테 토너먼트에서 무술가였던 윌리엄 도지어(William Dozier)의 눈에 띄게 되고 출세가도를 달린다. 1964년 LA에서 가라테 챔피언 대회가 열렸다. 여기에서 이준구는 이소룡과 함께 초청받아 시범대련도 함께 하며 서로 친해질 수 있었다. 당시 이소룡은 24세, 이준구는 33세였다. 같은 유색인종이라 서로 공감대도 있었다고 한다. 이소룡은 1968년 이준구가 개최한 '워싱턴 국제 가라테 대회'에 게스트로 참가하여 시범을 보이기도 했다.

이준구와 이소룡은 서로 자신의 장기를 전수했다. 이소룡은 이준구에게 배운 발차기를 꾸준히 연마했다. 옆차기 기술을 위력적으로 발전시켜 자신의 특기로 만들었다. 영화에서도 이소룡에게 이 옆차기를 맞은 상대는 줄곧 나자빠졌다. 옆차기는 뒤차기와 뒤 후려차기 등의 발차기 기술에 비해 현란하지 않지만, 타격 속도가 빠르고 정확하면서 상대에게 큰 충격을 줄 수 있는 위력적인 발차기이다.

이준구는 다음과 같이 말한다.

"이소룡과 만난 것은 1964년 롱비치 캘리포니아에서 열리는 가라테 시합이었는데 당시는 태권도와 가라테를 섞어서 했어요. 그때 제가 태권도 시범을 했고 이소룡은 쿵푸를 했는데 서로 감동을 했죠. 저는 발을 잘 쓰고 이소룡은 주먹을 잘 쓰기 때문에 서로 같이 가르친 거죠. 서로 선생님이자 학생입니다."

이소룡의 무술가로서의 재질에 대해서도 이준구 사범은 칭찬을 아끼지 않는다.

"이소룡 씨는 원래 타고난 체력과 재주가 있는 사람입니다. 일단 뼈의 힘이 좋아서 저는 팔굽혀펴기를 할 때 4번째 손가락으로 못하는데 이소룡은 해요. 한손으로도 하고요. 타고난 체력이 우리와 다르더라고요. 또 어렸을 때부터 배우를 했기 때문에 연기가 탁월합니다. 그의 소개 덕분에 홍콩에 가서 영화를 하나 했습니다."

무술(Marshall art)은 기술 수준이 올라가면 어느새 예술이 된다. 모든 기술은 정점에 이르면 결국 예술적 형태를 띤다. 그런 점에서 이소룡과 이준구는 둘 다 예술가적 자질을 갖추고 있었던 셈이다. 이소룡과 이준구는 서로 아끼는 사이다. 그래서 이준구는 항상 이소룡에게 '운전 조심해라', '여자 조심해라'라고 했다. 이준구는 이소룡이 사망하기 전날에도 통화를 했는데 이소룡이 너무 영화 촬영에 매달리는 것을 불안하게 생각했다고 한다. 이것은 그를 동료 무술인으로서 생각했기 때문일 것이다.

그는 '중국 무술인'으로 묶이는 것을 싫어했다. 그는 이미 세계인이었다. 여기서 세계인이라는 말은 자유인이라는 의미이다. 그는 자신의 무술과 무술철학을 전 세계인, 세계의 관객들에게 전하는 것이 꿈이었다. 그래서 그는 영화를 택했는지도 모른다. 그는 영화에서도 모든 결투에 이유를 붙였다. 폭력을 위한 폭력은 결코 사용하지 않았다.

BBC와의 인터뷰에서 그는 그의 철학을 묻는 질문에 다음과 같이 대답했다.

"마음을 비우라."

"물과 같이 어떤 형체도 갖지 말라."

"컵에 물을 넣으면 물이 컵이 되고, 병에 물을 넣으면 물이 병이 되며, 주전자에 물을 넣으면 물이 주전자가 된다."

"물이 되게 친구……"

그가 남긴 말의 여운은 오늘날 무술계의 신화가 되면서 파문을 일으키고 있다.

29 내가권(內家拳) 3형제, 태극권, 형의권, 팔괘장

무술과 기공의 경계에는 '내공(內功)'이라는 영역이 있다. 내공은 수련의 핵심(核心)을 차지하고 있을 뿐만 아니라 수련의 진정한 목적이라 할 정도로 중요하지만 명백하게 설명할 수 있는 사람이 드물다. 내공에 대한 정의에도 표리(表裏)가 있다. 무술이든 기공이든 수련에는 순서가 있어 사이비를 만나면 수련하지 않은 것보다 못하다는 설도 있다. 언제나 정법이 하나라면 사이비는 백이다. 정법(正法)과 사법(邪法)을 구분할 수 있는 지혜와 안목이 필요하다.

대체로 정법은 공명정대하기 때문에 담담(淡淡)한 반면 사법은 사람을 호리는 경향이 있어 화려하다. 내공의 심오(深奧)함은 사람의 무궁무진한 잠재능력과 비례한다. 그래서 수련인의 경지에 따라 다양한 인식과 정의가 있을 수 있다. 특히 현재 범람하는 기공은 각종 정보의 홍수 속에서 비전공자가 특히 상업적 목적으로 마음대로 창작해낸 것이 많아 주의가 요망된다.

무술은 전통적으로 국가와 국민의 생명을 보위(保衛)하기 위하여 진법(陳法)에 따라 군사를 조련하여 적을 격살하는 기술이었다. 이에 비해 기공은 처음 생겨날 때부터 전문적으로 사람이 도를 닦아 신불(神佛)로 승화되기 위한 목적으로 만들어진 것이었다. 그래서 무술은 그 동작이 공격과 방어를 중심으로 구성되어 있고, 기공은 신체를 개변시키는 데 유효한 동작으로 구성되어 있다. 이것이 무술과 기공의 가장 근본적인 차이이다.

무술과 기공은 사람의 신체를 강건하게 단련한다는 공통점이 있으나 만들어진 목적은 다르다. 그러나 예로부터 민간에서는 무술이 수도를 도와주는 물건으로 '조도품(助道品)'이란 인식을 가지고 있다. 그래서 무술의 기능과 동시에 기공의 역할을 하는 '무술기공(武術氣功)'이 발전하게 되었다. 무술기공은 무술을 수도(修道)하는 기공으로 전환한 것이다. 따라서 무술과 기공의 요소를 모두 지니고 있다. 흔히 '내가권(內家拳)' 혹은 '내공권(內功拳)'이 여기에 속하는데 태극권(太極拳), 형의권(形意拳), 팔괘장(八卦掌)이 그것이다. 이들은 내수(內修)무술이다.

무술은 '기(氣)'와 '공(功)'을 논하는 학문이다. 기(氣)와 공(功)에 대한 개념은 다양하며 관련된 용어도 많다. 어떤 사람은 기(氣)와 공(功)의 개념을 뒤섞어 쉽게 말하지만 기(氣)와 공(功) 사이에는 엄연한 경계와 층 차가 존재한다. 수련은 실제로 기(氣)를 수련하는 것이 아니라 공(功)을 수련하는 '진공부(眞功夫)'이다. 공(功)의 사전적 의미는 '노력을 쌓는 것(勞以積也)'이다. 무술은 본래 군사기술이고 정예무사로 숙련되려면 수많은 노력이 축적되어야 한다.

무술에서의 공(功)은 몇 가지 다른 개념이 있다. 과거 군사무술에서는 '병기계가 굳세고 날카로운(堅利) 것'을 공(功)이라고 하였다. 또한 무술을 '전문(專門) 단련하는 무공(武功)'을 가리키기도 하고, 무술의 '기본공법(基本功法)'을 가리키기도 한다. 이들은 모두 구분되지만 무술

중국 내가무술인 태극권, 형의권, 팔괘장을 두루 섭렵한 박청정 씨

의 기법과 관련되어 있다. 또 하나의 개념이 있는데 '에너지(能量)가 변화되고 전환되는 기본물리량(基本物理量)'이라는 것이다. 이 개념은 무술이나 기공의 수련에서 반드시 알아야 하고 응용되어야 하는 매우 중요한 개념이다. 공은 추상적인 것이 아니다.

공(功)은 실질적인 물리량(物理量)이다. 사람은 육안으로 볼 수 있는 것이 한정되어 있어서 이러한 공의 물질을 보지 못한다. 이 에너지가 변화되고 전환되는 것에는 주체가 있기 마련이고, 이 주체가 바로 사람의 마음이다. 마음은 그래서 무섭다. 마음먹기에 따라 공(功)이 달라지는 것이다. "흔히 마음이 가는 곳에 기가 간다"고 한다. 이때의 마음(心)

은 단지 생각이라는 염(念)과는 다른 것이다. 마음은 염보다는 공물(公物)이다. 염은 마음에 비하면 이미 사물(私物)에 가깝다.

이러한 공에 대해 가장 확실한 정의를 내린다면 "공(功)이란 연마해서 나오는 것이 아니라 마음을 닦아서 나오는 것"이다. 진정한 공에 이르기 위해서는 진(眞), 선(善)뿐만 아니라 인내가 필요하다. 혹자는 공을 제대로 닦으면 흑색물질인 업력(業力)은 백색물질인 덕(德)으로 전환될 수 있다고 주장한다. 이것이 바로 진공(眞功)이요, 순공(純功)인 것이다. 누구나 공(功)을 쉽게 붙이지만 그것은 단지 기(氣)를 수련하는 것을 과장한 것이다.

무술의 3요소는 투로(套路), 격투(格鬪), 공법(功法)이다. 투로와 격투로 표면적인 것을 수련하는 것을 연권(練拳)이라 하고, 공법의 단련으로 심화(深化)되는 것을 연공(練功)이라고 한다. 연권과 연공에 대해서는 무예계에서 전해오는 무언(武諺)이 있다.

"권술을 연습하고 공법 수련을 하지 않으면 늙음에 이르러도 한바탕 헛것이다(練拳不練功, 到老一場空)."

여기서 연공(練功)은 무술에서 기본공(基本功)을 연마하는 것이다. 마음을 닦는 것을 말하지 않으면 연공이라고 하여도 실제는 연기(練氣)일 뿐이다. 공(功)은 마음을 닦는 수심(修心)에서 나오는 것이기 때문이다. 무술이 단지 테크닉이 아니라 공이 되기 위해서는 절대적으로 마음을 실어주는 것이 필요하다.

무술 내공에 대한 사전적 의미를 살펴보자. 내공(內功)은 외공(外功)과 대비되는 용어로 무술 장권의 팔법(八法)에 잘 정리되어 있다. 팔법은 장권무술에서 공법운동(功法運動)으로 수법(手法)·안법(眼法)·신법(身法)·보법(步法)·정신(精神)·기식(氣息)·경력(勁力)·공부(功夫)의 8개로 나눈다. 팔법에서 수법·안법·신법·보법은 외공(外功)

의 율동(律動)에 속하고, 정신·기식·경력·공부는 내공(內功)의 단련(鍛煉)에 속한다. 신체의 외적인 요소가 규율에 따라 배합되어 움직이는 것을 외공(外功)이라 하고, 내적인 요소가 요구에 따라 수련하는 것을 내공(內功)이라고 한다.

규율과 요구에는 각각 구결(口訣)로 된 요결이 있다. '주먹은 유성처럼 빠르고 눈은 번개 같다(拳如流星眼似電)', '허리는 뱀이 움직이는 것과 같고 보법은 요새처럼 굳건하다(腰如蛇行步似塞)' 등은 외공에 대한 예이고, '정신은 충천하고 기는 하침하다(精神充沛氣宜沉)', '경력은 순조롭게 전달되어야 하고 공은 순정하여야 한다(力要順達功宜純)'는 내공에 대한 요결의 예이다.

'손은 빨라야 하고(手捷快)', '눈은 밝고 날카롭고(眼明銳)', '몸은 영활하여야 하고(身靈活)', '움직이는 보법은 안정되고 튼튼하여야 하고(步穩固)' 등은 외공에 대한 것이다. 그리고 '정신은 충만하여야 하고(精充沛)', '기력은 아래로 가라앉아야 하고(氣下沉)', '경력은 순조롭게 전달되어야 하고(力順達)', '공은 순정하여야 하고(功純靑)' 등은 내공에 대한 것이다.

외공과 내공은 다른 각도와 방면에서 얼마든지 부연 설명이 가능하다. 외공(外功)이란 인체 외부의 기능인 골격(骨骼)·근건(筋腱)·기육(肌肉)·피부(皮膚) 등의 단련을 중시하여 외장(外壯)의 목적에 도달하는 공법이다. 박타공(拍打功)·배타공(排打功) 등이 있다. 단련 효과는 신체 외곽(外廓)의 발달과 기육(肌肉)의 발날로 '외공권(外功拳)'이라고 한다.

내공(內功)은 인체 내부의 기능인 의념(意念)·기식(氣息)·장부(臟腑)·경락(經絡)·혈맥(血脈) 등의 단련을 중시하여 내장(內壯)의 목적에 도달하는 공법이다. 정좌공(靜坐功)·참장공(站椿功) 등이 있다. 단

중국 무당산에서 태극권 수련생들이 무술 수련을 하고 있다.

련 효과는 내장(內臟)의 견실(堅實)과 서적(舒適)으로 '내공권(內功拳)' 이라고 한다.

여기서의 내공권은 외공권 · 내공권으로 인위적으로 구분하면서 생겨난 것이다. 실제에 있어서는 전부 연기(練氣) 차원의 단련일 뿐이다. 연기의 차원은 모두 병을 제거하고 신체를 건강하게 하는 단련이다. 태극권 · 형의권 · 팔괘장의 무술을 '내공권'이라고 하는데 이는 건강 차원이 아니라 수도(修道)의 차원이며, 수도의 차원이란 바로 '기제(機制)'를 형성하는 무술이란 뜻이다.

지금까지 이미 많은 공의 개념을 나열하였지만 이 밖에도 많은 공의 용어들이 있다. 공(功)을 어떻게 이해하는가에 따라 최저층에서 최고층에 이르기까지 용어가 정의될 수 있다. 공(功)을 단순히 '호흡과 자세를 끊임없이 조정하는 연습'이라고 하는 정의가 있는가 하면, 초상의 개념으로 마음을 닦아야 공으로 연화(演化)될 수 있다는 '수심연공(修心煉功)'이라는 고층차의 설법도 있다.

태극권의 성지인 중국 후베이성 무당산 전경

　오늘날 무학(武學)에서 이 공(功)과 연결된 용어를 두루 살펴보면 더욱 다양한 공의 내포를 알 수 있을 것이다. 내공의 단련 형식으로서 투로와 격투 등 지체(肢體)의 인도(引導)를 위주로 움직이면서 단련하는 것을 동공(動功)이라 하고, 움직이지 않고 정지된 상태에서 단련하는 것을 정공(靜功)이라고 한다. 정공에는 정좌공(靜坐功)과 와공(臥功)이 있다. 무술의 참장공(站樁功)은 기본공(基本功)의 핵심으로 동공과 정공의 요소를 모두 지니고 있다.

　무공(武功)은 '무술의 단련으로 얻는 공력(功力)'을 가리키기도 하고, 무사가 실제 전투에서 세운 공업(功業), 즉 전공(戰功)을 가리키기도 한다. 이처럼 본래 공력(功力)이란 무술을 착실하게 단련하여 쌓은 힘이나 능력을 가리키는데 무협지에서는 '몇 갑자 공력' 운운하며 자주 등장하기도 한다. 1갑자가 60년이니 3갑자면 180년을 단련한 능력이다. 또 공능(功能)이라는 말이 있는데 이것은 수련을 착실히 쌓아 신통(神通)을 부릴 수 있는 능력이다. 신통은 요즘 말로 하면 초능력(超能力)을 가리킨다. 초능력이나 신통에 대해서는 과학적으로 접근하기는 어렵다.

연권(練拳)에 비하여 연공(練功)은 표면에 머무르지 않고 진일보(進一步)한 '마련공부'(磨煉功夫)의 단계, 혹은 심화(深化)과정이라는 뜻으로 쓰이기도 한다. 이때의 공(功)은 기본공법(基本功法)을 가리킨다. 어느 한 무술의 문파(門派)가 지니고 있는 기격의 풍격(風格)이나 신모(神貌)·신운(神韻)을 체현해내는 것을 '무술공부(武術功夫)'라고 하는데 반드시 연공의 과정을 통하여 성취된다. 이러한 연공에는 사대공법(四大功法)이라는 것이 있는데 '비공(臂功)·요공(腰功)·퇴공(腿功)·참장공(站樁功)'이 그것이다.

또 지체관절(肢體關節)이 활동하는 폭도(幅度)와 기육(肌肉)이 서축(舒縮)하는 능력, 그리고 유인성(柔靭性)을 높이는 연습을 '유공(柔功)'이라고 하고, 신체의 저항력과 공격력을 증강하는 연습을 '경공(硬功)'이라고 한다. 보리(步履)가 경쾌(輕快)하고 종도(縱跳)가 자여(自如)하도록 연습하는 것을 '가벼울 경'을 사용하여 '경공(輕功)'이라고도 한다.

무술내공에서는 내장외용(內壯外勇)으로 내외합일(內外合一)하여 인체의 잠재능력을 격발(激發)하는 효과를 획득하기 위해서라고 한다. 중국 고대의 기공으로 전하는 역근경(易筋經)·오금희(五禽戲)·팔단금(八段錦)·육자결(六字訣)의 4대 기공에서는 신체를 강건하게 하여 오래도록 수명을 늘리는 양생(養生)이 그 목적이다.

오금희는 고대의 명의(名醫)인 화타가 만들고 병을 제거하는 데 기준을 두어 의료기공(醫療氣功)이 발달하는 요인을 제공하기도 하였지만 모두 내공과 기공의 진정한 목적이 아니다. 정문(正門)의 무술과 기공은 병을 제거하여 신체를 건강하게 하고 장수하게 하는 양생의 효과에 도달할 수 있지만 수련의 근본적인 목적은 아니다.

내공무술에서 가장 중요한 용어는 바로 기제(機制)이다. 기제는 단지 에너지의 흐름이 아니라, 일종의 에너지가 흐르는 기계와 같은 것이다. 따라서 기제는 체계이다. 기제는 일종의 선기(璇機)로 스스로 제어(制御)되면서 움직이는 기계이다. 우주의 조직과 구성은 바로 이러한 기제에 의해 움직이고 있다. 지구가 자전하면서 태양을 중심으로 공전하는 것 역시 기제가 하는 일이다. 그러면 이러한 기제를 왜 형성해야 하는가? 바로 아주 높은 고층차로 수련하기 위해서이다. 이러한 기제(機制)가 없으면 고층차로 수련할 수 없다. 내공권의 수련이 바로 이 기제를 형성하기 위해서라고 하지만 기제 형성의 과정에서 한평생을 소모하게 되는 것이 무술수련의 일반 정황이다. 인체의 소우주가 기제를 얻는다는 것은 그만큼 소중한 것이다(이상 무예연구가 박정정 씨 조언).

태극권·형의권·팔괘장의 무술은 기제(機制)를 형성하기 위한 내공무술이다. 내공과 기공은 바로 기제를 형성하기 위해 수련하는 것이다. 태극·형의·팔괘의 무술은 각각 음양(陰陽)·오행(五行)·팔괘(八卦)로 확대되는 하나의 원리 속에 있다. 이러한 무술에는 각각 그 무술이 지니고 있는 기제(機制)가 있고, 이 기제를 연마해내는 것이 내공수련의 진정한 목적이다.

'태극권'의 정민영 선생

30 태극의 도가 담겨있는 태극권(太極拳)

내가권(內家拳) 중에서 가장 대표적인 무예는 역시 태극권(太極拳)이다. 태극권은 동양의 태극사상을 무예에 옮긴 것으로 벌써 이름부터 신비롭다. 태극사상은 중국에서 시작되었다고 하지만 정작 국기를 태극기로 삼고 있는 나라는 한국이다. 그래서 그런지 태극권엔 애정이 간다. 도대체 태극권은 무엇을 말하는 것인가, 궁금해진다. 중국 정통의 태극권을 전수하고 있는, 자타가 공인하는 정민영(鄭珉永) 선생을 찾았다.

서울 은평구 불광동, 지하철 3호선 불광역에서 5분 거리, 불광시장 삼거리에 그의 도장이 있다. 30여 평 남짓한 도장은 깨끗하게 꾸며져 있었다. 정민영 선생의 첫 인상은 무예인이라기보다는 어느 시골의 선비 같은 인상이었다. 수련생 십여 명이 한가하게 수련을 하고 있었다. 일반인의 건강을 도모하는 스포츠센터와는 달리 수련을 도모하는 무술도장은 어디서나 좀 조용하고 한산한 편이다. 무예는 스포츠와는 다르게 수련을 결심하는 것도 힘들고, 한 번 결심하고 나서도 기초과정을 통과하기가 쉽지 않다. 그래서 특별한 인연과 결심이 필요하다.

••••
부인 김경희 씨와 함께 '음양팔괘문 태극권' 도장을 운영하며 중국 정통 태극권을 전수하는 정민영 선생

내가권의 핵심은 결국 '기'(氣)에 있다. 따라서 내가수련을 하려면 '힘'보다는 '기'에 대한 이해가 필요하다. 기라는 것도 힘의 일종이고 에너지가 동반하는 것이지만, 힘을 먼저 쓰려고 하는 것이 아니라, 마음을 움직이면서 에너지를 움직이는 것에 그 요체가 있다. 그렇다면 마음을 움직인다는 것은 무엇인가. 마음속으로 미리 디자인을 하고 움직이는 것이다. 디자인을 한다는 것은 동작의 결과를 미리 예측하거나 그린다고나 할까.

마음으로 기를 모으고, 그 기운을 바탕으로 힘을 부리면 적은 힘으로 큰 결과를 낳는다. 그저 손가락 하나로 툭 건드리는데도 상대는 멀리 나가떨어진다. 흐느적거리는 몸짓에는 적을 쓰러뜨릴 위력이 담겨있는 것 같지 않은데 결과는 가공할 만하다. 그것은 단순히 힘의 집중이라고 설명해도 설명이 부족하다. 어쩌면 공기 중에 흐르는 기의 힘을 순간적으로 빌려서 쓴다고나 할까. 확실한 것은 그저 몸 내부에서 일어나는 힘의 집중만은 아닌 것 같다.

정 선생이 운영하고 있는 도장의 공식 명칭은 '음양팔괘문 태극권'이다. 태극권은 중국 명(明)나라 말~청(淸)나라 초, 하남성(河南省)에 거주하던 진씨(陳氏) 일족에서 창시된 권법이다. 이를 진가태극권(陳家太極拳)이라고도 한다. 진가태극권에는 대가(大架), 소가(小架), 노가(老架: 고전형), 그리고 신가(新架: 새로운 형)가 있다. 여기서 가(架)는 자세·동작을 말한다. 태극권은 나중에 양식(楊式)·오식(吳式)·무식(武式)·손식(孫式) 등으로 전수자의 이름을 따서 파생된다. 각 파의 태극권은 80가지 전후의 기법동작이 연결된 권법이다.

대체로 완만한 호흡에 맞춰 천천히 원형운동을 하는 게 큰 특징이고, 의식·호흡·동작의 3박자가 서로 조화를 이루는 가운데 성취되는 무예이다. 원류인 진식은 본래 실전무술로 고안되어 유연하고 완만한 동작 속에도 격렬한 동작이 포함되어 있었다. 원형동작에 나선모양의 비틀기, 즉 전사(纏絲)가 있고, 타격에는 순발력을 발휘하는 발경(發勁)동작이 특징이다. 발경동작은 가벼운 접촉이나 건드림을 통해 상대를 제압하는 기공(氣功)이다. 심지어 전혀 접촉이 없이도 상대를 제압하는 능공경(凌空勁)이라는 기술도 있다. 이것은 물론 최상의 고수에게만 통용되는 것이다.

내가권은 치고받고 하는 방신, 호신, 격투의 일반적인 무예라기보다는 일종의 '움식이는 선(禪)'과 같은 부예이다. 의식을 고요하게 함으로써 내면의 힘을 형성하여, 전일(全一)한 마음, 심신합일(心身合一)의 경지에 이르는 것이 먼저 요구된다.

"보통 무술을 한다고 하면 상대를 이겨야 한다는 강박관념에서 먼저 긴장하고 몸에 힘이 들어갑니다. 태극권은 먼저 이 잘못된 힘을 빼는 것을 목표로 합니다. 이 헛힘, 즉 졸경(拙勁)을 빼는 것이 우선입니다. 그러고 나면 정화된 힘, 즉 탄력적인 힘이 생깁니다. 그래서 마음속으로 '힘을 뺀다'고 자기최면을 겁니다. 부드러움 속에 힘이 있습니다."

태극권에서는 힘 빼는 기술을 '방송(放鬆)'이라고 한다. 그가 배운 양가(楊家)태극권에는 윗대에서 내려오는 4자 글귀의 비결이 있다. '송산통공'(鬆散通空)이 그것이다. '방송하여 마음을 텅 비우고 공에 관통하여 이르는 것'이다. 이것을 '태극송공'(太極鬆功)이라고도 한다.

"대뇌까지도 방송하라."

말은 쉽지만 정작 여기에 이르는 것은 힘들다. 이것은 무심의 경지이다. 매사에 무심의 경지에 이르지 못하면 고수가 될 수 없다. 무술의 도(道)에는 선비처럼 사이비가 없다. 그는 양명학(陽明學)을 일으킨 왕양명의 '천지만물일체설(天地萬物一切說)'을 이해하고 방송의 의미를 제대로 알았다고 한다.

"만물에 결정성과 고집을 버리면 천지는 하나가 됩니다."

이유제강(以柔制强), 부드러움으로 강함을 제압하는 데 태극권의 묘미가 있다. 결국 무심의 상태에서 무예를 하는 것이다. 방송하는 것은 태극권 수련의 처음이자 끝이다. 방송하면 정신은 신(神)이 되고, 마음은 의(意)가 되며, 기(氣)가 합일이 된다. 신은 눈이 가는 곳에, 기는 마음이 가는 곳에 있다.

정민영 선생은 중국 북경의 왕영천(王永泉)-위수인(魏樹人) 가문의 후예이다. 그를 두고 흔히 '입실제자(入室弟子)'라고 한다. 입실제자는 무예의 적통으로 삼기 위해 가르치는 제자로서 집에서 가족처럼 오래 거주하면서 일거수일투족을 전부 배운 자식과 같은 존재를 말한다. '입실'은 흔히 그 가문의 공부를 제대로 이어받았다는 증명서와 같다. 정 선생은 위수인의 집에 들어가 배울 수 있는 행운을 얻었다. 위수인은

• • • •
태극권 수련 모습

북경 홍교(紅橋) 부근 고촌에 살았다. 그곳은 옛날 하늘에 제사지내던 제단이 있는 유서 깊은 곳으로 지금은 천단공원이 되어 있다. 이 공원에는 인근에 거주하는 무림의 고수들이 공원에서 자신의 무예를 선보이기도 하는 곳이다. 정 선생은 양식태극권을 배우면서도 한 마을에 살고 있던 등걸 선생에게 진식태극권도 동시에 배웠다. 양식과 진식의 차이는 별로 없지만 굳이 말하자면 양식이 직격적이고 소박하다면 진식은 나선적이고 화려한 편이다. 두 방식은 서로 표리관계를 이루고 있다.

　그의 약력을 보면 진식태극권, 양식태극권, 음양팔괘장, 대안기공, 심의육합권의 계승자로 나온다. 진식태극권은 등길(鄧杰 陳發科)의 제사, 양식태극권은 왕영천-위수인의 제자(경도파), 음양팔괘장은 전극연(田克延: 음양팔괘장의 10代 전인)의 제자를 말한다. 또한 대안기공은 도가 곤륜파 29대 장문인 양매군(楊梅君)의 제자를 말한다. 심의육합권은 마림장(馬林璋)이 친히 전수한 것이다.

진발과는 중국 전역에 태극권의 열풍을 일으킨 장본인이다. 그는 착각과 사권(查拳) 등 강맹한 기운을 주로 하던 권법이 맹위를 떨치던 때 북경에 단신으로 나타나 기예를 선보였고, 태극권 시연 도중 그가 다리를 곧게 펴 밖으로 후려치자 체육관의 창문이 일제히 크게 울린 것으로 유명하다. 왕영천은 양건후 선생의 집에서 15년간 입실하여 양가의 비전을 고루 익혔는데 동문으로 전격린, 우춘명(절강성 무협 대표)이 있다. 왕영천은 내공의 위력의 정통성이 타의 주종을 불허할 정도지만 평생 2평짜리 방에서 검약하게 살면서 극소수의 제자들만 양성했다고 한다. 그의 사람됨을 평할 때 "그분은 능력이나 인격 모두 인간의 한계를 넘어선 분이다"라고 한다.

1956년 말 북경시에서는 1957년에 개최되는 제1회 전국민족형식체육운동회(全國民族形 式體育運動會)에 참가하기 위한 무술대를 구성할 운동선수를 선발하였다. 이때 왕 선생은 양식태극권 문파의 대표로 북경무술대에 선발되었고, 다음해 전 중국비무대회 태극권조에서 좋은 성적을 거두었다. 왕 선생은 여러 차례의 전국무술시합에서 고르게 우승 성적을 거두어 많은 사람들이 배움을 청하였으나, 양가 초기의 외전(外傳)하지 않는다는 훈계를 정성을 다해 지키며 거의 제자를 두지 않았다고 한다. 1980년대 초 진전(眞傳)이 실전(失傳)될 지경에 이르자 뜻있는 인사(人士)의 권유로 중국 사회과학원의 초빙을 받아 권술을 가르쳤다. 장소는 처음에 소예당(小禮堂)이었는데, 나중에 역사연구소로 바뀌었다.

전(田) 씨 가문의 음양팔괘장은 동해천의 팔괘장과는 전혀 다른 것이다. 전 씨 음양팔괘장은 명말청초 사천 아미산과 청성산 일대의 벽운, 정운 양 도인이 전한 것으로 지금에 이르기까지 300여 년이 되었다. 벽운, 정운 두 도인에게 음양팔괘장을 처음 배운 이는 문파의 시조인 전호걸(도호 선자도인)이었다. 그 후 전선(도호 붕선도인), 전붕비, 전리우(도호 동우도인), 전부청(도호 도청도인), 전해강, 전옥산(매 一代에 한사람만 열거) 등이 음양팔괘장을 전수 받았다. 그의 음양팔괘장은 반청복명(反淸服明)의 전 씨 가문에만 비전해오는 것이다. 중국무술협회가 인정한 도서인『음양팔괘장』에도 정 선생이 나온다.

살인기로 알려진 심의육합권은 청나라 초기에 산서성 무술가 희제가(姬際家)가 하남 숭산 소림사에서 수행하던 중 창시한 무술로 상대를 직선으로 치고 들어가는 창술을 본떠 만들었다. 정 선생의 특기는 팔목과 무릎관절치기이다. 상대방의 하체를 공격해 중심을 무너뜨린 뒤 파상적인 팔목관절기로 화살처럼 들어간다. 직선적인 심의육합권의 특징이 그대로 드러난다. 심의육합권은 형의권(形意拳)의 모태가 되었으며, 형의권은 이것을 완화한 것이다. 정 선생은 태극권의 고수이지만 음양팔괘장과 심의육합권는 태극권과는 떼려야 뗄 수 없는 것이고, 그의 태극권을 완성시켜준 무술이기도 하다.

중국의 대표적인 포털사이트인 'Baidu(百度)'에 들어가면 그는 내가권의 대사(大師)급으로 소개된다. 모두 16명이 소개되어 있는데 이중에는 작고한 인물도 있다. 그는 14번 째로 들어가 있는데 한국의 인물로는 물론 혼자이고, 고수로 통한다. 중국무술사이트인 '원형이정(元亨利貞)'에는 '진(眞)고수'로 통한다.

위수인이 저술한『양건후비전 태극권 내공술도(楊健候秘傳 太極拳 內功述眞)』(北京東明根科技發展有限公司 刊)에도 그는 세사로 나온다. 위수인의 제자는 세계에 10여 명 남짓 있는데 한국에는 그가 유일하다. 중국에도 각 성급에 1명 정도씩 있을 정도이다. 그리고 대만, 일본, 미국, 프랑스 등지에 1명씩 있다. 그는 중국 CCTV나 잡지, 신문 등에 소개되기도 한다. 그는 중국 쪽에서 인정하는 태극권의 고수이다. 세계적인 동영상 포털인 Youtube의 태극권 발경(發勁: Fajing) 분야에 정 선생의 동영상은 무려 13만 명이 방문한 것으로 유명하다.

이의영기(以意領氣), 즉 의식을 가지고 기운을 다스린다는 의미이다. 여기서 다스린다는 것은 일종의 디자인을 하는 것이다. 무술을 하면서 디자인의 개념을 가지고 있다는 것은 참으로 앞서가는 그의 생각이다.

"내의(內意)가 먼저 앞서 가야 합니다. 그렇지 않으면 목적대상만 때리게 됩니다."

디자인을 한다는 것은 그냥 몸동작을 해대는 것이 아니라 동작의 끝을 생각하면서 대상을 관통하는 기분으로 행해지는 동작을 말한다.

"천천히 움직이는 것은 관조(觀照)입니다. 흐르는 기분으로 나아가면 기운이 스스로 제 갈 길을 찾는 것을 느끼게 되고, 이렇게 될 때 생명의 흐름을 느낍니다."

그는 엄청남 힘을 발휘하는 자신을 보고 스스로 놀랄 때도 있다고 한다.

"의식을 가지면 엄청난 힘이 생깁니다. 보통 기(氣)라고 하면 관념적으로 생각하기 쉬운데 기는 관념이 아니라 실제이고, 실천입니다."

정민영 선생은 2001년 『참장공 하나로 평생 건강을 지킨다』(명진출판사)라는 책을 출간, 베스트셀러가 된 적이 있다. 참장공(站椿功)의 '참'은 '우두커니 설 참(站)', '장'은 '말뚝 장(椿)'자로, 우두커니 선 말뚝과 같은 자세로, 두 팔은 항아리를 안고 있은 듯이 서 있는 자세를 말한다. 참장공은 어쩌면 나무의 원리를 많이 원용한 듯하다. 나무는 한 자리에 있으면서도 천지의 기운을 관통시켜 자신의 수명을 지키는 지혜를 가지고 있다. 나무 아래에서는 기가 잘 통한다는 옛말이 있다. 또 깨달음은 흔히 나무나 산과 같은 곳에서 자주 발생하는데 이들은 대체로 삼각형을 이루고 있는 물형(物形)이라는 데 주목할 필요가 있다.

참장공은 태극권 수련의 기본자세가 되고, 태극권은 움직이는 참장 공이라는 말까지 있을 정도이다. 태극권 동작은 각종 질병에 대항하여 심신의 강력한 자정운동을 통해 호흡법이 혈액순환을 돕는, 지극히 본 능적이고 자연스런 동작이라고 한다. 중국 의서『황제내경(黃帝內經)』 에 '독립수신(獨立修身)'이라는 말이 나오는데 이것도 바로 참장공을 말 하는 것이다. 중국 영화에서 성룡이나 이연걸이 몸을 낮추고 잔뜩 폼을 잡고 있는 자세가 바로 소림참장의 일종이라고 한다.

결국 참장공은 기공의 필요성에서 비롯된 것으로 보인다. 예컨대 참 장공으로 서면 허벅지와 하체를 강화하는 동시에 하단전에 숨이 깊게 들어오게 된다. 저절로 단전호흡이 되는 상태에 이르는 것이다. 흔히 기 마(騎馬)자세라고 하는데 이 기마자세는 북방기마민족이 즐겨해오던 기공자세이다. 흔히 호흡법의 기초에는 내삼합(內三合)이라는 것이 있 는데 신(神), 의(意), 기(氣)가 그것이다. 이들은 합을 이루어야 한다. 기 공을 어느 정도 수련하면 기가 호흡에 따라 운행하는 것을 느끼게 된 다. 이것이 잠기내행(潛氣內行)이다. 복식호흡을 한다고 무리하게 배를 내밀면서 숨을 쉬면 도리어 축기가 되지 않는다. 우선 내관(內觀)하는 것이 필요하다. 내관하면 저절로 복식호흡이 된다.

"참장공을 하면 저절로 내가 선 곳을 기반으로 삼고 우주와 하나가 됩니다. 인간의 몸이 우주나무처럼 되어 천기기통을 하게 되는 것입니 다. 사람의 몸은 우주안테나라고 할까요. 천지합일의 감통과 감응이 이 루이집니다. 이는 서서 명상하는 것이라고 볼 수 있어요. 무술을 하지 않는 일반인도 이 자세를 하면 건강에 크게 도움이 됩니다. 미래는 '빨 리빨리' 사는 것이 아니라 '느리게, 느리게' 사는 것이 지혜가 될 것입니 다. 태극권 수련은 이에 적응하는 최고의 지름길입니다."

정 선생은 말로 하는 무술을 싫어한다. 실천을 중시하는 까닭이다. 정 선생의 제자 중 홍주표(2003년)와 오창민(2004년)은 이종격투기 대회인 '네오파이트(neofight)' 대회에서 각각 미들급 1위를 했다. 태극권과 팔괘장, 심의육합권(형의권 종류)은 부드러움을 위주로 하는 내가권이지만 격투기에서도 그 위력을 발휘하고 있다.

부인 김경희(金慶姬) 씨도 10여 년 전부터 태극권과 팔괘장 등을 배워 지금은 부부 태극권인으로 부창부수를 자랑하고 있다. 부인 김 씨는 현재 배화여대, 가톨릭대학 교직원들에게 태극권을 가르치고 있다. "무술이라기보다는 건강과 양생을 위한 수련으로 가르치고 있다"고 겸손해한다.

우리나라 무술인 가운데 가장 문기(文氣)가 넘쳐흐르는 그를 단순히 무예인이라고 하기에는 무언가 좀 부족하다. 문인이라고 해도 오늘날 시서화를 다 하는 이가 거의 없는 현실에서 삼절을 갖추고 있으니 문무겸전의 신선(神仙) 혹은 무선(武仙)이라고 하는 편이 옳은 것 같다. 지난 20~30년 동안 그가 그린 그림만 해도 1,000여 점이 넘고, 시도 100여 편, 서예도 몇 천 점에 이른다. 차라리 그는 시선(詩禪)이 함께 있는 선인이다. 그는 최근에 쓴 시 한 편을 선뜻 내놓고 평을 부탁한다.

"산이 거꾸로 누워
수면에 떠 있는
수련(睡蓮)을 보듬고 있다.
산의 품에 안겨
꿈꾸는 수련
지나가던 시간도
발걸음 잠시, 멈추고
그 꿈을 엿본다."   - 연못에서

이 작품은 허상인 세계가 서로를 비추고 있는 우주 현실을 은유한 것이다. 서로 다른 차원의 세계가 경계를 허물고 공존하고 있음을 노래했다고 한다. 최근에 그린 수묵화 한 점, 서예 한 점도 내놓는다. 수묵화는 운필이 간결·담백하여 문인화의 전통을 이었고, 초서는 오랜 단련으로 자유롭고 자연스럽다.

그의 관심은 요즘 무술에만 있는 것이 아니라 인간 문화 전반으로 확대되고 있다.

"최근에 텔레비전 특집 프로에서 대동류합기유술(大東流合氣柔術)이 '신라사부로'가 원조라고 하는 내용을 보았습니다. 한국의 무술이 일본으로 건너갔다는 것이죠. 확실히 옛날에는 한반도를 거쳐 일본으로 건너간 문화가 많습니다. 무술도 그 하나입니다.『연려실기술』을 보니, 옛날 천문학 기록도 많이 나오는데 예컨대, 밤에만 별을 본 것이 아니라 낮에도 호리병처럼 생긴 별이 움직이며 오랫동안 떠 있었다는 기록도 있어요. 인간의 삶에 더욱 궁금증이 늘어납니다."

태극은 한국 국기의 상징이고 동양철학의 근본이다. 그래서 태극권의 토착화는 시급하다. 중국에서 시작한 무술이라고는 하지만 한국에도 발전의 전통과 내재적인 힘이 도사리고 있다. 태극권하면 한국이 떠오를 날을 기대할 만하다. 태권도에 이어 태극권이 그 위치를 차지했으면 한다. 태극권은 건강 유지는 물론 치병(治病) 효과도 널리 인정되어 1956년 중국의 체육운동위원회는 양식태극권을 기초로 대표적인 자세를 24가지로 정리·통합하여 간화태극권(簡化太極拳)을 내놓은 바 있다.

한국 진 씨 태극권협회 이우현 원장

31 태극권의 정수는 역시 진 씨 태극권

중국을 흔히 중화라고 하는데 실지로 중화를 대표하는 지역은 역시 하남성(河南省)이다. 하남성 안에는 여러 왕조에 걸쳐 수도가 되었던 낙양이 있고, 개봉이 있으며, 외가무술의 원조인 소림사가 있다. 중국 무술의 대표인 태극권도 하남성 온현(溫縣) 진가구(陳家溝) 벽촌에서 출발하였다. 이곳은 황하의 중하류 지역으로 발해만으로 들어가기 전 마지막으로 굽이치는 지역이다. 하남성은 중화 중의 중화이다.

소림사는 진가구에서 70~80㎞ 떨어져 있다. 중국 무술의 내가와 외가가 모두 중화지방에서 이루어졌다는 것은 의미심장하다. 태극권의 '장권(長拳) · 포추(砲搥) · 홍권(紅拳)' 등의 명칭은 모두 소림권에 있는 명칭들이다. 두 무술의 상호영향을 짐작해 볼 수 있다.

중국을 대표하는 무술로 흔히 우슈를 떠올리지만 태극권이야말로 바로 중국인이 가장 대중적으로 사랑하고, 국가적으로 아끼는 무예이다. 진가구 마을 입구에는 태극권의 계보를 모신 권보당(拳譜堂)이 있다. 권보당에는 창시자인 진왕정(陳王廷: 1600~1680)을 비롯하여 태극권

중국에서는 도시 골목, 공원 등 어디서나 태극권 동작을 하는 모습을 볼 수 있다.

의 발전에 공헌한 역대 권사들의 조각이 모셔져 있다.

　진왕정조사의 옆에는 "대도일원(大道一元) 제가대성(諸家大成) 태극 양의(太極兩依) 조권술진제(造拳術眞諦)"라는 문장이 새겨있다. 이것은 "태극권은 다른 문화의 정수를 모아 형성한 것으로 도교(道敎)와 중의 약 등이 접목된 쿵푸다"라는 뜻이다.

　태극권의 정수는 역시 '진 씨(진식, 진가) 태극권'에 있다. 진 씨 태극 권의 진면목을 알아보기 위해 진가구 마을에서 진 씨 20대인 진병(陳 炳) 스승의 입실제자로 들어가 4년여를 배운 뒤 현재 부산 동구 수정동 고관길에서 도장을 열고 있는 한국진씨태극권협회 이우현(李宇鉉) 원 장을 만났다.

　"진 씨는 본래 산서성 홍동현에 있다가 명나라의 이주정책으로 하남 성으로 오게 되었어요. 입향조는 명말청초의 무장으로 이름을 날린 진복(陳卜) 씨입니다. 진복의 시대에는 장권(長拳)이던 것이 9대손 진왕정에 이르러 다른 권술을 종합하여 태극권을 만들게 됩니다. 처음엔 소박하게 건강을 위해 척계광(戚繼光)의 『기효신서』를 보고 동작을 개발한 것인데 이것이 점차 사방에 퍼져 오늘에 이르게 되었습니다."

이우현 원장은 진가구 진병 선생의 입실제자로 수련을 하는 동안 진소성 선생, 진자강 선생에게도 수업을 받았다. 2002년에는 중국 초작시 국제태극권연회에서 전통부문에 우수상을 받았고, 그해 진가구태극권학교 시범단으로 홍콩봉황위성 TV에 출연하는 등 크게 주목받았다. 2004년에는 하남성 온현 태극권대회 전통투로 부문 2등을 했으며, 중국 CCTV-7 '수심천하(搜心天下)', 내셔널지오그래픽 '동양의 무술-중국 편'에 출연했다. 젊은 태극권 무예가 중 유명세를 타고 있다.

동아시아 무예계는 이런 말이 전해 내려오고 있다.

"검법은 조선세법 24세 안에 다 들어있고, 권법은 32세 장권(長拳)에, 봉술은 소림곤(棍)에 다 들어있다."

이 말은 여러 신종무예가 우후죽순처럼 생겨나고 있고, 여러 무술과 세법을 주장하지만 결국 위에 예를 든 검법과 권법과 곤봉에 다 들어있는 것을 원용하거나 시대에 맞게 변용한 것에 지나지 않는다는 것이다. 특히 조선세법 24세는 우리의 무예로 검의 시원은 조선이라는 것이다.

이 교련은 태극권 동작 32세 가운데 29세가 척계광의 『기효신서』에 들어있다고 들려준다.

"명(明) 니리 말기의 징수 척계광이 편찬한 『기효신서(紀效新書)』에는 32세가 소개되고 있습니다. 이를 권경(拳經) 32세라고 하기도 합니다. 척계광은 당시 장권(長拳)을 비롯하여 16종의 권술을 참고한 끝에 결국 최종적으로 32개의 동작을 추려냈던 것이죠. 진가태극권은 이중 29개의 동작을 채용했습니다. 권경 32세 역시 장권 계열의 영향을 받았다

● ● ● ●

태극권을 시연하고 있는 이우현 원장

는 사실을 진가태극권에서도 인정하고 있습니다. 또 진가구에서 소림
사도 실은 지척에 있습니다. 소위 삼삼권보(三三拳譜)가 심의권, 육합권
의 권보라는 설 역시 진가구의 권술과 소림권 사이에 상당한 관계가 있
음을 방증한다고 하겠습니다."

척계광은 산동성 출신으로 절강성, 복건성, 광동성 등 중국 동남해안
에 출몰하는 왜구를 물리치기 위해 당시 동양의 병서를 모두 모아『기
효신서』를 만들었는데 이것은 자주 침범한 왜구와 싸운 경험을 바탕으
로 일본의 긴 칼에 대항하여 긴 창을 사용하여 이길 수 있는 방법을 정
리한 책이었다.『기효신서』는 특히 백병전에서 사용하기에 효과적인 여

러 권법을 담고 있다. 이중 권법에 태극권의 권술이 들어있다.

진가태극권의 창시자로 알려진 진왕정이 정리하였다는 7개의 투로는 다음과 같다.

△권세총가(拳勢總歌): 장권가결(長拳歌訣), 태극장권보(太極長拳譜), 장권일백단팔세(長拳一百單八勢) 등으로도 부른다.

△두투십삼세(頭套十三勢): 장권십삼세(長拳十三勢), 십삼세(十三勢) 등으로도 부른다.

△이투포추(二套砲捶)

△삼투(三套)

△사투(四套): 대사투추(大四套錘)

△소사투(小四套): 홍권(紅拳)

△오투(五套)

이 7개의 투로는 14대 진장흥에 이르러 2개의 투로로 간단하게 압축·정리되어 근대 태극권의 틀을 갖추게 된다.

진가태극권을 수련하는 많은 사람들이 진가태극권의 요결이나 요구사항을 제대로 소화하지 못하면 장권류의 다른 권술로 변질될 우려가 있다.

소림권과 태극권은 분명히 다르다. 진가태극권이 기존 장권류의 외공권에서 내공권으로 변환되는 요체는 나의 힘으로 상대를 제압하는 것이 아니라, 상대의 힘을 되돌려주는 방식을 택하고, 이를 실현시키는 수단으로 나신회전 운동 방식을 취한다. 나선회선 운동은 팔괘장, 형의권, 장권 등 다른 무술에도 있지만, 이 비틀림 운동을 매개로 상대방으로부터 공격해오는 경력(勁力)을 거울처럼 반사해서 되돌려주는 것이다. 이는 항상 전신을 방송(放鬆: 쉽게 말하면 몸을 비우는 것)하는 마음가짐을 견지함으로써 실현되는 것이다. 이것은 역근을 새롭게 표현한 방식이다. 태극권의 이면에는 중국의 전통사상인 도가철학과 태극음양의 이론이 깔려 있으므로 내가무술이라고 하는 것이다.

진가구의 14대인 진장흥(陳長興)에게 배운 양로선(楊露禪)이 북경에 진출하여 활동하던 당시에도 처음에는 태극권이란 명칭이 없었고 진가구에서 부르던 습관대로 '두투(頭套) · 두투십삼세 · 장권(長拳) · 장권십삼세 · 십삼세(十三勢)' 등으로 불리었고 또 부드럽고 화경(化勁)이 좋다고 하여 면권(綿拳) · 화권(化拳) 등의 이름으로도 불리었다.

태극권을 발굴해내는 데는 일본 관광객의 힘이 컸다. 태극권이 처음부터 중국 권술로 유명했던 것은 아니다. 중국에서는 진 씨 태극권에는 관심도 없었다. 그런데 일본 관광객들이 정주공항에 내려서 유명한 유적지를 관광하는 것이 아니라 어디론가 사라져서 추적한 결과 진가구에 간다는 것을 알고 드디어 중국의 국기로 발전시켰다는 것이다. 그만큼 일본인의 이국문화에 대한 심미안은 수준급이었다.

"좋은 무술은 발이 허리 이상을 넘지 않는다."

발이 허리 이상을 넘으면 동작이 민첩하지 못할 뿐만 아니라 중심을 잡는 데도 불리하다. 진식은 태극권의 원천이고, 양식은 그것을 바탕으로 변형된 것이지만 일반적으로 진식은 무술에 치중하고, 양식은 양생에 치중하는 편이다.

태극권을 하기 위해서는 복식호흡은 기본이다. 진가구 지방에는 '호흡자연(呼吸自然)'이라는 말이 일상으로 통한다. "복식호흡은 자연스런 일이다"라는 뜻이다. 이 말은 일반 폐호흡은 자연스럽지 않다는 의미를 은연중에 내포한다. 일반 호흡은 아무래도 자기도 모르게 일상의 스트레스로 인해 긴장과 수축을 받게 되는 관계로 이를 해소하기 위해서는 복식호흡이 필수라는 것이다. 폐가 주체가 되는 것이 아니라 단전이 주체가 되어 호흡하는 현상을 복식호흡이라고 한다.

• • • •

태극권 시연

참장공의 목적은 내공 및 하체단련을 동시에 하는 데 있다. 참장공은 정공(靜功)으로 몸의 중심을 항상 배 아래에 있도록 하는 훈련이다. 네 발짐승들은 척추의 중압이 없었으며, 내장의 연동이 자유로웠다. 또 횡경막은 자연스럽게 처져있었다. 그러나 인간이 두 발로 서게 되면서부터 척추가 중력을 받지 않을 수 없게 되었으며, 횡경막은 자연스럽게 올라갔다. 그만큼 허리와 배 부위가 조여지고, 숨은 폐호흡으로 올라가게 된 것이다. 이것을 내리는 것이 복식호흡이다. 폐호흡이 잘못된 것이 아니라 복식호흡을 복원함으로써 폐호흡에 의존해서 빚어지는 긴장을 푸는 한편 이를 통해 몸의 중심을 배 아래로 내리고, 힘을 쓸 때 기운이 동반되는 효과를 얻는 데 그 목적이 있다. 복식호흡은 추상적인 것이 아니라 선인들이 경험으로 알던 것을 오늘날 자연과학으로 입증한 셈이다.

"진인(眞人)은 발끝으로 숨을 쉰다."

이것은 호흡이 그만큼 아래로 내려왔다는 말이다. 동시에 그만큼 호흡이 내려와도 괜찮을 정도로 에너지를 덜 소모하며 편안하다는 의미이다.

"귀, 어깨, 바지재봉선, 둔부 치골, 발목이 옆에서 보면 일직선이 되어야 합니다. 그리고 몸의 무게중심은 발바닥에 두어야 합니다. 결국 흉강을 비우고, 복부를 풀어주는 것이 요체입니다. 몸 앞쪽의 단전과 뒤쪽의 명문을 편하게 하고, 척추는 느슨하게 풀어서 몸이 어느 방향으로 가든 쉽게 나아갈 수 있게 중(中)을 유지해야 합니다."

몸이나 마음이나 중도(中道)와 중용(中庸)을 유지하는 것이 중요하다. 무술이나 체육이라는 것은 몸으로 학습하는 중용(中用)인 셈이다. 태극권 투로 연습에 들어가기 전 혹은 매일 아침·저녁으로 참장공을 하는 것은 건강유지에 필수적이다.

태극권에서 사용하는 발경(發勁) 혹은 발력(發力)은 일종의 방송을 통해 순간적으로 펼치는 고도로 정제된 힘이다. 비유하자면 전선에 세 가닥의 줄이 있다면 하나는 물리적 힘이고, 둘은 기(氣)의 흐름, 그리고 셋은 기를 흐르게 하는 의념(意念)이다. 발경(發勁)은 돌연적으로 쏟아져 나오는 힘이므로 속도가 따르고, 속도에는 신경의 반응이 따라야 한다. 그러므로 방송(放鬆)훈련을 계속하면 결국 신경의 반응이 저절로 예민해지게 되는 것이다.

이우현 원장은 방송에 대해서도 부연설명을 한다. "관절을 여는 것이 매우 중요합니다. 관절은 뼈와 뼈가 만나는 곳입니다. 이곳을 방송(放鬆)을 통해 풀어주어야 하는데, 이때 마음의 이완이 필수입니다. 방송을 통해서 몸을 잘게 잘게 나눠서 나중에 힘을 증폭시킨다고 보면 됩니다. 그러면 동물과 같은 유연성을 갖추게 됩니다."

● ● ● ●

태극권 시연

　이 원장은 특히 "태극권이 최종적으로 이루고자 하는 것은 일종의 신경반응이다. 신경의 반응속도를 최대한 빠르게 이끌기 위해서 느림(慢)과 부드러움(柔)을 강조한다. 그러므로 '태극권=느림'이라고 단정 짓는 것은 적절하지 못하다."고 말한다.

　오랜 태극권 훈련을 통해 신경의 반사적 긴장반응을 유화(柔化) 시키는 것을 통해 결과적으로 '심(心)과 의(意)와 역(力)'을 하나로 모으는 데에 역점이 주어진다.

　모든 무술에는 신법(身法), 보법(步法), 수법(手法), 안법(眼法), 심법(心法)이 있다. 심법으로 정신(精神)을 기르고 정신을 기르면 자신도 모르게 어느 날 접신(接神)하게 되어 신의 경지에 이르게 된다. 흔히 정신은 육체와 대칭으로 쓰이는데 정신이 그러한 영육이분법에서 벗어나게 되면 바로 신을 느낄 수 있다. 이는 무술뿐만 아니라 인간의 모든 활동에 해당되는 기제이기도 하다.

태극권을 쉽게, 한마디로 말해달라는 요구에 그는 고사를 하나 든다.

"손자병법에 성동격서(聲東擊西)라는 말이 있습니다. 소리는 동쪽에서 났는데 타격은 서쪽에서 이루어졌다는 말입니다. 그만큼 빠르다는 것을 뜻하기도 하지만 그것보다는 결국 반탄(反彈)을 이용하는 것을 말해줍니다. 내가 당기고 싶으면 우선 밀고, 내가 좌로 가고 싶으면 우선 우로 가야 합니다. 충돌이 있으면 에너지가 소모되기 때문에 상대가 있을 때는 충돌을 피하면서 목적을 달성하기 위해 역(逆)하는 것입니다. 이것이 상대가 있을 때는 바로 순(順)입니다."

진가태극권은 일로(一路)와 이로(二路)로 나뉜다. 이로는 포추(砲捶: 대포주먹)라고 한다. 진왕정은 끊임없이 원래 투로를 보완하고 정리하여 현재의 진가 1로, 진가 2로를 만들었다. 일로는 대가(大架) 혹은 노가식(老架式)이라고 하고, 이로는 소가(小架) 혹은 신가식(新架式)이라고도 한다. 대가는 14대 진장흥(陳長興: 1771~1853)에 의해 만들어졌으며, 소가는 동생인 진유본(陳有本)에 의해 만들어졌다.

이 두 개의 투로는 동작의 속도와 강도, 신법, 운동량과 난이도가 다르다. 진가 1로는 동작이 비교적 간단하며 부드럽고 '붕·리·제·안' 4정 위주로 힘을 운용하고 '채·열·주·고' 4우로 보충한다. 힘을 쓰는 방법은 전사경 위주로 하고 발경으로 전사경을 보충한다. 동작을 시작해서는 신법으로 수법을 이끌고 움직임과 동시에 동작이 나눠지고, 마칠 때는 동작이 합쳐지며 끝난다. 동작 속도가 비교적 느리기 때문에 권식을 '고·중·저'로 운동량이 조절 가능하고 그러므로 신체가 비교적 좋은 사람은 체질을 증강할 뿐 아니라, 신체 약자나 모종의 환자들에게는 보건적인 효과가 있다.

진가 제2로(포추) 동작은 비교적 복잡하고 빠르며 강하다. 힘의 사용은 제1로와는 반대로 '채 · 열 · 주 · 고'를 위주로 하고 '붕 · 리 · 제 · 안'으로써 보충한다. 동작은 강하고 빠르며 탄력을 중시한다. 투로 중에는 '찬 · 붕 · 도 · 약 · 등 · 나 · 섬 · 전' 동작이 있으며, 빠르고 강하게 뛰어오르는 특색을 갖추고 있다.

수련 시 끊임없이 허리와 척추, 손목을 회전하고, 상체와 골반, 무릎을 돌린다. 하나의 움직임이 전체의 움직임이 되도록 몸 전체가 나선동작을 한다. 몸을 열고 닫고, 합치고 당긴다. 여는 중에 합침이 있고 합침 중에 열림이 있다. 제2로는 속도가 빠르고 폭발력이 강하며 비교적 청장년 혹은 체력이 좋은 사람들이 수련하기에 적합하다.

투로 수련을 통해 조금씩 강함과 부드러움이 서로 돕는 기법의 내용과 요령을 터득할 수 있다. 소위 '점연점수(粘連粘隨)' 방법을 통해 동경(憧勁)을 얻을 수 있고, 대항성의 추수를 만들어 또한 '지피공부(知彼功夫)'를 한다. 그래서 권식과 추수 교환 연습이 필요하며, 그래야만 동경의 경지를 얻을 수 있다.

태극권에는 고전적인 진식을 비롯해서 양식 · 오식 · 무식 · 손식 등 다섯 개의 유파가 있다. 이 중에서 진식은 오리지널의 위치를 얻는 반면, 양생에 치중하는 양식이 가장 폭넓은 대중적 지지를 얻고 있다.

진씨 태극권은 2008년 북경올림픽 식전행사에 수련자 1천 여 명이 참가한 것을 비롯하여 차(茶)와 함께 중국의 문화상품으로 채택되면서 중국정부의 전폭직인 지원을 받고 있다.

'진병 태극권 수련원' 수련생들도 늘어나서 2018년 1월 해운대(부산시 해운대구 마린시티 3로 1, 썬프라자 5층 520호)로 옮겼다.

팔괘장, 안철균 관장

32 주역을 무술화한 팔괘장, 토착화 활발

한국과 중국, 일본 동양 3국은 예부터 문화적 교류가 활발하였고, 문화전통도 비슷한 점이 많다. 무술도 예외가 아니다. 고대로 올라갈수록 문화를 공유하고 있으니 현재의 상황을 가지고 특정무술을 반드시 어느 나라의 것이라고 단정할 수도 없다. 그래서 실력으로 현재적 우위의 확인이 무엇보다도 절실하다. 신체적 조건이 비슷하고, 상대의 무술을 쉽게 배울 수 있는 까닭으로 자칫하면 무술의 우위를 상대국에게 내어줄 수도 있다. 태권도만 하더라도 일본의 당수를 바탕으로 재창조한 것이고, 유도의 종주국인 일본은 한국에 맹주의 자리를 내준 적도 있다. 태권도의 맹주를 중국이나 일본에 내어주지 말라는 법도 없다. 무술도 글로벌화의 영향을 비껴갈 수 없다.

요즘 무예계에는 이런 말이 공공연하게 나돌고 있다.

"권술이 첫째이고, 그 다음이 도검과 곤봉이다(首爲拳術, 次爲刀劍棍也)."

이것은 무술의 역전을 말한다. 평화가 오래 지속됨에 따라 무기를 드는 쪽보다 들지 않는 쪽으로 무술의 중심이 이동하기 때문이다. 적을 죽이는 살수보다는 호신술이나 건강과 의료에 기여하는 무술이 더 중요해졌다. 권법이 더 중요해지고 아예 볼거리를 위한 권희(拳戱)가 요구되고 있다. 그래서 무술의 공연과 시연이 어느 때보다 각광을 받고 있다. 이러한 때 태극권(太極拳), 팔괘장(八卦掌), 형의권(形意拳) 등 내가(內家) 3권은 더욱 더 각광을 받고 있다. 내가권은 모두 기(氣) 양생을 도모하기 때문이다. 내가권의 선두자리를 두고 앞으로 한·중·일 3국에서 치열한 다툼이 벌어질 것으로 보인다. 비록 근대에 들어 내가권에 대해서 중국이 주도를 하고 있다고 해도 언제나 역전될 수 있는 상황이다.

태극도가 태극의 원리를 무술에 도입하였다면, 팔괘장은 주역의 팔괘를 도입한 무술이다. 팔괘장은 중국 배우 이연걸이 1인2역을 한 〈최후일강(最後一强: The One)〉에서 손에 땀을 쥐게 한 무술이다. 이 영화의 마지막 장면은 선(善)한 '게이브'와 악(惡)한 '율라우'가 팔괘장과 형의권으로 대결하는 장면이 나온다. 율라우가 주먹을 위주로 반보씩 전진하면서 형의권을 펼치고, 게이브가 장권으로 위주로 원을 그리며 부드럽고 화려한 팔괘장을 펼치던 장면은 압권이었다.

팔괘장은 64괘장으로 세분화될 수 있다. 몸의 원리와 마음의 원리, 삼라만상의 원리가 내재적으로 통하기 때문이다. 흔히 동양학의 공부를 가늠할 때 "주역을 뗐는가"를 물어본다. 주역이 최고봉이기 때문이다. 무술에서 팔괘장이 과연 그만한 자리를 차지할까 하는 의문이 없는 것도 아니지만 팔괘장을 마스터하면 무술의 최고고수가 되는 것은 틀림없다.

팔괘장이 우리나라에 들어온 것은 1960~1970년대로 거슬러 올라간다. 근대 개항 이후 중국의 관문인 인천은 화교들이 많이 모여 살았

• • • •

안철균 관장이 상대와 대적할 때는 전광석화 같은 동작을 펼친다.

고, 자연스럽게 팔괘장의 고장이 되었다. 전설적인 팔괘장의 고수는 고
(故) 노수전(魯水田) 노사이다. 지금은 그의 전인들이 활동하고 있다.

　서인천에서 배다리 쪽으로 10여분 걸어가면 4거리가 나오고 그 4거
리 한 구석에 안철균(安哲均) 관장이 운영하는 '팔괘장' 도장이 보인다.
그는 19세이던 1970년 전대성(全大成) 선생에게 팔괘장을 배우면서
오늘에 이르고 있다. 당시 노수전 노사는 일선에서 은퇴한 뒤, 간혹 도
장에 한 번 씩 들러 후배들의 자세를 잡아주는 정도였다.

"노 노사님은 1970년대만 해도 이미 칠순에 가까워서 제자들 앞에서 시연을 하는 모습을 많이 보이지 않았어요. 그러던 어느 날 도장 한 편에 놓여 있던 유성표(流星標)라는 병장기를 들었어요. 긴 줄에 표창을 매단 무기인 유성표를 휘휘 몇 번 돌리는가 싶더니 오른발로 표창을 차내는데 표창은 마치 활시위를 떠난 화살처럼 10여 미터쯤 날아가 도장 벽에 박혔어요. 팔괘장의 고수였던 셈이죠."

당시만 해도 팔괘장이 붐을 타던 때라 유능한 인재들이 속속 들어왔다. 그래서 인천은 팔괘장의 고장이면서 중국무술이 가장 먼저 번창하고 터를 잡는 곳이었다.

팔괘장은 중국 청조 말기 숙왕부의 총령을 지낸 동해천(董海川: 1797, 1813~1882) 기인(奇人)이 창시한 무술이다. 그는 당시 청조의 환관이었는데 아마도 궁중에서 전해오던 전통무술을 나름대로 재창조하여 팔괘장을 만든 것으로 짐작된다.

동해천 조사(祖師)가 무술을 전파하기 시작한 1850년대는 북경에 팔괘장 열풍이 불었다. 당시 마침 태극권도 맹위를 떨치기 시작하던 터라 어느 무술이 더 강하고 센지, 일반의 관심이 쏠렸다. 그래서 천하무적이라고 알려진 양노선(楊老仙) 태극권사와 동해천 조사는 대결을 벌였는데 며칠을 싸워도 승부를 가릴 수 없어 서로의 장점을 배우기로 하고 끝을 맺었다고 한다. 또 동해천 조사의 제자 정정화(程廷華)는 그의 친구이자 형의권 최고수로 통하던 곽운심(郭雲深: 1829~1900)과 3일간 혈투를 벌였으나 역시 승부가 나지 않았다고 한다. 팔괘장은 이 대결로 인해 일약 최고 인기무술로 자리 잡게 되었다.

팔괘장의 요체는 피정타사(避正打斜), 다시 말하면 상대의 공격을 정면으로 받아내기보다는 그것을 피하고, 원을 그리면서 사각의 허점을 노린다는 뜻이다. 마치 권투의 아웃 파이터와 같다. 이때 걸음걸이는 진

흙탕을 걷는 요령으로 발을 높이 들지 않고 약간 끌듯이 하면서 번갈아 평행으로 내딛는다. 이것이 소위 창니보(猖泥步)이다. 물론 행보는 흐르는 물과 같고, 운신은 물살을 해치는 용과 같이 움직여야 한다. 먼저 머리가 방향을 틀면 몸통과 꼬리가 그 동선을 유영하듯 따른다.

　필괘장은 동해천 조사 이후 8개 문파로 살렸다. 1대 동해천에서 2대 양진보(梁振浦), 3대 이자명(李子鳴)으로 이어졌는데 이자명의 제자 중에서 정정화(程廷華)의 정파(程派)와 윤복(尹福)의 윤파(尹派)가 현재의 핵심이다. 정파는 치고 넘기는 것이 장기이다. 씨름에 비할 수 있다. 윤파는 찌르고 자르고 꺾고 차는 것이 장기이다. 그래서 소림권 출신이 많다. 현재 양파(梁派), 번파(樊派), 마파(馬派), 송파(宋派) 등이 있다.

1차 팔괘장의 도입기를 거쳐 2차로 팔괘장의 붐이 일어난 것은 1988년 서울올림픽 이후 중국이 올림픽을 열기 위한 전 단계로 아시안게임을 개최하려고 준비할 때이다. 우슈(쿵푸)가 아시안게임 종목으로 채택된다는 소문이 나게 되었다. 한국도 우슈 선수를 출전시켜야 하므로 경기단체를 구성해야 하는 입장이었다. 태권도를 올림픽 종목으로 넣고 있는 한국으로서는 중국의 아시안게임에 우슈 선수를 출전시키지 않을 수 없는 처지였다.

그래서 대한우슈협회를 조직할 목적으로 팔괘장을 비롯하여 중국무술 조직을 점검하였다. 당시 서울에는 사단법인 대한쿵푸협회, 인천에는 사회단체 한국쿵푸협회가 있었고, 대만이 중심이 된 중화국술쿵푸국제연맹총회가 있었다. 그리고 수도권과 지방에 한중쿵푸무술협회, 국제쿵푸연맹 등이 있었다. 1990년 제11회 아시안게임을 앞두고 이에 대비한 대한우슈협회가 1989년 1월 탄생하게 된다. 이어 1989년 2월 대한체육회 준 가맹단체가 되고, 1992년 2월 정 가맹단체가 된다. 현재 우리나라에 소개된 중국무술은 과거로부터 비전되어 오던 전통무술이 있고, 이를 현대 경기종목으로 재구성한 무술이 있다. 말하자면 대한체육회 산하에 가맹경기단체로 들어온 것이 바로 대한우슈협회이다.

경기단체가 되면서 중국 우슈는 전통무술로서의 모습을 많이 잃었다고 할 수 있다. 이는 태권도가 무술 본래의 모습을 점차 잃어가는 것과 같다. 시대적 흐름에 적응하기 위해서는 경기 종목화 하는 것이 불가피하다. 그러면서도 전통무술로서의 전통을 이어가야 하는 것이 또한 무술인들의 과제이다. 이는 비단 우슈만이 아니라 아마도 모든 무술의 운명일 것이다.

안 관장은 대한우슈협회의 탄생에 큰 역할을 해 초대 사무국장을 역임했다. 그는 아시안게임을 앞두고 인천 바다에서 익힌 팔괘장의 현주소를 알아보고, 견문을 넓히기 위해 중국을 찾았다. 그때 이자명 북경팔괘장연구회장을 만났다. 이 회장은 당시 연로하였지만 안 관장의 무술 시범을 보고 비범하다고 칭찬하면서 말했다.

"내 인생에 마지막 사업으로 제자를 받겠다."

안 관장은 중국 팔괘장의 4대 전인을 인정받은 뒤 북경 향산 만안공묘에 있는 동해천 조사의 묘소를 찾았다. 이에 앞서 안 관장은 팔괘장 손지군(孫志君) 대사와 함께 동해천 조사를 비롯한 정정화(程廷華), 정유생(程宥生) 등 노사에 대한 배사식(2006년 4월 30일)을 행하였다.

중국 팔괘장은 해(海), 복(福), 수(壽), 산(山), 영(永), 강(强), 의(毅)의 순으로 대호(代號) 돌림자를 쓰면서 내려왔다. 그래서 안 관장은 인천에서 배운 것으로 보면 7대이지만 중국 쪽에서 보면 4대이어서 하는 수 없이 의산(毅山)이라는 이름을 쓴다.

그후 여러 차례 중국을 다니면서 이공성(李功成), 마전욱(馬傳旭) 등 이자명 회장의 여러 사형들과 교류하면서 실력을 배양해왔다. 지금은 중국 팔괘장의 어떤 사람과 겨루어도 뒤지지 않는 실력과 자신감을 갖추었다. 현재 그의 제자로는 김성호, 김성익, 박종진 등 여러 명이 있다.

"태극권은 제자리에서 좌우로 움직이는 동선을 가지고 있어요. 팔괘장은 원을 그리는 동선을 가지고 있고, 형의권은 직선으로 들어가는 공격 형태를 취합니다. 팔괘장을 하는 사람은 형의권을 반드시 해야 제대로 실력을 발휘할 수 있어요. 이는 마치 권투선수가 어느 것을 수로 하더라도 인파이팅과 아웃파이팅을 모두 익혀야 하는 것과 같습니다."

팔괘장은 원으로 걸으면서 장을 돌린다. 천(穿), 환(換), 개(開), 합(合), 개(蓋), 도(挑), 핍(逼), 연(研)의 8가지 장법(掌法)을 구사한다. 이에 비해 형의권은 벽(劈), 찬(鑽), 붕(崩), 포(砲), 횡(橫)의 5가지 권법(拳

法)이 각각 변환하면서 관통한다. 형의는 오행생극에서 뜻을 취하고 팔괘는 음양생화에서 이치를 얻은 것이다. 형의권은 종적인 힘을 자유롭게 운용하는 데 그 정수가 있다. 상대의 공격은 위에서 아래로 내려막고, 나의 공격은 아래에서 위로 치는 것이다. 팔괘장은 횡적인 힘을 자유롭게 운용하는 데 그 정수가 있다. 횡적이란 결국 원을 그리면서 돌게 되는데 여러 장을 부채살처럼 펼치면서 상대를 공격하고, 상대의 공격은 원으로 돌면서 피한다.

팔괘장은 평원횡절(平圓橫切)을 모토로, 공격 시에는 직접 급소에 나아가고, 방어 시에는 원을 따라 돌면서 물러나 은밀한 곳에 숨는다. 공수의 전환이 자유롭다. 형의권은 입원정절(立圓正切)을 모토로, 정중(正中)의 선에서 극치를 이룬다. 형의권은 명문(命門)을 지키는 데 주력하며, 12가지 동물을 흉내 낸 12형권을 익히는 것을 기본으로 한다. 팔괘장은 단전을 지키는 데 뜻을 두어 물처럼 움직이며 들어가지 않는 데가 없다. 형의권은 보를 바르게 하여 직진하고 손은 명치의 중앙을 떠나지 않는다. 팔괘장은 비스듬하게 옆으로 비껴지나 비스듬한 중에 바른 것이 깃들어 있다.

팔괘장이야말로 '움직이는 선(禪)'이라고 안 관장은 말한다. 먼저 숨을 들이마시고 뒤에 숨을 내쉬는 것부터 시작해서, 오르내리고, 밀고 당기고, 열고 닫고 하는 동작이 모두 자연스럽게 이루어져야 제대로 무술을 할 수 있다고 한다.

"저는 요즘 진정한 무술인이 되려면 다른 문파의 무예도 배워야 한다고 생각합니다. 시대가 융합의 시대니까요. 이소룡도 아버지로부터 태극권을 배웠고, 아버지 친구로부터 영춘권을 배웠어요. 그리고 또 한국의 이준구로부터 태권도의 발차기를 배웠어요. 그는 여러 무술을 융합하여 절권도를 만들어냈습니다. 그는 영춘권의 장점인 간단한 3가지

투로(套路)를 기본으로 다른 무술의 장점을 융합하여 절권도를 탄생시켰어요. 그러한 정신이 필요합니다."

중국에는 예로부터 양자강을 중심으로 남권북퇴(南拳北腿)라는 말이 있다. 남쪽은 기후가 더운 탓으로 열을 덜 발산하는 주먹 중심이고, 북쪽은 추우니 열을 많이 발산하는 발차기 중심이라는 뜻이다. 무술도 자연의 범주를 벗어날 수 없다. 그렇다고 북이라고 권이 없는 것은 아니다. 산동(山東) 당랑권, 화북(華北) 팔극권이라는 말이 있다. 이는 지방에 따라 주로 하는 무술이 다름을 나타낸다. 풍토와 체질, 그리고 전통을 함께 고려해서 하는 말이다.

"장(掌)이라는 것은 놀랍습니다. 능숙하게 숙달만 되면 주먹은 쓸 필요도 없어요. 빠른 보법으로 상대를 교란시킨 뒤 은보(隱步)로 접근하여 팔괘장을 신출귀몰하게 쳐낼 수만 있다면 천하에 달할 자가 없을 것입니다."

태극권이 이정제동(以靜制動)이라면, 팔괘장은 이동제정(以動制靜)이다. 팔괘장의 특징은 다음과 같이 요약할 수 있다.

"움직일 때는 용과 같이 하며, 회전할 때는 원숭이처럼 하며, 자세를 변환할 때는 매처럼 하며, 낮추었을 때는 호랑이가 앉아 있는 것처럼 한다."

안 관장은 무술인 가운데 가장 다른 무술의 교차수련을 포용하는 편이다.

"그동안 무술계의 불문율이 다른 문파의 무술을 배우지 않는 것, 불학타문지예(不學他門之藝)였습니다. 그러나 이제 그것을 고수할 수 없습니다. 다른 무술도 훌륭하면 얼마든지 배워야 합니다. 그런 점에서 중국의 우슈도 한국의 무술계가 보다 적극적으로 받아들여 우리의 문화자산으로 만들어야 합니다."

완전무장한 일본의 무사 모습

33 왜검의 시원은 조선, 그리고 일본의 무사도

『무예도보통지』의 십팔기(十八技)에 나라 이름이 무예에 등장하는 것은 조선 외에 유일하게 '왜검'(倭劍)이다. 임진왜란을 겪은 조선은 무시해오던 왜의 검술을 제대로 연구하고 대응해야 할 필요를 느꼈다. 숙종때 군교(軍校) 김체건(金體乾)은 사신을 따라 일본에 가서 검보(劍譜)를 들여와 검술을 익혔다. 여기에 교전보(交戰譜)를 만들어 추가했다. 일본의 것을 우리 것으로 재창조한 것이다. 왜검은 우리가 필요해서 능동적으로 받아들인 무예이다. 이는 일제 때 이식된 '검도(劍道)'와는 입장이 다르다. 김체건은 숙종 앞에서 무예를 시험하였는데 검술의 능수능란함은 물론, 보법은 엄지발을 세우고 뒤꿈치를 들고 걸었다는 것으로 타법 중심의 보법이있음을 알 수 있나.

그의 무예는 아들 김광택(金光澤)에게 전수되었고, 김광택은 다시 정조 때 백동수(白東脩)에게 전수,『무예도보통지』에 들어가게 된다. 그가 실기를 시범하여 민족무예의 전범을 남기게 된다. 왜보(倭譜)에는 4가지 종류가 있다. 토유류(土由流), 운광류(運光流), 천류류(千柳流), 유

일본 사무라이들의 다양한 투구

피류(柳彼流)가 그것이다. 이중 유피류는 전통적으로 일본에서 토착된 검술로 주로 산속에서 수련하는 무사(野武士)들과 낭인무사들이 구사하는 체계가 없는 구전형태의 검술이지만 어떤 검술의 형태보다 실전에 강하고 위력적인 고검술(古劍術)의 유파이다. 대륙의 영향을 받았다는 설이 있으나 그 구체적인 경로를 확인할 수는 없다. 임성묵은 『본국검예 3』 '왜검의 시원은 조선이다'를 통해 토유류는 본국검의 영향을 받았고, 운광류는 공격기법인 격법을 모아 구성했으며, 유피류는 방어기법을 모아 구성한 것임을 밝혔다. 또한 쌍수도의 원전이 되는 영류지목록이 한반도에서 전래되었음을 밝히는 큰 성과를 거뒀다.

본류를 찾은 이상 굳이 왜검이라고 할 이유가 사라진 것이다.

일본도(日本刀)는 크기와 길이가 한결같지 않다. 저마다 한 자루의 장도(長刀)를 가지고 있는데 이것을 패도(佩刀)라고 한다. 그 도(刀) 위에 소도(小刀)를 끼워 편리하게 필요에 따라 사용한다. 자도(刺刀)는 길이가 한 척인 것을 해수도(解手刀)라 하고 길이가 한 척 남짓한 것을 급발

(急拔)이라 한다. 이 세 가지를 몸에 지니고 다니며 적절하게 사용한다. 칼이 강경하고 날카로워 동아시아 삼국 가운데 가장 강했다. 이 칼의 문화는 발전하여 일본 문화를 대표하게 되는데 이것은 죽음을 두려워 하지 않는 '할복(割腹)의 문화'로 발전하게 된다. 칼의 문화는 흔히 한국 의 붓의 문화와 비교된다. 칼의 문화와 붓의 문화는 서로 비슷한 경우 도 있지만 극명하게 달라지는 부분이 있다.

칼의 문화는 승패가 분명하고, 승자에게 승복한다. 그렇지 않으면 죽 음을 면치 못하게 되기 때문이다. 이에 반해 붓의 문화는 승패가 불분 명하여 역사적 평가에서 반전을 거듭하게 된다. 재미있는 것은 칼의 문 화는 죽음을 통해, 다시 말해서 죽음이 배수의 진을 치게 하여 현재의 삶을 보다 성실하고 분명하게 한다. 그러나 붓의 문화는 때로는 현재에 적절하게 대응하지 못한 것을 변명하게 하고 회한에 잠기게 한다. 여기 에서 문화의 역설을 발견하게 되는데 죽음을 두고 일본의 '죽음의 미 학'과 한국의 '생존의 미학'이 서로 반전한다는 것이다. 일본은 현재에 최선을 다하게 하고, 죽음을 스스로 택함으로써 죽음을 미래지향적으 로 운용하는 반면, 한국은 삶에 연연하다 도리어 과거와 과거의 귀신에 매달려 과거지향적으로 회한이 회한을 낳게 한다는 점이다.

일본의 전통 도(刀)에는 반드시 자루에 이름과 자호(字號: 옥호)를 새 겨 가문의 명망을 나타냈다. 창검(槍劍)도 그렇다. 일본의 '상고도'(上庫 刀)는 일본 천하를 통일한 도요토미 히데요시가 각 섬의 명장(名匠)들 을 모두 창고 안에 가두고 경쟁하도록 하여 만든 칼이다. 병섬 숭에 명 검은 '영구(寧久)'라고 불렀는데 이것은 최상의 신분을 나타냈다. 일본 인의 칼에 대한 정성은 거의 신앙에 가깝다. 이것은 일본의 즉물주의(卽 物主義)와도 통하는 것이지만 그들의 장인정신을 엿볼 수 있다. 일본은 신도(神道)에 일본의 정체성을 두기 위해 '도(道)'자로 문화의 정수를 통일했다. 검도(劍道), 다도(茶道), 서도(書道) 등이 대표적이다. 그래서 일본은 '도(道)의 문화'이다.

오늘날 죽도를 사용하는 검도는 진검을 사용하는 일본의 전통적인 검도와는 다르다. 검도는 이미 경기 체육화 된 스포츠로 오직 격법(擊法) 하나로 누가 먼저 머리·허리·손목을 맞히는 지로 승패를 가린다. 설령 진검을 들었다 해도 무예로서의 법식(法式)은 찾아보기 어렵다. 왜검과 검도의 차이도 전자는 실전을 바탕으로 하지만, 후자는 경기를 바탕으로 한다. 검에도 그 나라의 정신과 문화가 스며있다. 발끝까지 가리는 하까마를 두르고 죽도를 휘두르는 검도는 한국문화에는 어딘가 어색하다.

동아시아 삼국에서 검(劍)은 단연 일본이다. 임진왜란 때 조선은 일본의 조총과 함께 검의 매운 맛을 보았다. 멀리서 적이 가까이 오기 전 활을 쏘아 주로 대적하여 전쟁의 승패를 삼았던 조선은 총의 등장과 함께 치명적인 약점을 노출한다. 포물선을 이용하는 활에 비해 직사하는 조총은 빠른 것은 물론이고 파괴력에서도 위력적이었다. 임진왜란 발발 3년 전인 1589년, 조선에도 조총이 소개되었다. 하지만 당시 강력한 화약무기를 다량 보유하고 있던 조선은 조총에 큰 관심을 갖지 않았다. 임진왜란이 발발하면서 조총에 큰 피해를 입게 된다. 이에 1593년, 마침내 조선도 조총을 제작하는 데 성공하게 된다. 그러나 그 후 조총과 조총의 개량에 힘쓰지 않았다.

1866년, 병인양요가 일어나는 순간까지도 조선군의 주력은 임진왜란 당시의 성능과 다를 바 없는 조총만 15만 정을 보유하고 있는 게 고작이었다. 신미양요 때는 미군이 강화도 광성진에 어재연 장군과 1천여 명의 병사들을 향해 일방적인 함포사격을 실시한 후, 650명의 해병으로 포위공격을 실시했다. 조선군은 용감하게 싸웠지만 350여 명에

달하는 조선군이 전사하고 나머지
는 바다로 몸을 던지게 된다. 고종
에 이르러 외국의 근대식 소총을 수
입하여 사용하지만 당시 선진국이
던 일본, 미국, 독일, 러시아, 영국
등의 소총을 수입하는 데만 급급하
다 결국 무기체계의 후진으로 을사
늑약(乙巳勒約)에 이른다. 새로운
문명의 이기에 대해 무지하면 결국
망국에 이르게 된다.

평상복 차림의 어린 사무라이

일본인은 개인적으로 만나면 양
과 같이 양순하고 예의 바르다. 그
러나 집단이 되면 호전적으로 돌변
한다. 겉으로 보면 매우 상반된 이중적인 인격처럼 보인다. 그러나 같은
뿌리에서 출발하고 있다. 섬나라인데다(다른 지방으로 도망갈 수 없다.
설사 도망가더라도 제대로 살 수 없다) 무사(武士)를 중심으로 하는 수직
의 '종'(縱)사회에 길들여진 품성과 봉건영주(藩主) 간에 끊임없는 전쟁
을 겪었던 사정에서 비롯되는 것이다. 일본의 양반은 전통적으로 무사
였다. 이는 한국의 양반이 문사(文士)인 것과 대조를 이룬다.

무사가 양반이 되는 것은 전혀 특별한 것이 아니다. 도리어 한국이 이
상한 것이다. 인류사를 보면 오랜 기간 동안 사(士)세층은 모두 무사(武
士)였다. 그 뒤에 문사가 나온다. 무사란 무술을 잘하는 전문 직업 집단
이라는 뜻이다. 중국의 경우 춘추시기부터 소위 문사가 등장했다. 유가
(儒家)의 창시자인 공자도 무사 집단 출신이다. 공자는 키가 9척 6촌이
나 되는 무골이었으며 대단한 힘의 소유자였다. 다시 말하면 양반에서

도 무사가 먼저였다는 뜻이다. 국가의 등장은 물론 무기체계의 경쟁을 수반하는 전쟁을 통해 부족국가가 연맹이 되고 다시 국가로 통폐합 과정을 겪으며 완성된다.

무사들 간의 치열한 경쟁과 권력획득 과정이 취약하면 문화의 하부구조가 튼튼하지 못하다. 일본은 서양과 같이 중세 봉건주의를 제대로 거쳤다는 점에서 근대화와 산업화에서도 한국이나 중국에 비해 유리했다. 일본을 두고 '동양의 서양'이라고 빗대어 하는 말은 역사적 과정이나 무사도를 존경하는 점에서도 합당하다. 일본의 무사도는 서양의 기사도에 비해 전혀 손색이 없다. 일본은 한국이 선비들에게 요구하는 덕목을 그대로 무사에게 요구하였다. 따라서 일본의 무사는 단순히 칼잡이가 아니다. 말하자면 한국의 선비들과 같이 보면 된다. 이 점을 한국인들은 납득하기 어려울 것이다. 일본은 무사도를 통해서 신(神)과 접하고 영혼을 구원한다.

일본인에게 검은 단순히 무기가 아니다. 검은 일본인의 신앙이다. 이는 한국의 선비가 사서삼경을 섬기는 것과 같다. 검과 경전을 어떻게 같이 비교할 수 있느냐고 할지 모르겠지만 일본의 '검 신앙'은 우리의 '경전 신앙'보다 더했으면 더했지, 덜하지는 않는다. 일본인은 검의 정신을 통해 인의예지신(仁義禮智信)을 논한다. 무사의 인은 정(情)에 내재한다고 생각한다. 장수는 상대가 되지 않는 젊은 무사에게 이겼더라도 목을 치지 않고 돌려보낸다. "쫓기는 새가 품에 들어왔을 때는 사냥꾼도 이를 쏘지 않는다"라는 속담이 있다. 무사들은 인(仁)을 배양하기 위해 '하이구(俳句)'라는 시를 짓는 공부도 한다. "의(義)가 지나치면 굳어지고, 인(仁)이 지나치면 약해진다"는 말도 있다.

일본 무사는 명예를 중시한다. 명예를 잃으면 이미 죽은 것이나 마찬가지이다. '울지 않는 새'를 두고 어떻게 대하느냐에 따라 일본 영웅들의 개성을 엿보는 속담이 있다. 혼란기였던 일본 센고쿠 시대를 평정한 오다 노부나가는 "울지 않는 새가 있으면 죽여라"라고 한다. 일본을 최초로 통일한 도요토미 히데요시는 "울지 않는 새가 있으면 울게 만들어라"라고 한다. 도요토미 히데요시가 죽은 뒤 에도막부 시대를 연 도쿠가와 이에야스는 "울지 않는 새가 있으면 울 때까지 기다려라"라고 한다. 도쿠가와 이에야스의 인내력을 높이 사는 대목이다.

일본 무사의 충효관은 다음의 속담에서 잘 드러난다. "충이 아닌 것을 바라면 효가 되지 않고 효가 아닌 것을 바라면 충이 되지 않는다."

정권이 타락하면 "문신은 돈을 좋아하고, 무신은 목숨을 아까워한다"는 속담도 있다. 사실 어느 나라나 무신이 목숨을 아까워하면 그 나라는 존속하기 어렵다. 일본 무사들은 흔히 나라를 위해 목숨을 바치기도 하지만 때로는 명예를 지키기 위해 할복 혹은 절복을 한다. 이것은 자신의 명예를 지키기 위한 마지막 수단이다.

"명예를 잃었을 때는 죽음조차 구할 수 없다. 죽음은 치욕보다 확실한 피난처이다."

일본 무사도의 마지막엔 야마도 정신, 즉 대화혼(大和魂)이 있다. 이것은 일본 무사도의 이상이다. 대화혼은 일본 최초의 신무천황(神武天皇)이 '대화'(일본의 '나라') 지방에서 건국한 데서 비롯되는데 개성보다 협동, 부분보다 전체를 중시하여 화합, 조화, 통일을 꾀하는 정신을 의미한다. 일본은 대화혼을 서양의 기사도나 신사도와 비교한다. 일본인은 "어떻게 살까?"보다 "어떻게 죽을까?"를 생각한다. 역설적으로 '죽을까'를 생각하다보니 도리어 삶에 충실하고 삶을 극대화하는 기회를 맞는다.

일본의 무사도는 일본의 국화인 벚꽃과 자주 비교되는데 참으로 닮은 점이 많다. "꽃은 벚꽃, 사람은 무사"라는 말이 있다. 벚꽃은 아름다

갑옷을 착용한 사무라이

움 아래 장미처럼 가시나 독을 지니고 있지 않다. 자연스런 멋에 생명을 버릴 준비가 되어있는 꽃이다. 그 색은 결코 화려하다고 할 수 없지만 담담한 향기는 질리는 일이 없다. 바람이 불면 수많은 꽃잎들이 흩날리고 짧은 순간에 향기를 내고 영원히 사라진다. 이것이 무사도와 같다. 모토리 노리나가는 이렇게 대화혼을 읊었다.

"일본의 야마토 마음은 아침 해에 향기를 풍기는 산 벚꽃나무." 여기서 산 벚꽃나무라고 한 것은 일본풍토에서 자라나는 야생성을 강조한 것이다. 일본문화를 이해하는 코드는 몇 개가 있다. 그 중에서 검을 통하면 문화 전체를 관통하는 맛이 있다.

한국의 정신을 대표하는 것을 흔히 선비정신이라고 한다. 그런데 그 선비정신이라는 말에 무사와 농공상(農工商)을 업신여기는 사대주의가 숨어있는 것은 우리의 치명적 약점이다. 무(武)의 주체와 독립이 없는 선비정신은 자칫 잘못하면 사상누각이 될 수 있고, 때론 쓸데없는 공리공론에 주력하게 만드는, 명분론에 집착하게 하는 원인이 된다. 명분론이라는 것은 역사에서 매우 안이한 태도로 실익을 잃기 쉽고, 어떤 도그마의 노예가 되기 쉽다. 이때 도그마가 외래의 것이면 치명적이다. 외래의 것으로 자신의 것을 바꾸는 주객전도가 된다.

이런 주객전도는 쉽게 말하면 '남의 조상을 섬기면서 자기조상을 섬기는' 것과 같다. 몸은 한국 사람인데 정신, 즉 혼은 다른 나라 사람이다. 혼은 한 번 빠져버리면 고치기 어렵다는 점에서 치명적이다. 이런 경우 십중팔구 제 조상이 아니라는 것을 알았다고 해도 다시 다른 남의 조상을 섬겼으면 섬겼지 제 조상을 섬기지 못하는 체질이 된다. 이것이 사대주의다. 사대주의는 '반(反)문화주의'는 아니지만 주체적이지는 않다. 사대주의는 주체성의 결여로 인한 심리적으로 보상받기 위해 문화의 내용에서 항상 권력에 저항하는 '반(反)문화'를 숨기고 있다.

● ● ● ●

한국무예의 상징, 남한산성

34 한국 무(武)의 상징과 치욕, 남한산성

남한산성 하면 으레 청나라 황제에게 무릎 꿇은 인조(仁祖)의 삼전도 (三田渡) 굴욕을 떠올리고, 역사적 치욕의 장소로 생각한다. 그리고 조선의 반정(反正) 가운데 역사를 거꾸로 돌린, 인조반정을 생각하게 된다. 인조반정은 역사를 노론 중심의 수구세력의 손으로 들어가게 하고 끝내 동북아시아에서 세력 판도의 변화와 새로운 세계 문명에 적응하지 못하는 결과를 초래하였기 때문이다. 이것이 치유되기 시작한 것은 정조(正祖)에 이르러서였으니 이미 상당한 기회상실을 겪은 뒤였다.

그러나 남한산성이 한국 무(武)의 치욕으로만 존재하는 것은 너무 단견이다. 남한산성은 삼국 시대부터 현재까지 서로 다른 역사의 층에서 서로 다른 의미를 가지고 있는 한국의 상징적인 곳이기 때문이다. 삼국 시대부터 한강을 지배하는 것이 삼국의 패권에 다가가는 길이었고, 그것은 바로 남한산성 지역을 지배하는 것으로 요약된다. 신라의 진흥왕은 남한산성을 손에 넣고부터 한강을 지배하고, 중국과 교류를 원활히 할 수 있었으며, 그 때부터 세력팽창을 가속화하여 삼국통일을 이룰 수

남한산성 수어장대

있었다.

더욱이 신라는 통일과정에서 고구려, 백제를 패망시킨 뒤, 국토의 전역에서 대당투쟁의 전쟁을 오랫동안 수행했는데 이때도 남한산성은 그 요충지로 떠오른다. 남한산성의 전방기지로서의 역할, 병참기지로서의 역할을 고려하지 않고서는 통일의 완성을 생각할 수도 없게 된다. 신라는 달아나는 당나라 군대를 한강을 타고 신속하게 뒤따라가 한강 하류 파주 감악산 등지에서 승패를 가름하는 대승을 거두게 된다. 당나라가 평양의 안동도호부를 압록강 이북, 즉 요령성으로 철수하게 된 것도 바로 이곳에서 잃은 치명적인 전력손실 때문이었다고 역사가는 말하고 있다.

남한산성이야말로 한반도 전쟁에서의 승패를 가르는 지역이었음에 틀림없다. 인조가 남한산성에 피신해 있다가 스스로 항복하게 된 것도 실은 강화도의 강도(江都)가 청나라의 수중에 들어갔다는 소식을 접한 뒤 남한산성을 지탱할 능력이 없다는 종합적 판단에서였다. 역사는 실은 척화파(斥和派)냐, 주화파(主和派)냐의 문제가 아니고 무력과 국력에 의해 좌우되는 것이다. 양파의 논쟁은 이미 승패가 결정 난 상황을 수습하는 과정에서의 공리공론의 말장난에 지나지 않는다.

국가의 흥망을 좌우하는 전쟁에서 명분과 이데올로기라는 것은 헌신짝과 같은 것이다. 도덕과 명분을 위해서 전쟁에서 스스로 질 수는 없는 것이 인류사의 전쟁의 사명이다. 역사가 개인의 선악의 문제가 아닌 이상, 이데올로기라는 것은 생존 후의 문제이지, 생존을 선택하는 문제가 아닌 것이다. 이 땅에는 한 시도 무예가 없던 적이 없다. 그럼에도 우리 민족은 사대주의와 이상한 평화논리에 의해 마치 무예라는 것이 선택의 무엇인양 착각하고, 심지어 무예 자체를 경원시하고 무시하는 패배자의 논리에 길들여 왔다.

삼국 시대부터 고려, 조선을 거치면서 우리나라에 산재한 성은 1,700여 개나 된다. 이 중 산성의 모습이 온전하게 남아있는 것은 남한산성이 유일하다. 남한산성은 전체의 길이가 12km 정도이며 인체에 비유하면 한반도의 배꼽에 해당하는 아주 중요한 곳이다. 성의 주변부가 험준하며 수비하기가 뛰어나고 성의 중심부는 평지로 되어 있어 주거하기도 용이하여 산성으로서는 천혜의 조건을 갖추고 있다.

남한산성은 백제 한성 시대의 산성인 풍납토성과 몽촌토성이 지척에 있는 산성이기도 하다. 신라가 삼국을 동일한 후 당병을 막기 위해 쌓은 석축성이 지금도 남아있다. 산성은 '낮이 길다' 해서 일장성 또는 주장성이라고 불렀다. 고려는 남한산성에서 몽고군을 격퇴하기도 했다.

조선 선조 때 임진왜란이 일어나고 이어 정유재란이 일어나자 서산대사도 와서 보고 사명대사도 잠시 성의 보수를 지휘한 적이 있다. 광

● ● ● ●
십팔기 보존회 회원들의 시연

해 13년에는 경도(제2의 왕도) 보장지로 지정하고 후금의 침입을 막고자 석성을 개축하기 시작하였다. 삼전도의 치욕을 당한 인조마저도 1624년 7월 총책임자 완풍부원군 이서 장군에게 명하여 동남성은 이회, 서북성은 벽암각성대사를 책임자로 하여 2년 5개월에 걸쳐 완성하게 된다.

조선 시대에는 국가의 위기 때는 종묘사직을 남한산성으로 모셨다고한다. 다시 말하면 산성 중에 '종묘사직의 성'인 셈이다. 남한산성은 유사시 국가의 중요한 전략요충이며, 평소에는 임금이 더운 여름날 피서를 오던 곳이다. 남한산성에는 동서남북 4개의 성문과 수어장대, 행궁이 있었으며, 성을 쌓기 위해 모여든 팔도의 승병이 머물렀던 8개의 사찰들과 승병의 사령부에 해당하는 장경사가 있었다.

호국불교의 정신을 계승한 승군(僧軍)은 임진왜란 때 혁혁한 공을 세웠으나 그 공에 대한 예우는 없었다. 이는 당시 정권을 잡고 있던 성리학 사대부들의 척불사상에서 기인한다. 사대부들은 과거에서 승과를 폐지함으로써 불교인재 양성을 사전에 막았다.

"조선 초기 승려에게 주어진 직위는 왕사 국사로서의 역할이었다. 태조 2년에는 승록사에서 경행을 청했다. 조선의 승려들을 총괄했던 승록사였다. (중략) 태종 시기에는 승려들에게 승록사를 정해 대선이라는 직위를 다수의 승려들에게 주었는데 종파는 7종이었다. 세종은 7종을 통합하여 선교양종으로 승려들을 선발했다. 세종은 승려들을 정치적으로 유학과 논쟁하도록 하였지만 성균관 유생들의 승과를 폐지하려는 음모로 인해 연산군 10년에 승과 시험제도를 폐지하고 말았다."[10]

다행스럽게도 임진왜란을 앞둔 명종 조에 승과가 부활하게 된다. 1545년 명종이 즉위하자 수렴청정을 하고 있던 문정왕후는 허응당(虛應堂) 보우(普雨, 1515~1565) 선사를 청하여 승과를 다시 세우게 하고, 명종 7년 선교양종에서 승려를 선발한다. 선조 25년 임진왜란이 발발하자 조선 승통(팔도선교도총섭)을 임명받은 휴정은 의엄, 유정, 처영 등을 승군대장으로 임명하고, 전쟁에 참여하게 된다.[11] 승군은 임진왜란을 통해 큰 공적을 세우고 호국불교의 전통을 새롭게 수립한다.

남한산성은 호국불교의 성지이다. 남한산성은 또 중국의 간섭을 받던 조선이 예비군을 숨겨놓은 곳이기도 하다. 소위 '어중이떠중이'라는 말은 산성 일대에서 무예를 수련하고 숙식을 해결하던 무리, 혹은 승려에게 붙여진 이름이다. 조성에서 유사시를 대비해서 암암리에 양성한 중이 '어(御)중이'이고, 떠돌아다니던 중을 '떠중이'라고 했다고 한다.

10　진관·운봉·도관,『조선 승군 사상사 연구』, (한강, 2019), 20~21쪽.
11　진관·운봉·도관, 같은 책, 19~20쪽.

말하자면 오늘날 예비군과 같은 군대가 이곳에서 양성된 것이다.

남한산성은 다원다층적인 역사의 현장이다. 세계에서 하나뿐인 무경(武經)인『무예도보통지(武藝圖譜通志)』도 남한산성과 무관하지 않다. 십팔기의 역사는 임진왜란, 병자호란과 불가분의 관계가 있기 때문이다. 무예의 정비에 소홀했던 조선왕조는 임란을 당하고서야 병장무예체계를 정비했는데, 전란 중에 명군으로부터 척계광(戚繼光)의『기효신서(紀效新書)』를 구해보고 그 기예를 받아들인다. 전란 후 이를 바탕으로『무예제보(武藝諸譜)』라는 최초의 무예서를 편찬하게 된다. 여기에는 왜구를 상대하기에 효율적인 장창, 당파, 낭선, 쌍수도, 등패, 곤봉의 6가지 무예가 실려 있다.

그 후 광해군에 이르러 후금이 대두되자 다시 무예를 정비하게 되는데, 이때『무예제보번역속집』을 펴내어 권법, 월도, 협도곤, 왜검을 정리하였다. 임란 때 일본의 보병을 상대하던 6기로는 북방의 기마병을 상대하기에는 역부족이어서 긴 병장기인 월도와 협도곤을 서둘러 정비시켰던 것이다. 그러나 국제정세에 역행한 조선은 인조반정으로 인해 청나라의 의심을 사게 되고, 역공에 해당하는 병자호란을 맞게 되어 제대로 싸워보지도 못하고 항복하고 만다.

조선은 효종, 숙종을 거치면서 꾸준히 무예체계를 다듬어 나가는데, 영조 시기 사도세자가 섭정할 때 기창, 본국검, 제독검, 편곤 등의 기예가 추가되어 18가지의 무예와 응용종목인 마상 4기가 완성된다. 여기서부터 '십팔기(十八技)'라는 우리 무예의 명칭이 시작되었다. 이때 편찬한『무예신보(武藝新譜)』는 멸실되어 현재 전해지지 않는다. 다행히 그의 아들 정조가 십팔기 교본으로『무예도보통지(武藝圖譜通志)』를 펴내어 십팔기를 영구히 전하게 하였다. 이후 조선의 모든 병사들은 이 십팔기로 군사훈련을 받았으며, 당연히 십팔기는 무과의 시취과목이

●●●●

남한산성 수어장대에서 시연을 벌이고 있는 십팔기 보존회 회원들

되었다.

　일부학자들은 병자호란은 실제로 청 태종이 군사를 이끌고 한양을 비롯하여 조선반도 깊숙이 들어왔지만 생사를 겨룬 전쟁의 흔적이 별로 없다고 한다. 단지 청나라가 명을 치기 위해 후방세력인 조선을 닦달한 것에 지나지 않는다는 주장이다. 북방세력을 오랑캐로 대하는 고려나 조선과 달리 한민족을 그렇게 적대시하지는 않았다는 설도 대두되고 있다. 한반도에 들어온 한민족은 그 후 농업문화의 발달과 더불어 문화적으로 급속하게 중국화 되고, 사대하게 되었지만, 핏줄보는 여선히 북방족의 주류가 한민족이기 때문에 그들은 같은 핏줄이라는 의식이 남아있던 까닭이다. 조선을 건국한 이성계 가문도 실은 몽골 웃치킨 왕조의 만주군벌 출신이었다는 사실은 앞에서 언급하였다. 한민족은 본래 고조선(古朝鮮)과 부여(扶餘), 고구려에서 보듯이 북방에 본거지

를 둔 민족이었다.

조선은 한양을 지키기 위해 동서남북 4곳에 유수부를 두었는데 동에는 광주 남한산성, 서는 강화, 남은 화성, 북은 개성이다. 유수는 한 달에 한 번 열리는 어전회의에 참석할 수 있었다. 또한 남한산성의 수어청은 오늘날의 수도방위사령부 역할을 했다. 그렇기 때문에 유사시를 대비해 항상 50일분의 식량을 비축했다. 남한산성을 지키던 수어청 군사들과 승병들이 십팔기를 연무하는 것은 당연지사이다. 남한산성은 유네스코 세계문화유산(2014년)에 등재되어 있다.

35 무(武)가 국가 브랜드인 나라가 강대국

 각 나라의 화폐를 보면, 그 나라의 성향을 어느 정도 알 수 있다. 문의 나라인가, 무의 나라인가. 국가 상징은 화폐를 비롯하여 문화 전반에 숨어 있다. 우리나라는 세종대왕, 이퇴계, 이율곡 등 모두 문(文)의 인물이다. 공교롭게도 모두 이(李)씨 성을 가졌다. 성웅으로 받들던 이순신 장군도 어느 순간 밀려나고, 100원 짜리 동전엔 이름 없는 양반 얼굴 하나만이 달랑 남았다. 고(故) 정주영 회장이 1971년 울산 바닷가에 조선소를 짓기 전 영국의 바클레이 은행 사장을 만나 거북선이 그려진 500원 짜리 지폐를 보여주며 설득한 끝에 선박을 수주하고 차관까지 도입한 일화가 있다. 왜구를 물리치고 조선 입국의 선봉장이 되었던 그 거북신마저도 소리 소문 없이 슬그머니 치워 버렸다. 이제 독도는 누가 지키나?
 성리학이 아무리 융성했다고 해도 우리가 오리지널리티를 가진 것이 아니다. 오늘날 미국의 실용주의도 그렇다. 우리가 아무리 실용주의를 표방하더라도 실용주의는 미국의 필요에 의해 생긴 미국의 것이다. 잠

최근 발견된 이순신 장군 초상화

시 우리가 그것을 사용하고 있는 것뿐이다. 외래 숭문주의는 자칫 사대주의로 흐르기 쉽고, 마치 외국에서 들어온 것이면 좋고 옳고, 자기 것은 나쁘고 보잘 것 없는 것인 양 은연중에 생각하게 만든다. 외래문화가 수입한 나라의 것이 되려면 토착화되어 다시 땅에서부터 새로운 변형으로 솟아날 때 그 나라의 것이 된다. 그렇지 않으면 언제나 뒤따라가야만 한다. 안이한 선진주의나 세계주의는 모방주의가 될 함정을 파놓고 있다.

문은 무에서 솟아나야 진정한 것이고, 순박한 것이고, 샘솟는 것이고, 힘이 있다. 무에서부터 문으로 솟아나지 않기 때문에 우리문화는 독자적인 로직(logic)을 만들지 못한다. 로직은 밖에서 들어오는 것, 즉 하늘에서 떨어지는 것이 아니다. 그런데 우리는 흔히 보편성을 밖으로부터 들어오는 것이라고 단정한다. 이는 보편성을 한 번도 만들어보지 못한 때문이다. 신라가 삼국통일을 한 것은 비록 당시 선진문화의 대열에서는 뒤졌지만 차근차근 자신의 토착성에서 힘을 길렀기 때문이다. 화랑도의 정립이나 토착종교인 무교와의 갈등으로 인한 이차돈의 순교 등을 통해 불국토라는 이상을 확고하게 확립하였기 때문이다.

인류 역사상 문(文)에 빛나는 나라는 많았다. 철학의 나라 그리스, 인류 문명의 발상지인 이집트와 인도, 그리고 중동의 수메르 문명. 이들도 실은 세계를 제패할 당시는 무력을 바탕으로 건설되었으며 나중에 문약에 빠지면서 멸망해갔다. 4대 문명의 발상지는 오늘날 세계의 주변부에 머물러 있으며, 중국도 몇 해 전까지만 해도 이런 무기력한 나라에 속했다. 왜 그런가.

물론 이런 나라들도 고대 번성기에는 당연히 무(武)를 숭상하고 문(文)을 꽃피웠을 것이다. 이들 나라는 오늘날 조상의 문화적 영화를 관광상품화 해서 먹고살고 있다. 물론 다시 일어서는 나라도 있긴 하지만 대체로 옛 영화를 회복하기는 어려운 것 같다. 이들 나라

일본의 사무라이 정신은 에도 시대 때 정립됐다. 그 후 일본은 강대국이 되었다.

중 동양권에 있는 인도나 중국은 오늘날 새로운 강국으로 부상하고 있다. 이것이 문명의 서진(西進)에서 유럽, 미국을 거쳐 다시 동(東)으로 돌아온 것인지는 모르겠지만 아무튼 태평양시대가 도래하고 있다.

문무(文武)의 조화는 강대국을 형성하고 유지하는 제1의 철칙이다. 모든 제국의 상징인 로마도 흥망을 거쳤지만 최전성기에는 문무가 균형을 이루었다. 그런데 유의할 것은 문보다는 무를 국가적 브랜드로 가지고 있는 나라가 강대국이라는 점이다. 숭문(崇文)만을 강조하는 나라는 아마도 우리밖에 없을 것이다.

오늘날 세계사의 흐름에 주도적인 역할을 해내고 있는 나라들은 대체로 무(武)가 국가 브랜드이다. 무사도(武士道)의 일본, 무협(武俠)의 중국, 기사도(騎士道) 정신을 이어온 서유럽의 국가들, 그리고 라이플 한 자루를 들고 광활한 서부 개척을 실현한 프론티어 정신의 미국이 그

렇다. 이 국가들은 한결같이 무(武)를 추구하면서 문(文)의 꽃을 피워나가고 있다. 진취적이면서 역동적인 민족의 역량을 마음껏 발휘하면서 번영을 구가하고 있는 것이다.

고대 그리스의 지중해 해상무역 독점, 알렉산더 대왕의 동방원정, 로마제국, 중국 한무제(漢武帝) 때의 실크로드 개통과 수당(隋唐)의 번영, 명(明) 정화(鄭和)의 해상원정, 몽고제국과 마르코 폴로의 『동방견문록』, 콜럼버스의 신대륙 발견, 마젤란의 세계 일주 등, 모두가 세계사에서 위대한 번영의 순간을 나타내는 이정표들이다. 우리 역사에서 이와 비슷한 것을 찾는다면 통일신라 때의 혜초와 장보고 정도일 것이다.

'모든 길은 로마로 통한다.' 이 말은 거꾸로 읽으면 '로마는 모든 길로 통한다'는 말이 된다. 사방, 아니 모든 곳으로의 문이 활짝 열려 있었다는 말이다. 이 말은 오늘의 강대국이나 제국주의 나라에도 그대로 적용된다. 팍스 아메리카나, 중국의 중화주의도 같은 것이다. 중국의 중화주의는 이미 동남아의 화교를 중심으로 팍스 차이나를 형성해가고 잇다. 중국도 문화혁명 기간의 문화파괴의 기간을 지나 등소평의 개방정책으로 선회하면서 새로운 문예부흥시대를 맞았다.

강대국이 되는 요건에는 큰 나라든, 작은 나라든 공통적으로 '개방'이란 단어가 등장한다. 구한말 대원군의 쇄국정책은 동도서기, 위정척사의 미망 아래 결국 나라를 일본에 내주고 말았다. 문호를 열려면 무력이 강하든, 약하든 무력을 정비하지 않으면 안 된다. 문호를 개방한 나라가 이미 강대국이 된 경우가 많다. 문호를 열지 않은 나라는 이미 약소국이 되어 있거나 약소국이 될 개연성이 높은 나라이다. 대한민국이 오늘날 중선진국이 된 것도 무(武)의 정신으로 해외에 참전하고, 해외시장을 개척하는 것에 힘입어 달성된 것이다. 이는 오래 동안 농업에 의존하면서 중국에 사대해오던 것과는 달리 6.25 전쟁 후 생존의 단말마적 상황에서 북방유목민족의 DNA가 발동하여 그렇게 된 것이다.

호전적이고 행동적인 유목문화는 무(武)의 특성이 강한 반면, 방어적이고 사변적인 농경문화는 문(文)의 특성을 많이 지니게 된다. 사막문화는 잔인하고 배타적이다. 강탈하고, 죽이고, 속이고, 훔치지 않으면 살아가기가 힘들다. 농사를 지을 수도 없고 목축이나 장사를 해서 먹고살아야 하는데, 이것도

● ● ● ●
일본의 사무라이

대부분 떠돌며 대상(隊商)을 해야 한다. 힘들고 위험하며 언제 목숨을 잃을지 모른다. 그래서 모든 남자는 칼을 차고 다닌다. 척박한 환경만큼이나 법도 잔인하다. 이에는 이, 눈에는 눈, 도둑질하면 손을 자른다. 강간하면 돌로 쳐 죽인다. 오죽하면 세계 최초의 성문법이 이곳 사막에서 태어났겠는가. 그렇게 하지 않으면 도저히 질서를 잡을 수 없기 때문이다.

유목민족의 종교는 배화교(페르시아, 현재의 이라크 지역)를 제외하면 현재 유대교, 기독교, 이슬람교 등이 활성화되어 있다. 모두 절대적이고 배타적인 신을 모신다. 절대적이고 배타적인 신을 모신다는 말은 바로 인간사회에도 그러한 것을 요구한다는 말에 다름 아니다. 절대적이고 배타적인 것은 바로 안으로는 질서를 유지하는 데 유리할지 모르지만 밖으로는 갈등과 전쟁을 유발한다. 이들 유목민족과 유목민족의 종교는 타 종교나 타 종족과 타협을 잘 하지 못하고, 화합과 포용의 관습

이 부족하여 공존하는 데 취약하다.

그리스도교가 이런 문화에 대한 반작용으로 생겨나 모든 사람을, 심지어 원수조차도 사랑하라는 아가페적 사랑을 권고한다. 이는 일종의 문화적 반작용이다. 카스트의 인도에서 절대평등의 불교가 생겨난 것과 유사하다. 그러나 예수는 유대인인 바리새인들의 불신과 선택에 의해 십자가에 못 박혀 죽고, 기독교는 이들 지역에서 결국 쫓겨나고 만다.

기독교는 유럽의 농업 문화권으로 건너가 그 뿌리를 내렸지만, 역시 종교적으로는 타 종교(다른 신)를 인정하지 않는다. 문학 또한 마찬가지이다. 대표적인 중동문학인『아라비안나이트(천일야화)』는 이러한 사막문화의 특징을 잘 나타내고 있다. 우선 이야기의 지역적 범위가 중동지역뿐만 아니라 인도, 중국, 유럽 등 무척 광범위하다는 것이다. 이는 대상무역을 통해 동서양의 온갖 이야기들이 다 모여들었음을 의미한다. 대상무역이라는 것은 무(武)의 뒷받침이 없으면 결코 하기 어려운 것이다.

『천일야화』의 줄거리는 대부분 모험에의 권유이다. 게다가 그 모험을 위해서 필요한 지혜와 용기, 호기심을 강조한다. 끊임없는 여행, 위험과 탈출, 위기와 모면, 보물과 도적, 양탄자와 온갖 괴물들 등. 그리고 그 무엇보다도 아름다운 공주와의 황홀한 사랑. 이런 먼 나라의 이야기들을 어린 '사내아이들'에게 끊임없이 들려주어, 성인이 되면 하나둘씩 대상에 딸려 떠나보내야 했던 것이다. 사막은 아니지만 산악지역이었던 고대 그리스 역시 무역과 전쟁으로 먹고 산 국가였다.『이솝 이야기』또한『탈무드』나『아라비안나이트』와 같이 대표적인 지혜문학의 하나이다.

기사(騎士)란 중세 유럽의 상류사회에서 활동하던 기마무사(騎馬武

土)를 가리킨다. 따라서 기사 정신은 서구 상류 사회의 문화 정신이다. 기사제도에서 생겨 난 기사문화는 확실히 폐쇄적 인 상류사회의 귀족문화였다. 그것의 문화정신 역시 귀족문 화 정신이 될 수밖에 없었다. 기사제도 가운데 기사와 평민 은 왕래할 수 없다는 규정이 이를 잘 나타내 주고 있다. 그 것은 신분을 중히 여기고, 자 기 수양에 힘쓰며, 맹세를 지

••••
중세유럽의 기사

키고, 법규를 존중하는 사회 등급의 문화정신이었다. 기사 신분을 갖게 되는 것은 무사가 상류사회에 진입하게 되는 표시였으며, 이는 일반적 으로 세습되었다.

11~13세기에 가장 왕성한 기사제도가 발전하면서 그리스도교도로 서 이상적인 기사상(騎士像)이 널리 퍼졌다. 교회를 존중하고, 영주와 군대의 상관에게 충성하며, 자기 명예를 지키는 이가 기사의 이상형이 었다. 이런 이상에 가까운 기사들이 나타난 것은 11세기 말부터 유럽 그리스도교 세계의 기사들이 교회를 보호한다는 공동 대의 아래 모였 던 십자군 전쟁 때였다. 그들은 교회를 존경하고 영주에 충성하며, 용맹 함과 명예심 그리고 예의바름을 기사가 반드시 갖추어야 할 덕목으로 삼았다.

기사는 또 교회에서 보호하는 선교사, 참배자, 과부와 고아를 보호한 다는 선서를 하여야 했다. 이리하여 기사는 심리적으로 주종관계를 초

월하는 사회적 의무감을 갖게 된 것이다. 그것은 인격 평등의 관념을 구현했을 뿐만 아니라, 사회 정의가 상징하는 종교정신의 행동 준칙이었다. 비록 자신의 주인을 위해 봉사하였지만, 정의를 지키고 남을 위해 봉사하는 것을 기사의 좌우명으로 삼았다. 이 같은 추상적이며 초월적인 정의, 진리에 대한 충성과 의무감은 후대 유럽정신의 이성주의와 인도주의의 기원이 되었다. 바로 이런 점에서 기사정신은 무조건적이고 절대적인 동양의 충(忠)과 확연히 구별된다.

서유럽의 문명 중 보편적인 문화 성격에 가장 깊은 영향을 준 것은 분명 중세 기사정신의 특징들이다. 기사도는 개인의 명예감이 기초가 된 인격 정신인 동시에 기사 준칙을 자각적으로 준수함으로써 자신의 행동방식을 규범화하였다. 기사에게 직무에 충실하고, 용감하게 전쟁에 참가하며, 허락한 말은 반드시 지키고, 약자를 도와줄 것을 요구한 것이다. 만약 그들의 명예가 모욕이나 의심을 받게 되면 결투의 방식으로 자신의 명예를 회복하였으며, 궁중 예절을 익혀 고상한 기풍을 소중히 하였다. 또한 귀부인을 위해 봉사하고 사랑하는 '기사도적인 사랑'을 하기도 했다. 기사정신은 상층의 귀족문화 정신으로 개인 신분의 우월감이 기초가 되어 높은 곳에 위치하고 있는 도덕과 인격 정신이다. 또한 여기에는 서양민족의 고대 상무정신의 적극성이 응집되어 있다. 이는 신라의 화랑정신과 지극히 유사하다.

기사도 정신, 그리고 신사도. 현대 유럽인들은 이를 통해 개인의 신분과 명예를 중시하여 기품과 예절, 겉으로 드러나는 행동에 대해 신경을 쓰며, 정신적인 이상을 숭상하고, 여자를 존중하는 낭만적인 기질을 동경하도록 했다. 또한 공개경쟁, 공평경쟁이라는 페어플레이 정신을 형성하고, 약자 돕기를 좋아하며, 이상과 명예를 위해 희생하는 호쾌한 무인(武人)의 기질과 품격을 물려받은 것이다. 오늘날 스포츠를 통해 구현하고자 하는 이상적인 인간정신인 스포츠맨십 역시 이 기사도 정신에 다름 아닌 것이다.

일본은 여러 면에서 유럽과 닮았다. 사무라이 정신이라는 것은 유럽의 기사도에 해당되는 것이다. 일본의 무사(武士)는 나라(奈良) 시대 말기, 대략 770년 전후에 나타난다. 당시 고닌(光仁) 천황이 쇠락하고, 귀족세력인 영주(領主)들이 득세한다. 그들은 자신들의 세력을 확대하기 위해 부하와 가솔들을 무장하게 하는데, 이들을 '무사(武士)'라 칭하였다. 처음에는 신분이 낮은 신하들과 노예들로 구성되었는데, 이들은 오직 자기 주인에게만 복종하는 특수한 집단이었다. 이후 영주들의 권력투쟁이 계속되고 격렬해지자 이들의 신분도 점차 상승하여 주요한 사회집단으로 자리 잡게 되었다. 1192년, 관동지방의 무사집단이 가마쿠라(鎌倉)에서 군사 권력 기구인 바쿠후(幕府)를 설립하여 중앙정권을 통제하는 세력으로 성장했다. 1603년 도쿠가와 이에야스는 법령으로 무사의 신분을 고정시켜 사농공상(士農工商)의 우두머리로 정하였다. 무사가 일본사회의 주요한 통치 계층이 된 것이다.

개화기 일본의 야만성을 무덕(武德)으로 승화시킨 니토베 이나조 덕분에 서양인들은 제일 먼저 '무사도'를 통해 일본을 알게 되었고, 나아가 일본문화 전체를 그러한 시각으로 보게 되었다. 또 일본인들은 그 시각에 맞춰 자신들의 민족성을 끊임없이 개조(발전)해 나갔다고 할 수 있다. 게다가 현대적인 유럽의 기사제도를 받아들여 귀족들에게 작위를 수여하기도 하였는데, 한국인들 가운데 다수의 충일(忠日) 인사들도 여기에 포함되어 있다. 아무튼 '무사도'는 일본 최고의 상품이다. 오늘날에는 비록 스포츠화 되었지만 검도(劍道)가 그 정신을 이어나가고 있다(도움말 무예연구가 신성대).

검도는 일본의 국기이다. 현재처럼 경기체육화한 검도는 무예로서의 기예는 거의 없어졌지만, 결코 단순한 스포츠는 아니다. 칼(刀)은 일본의 민족정신, 즉 대화혼(大和魂)을 상징한다. 중국에 있어 협(俠)은 유(儒)와 마찬가지로 선진(先秦) 시대에 나타나 지금까지 계속 존재해 오고 있는 오랜 역사를 지닌 사회계층이다. 협(俠)과 유(儒)의 문화정신은 일종의 초월 의미(超越意味)를 내포하고 있어 심리적으로 광범위하고도 지속적인 영향을 주며, 중국 문화의 심층구조에 침투해 있다. 중국 지식인의 영혼 속에 유(儒)의 그림자가 숨겨 있다면, 중국 평민의 마음 깊은 곳에는 협(俠)의 그림자가 희미하게 반짝이고 있다.

36 '영원한 문화'와 '무(武)'의 정신

중국 양(梁)나라 소명태자(昭明太子) 소통(蕭通)은 "문화(文化)로써 내부를 화목하게 하고, 무덕(武德)으로써 밖으로 멀리까지 미치게 한다"고 하였다. 이것은 나라를 이끌어가는 문무균형의 태도를 가장 효과적으로 표현한 말이다. 또 아무리 통치를 잘 하였다고 하더라도 '영원한 제국'은 없다고 한다. 이 말은 한때는 제국을 형성하였다고 하더라고 자체 결함이나 영고성쇠라는 대자연의 법칙에 의해 멸망하게 된다는 말이다. 그러나 망했다고 하더라도 제국은 남는 것이 있다.

제국의 문화는 대체로 후대에 '문화 브랜드'로 남는다. 이 말은 제국의 문화는 비록 망하였다고 하더라도 인류문화의 상징으로 여전히 인류에게 영향을 미친다는 뜻이다. '영원한 제국'은 없지만 '영원한 문화'는 있다는 말이다. 그런데 제국 가운데서도 후대에 강대국 혹은 선진국을 구가하는 나라도 있지만 그렇지 못하는 나라도 있다. 고대의 이집트, 인도, 그리스를 들 수 있다. 이집트와 인도는 인류 문명의 발상지로, 인류에 기여한 바가 지대하다. 또한 신화와 문학, 그리고 철학과 민주주의

모든 국가는 무(武)에 의해 개국되고, 무인정
신이 사라지면 나라는 없어졌다.

의 나라 그리스 역시 그 어떤 나라에 못지않은 지대한 공헌을 하였다.

이들 나라들은 그 유구한 역사만큼이나 위대한 업적에도 불구하고 이후 세계사에서 이렇다 할 주도적인 역할을 하지 못하고 있다. 오히려 위대한 역사와 업적이 무거운 짐이라도 되었다는 듯이 말이다. 이 세 나라는 공통적으로 뭔가 빠진 듯한 느낌을 주고 있는데, 그건 바로 힘이다. 과거의 위대함에 비해 지금은 도무지 역동적인 힘이 느껴지지 않는다. 좀 더 구체적으로 이야기하자면 무력(武力), 즉 무(武)의 힘을 발산하지 못하고 정체된 채 과거의 유산이나 자랑하며 관광 수입으로 먹고사는 나라처럼 보인다는 것이다.

이에 비해 로마제국을 무너뜨린 게르만족, 역사상 가장 큰 영토를 점령했던 칭기즈칸의 나라 몽고제국, 그 외 세계사에서 혜성처럼 나타났다가 사라져 간 무수한 왕조들, 이들은 모두 무력(武力)으로 일어났다가 그 먼지가 채 가라앉기도 전에 수명을 다해 버려 겨우 책갈피 속에서나 그 흔적을 확인할 수 있을 따름이다. 넘쳐나는 힘으로 거대한 영토를 차지했지만 이를 다스릴 능력, 즉 문(文)이 부족했던 것이다.

무(武)는 도모하지만 문(文)의 반려가 없으면 오래가지 못한다. 문(文) 또한 무(武)의 보호막 없이는 꽃을 피울 수 없는 것이다. 무(武)는 동적이고 도전적이며 분출하고자 하는 욕구를 지닌다. 이에 비해 문

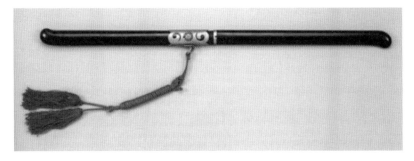

●●●●
태극을문자장도(太極乙紋字粧刀), '을(乙)'자를 길게 늘인 것과 같아 을자장도라고 부르기도 한다. 장도 중에서도 길이가 긴 대형의 호신장도이다. 칼집에 태극문양이 상하로 투각되어 있다.

(文)은 정적이고 여성적이다. 또 변화를 싫어하고 현실에 안주하려는 경향이 강하다.

인류문명의 가장 전형적인 두 문화를 비교해 보자. 고대 그리스인들은 생존을 위해 끊임없이 투쟁해야 했으므로 어떻게 하면 재화를 획득할 수 있는지를 경쟁하였다. 따라서 철학적으로도 자연에 대한 인식과 자연을 개조하는 지식과 능력에 중점을 두고 발전해 왔다. 확실히 고대 그리스는 문무(文武)가 함께 꽃피운 시기였다. 이에 비해 우월한 자연 조건하에서 자급자족의 농업문명을 이루어 온 중국인들은 어떻게 하면 현재 상태를 유지해 나갈 수 있는지를 생각했으며, 철학적으로도 현실적인 인륜과 사회관계에 중점을 두게 되었다.

오늘날, 지구상 몇 인 되는 독재국가 중 북한과 쿠바는 극난적인 무(武)의 문화를 지닌 나라이다. 독재정권이란 무(武)를 통치 수단으로 삼는데, 한 가지 장점은 밖에서 쉽사리 넘보지 못한다는 것이다. 이런 나라들은 대개 국력이라 할 것도 없을 만큼 백성들이 핍박받고 가난하지만 호전적이어서 이웃 나라가 침략할 수 없다. 차지하려면 상당한 대가를 치러야 하고, 또 지배하는 데도 만만치 않기 때문이다. 왜냐하면 무(武)만은 살아 있기 때문이다.

반대로 문치(文治)의 왕조(정권)가 들어서면 백성들은 상대적으로 훨씬 살기가 편해진다. 문(文)은 꽃을 피우지만 무(武)는 소홀히 하게 된다. 조선 5백 년이 그랬다. 이웃 나라들과의 분쟁은 가능하면 피하려고 해서 태평성대를 구가하기도 한다. 하지만 주변 국가 중에 호전적인 정권이 들어서거나 안으로 어지러운 틈을 타 반란이 일어난 경우, 자칫 나라를 빼앗기거나 정권을 찬탈 당할 우려가 있다. 우리의 현대사에서 이승만 정권과 북한의 김일성 정권이 좋은 비교의 예가 된다.

그렇다면 오늘날 여러 국가들 중 문무(文武)의 성향이 적절히 조화를 이루고 있는 나라는 어디인가. 무사도(武士道)의 일본, 무협(武俠)이 살아 있는 중국, 기사도(騎士道, 紳士道) 정신이 이끌고 있는 유럽 선진국들, 총(銃)의 나라 미국이 그 대표적인 예라 할 수 있다. 이들 국가는 하나같이 문화적으로 깊이 성숙되어 있으면서도 진취적이고 역동적이다. 결코 주변 나라가 어떻게 해볼 수 없는 강한 힘이 느껴진다.

무(武)는 항상 드러내고자 하는 속성을 지닌다. 또 당연히 그래야 하는 것이기도 하다. "그래, 싸움(전쟁)이라면 결코 사양하지 않겠다. 언제든지 도전을 받아 줄 준비가 되어 있으니, 잘 보라" 하면서 끊임없이 과시하고 위력을 보여주어야 한다. 오늘날에도 강대국 약소국 할 것 없이, 수시로 군사 훈련을 벌이지 않는가. 그것이 곧 무비(武備)이다. 그리고 그것은 항상 최소한이 아닌 최대한이 되어야 한다. '설마' 혹은 '아무렴 그럴 리가'라는 무책임한 생각에 무비를 낭비적이라고 여겨 최소한의 것을 주장하는 이가 있다면, 그는 초등학교 과정 역사공부부터 다시 시작해야 할 것이다.

우리나라의 역사만 보더라도 신라의 문무겸전(文武兼全), 고려의 문

(文)과 무(武)의 반전, 조선의 문치(文治)로 대변할 수 있다. 또한 현대사에서도 김일성과 이승만의 문무 대립에 남북분단에 이어, 박정희와 전두환의 군사정권 대(對) 소위 민주정부인 김영삼(문민정부)과 김대중(국민의 정부), 그리고 노무현의 참여정부를 들 수 있다. 통일도 좋지만 통일 이데올로기로 국가 정체성을 흔들고, 민주도 좋지만 허구의 민주주의로 국가혼란을 자초하는 일은 삼가야 할 것이다. 한쪽에서는 전함을 격침하고, 다른 쪽에서는 그 격침을 유엔에 호소하고 있는 것이 우리의 엄연한 현실인 것이다. 한쪽에서는 무단(武斷)에, 다른 쪽에서는 문약(文弱)에 흐르는 것이 오늘의 현실이다.

신라 화랑의 제도는 로마의 그것과 많이 닮아있다. 로마는 전쟁이 나면 귀족이나 그 자제들이 기치를 내걸고 나서면 수많은 젊은이들이 각자가 원하는 사람 밑으로 모여 함께 싸웠는데, 그것이 로마의 전형적인 군대였다. 일종의 사병제도인 셈이다. 고려 시대에는 과거제도의 도입으로 문무가 나눠지면서 갈등이 시작되었다. 무신정권의 권력다툼은 중세 일본의 전국 시대와 흡사했다. 그러나 몽고에 항복하면서 무장해제 되고 여기에서부터 우리 민족의 무혼(武婚)이 사라지게 된다. 이후 나약한 민족, 문민의 나라, 藤蛟勢(등교세), 사대의 나라의 길을 걷게 된다.

오늘의 한반도 통일은 신라의 삼국통일을 본보기로 할 필요가 있다. 다른 나라의 통일이나 주변국의 호의를 전제하고 구상을 하는 것보다는 우리의 통일 경험을 준거로 하는 것이 가장 확실하기 때문이다. 신라는 고구려와 백제를 멸망시킨 뒤 반도에서 물러가지 않고 도호부를 설치하여 현지 경영을 하려던 당나라와 7년간의 투쟁 끝에 결국 안동도호부를 압록강 이북으로 몰아내고 통일 위업을 달성한다. 문무대왕의 대당투쟁과 같은 끈질김과 자주성이 없었으면 불가능했을 것이다.

● ● ● ●
일본 사무라이들의 전쟁 모습

　중국과 미국, 일본과 러시아, 어느 누구도 한반도의 통일을 좋아하지 않을 것이다. 남북합의에 의해 통일을 한다고 하는 것은 참으로 현실성이 없는, 이상적이지만 어리석음의 극치이다. 이것은 참으로 분단을 자초한 한국인다운 발상이다. 설사 그러한 기회가 온다고 하더라도 국력이 뒷받침되지 않으면 통일은 실현되지 않는다. 통일은 반드시 어느 한쪽이 다른 한쪽을 압도하는 국력(國力=武力+文力)을 가지지 않으면 안 된다.

　병자호란 때 인조가 한 번도 제대로 싸워보지 못하고 항복한 것을 두고 억울해 하면서도, 고려의 무신정권이 세계제국인 몽고에 항복하지 않고 끝까지 저항한 것을 두고 어리석은 처사로 폄훼하기도 한다. 부처님의 힘으로 나라를 구하겠다고 팔만대장경을 만든 일은 장한 일이고 끝까지 마지막 목숨 하나까지 다 바쳐 산화한 무장들의 저항은 미련한 일이라는 식의 이중적인 역사관을 갖고 있다. '무혼'의 상징인 삼별초의 정신을 되살리고, 화랑정신을 이어받아야 한다.

신라에서부터 내려오는 무형의 문화로 오늘날까지 전해져 오는 처용무와 십팔기 중 일기인 '본국검'이 있다. 본국검은 『무예도보통지』를 만들 당시 그 연기를 신라의 황창랑(黃昌娘)에 둔다고 기술하고 있다. 이 본국검을 통해 신라 화랑의 상무정신을 조선에 잇고자 하는 바람에서 그 이름을 '본국검'이라 한 것이다. 화랑정신은 상무정신이고, 귀족들의 솔선수범이며, 문무겸전, 그리고 통일정신이다. 로마정신과 같으며, 중세의 기사정신, 일본의 무사정신과 그 맥을 같이 하고 있다.

이 같이 귀한 문화를 오늘에 되살리지 못하는 것은 민족의 슬픔이고 못난 후손의 무지함에 다름 아니다. 정작 세계적인 보물을 손에 쥐고도 그 가치를 모르고 있으니 어리석다는 말밖에 달리 표현할 길이 없다. 임진왜란을 물리친 성웅 이순신 장군의 칼이 행방을 모른 채 어딘가에서 호곡을 하고 있는지도 모른다.

조선왕조 5백 년을 거치는 동안 무(武)와 무예정신(武藝精神)에 대한 인식이 (문화, 철학 등 모든 방면에서) 거의 결여되어 있으며, 일반인은 물론 심지어 무예인들조차 상식적인 것도 모른 채 만화며 영화 등을 만들어내 실소를 자아내게 하고 있다. 물론 과거 봉건시대, 또는 그 이전의 가치관과 정신을 그대로 살려 오늘의 법도로 삼자는 것은 아니다. 시대에 따라 그 가치관이 바뀔 수밖에 없는데 옛것을 고집한다는 건 어리석은 일이다. 지난 시대의 유물, 혹은 현대에서의 오락 또는 볼거리,

그리고 호신술 정도의 가치밖에 못 느끼는 일반인들이라도 무예에 대한 가치를 새로이 인식해야 할 것이다.

비록 5백여 년 동안 잊고 있었지만, 우리 민족의 핏속에는 진취적인 무예정신이 녹아 있다. 그것은 우리 민족정신의 무한한 자양분이다. 내재된 무(武)의 기질이 바르게 어떤 행동으로 표출되지 못하고, 변칙적으로 발산되면서 여러 가지 바람직하지 못한 국민성으로 나타나는 것은 아닐까. 아무튼 문무(文武)의 균형을 잡는 일이 무엇보다도 시급한 일이라고 생각한다.

오늘날 우리 민족에게 부족한 것은 무엇인가? 우리 민족의 문화적 특질을 어떻게 바꾸어 나아가야 할 것인가? 바람직한 민족정신은 무엇인가? 우리 민족의 피 속에 흐르는 기마민족의 호전적인 기질을 오직 글, 즉 문(文)의 철학으로 다스리려고만 하니 부작용이 많다. 유구한 역사를 자랑하려 애쓰지만, 사실 문(文)으로 보면 교만의 역사요, 무(武)로 보면 비애, 아니 비겁의 역사에 지나지 않는다. 그리고 무엇보다도 무(武)는 현실이다. 위대하다고 할 것 없는 고대사의 상대적 우수성을 들먹여 근대의 나약함과 낙후함을 변명하려는 것은 어리석은 일이다.

누천년 동안 좁은 반도에 웅크리고 앉아 소규모 소작농에 만족하며 담박한 삶을 영위해 오던 이 민족은, 근 1세기 동안 밀어닥친 해일을 무사히 타고 넘어 바야흐로 세계를 향해 힘차게 나아가고 있다. 그렇지만 한편으로는 여전히 분명치는 않으나 매우 완강한 타성의 힘이 남아 있어 전진하는 배를 뒤로 끌어당기고 있다. 그것은 아마도 봉건사회로부터 누적되어 온 폐쇄적 심리, 내향적 성격, 낙후된 사유 방식 및 보수적 관념이 일으키는 반감의 정서에서 기인한 타성의 힘일 것이다. 이제 우리의 심리적 성격, 인생철학, 사유 방식을 과감히 깨뜨려야 한다. 과거와 현재, 그리고 미래에 대한 충분한 인식이 필요하며, 스스로에 대한 해부, 분석을 통해 과거에 대한 반성적 사유, 현재에 대한 올바른 인식, 그리고 미래에 대한 확고한 신념과 지표를 가져야 할 것이다.

　오늘날 한강의 기적을 넘어 세계 속의 한국으로 뻗어 나가고 있는 우리 민족의 힘이 아직도 선비정신에서 나온다고 보는가? 아니면 단지 지난 수세기 동안 억눌려 왔던 생존의 욕망과 향락의 욕구가 우리 사회를 부단히 재화와 부(富)를 좇아 내달리도록 한다고 생각하는가? 아니다. 그건 분명 우리 민족의 혈관 속에 흐르는 원초적인 무(武)의 힘일 것이다. 대한민국 남자들은 모두 군대를 다녀왔다. 복무 기간이 단순히 젊은 시절의 세월 낭비가 아니다. 그곳에서 체득한 무(武)의 정신은 교육열과 더불어 경제 성장의 밑거름이 되었다. 단지 무(武)의 철학이 없어 스스로 알아차리지 못했을 뿐이다. 다혈질이면서 조급하고, 단순하면서 물불 안 가리고, 전투적이면서 울컥 화도 잘 내고, 화끈하면서 신바람 내기 좋아하는 야성적인 기질. 문(文)에 억눌려 비정상적으로 표출되는 이 힘을 다듬어 항구적인 덕(德)으로 드러나게 해서 진취적인 민족성으로 승화시켜 나가야 한다.

　오늘날 우리 사회에 만연하는 가치관의 혼돈과 갈등의 밑바닥에는 이런 앙금이 두껍게 가라앉아 있다. 문(文)이 사유하는 철학이라면 무(武)는 행동하는 철학, 즉 실천철학이다. 무의 정신이 우리 국민 각자에게 뿌리내릴 때 우리의 앙금을 씻어내고 민족적으로 하나가 될 수 있을 것이다.

37 붓의 문화, 칼의 문화

　흔히 한국과 일본의 사이를 '가깝고도 먼 나라'라고 표현한다. 또 한국문화와 일본문화의 차이를 '문(文)의 문화', '무(武)의 문화', '문사(文士)의 나라', '무사(武士)의 나라'라고 한다. 그러나 문화의 차이는 절대적인 것이 아니라 상대적인 것이다. 선비정신이 강한가, 무사정신이 강한가 하는 것는 따질 수 없는 것이다. 그러나 한 가지 분명한 것은 무사의 경우, 승패에서 지면 바로 목숨을 내놓거나 승복하여야 하는 데 반해 선비는 그렇지 않아도 된다. 왜냐하면 선비의 경우 승패가 분명하지도 않거니와 패한 경우 승복하지 않아도 목숨이 달아나는 것은 아니기 때문이다.

　일본의 고내사를 개적하거나 선개한 지배민속이 한반도에서 건너간 가야, 백제 등 한민족이라는 사실은 삼척동자도 다 아는 일이다. 일본 천황이 직접 천황가의 조상에 대해 한반도 이주설을 언급한 적도 있다. 아키히토(明仁) 천황이 "옛 칸무(桓武, 재위 781~806) 천황의 생모가 백제 무령왕의 자손이라고 『속일본기(續日本紀)』에 기록되어 있어 한국

검선도(劍仙圖) 여동빈(呂洞賓) 자화상

과의 인연을 느낀다"고 말한 것이 화제가 된 적도 있다. 뿐만 아니라 가야가 백제보다 먼저 일본 고대사에 관계한 것으로 보는 학자도 적지 않다. 또한 일본으로 넘어간 김해 대성동고분군 세력이 일본 서기(書記)의 신공황후, 15세 응신(應神) 천황, 16세 인덕(仁德) 천황과 관련이 있을 것으로 보기도 한다.

한일관계사에 있어서 고대사의 문화적 시혜를 가지고 한국이 우월감을 갖는다는 것은 부끄러운 일이다. 왜냐하면 오늘날 일본보다 한국이 몇십 년은 뒤처져 있기 때문이다. 한국의 선비정신과 일본의 사무라이정신이 극명하게 갈린 것은 생각보다 오래 되지 않았다고 보는 견해가 많다. 일본의 사무라이정신과 한국의 선비정신의 완성은 대체로 15~17세기를 전후하여 완성되었으며 이에 따라 양국의 운명이 극명하게 갈린다고 말하는 학자들도 있다. 고려 광종에서 시작한 과거제의 도입은 인재의 등용에 공평을 기한 점에서는 문화적 진전이지만 그것으로 인해 사서삼경 등 경전공부는 많이 하였지만 무(武)에 대한 멸시가 생기게 된다. 과거시험 이전까지는 문무가 차별적으로 구분되지 않았다. 우리가 흔히 무신으로 알고 있는 고려 초기의 서희, 강감찬, 윤관은 본래 문신이다. 문신이지만 군사전략이나 작전 같은 기본교양을 갖추고 있었던 셈이다.

고려 무신정권은 1백여 년 간(의종 24년 · 1170년~1270년 · 원종 11년) 지속되었으나 대몽항쟁을 주도하던 최 씨 무신정권이 강화도로 옮겨가서 7차에 걸친 몽골과의 전쟁을 계속한다. 이 과정에서 외세를 이용하여 문신들의 복권을 기도한 주화파에 의해 무신정권은 망하게 된다. 문신들이 선진문화를 이유로 사대주의적 경향을 나타내는 것은 이때 고착된다. 문신들의 멸시에 대한 반발로 일어난 무신정권은 대몽항쟁을 통해 자주성을 높인 점도 있지만 정권유지를 위해 많은 문신을 죽이고 백성을 수탈하며 국정을 황폐화하여 부정적인 면을 보였다. 이에 비해 일본의 막부, 즉 쇼군정치는 12세기에서 19세기에 걸쳐 지속되었으며 민심을 얻으면서 근대까지 이어졌다. 쇼군은 비록 왕이 되지는 않았지만 일본정신의 전범과 일본 사회구조의 정립, 그리고 통치의 일본적 패턴을 완성하였다. 그래서 사무라이정신은 일본정신으로 대변된다.

한국인의 무(武)에 대한 멸시는 나라의 인재들을 문과의 과거시험에만 매달리게 하고 공리공론과 당파적 붕당을 초래하게 한다. 선비들의 논쟁은 자체적으로 생산적인 토론을 불러오기보다는 외국(중국)에서 가져온 사상과 기술에 대한 줄서기에 불과한 점이 많았다. 사대파가 자주파를 이기는 것은 지금도 계속되고 있다. 심지어는 누가 자주파인지 구분하기 어렵다. 무반세력은 생래적으로 사주파이고 문반세력이 사대외세파인 경우가 많다. 문과 무의 균형을 이루지 못하면 결국 문은 당파적인 것으로 되는 것이 사필귀정이다. 본래 문(文)은 세워진 나라를 다스릴 수는 있어도 나라를 세울 수 없다. 또 문(文)만 가지고 한 나라의 독립이 보장되지 않는다. 이것은 무력이 없으면 나라의 독립을 유지

하기 어렵다는 의미이다.

나라를 세우는 것에 버금가는 혁명이 문신(文臣)에 의해 성공한 예는 세계적으로 거의 없다. 한 예로 최근세사에서 김옥균의 갑신정변이 실패한 것은 그가 문신이기 때문이다. 손문이 중국혁명에 실패한 것도 실은 그가 문사이기 때문이다. '문(文) 숭상의 나라'는 겉으로는 평화적이고 문화선진국처럼 보이지만 실은 약육강식의 국제질서 속에서는 항상 침략과 지배를 당하기 쉽다. 더욱이 문 숭상이라는 것은 지배당한 민족의 사대적 자위인 경우가 많다. 다시 말하면 큰 나라에 지배당하였기 때문에 문 숭상을 하고, 지배당한 결과가 문 숭상이라고 해석하는 것이 훨씬 설득력이 있다. 그런데 한국인은 이러한 해석을 싫어하고 외면한다. 외세무력에 의해 식민지가 된 아픈 경험이 있으면서도 여전히 무(武)를 싫어하는데 이는 사대주의가 체질이 된 때문이다. 이 이제의(以夷制夷)라는 것은 자신의 힘이 있을 때 가능하다. 구한말 나라의 힘이 없으면서도 외세를 조종하여 독립과 정권을 유지하고자 하다 실패한 것은 당연하다.

한국문화와 일본문화의 비교에서 '생존의 미학'과 '죽음의 미학'은 문무 못지않게 두 문화를 구분 짓는 개념이다. 한국의 속담에 "개똥밭에 굴러도 이승이 낫다"라는 말이 있다. 이에 비해 일본은 사무라이의 할복(割腹)에서 보듯이 죽음을 미화시키는 버릇이 있다. 록히드 뇌물사건 때 다나카 전(前) 수상이 구속되어 궁지에 몰리자 수사대상에 떠오른 그의 비서가 연이어 자살하는 사태가 벌어졌다. 물론 뇌물수수를 은폐하기 위해 자살하는 것은 탐탁한 일은 아니다. 그러나 적어도 일본은 자신이 모시던 상사(이를 주군이라고 할 수 있다)가 위기에 몰리면 부하(가신)가 자살하는 전통과 신뢰의 경험들이 역사적으로 계승되고 있는 것은 사실이고, 이것은 일본식 해결방법이기도 하다.

이에 비하면 한국의 경우 구한말, 1910년 일제의 강제병탄이 일어나도 책임지는 신하도, 자살하는 선비도 드물었다. 매천(梅泉) 황현(黃玹, 1855~1910년, 9월 7일)이 아니었으면 참으로 얼굴을 들기 어려울 뻔했다. 그는 강제병탄 일주일 후 절명시를 남기고, 구례의 집에서 음독했다. 을사보호조약 때는 시종무관장이던 민영환(閔泳煥, 1861~1905년, 11월 30일)이 자결하여 부끄러움을 겨우 면했다. 나라를 잃고도 책임을 지는 관리나 지식인이 부족했다. 사육신에 대한 평가는 엇갈리지만 임금에 대한 도전은 목숨을 걸고 했지만 외세에 의해 나라가 망하는데 목숨을 건 경우는 드물었다. 일본은 임진왜란 때 실패한 것을 3백 여 년 뒤에 성공하게 된다. 대내적 투쟁은 치열하지만 대외적 항쟁은 취약하였다. 임난 때는 임금에게 목숨 걸고 직언하고, 의병장이 된 선비들도 적지 않았지만 구한말 나라가 망해 가는데 인의(仁義)를 실천하는 자는 드물었다.

선비는 본래 선행기언(先行其言: 말보다 실천을 먼저 한다)이 원칙이다. 그러나 말을 먼저 하다 보면 문약(文弱)에 흐르기 쉽다. 무(武)의 결단력이 없으면 선비정신도 완성되지 못한다. 반대로 문(文)의 인내력이 없으면 무단(武斷)에 흐르기 쉽다. 한국과 일본은 서로 반면교사가 되면 좋을 것이다. 한국의 경우 외래 이데올로기에 대해 너무 순종적이고 때로는 맹목적이다. 우리는 자신도 모르게 이를 자랑삼아 말하기도 한다.

"유교와 불교와 기독교의 근본주의를 찾으려면 한국에 와야 한다."

선진문물을 재빨리 받아들이고 이를 토착화하는 것은 중요하다. 그러나 해외 학맥이나 학파들이 학문의 발전을 위하기보다는 도리어 나라를 당파로 온통 뒤흔들어 놓는 경우도 있다. 과학의 시대에 학파·학맥의 동종교배는 한국문화의 발전에 큰 장애가 되고 있다. 특정 학파의 권력독점은 결국 학문보다는 정치 과잉으로 전문화의 부재와 기초연구의 부실로 이어져 사회 곳곳을 병들게 한다. 한국사회의 문제점 가운데 가장 심각한 것은 소위 지식인들과 권력 엘리트들의 당파성과 학문의 도그마일 것이다. 정치는 많은데 정작 정치는 없다. 이는 대개 상무정신의 결여와 연결된다. 우리 민족은 차라리 무반이 더 힘을 쓸 때 도리어 문무균형을 이루는 특성을 보인다.

조선 중후기 주자학의 명분론이 우세해지면서 문무균형은 다시 문반 쪽으로 기운다. 그래서 임진왜란을 맞게 되고 7년간 전화에 시달리게 된다. 중국과 일본 등 주변국에서 계속적으로 전쟁을 걸어오는 것은 역시 약하게 보기 때문이다. 한국문화를 흔히 인류학자들은 우뇌좌파형 문화라고 한다. 우뇌는 감정적임을 나타내고 좌파는 반체제적이라는 말이다. 말하자면 감정은 풍부하고 인정은 많은데 삶은 반골이 많다는 뜻이다. 이는 역사적으로 수많은 외침을 받은 탓도 있지만 평소에 권력 엘리트들이 백성을 수탈하여 권력 자체에 대해 부정적인 이미지가 많기 때문이다. 그러면서도 자신이 권력을 잡으면 또다시 부정부패를 저지르는 자기모순과 배반에 빠진다.

집단무의식으로 한국문화를 보면 다분히 여성적이고 모성적이다. 이것은 한국 특유의 '생존의 미학(철학)'과 결부된다. 생존의 미학은 멀게는 고대의 정기신(精氣神)의 기철학적 전통과 관련이 있다. 이것은 권

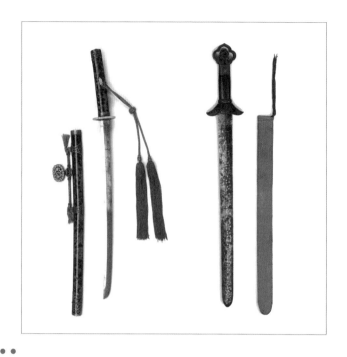

••••

(왼쪽)어진도와 거의 같은 모양의 조선 시대 어도(경인미술관 소장). (오른쪽)잡귀를 물리친다고 하여 선비들도 인검을 가진 경우가 많았다. 인검에는 북두칠성을 비롯한 28수 별자리와 검결이 새겨져 있다(고려대 박물관 소장).

력에 도전하는 가부장적 · 국가적 · 남성적 의미의 이(理)와 달리 모성적 · 족벌적 · 여성적인 특성을 지니고 있다. 역사적 · 사회적으로 지배자의 위치에 서는 것보다 권력에 저항하는 반체제적인 양상을 보인다. 외침에 대해서도 지항하기도 하지만, 정권에 대해 끊임없이 저항하는 재야 · 민중 세력들이 항존하고 있는 나라이다. 크게 보면 안으로 저항하고 밖으로 사대하는 것은 고질이다.

일본에서는 집단 전체는 가부장적이고 개인에겐 '죽음의 미학'을 강요하는데 반해 한국은 집단 전체는 모성적이고 개인에겐 오히려 '생존의 미학'을 가르친다. 일본사람은 매우 집단적이고, 한국인은 개인적이다. 일본사람은 집단적 위계와 충(忠)에 의해 살지만, 한국인은 개인적 연줄이나 효(孝), 그리고 사회적 인정(人情)에 의해 산다. 연줄이나 인정이라는 것은 실은 마을사회의 덕목이다. 이러한 마을사회의 덕목이 마을사회를 넘어서면 법(法)과 규칙을 무시하고, 사적(私的) 네트워크에 의해 공적인 부문을 사유화하는 경향이 있다. 이것이 당파이다. 이런 경향을 싸잡아 여성적이라고 할 수는 없지만 사적 네트워크에 의한 당파는 사회의 발전에 걸림돌이 되는 경우가 많다. 한국인의 명분 뒤엔 바로 당파가 숨어있다.

생존의 미학은 다분히 이(理)보다는 기(氣)에 바탕을 두고 있는 삶의 철학이다. 기 철학은 쉽게 말하면 물이 많으면 물길이 저절로 생긴다는 자연주의에 바탕을 두고 있다. 이때의 물은 기(氣)이고 물길은 이(理)이다. 말하자면 이(理)는 부차적이다. 이는 노장(老莊)철학적 도(道), 혹은 불교의 원융이나 반야사상 등과 긴밀한 내적 관련을 맺고 있다. 이것은 집단적으로는 평화주의를, 권력적으로는 여성주의를, 환경적으로는 자연주의를 표방한다. 우리 민족의 기(氣)에 대한 이해를 위해서는 그 반대가 되는 이(理)에 대한 이해가 필요하다. 아이러니컬하게도 동방 이학(理學)의 비조인 퇴계 선생은 한국에서 태어났다. 퇴계 선생의 '경'(敬) 철학은 일본에 건너가 꽃을 피웠다. 일본 사무라이 정신은 실은 바로 경 철학에 의해 근대적 의미로 완성되었다고 보아도 무리는 아니다.

한국의 풍류도가 일본으로 건너가 무사도가 되었다는 주장과 백제의 무사조직인 '싸울아비'가 일본으로 건너가 '사무라이'가 되었다는 설도 있다. 고려 때 항몽(抗蒙) 전쟁을 끝까지 벌이던 삼별초 가운데 증발한 주력부대가 일본으로 건너가 무사도를 발전시켰다는 설도 있다. 혹시 상무정신을 우리는 일본에 전해주고 잊어버렸는데 일본은 가진 것이 아닌가. 앞으로 더욱 연구가 필요하지만 한 가지 분명한 것은 우리가 때로는 적대감으로 바라보는 일본의 사무라이 정신이 실은 한국문화와 관련성이 있다는 사실이다.

흔히 2차 세계대전 때 악명이 높았던 가미가제, 신풍(神風)의 무사정신은 고대의 우리문화와 혈연성을 갖고 있음에 틀림없다. 한국의 선비정신은 문약(文弱)으로 흐르고, 일본의 무사정신은 무단(武斷)으로 흐른 것이 구한말 조선과 일본, 양국의 식민과 지배, 그리고 일본의 패망으로 얼룩진 역사를 연출하였다. 결국 한국과 일본은 둘 다 문무균형이라는 문화의 대법칙을 위반하였던 셈이다.

일본의 사무라이는 귀족 출신인 무사를 가리키는 것이지만, 더 정확하게는 12세기 후반 무가(武家)정권을 세운 가마쿠라 시대부터 1868년 명치유신(明治維新) 때까지 일본 정치를 지배한 무사계급을 지칭한다. 가마쿠라 시대(鎌倉時代 : 1192~1333)의 무사들은 극기주의라는 절도 있는 문화를 발전시켰다. 무로마치 시대(室町時代 : 1338~1573)에는 '선(禪)불교'가 사무라이정신을 더욱 세련되게 하는 데 일조한다. 무사들이 불명예나 패배를 당했을 때 할복을 택하는 것이 제도화되었다. 일본의 무사계급은 도쿠가와 시대(德川時代 : 1603~1867) 초기까지 대체로 인구의 10% 정도였다.

도쿠가와 막부의 250년간 평화로 인해 사무라이들은 2자루의 검을 차고 다니는 것이 허용되긴 했지만, 무술을 사용할 기회가 없어서 관리가 되거나 다른 생업을 가져야만 했다. 이 기간에 우리의 선비정신과 같은 '하가쿠레'(葉隱) 사상이 완성된다. 하가쿠레는 효(孝), 의(義), 명예, 극기 등의 내용도 있지만 '무사도는 죽는 것이다'라는 '죽음의 미학'을 내재하고 있다. 명치유신이 일어나고, 1871년 봉건 제도가 공식적으로 철폐되었을 때 사무라이 계급의 특권적인 지위도 상실되었다. 이에 불만을 품은 사무라이 출신들은 1870년대 여러 번 반란을 일으켰으나 새로 창설된 관군에 의해 곧 진압되고 말았다.

일본 무사 계급은 자신들끼리 권력을 다투었지만, 결코 왕권을 넘겨보지는 않았다. 이것은 근대화 초기에 다시 왕정복귀가 이루어지게 되는 계기가 되었으며 일본이 입헌군주국이 되도록 하였다. 명치유신도 이것의 산물이다. 일본에서 천황은 신과 같은 존재이다. 일본은 천황이 있으면 아무리 피폐하게 되었어도 다시 살아나는 민족이다. 사무라이 정신은 다도(茶道) · 꽃꽂이와 함께 일본 고유 문화예술로 자리 잡는다. 사무라이정신은 이제 계급의 의미는 사라지고 일본정신, 혹은 일본 엘리트의 정신으로 변신하여 "어떤 한 가지 일에 목숨을 걸고(장인정신) 죽음으로 스스로 명예를 지키는 정신(할복)으로 남아있다."

38 모성(母性)의 나라, 한국

인류의 합리성의 발전을 보면 처음엔 신화·종교, 다음에 정치·도덕, 그리고 가장 마지막에 과학이 근대에 등장하였다. 이것은 인류의 모듬살이의 크기, 생활권의 범위와 관련이 있는 것 같다. 문화는 자연의 일부로 살아가는 인간의 삶의 총체적 표현이다. 한국문화는 대체로 이성보다는 감성에 충실한 문화이다. 그런 점에서 매우 여성적이고 모성적이다. 이 말은 과학이나 정치보다는 예술과 종교가 성하다는 뜻이며, 가부장적 성향이 다른 나라에 비해 부족하다는 뜻도 된다.

한국이 지독한 가부장사회라고 생각하는 것은 조선조 주자학의 탓이다. 이것도 임진왜란 이후에 두드러졌다. 주자학이라는 통치 이데올로기가 여성을 과도하게 억압하였다면 이는 도리어 여성의 에너지를 나스리기 위한 방편이었을 가능성이 높다. 겉모양은 가부장적이지만 경제권은 여성이 가졌다. 남자들은 명분을 차지했을 뿐이다. 여성의 에너지에 의해 한 사회나 국가가 주로 운영된다고 하면 인정이 넘치는 사회가 될 수 있지만 때로는 격정과 내분에 휩싸이기 쉽다.

●●●●
〈임란전승평양입성도병〉 전쟁은 남자들보다 여자들에게 더욱 가혹했다. 남자들이 전쟁에
패하면 여자들은 포로로 적국에 보내졌고, 귀국할 때는 환향녀라고 매도했다. 여자들은
어쩔 수 없이 은장도를 지니게 됐다.

　한국문화의 가장 두드러진 특징은 먼저 남의 나라를 침략하지 않았
다는 점이다. 국가라는 것은 국력이 강해지면 이웃 나라를 침범하는 것
이 역사의 통례인데 한국은 그렇지 않았다. 이것을 두고 평화애호 국가
라고 한다. 국력이라는 것은 쇠진할 때는 정복을 당하거나 식민지가 되
기 십상이다. 고구려 광개토대왕, 조선 세종대왕을 비롯하여 몇몇 왕을
제하고는 정복전쟁을 벌인 적이 없다. 오랜 평화주의는 도리어 다른 나
라에 대한 정보수집과 이해의 부족을 가져오게 되어 결국 자신만을 바
라보며 살게 하는 타성을 가져왔다. 다른 나라에 대한 정복은 아예 안

중에도 없었던 것이다.

한국인은 온통 안으로만 관심이 있어서 '안의 시각'에서 사물을 바라본다. 이것이 깨진 것은 청해진의 해상왕 장보고 시대 이후, 경제개발과 수출입국을 이룬 최근세사의 일이다. 삼국 시대 이후 한민족은 한반도에서 잠자고 있었다. 우리가 살고 있는 이 시기가 바로 미증유의 국운 융성기이다. 한국사에서 세계 대제국들과 당당히 겨루면서 10위권의 국력을 운운한 적은 없었다. 이런 행운은 동족상잔이라는 한국전쟁의 폐허 뒤에 쌓은 탑이라는 점에서 의의가 크다. 한국의 생존의 미학은 계속 전진 중이다. 그러나 이 시기에 가장 조심하여야 하는 것은 바로 안으로의 당쟁과 분열이다. 국가 에너지를 주체하지 못하고, 에너지를 낭비한다면 이것은 도리어 재앙이 된다. 이는 생존의 미학이 아직 합의된 기준과 법과 규칙을 마련하지 못한 탓이거나 법과 규칙이 있어도 이를 지키지 않는 탓이다.

일본인의 '죽음의 미학'이든 한국인의 '생존의 미학'이든 모두 인간의 '삶의 미학=생존의 방식'이다. 생존의 미학은 결코 부끄러운 것도 아니다. 단지 추상적이고 거대집단인 국가보다는 구체적인 개인의 삶, 소규모의 가족과 연줄과 족벌의 삶을 더 중시하는 경향이 있다. 문제는 그러한 경우 국가 간의 경쟁을 할 때 생존율이나 지배국이 될 확률이 약하다는 점이다. 개인의 희생을 통한 에너지의 최대한 이용, 그것의 집단적 축적을 통해 지배국으로 발돋움한다면 금상첨화이다. 만약 그러한 기회가 우리를 스쳐 지나간다면 안타까운 일이다. 한국문화의 저류에서 관통하는 여성주의(비권력주의)와 민중주의(저항주의)와 환경주의(자연친화주의)는 한민족의 삶에서 때로는 부정적으로, 때로는 긍정적으로 작용하였다.

여성은 출산을 통해 인구증가를 담당하는 존재로 생명을 낳고 기르

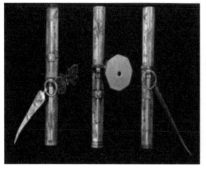

(왼쪽)조선의 여인들은 은장도를 지니고 있었다. 은장도는 때로는 음식물의 독을 확인하는 용도로도 쓰였다. (오른쪽)은장도를 포함한 은대삼작노리개. 은장도는 칼로서의 기능과 무관하게 노리개와 함께 순전히 장식용으로도 쓰였다.

기 때문에 근본적으로 남성에 비해 생명존중 사상을 가지고 있다. 이에 비해 남자는 생명보다는 인구를 바탕으로 그 위에서 권력을 쟁취하려는 본능을 가지고 있다. 그래서 여성은 생명을 주체화하고, 남성은 대상화하는 경향이 있다. 한국문화가 크게 보면 종교적 특성을 나타내고 생명존중과 평화주의를 지향하는 것은 모성성과 관련이 있다 할 수 있다. 이승의 생존을 중시하는 한국인이, 종교에 크게 귀의하는 것은 저승에서 영원의 삶을 보장한다고 믿기 때문이다. 일본인은 이승의 죽음이야말로 아름다운 것이라고 생각하는데 한국인은 저승에서도 사는 것이 아름답다고 생각한다. 일본인에게 죽음은 자기완결이다. 한국인에겐 삶이야말로 우주적 본성이다.

　문명의 이치는 자연의 바다에서 떠오르는 파도에 지나지 않는다. 한국인은 죽음을 넘어 망망한 생명의 바다만 보이는 것이다. 한국인은 세계에서도 보기 드물게, 거의 유일하게 시집 간 여자가 자신의 성(姓)을 지키는 나라이다. 겉으로 매우 가부장적 나라인 것처럼 보이는 것은 조선 후기에 생존전략으로서 남존여비 사상이 심했던 탓이다. 한국의 가족은 거의 미분화된 사회적 속성을 보인다. 한국에서 모자(母子)의 라인은 어떠한 가족의 라인이나 사회적 인간관계의 라인보다 강력하고 위대하다. 이는 모계사회적 속성이 주변의 치열한 경쟁에 적응한 결과이다.

한국문화의 여성적 특질은 중국, 일본 등 이웃 나라로부터 끊임없는 침략을 자초하였다. 특히 병자호란 때에는 청나라에 항복하는 바람에 50여만 명의 부녀자를 포로로 내주었고 이들이 돌아오자 환향녀(還鄕女)라고 매도했다. 환향녀는 화냥년이 되어 그 후 행실이 나쁜 여자를 칭하는 보통명사가 되었다. 조선 사회는 부녀자들에게 정절을 지킬 수 없을 경우 호신용의 은장도를 지니게 하여 목숨을 끊도록 했는데 이를 어겼다는 것이다. 남자들이 전쟁에 져서 아내와 딸들을 적국에 내어주고서는 반성은커녕 도리어 여자들에게 책임을 전가하였던 것이다. 선비들의 위선이 가장 잘 드러나는 대목이다.

한국인은 몸에 대한 남다른 애착을 가지고 있다. 한국인은 이별에 앞서 "몸조심하라"는 인사를 건넨다. 살아남기 위해서는 때로는 좀 비굴할 때도 있고, 때로는 자괴감이나 처절함도 있지만 죽은 것보다는 사는 것이 낫다는 것이다. 삶 자체에 비중을 두는 한국인에게 '홍익인간(弘益人間)'이 목적이라면 '이화세계(理化世界)'는 방법이다. 신라 시대 풍류도만 해도 유불선(儒佛仙) 삼묘지도(三妙之道)를 이루었다. 그러나 그 후 우리 삶의 철학은 불교 시대, 유교 시대, 그리고 최근의 기독교 시대에 들어서는 주체성을 잃어버렸다. 말하자면 '남의 이(理)'를 가지고 우리의 몸과 살림살이를 영위해온 탓이다.

한국의 선비들은 사대주의에 빠져있지만 백성들은 그렇지 않다. "개똥밭에 굴러도 이승이 좋다"라고 한다. 한국 민중들의 철학을 가볍게

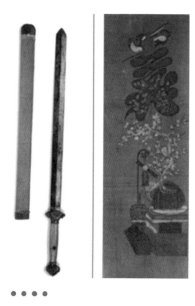

보아서는 안 된다. 한국이 어려움을 극복하는 힘은 양반문화나 상층문화보다 민중문화나 하층문화에서 온다. 한국문화는 단순소박하고 자연친화적이다. 이러한 특징이 가장 잘 드러나는 것이 바로 민중문화이다. 민중적 삶의 지혜는 오늘의 역사가 있게 하는 원동력이 되었다. 이러한 민중문화는 바로 여성적 특성과 밀접한 관련을 맺고 있다. 그래서 민중, 여성, 환경은 서로 피드백 관계를 형성하고 있다.

(왼쪽)조선의 선비들이 차던 대표적 삼인검. 실전에 사용하기에는 약하지만 북두칠성 및 28수 천문도가 금입사 되는 등 공예적 기법이 정교하였다. (오른쪽) 책가도십폭병. 방안에 세워진 병풍 그림에도 은장도가 포함되는 경우도 많았다.

앞에서도 언급했지만 '한국은 활의 나라, 중국은 창의 나라, 일본은 검의 나라'라는 말이 있다. 각 나라의 무술이 다른 것은 마치 각 나라의 음악과 노래가 다른 것과 같다. 무술도 문화이기 때문이다. 무술도 그 나라의 자연과 역사가 만들어낸 산물이다. 국토의 4분의 3이 산으로 둘러싸여 있으며, 침략해오는 적을 멀리서부터 막기 위해서는 활보다 좋은 무기가 없다. 광활한 평원의 나라인 중국에서는 창이라는 자루가 긴 무기가 제격이다. 가파른 산과 좁은 협곡에서 싸우는 데는 칼보다 간편한 것이 없다. 무술이라는 것도 환경과 긴밀하게 결부되어 발전한다. 문화는 환경을 매트릭스로 해서 건축되는 것이다.

한국과 일본의 관계에서 한국의 문제는 '일본 놈(쪽발이)'이라며 일본의 실체를 보지 않으려는 데 있다. 이는 큰 물체나 무서운 것이 나타나면 눈을 감아버리고 피하는 것에 비할 수 있다. 눈을 감는다고 무서운 것이 사라지는 것은 아니다. 그것은 잠시 동안의 은폐이거나 위로에 불과하다. 이에 대해 일본은 '조선 놈(조센징)'이라고 비하한다. 사무라이 정신과 선비정신의 대결에서 확연하게 판정이 난 것이 구한말이다. 지배를 당한 민족이 지배를 한 민족을 두고 업신여기는 것은 누가 보아도 열등의 콤플렉스이다.

일본에 대한 콤플렉스는 열등의 콤플렉스와 우월의 콤플렉스가 함께 있는 것이 특징이다. 그러나 고대 삼국이 일본을 지배한 경험은 멀고, 근대의 피지배 경험은 가깝기 때문에 우월감보다는 열등감이 높다. 일본이 단순히 칼, 즉 물리적 무기로 한때 동아시아를 지배했고, 지금도 세계의 선진국에 들어있다고 생각하면 큰 오산이다. 여기서 '문(文)의 나라'인 한국과 '무(武)의 나라'인 일본 사이에 근본적으로 엇갈리는 점이 있다. 무의 나라인 일본은 문을 병행하여 발전시키는 데 문의 나라인 한국은 무를 놓쳐버리거나 생략하는 경향이 있다는 점이다.

무를 가진 나라는 그에 상응하는 문을 갖기 마련인데, 문을 숭상하는 나라는 그에 상응하는 무를 갖지 못하는 것은 왜일까. 여기에 '발의 이치'가 숨어 있다. 발이 가면 머리는 저절로 따라간다. 머리는 떼어 놓고 발만 가는 경우는 없다. 그러나 머리가 가면 발이 반드시 가는 것은 아니다. 흔히 머리만의 논쟁을 탁상공론이라고 한다. 발은 실천의 의미가 있다. 실천(實踐)이라고 할 때 '천(踐)'자에는 '발 족(足)'자가 들어있다. 발이 따라가지 않는 무예는 없다. 무사의 나라인 일본은 이 점을 집단 무의식으로 잘 간파하고 있다고 할 수 있다. 발이 가지 않는 정복이란 있을 수 없다. 그러나 발이 가지 않는 섬김은 있을 수 있다. 우리는 때로는 섬기는 대상의 실체도 제대로 모르고 섬기는 해프닝을 벌인 적도 있다. 망해가는 명나라는 섬기고 흥해가는 청나라를 업신여기다 큰 낭패를 본 것이 병자호란이다.

한국인의 혈통은 북방족과 남방족이 뒤섞여 있는데 대체로 7대 3정도로 북방계가 많다. 그런데 핏줄은 북방족(北方族)인데 문화는 모화적(慕華的)이다. 이는 북방 유목민족에서 남하하여 남방 농업문화에 적응하는 과정에서 피할 수 없었던 것으로 보인다. 우리가 오랑캐라고 부르는 것은 실은 우리조상과 관련이 많은 북방족이다. 여기에 핏줄과 문화의 엇갈리는 교착(交錯)이 있다. 한국은 지리적인 면에서도 문화적으로도 한중일(韓中日)의 중간적, 혹은 이중적인 성격을 보인다. 대륙과 해양을 잇는, 지리적으로 반도라는 점도 이 이중성에 작용한다. 일본을 대할 때는 대륙이라는 자세를 취하다가 중국을 대하면 반도가 되어버린다. 반쪽 대륙인 것이다. 그래서 중국에는 때로는 이유 없는 저자세를 취하고, 일본에는 이유 없는 고자세를 취한다.

사무라이의 나라인 일본은 문무 균형을 달성하는 데 한국은 그렇지 못하다. 도리어 한국인은 문무 균형을 달성한 시기를 군사독재라고 매도하는 경향이 있다. 그만큼 무(武)를 싫어하고 평화를 추구하는 성향이 의식의 밑바닥에 깔려 있다. 한국은 관념주의 · 이상주의 · 사대주의를 특징으로 하고, 일본은 장인정신 · 실용주의 · 국가주의를 특징으로 한다. 이것은 흔히 한국문화와 일본문화를 비교할 때, 한국을 '효(孝)의 나라', 일본을 '충(忠)의 나라'라고 하는 것과도 일맥상통한다. 물론 효라는 것은 인류의 요체이다. 그런 점에서 한국은 매우 도덕적인 나라이고 인간적인 나라이다. 임진왜란 때도 왜적이 침략했다는 것을 실감하지 못하다가 자신들의 피붙이가 죽고, 집과 전답이 없어지자 의병이 궐기하고 사태가 점점 역전되었다.

국가경영이라는 점에서 한국은 일본에 필적하지 못한다. 조선의 선비들은 전쟁을 하다가도 부모상을 당하면 전장을 떠나 장례를 치르고 삼년상을 치렀다. 아직도 그 족벌주의와 연고주의가 사라지지 않고 있다. 국가를 만들어가는 데는 한국이 일본에 비해 문화적 전통으로 볼 때 불리하다. 그렇다고 일본이 항상 안전하다는 것은 아니다. 일본의 신도적(神道的) 천황주의와 군국주의는 나라를 온통 폐쇄상태로 몰아 일본제국의 패망을 불러왔다. 모든 나라와 문화는 내부 모순을 가지고 있고, 이는 몇몇 선지자가 알았다고 해도 고치지 못한다.

일본의 신도, 국가주의, 섬나라의 폐쇄성은 위험하지만 일본인의 장인정신은 배워야 한다. 한국의 선비정신에도 내부 모순이 있다. 문화를 받아들이는 데는 사대주의가 유리하지만 그것을 토착화시키는 데는 불리하다. 사대주의에 선비정신의 사이비성이 내재해 있다. 붓의 위력은 칼보다 클 수 있지만 붓은 잘못 써도 생사를 걸지 않고 적당히 자신의 잘못을 넘어갈 수도 있으며 회피할 수도 있다. 바로 붓의 이러한 점이 우리를 대충 대충으로 넘어가게 하거나 사이비로 만들 수 있다. 자신의 사회적 지위와 명예는 누리면서 사회적 책임에는 소홀한 '사이비 선비'가 우리 주변에 적지 않다. 사이비 선비를 흔히 '아전(衙前)적 선비'라고 한다.

무(武)를 무시하는 문화론자들은 문(文)이 문화능력의 전부인 양 떠들어대는데 역사상 가장 대량의 문화이동과 통합은 전쟁에서 이루어졌다. 전쟁이야말로 문화발전의 원동력이었음을 부인할 수 없다. 전쟁은 유전인자만 뒤섞는 것이 아니고 문화도 뒤섞어버린다. 결국 신체의 발, 즉 하부구조가 움직여야 상부구조인 손이 움직이게 되는 셈이나. 손을 움직이는 것은 물론 머리이다. 하지만 발이 따라가지 않는 머리는 항상 관념론과 탁상공론에 빠지기 쉽다. 일본은 현재 동양문화의 정수라는 정수는 죄다 뽑아 일본의 것으로 만들고 있다. 특유의 장인(匠人)정신을 현대 산업사회에 접목하는 한편 서구문화의 특징까지도 녹여 동서양문화의 장점을 일본문화 능력으로 토착화하는 데 성공했다.

'태양의 나라'라는 일본(日本) 국호와 '대화(大和)'라는 일본 혼은 일찍이 인류가 만들어낸 훌륭한 국가 이데올로기 중의 하나이다. 물론 우리도 '해 뜨는 나라(朝鮮)'라는 국호와 '불함(밝)'의 정신, 화백(和白), 화쟁(和諍), 화평(和平)의 정신이 있었다. 문제는 그것을 어떻게 실천하는가이다. 한국이 문을 숭상하는 것은 좋으나 관념주의에 떨어져 문무균형을 이루는 데 실패하면 우리가 정의라고 생각했던 것 때문에 도리어 국가가 망하는 어려움에 처할 수도 있다. 만약 외래 이데올로기 때문에 국력이 쇠진한다면 이는 아무리 훌륭한 이데올로기라도 위선이다. 위선을 벗어나서 실용에 눈을 떠야 한다.

서울은 태평양 시대에 그 중심이 되기에 적절한 위치이다. 중국과 일본이 서로 헤게모니의 줄다리기를 하고 신경전을 벌이면 저절로 서울이 삼국의 중심에 서기 쉽다. 그러나 입 벌리고 나무 아래에 서 있다고 감이 떨어지는 것은 아니다. 중심으로서 최소한의 역할과 역동성을 보이고 친화력을 보여야 중심이 되는 것이다. 중심은 없는 듯 있는 것이다. 그러기 위해서는 우리의 문화능력이 지금보다는 커야 한다. 비록 국토와 인구가 적더라도 문화적 주체성을 가지고 상대를 이해하며 교역과 소통의 양면에서 중간 역할을 한다면 한국의 미래는 밝다.

삼성은 일본을 배워 대표적으로 성공한 기업의 예이다. 지금은 반도체 분야에서 일본 전체가 함께 뭉쳐도 삼성을 이길 수 없다. 우리는 이미 좋은 예를 많이 가지고 있다. 그러나 일본은 지금 세계 각국에서 로얄티를 받는 나라라는 것은 잊어서는 안 된다. 일본 경제를 움직이는 금융, 산업부문보다 지적 재산권 부분이 점점 커지고 있다. 일본은 세계로부터 받는 로얄티 때문에 지금 표정관리에 바쁘다.

39 모성의 시대와 한국문화의 희망

한국문화의 여성적 혹은 모성적 특성은 무술이나 놀이에서도 드러난다. 공격 지향적이기보다는 수비 지향적이고 평화 지향적이다. 택견이나 태권도에서 나타나는 것처럼 손보다는 발 중심이다. 발은 우선 몸을 옮기는 것이므로 손보다는 공격적이지 않다. 발의 중심도 발뒤꿈치에 가 있다. 이것도 공격적이지 않다는 뜻이다. 또 직선의 공격보다는 곡선의 공격에 치중한다. 물론 곡선의 운동이 경우에 따라서는 효과적이고 대결(대련)이 오래가면 에너지를 덜 소모하면서 지구전으로 상대를 제압할 수 있지만 속도가 느리다. 우리는 직선에 약하다. 두 사람이 서로 상대방의 샅바를 쥐고 승부가 날 때까지 빙글빙글 돌면서 시합을 하는 씨름이 한국의 대표적인 민속놀이인 것은 참으로 한국적이다.

한국문화의 여성적·모성적 특성은 보는 각도에 따라 여러 가지 해석이 가능하다. 이들 해석은 때로는 긍정적이고 때로는 부정적으로 나타난다. 가장 두드러지는 특징은 남성적 경쟁(전쟁이나 게임)에 의해 승자와 패자가 구분되는 것이 아니라, 비유하자면 여성적 질투로 인해 승패가 분명하지 않다는 점이다. 우리 역사에서 남의 나라를 공격해본 경험, 영토를 확장한 경험은 너무 오래되어 까마득하게 잊힌 일이다. 한국인들은 전쟁 자체를 무의식적으로 혐오한다. 그러면서도 최근세사에서 동족상잔을 한 나라가 우리나라이고, 아직도 남분 분단으로 대치된 나라가 우리나라이다. 전쟁을 싫어한다고 해서 국제사회에서 전쟁에 휘말리지 않는다는 보장은 없다. 도리어 냉전의 피해자가 되었으니 말이다.

언제부턴가 한국인에겐 승부에서 지고도 결코 진 것이 아니고, 정복을 당하거나 식민을 당한 것은 언제나 공격을 일으킨 상대방의 잘못이라고 생각하는 버릇이 생겼다. 일본에 대한 전쟁책임론만 가지고는 우리의 자강(自強)에 도움이 안 된다. 국제사회에서는 언제나 전쟁이 필연적이고 당위적이다. 이는 전쟁을 일으키는 나라가 악해서가 아니라 필요 때문이다. 그래서 유비무환보다 적절한 대비책은 없다. 그러나 불행하게도 한국인은 세계를 보는 관점이 밖이 아니라 안으로 향해있기 일쑤이다. 그래서 국민정서는 국내 권력에 대해 민중적 반감과 저항의 태도를 가지고 있다. 이를 우뇌(右腦)-좌파형(左派形) 문화라고 불러도 좋을 것이다.

이 같은 성격은 침략을 당했을 때 독립운동이나 국권을 회복하는 데는 긍정적이다. 져도 결코 지지 않았기 때문에 반운동 전선을 형성하기 쉽다. 그러나 세계를 능동적, 적극적으로 다스리거나 지배하기에는 역부족이다. 남을 모르기 때문에 남을 어떻게 다스릴 수 있겠는가. 남을 알아야 친선을 하든, 정복을 하든 할 텐데 어느 것을 택하든 주도권을 빼앗기고 만다. 평화든, 전쟁이든 스스로 결정하는 주도권을 잡는 것이 긍정적인 역사를 이끌어가는 요체이다. 그래서 공격형이 수비형보다 역사적 자아를 형성하기에 유리하다. 단재 신채호 선생이 일제강점기

1919년 3·1 운동 당시 서울 종로 보신각 앞에서 만세를 부르는 군중. 3·1 운동은 중국 5·4 운동은 물론 인도 간디의 '비폭력 무저항 운동'의 촉매로 작용했다.

에 '아(我)와 피아(彼我)' 사관을 부르짖은 것은 너무도 당연한 것이 우리 민족에겐 부족하였기 때문일 것이다.

장기지속의 역사로 볼 때 수비형은 결국 지게 되어 있다. 사대주의도 아마 그러한 수비형 문화의 결과일지도 모른다. 밖에서 들어오는 것을 경계하고 비난하면서도 자신도 모르게 결국 그것을 받아들이고 마는 '여성적 그릇'의 특성을 가졌다. 한국문화에서 여성의 역할과 무게중심은 다른 나라에 비해 두드러진다. 한국이 아직도 나라를 유지하고 있는 것은 여성적 에너지에 힘입은 바가 크다. 임진왜란을 막은 것도 바로 어싱의 힘 덕분이다. 일제는 임진왜란에 이어 최근세사에서 한국을 병탄하였지만 한국의 끈질긴 저항 때문에 결국 대동아공영권의 형성에 실패하게 되었다는 해석도 있다.

한국에는 어떤 종교가 들어와도 성공한다는 말이 있다. 이는 종교가 본래 여성성과 관련이 있기 때문이다. 오늘날 민주주의도 일종의 종교가 되었다. 종교가 되었다는 것은 그것을 위해 순교를 하는 사람은 있지만 민주주의의 원칙을 자신의 입장에서 새롭게 쓰지 못한다는 약점을 지니고 있다. 말하자면 민주주의라는 말은 무성하지만 정작 무엇이 한국의 민주주의인지, 그 정체를 알 수 없다. 국회가 무당 푸닥거리는 것처럼 난장판이 되어버리는 것은 참으로 한국적이긴 하지만 분명 그것이 한국 민주주의 진정한 모습이라고 할 수는 없다. 그래서 한국의 민주주의는 '서로 국민을 팔긴 하지만' 현실에 맞는 아무런 내용이 없다. 서양에서 들어온 남의 법전만 그대로 외우고 있는 꼴이다.

여성성이 가장 부정적으로 드러나는 대목은 바로 역사의 전개를 '죽음의 축제'로 이뤄간다는 점이다. 이는 여성성에 본래 '생명의 보호'와 함께 '공포의 어머니'라는 심리적 특성이 있기 때문이다. 한국인의 토론을 보면 결코 토론적이지 않다. 처음부터 토론을 하는 DNA가 없는 것이 아닌지 의심할 정도이다. 처음부터 편을 갈라놓고 결국 갈라진 편으로 돌아가는 것만 있을 뿐이다. 이는 합의에 도달하려는 것이 아니라 자기의 입장만 재확인하는 것이다. 한국인의 심성에는 합리성이라는 것이 약하다. 단지 서양에서 들어온 합리성의 데이터만 잔뜩 쌓아놓고 있을 뿐이다. 한국인들은 그 데이터를 가지고 자신이 매우 합리적인 줄 안다. 항상 정치권이 낙후되었다고 욕을 먹지만 실은 욕하는 사람들을 국회에 보내놓아도 아수라장의 국회를 만들 확률이 높다.

자기 내부로부터 만들어진 철학과 원리가 한국인에게는 없기 때문에('홍익인간 이화세계'라는 세계적인 철학을 가진 것은 너무 오래된 일이다) 결국 나중에는 파당으로 기(氣)싸움을 하는 수밖에 다른 도리가 없다. 한국인은 대통령이나 국회의원을 뽑을 때도 어떤 후보가 좋아서 뽑는 것이 아니라 다른 후보가 싫어서 뽑는다고 한다. 처음부터 자기가 뽑는 후보에게 부정적인 태도를 가지고 있는 셈이고, 당선된 사람에게 언제나 돌아설 요인을 준비하고 있다. 그래서 선거 후 조금만 잘못해도, 혹은 확실하게 잘못한 것이라고 판단하기 어려운데도 실망하면서 쉽게 안티체제가 되고 만다.

삼국 시대만 하더라도 중국과 쟁패를 겨루고 왜를 식민지로 경영한 경험이 있고 고려 시대에는 자주성이 강했지만, 조선 시대에 들어오면서 무(武)의 폄하와 주자학의 도입과 함께 완전히 소중화(小中華)를 목표로 하는 '사대적 인문주의 국가'로 변하였다. 자주성의 측면에서

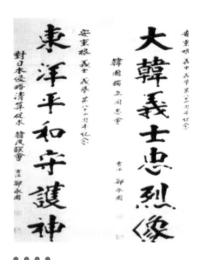

• • • •
안중근 의사는 옥중에서 '동양평화론'을 집필했다. 일본 히라사이(平石) 고등법원은 안 의사의 집필을 위해 사형을 연기해줬다.

보면 조선은 분명 후퇴하였다. 다행히 세종이라는 전대미문의 성군이 나와 그러한 약점을 보완한 것은 우리 민족의 생존에 결정적 변수가 되었지만 사대주의는 아직도 인문적 전통의 그늘 아래 미덕으로 자리 잡고 있다. 그러나 한국의 학자나 사상가들이 생산하여 국제적으로 통용되는 용어들은 드물다. 이는 남의 물건을 사용하면서 그것을 자신이 생산한 것으로 착각하는 경우이다.

한국문화의 맥락에 민주주의를 놓으면 저절로 민중주의 혹은 민중적 민주주의가 된다. 이는 한국인에게 역사적 한(恨)이 많기 때문이다. 이 한(恨)은 분명히 여성적 특성의 문화에서 기인한다. 물론 한국문화에는 신(神)도 있고, 멋(美)도 있었다. 신은 신라 시대에, 멋은 고려 시대에, 그리고 가장 가까운 조선 시대에는 한이 그 특성을 이룬다. 흔히 문화의 주체성은 인문적 교양의 증대에 의해 이루어지는 것으로 착각하는

데 이것은 근본적인 처방이 아니다. 주체성은 상무(尙武)정신과 과학정신에 의해 이루어진다. 최근세사에서 가장 자주성을 높인 것은 군사정권이라고 매도되는 1960년대 이후에 이루어진다. 이것이 아이러니이다.

가장 야만적인 군사정권에 의해 과학의 진흥과 함께 인문적 목표인 자주성과 민족적 자신감이 높아졌던 것이다. 수출 진흥의 독려와 함께 수많은 사람들의 해외진출, 그것으로 인해 비로소 밖의 시각에서 스스로를 객관적 시각으로 바라볼 수 있게 되었다. 그런 점에서 한국은 공격적인 기업인들로 인해 매우 희망적이지만, 아직도 한국은 내부순환(inner circle)의 원리에 의해 관념적이고 피상적인 민주주의, 사대주의를 기조로 하는 인문적 환상에 빠져있다. 인문은 많은데 정작 자신의 인문은 없는 것이다. 이게 바로 한국의 문 숭상, 선비문화의 현주소이다. 한국문화는 아직도 대학을 비롯한 학원사회의 이데올로기적 종속과 굴레를 벗어나지 못해 문화적 자주성과 활성을 얻지 못하고 있다. 이는 아직도 '민주/독재'라는 패러다임에서 벗어나지 못하고 있는 데서 여실히 볼 수 있다.

분명히 우리의 문화역량과 총량은 다른 패러다임을 요구하고 있다. 예컨대 '환경/자주' 등은 좋은 예가 되기에 충분하다. 그런데 문화의 사대주의와 관념성으로 인해 안으로의 불신과 분열, 그리고 '정체모를 민주주의'와 '국민을 파는 국민주의'에 의해 스스로의 족쇄를 채우고 있다. 스스로를 정의라고 여기는 집착과 상대에 대한 불신은 아직도 선악이분법을 벗어나지 못하는 중세성(中世性)을 면하지 못하고 있다. 이데올로기 논쟁은 제3의 대안을 제시하기보다는 대립을 조장하고 기존의 당파를 더욱 거세게 할 뿐이다. 각자는 토론과 대안을 주장하지만 결국 그것은 말뿐이고 합의를 도출하는 경험부족과 허위와 위선으로 남의 장단에 춤을 추는 지성을 확인할 뿐이다.

한국인은 아직도 자신의 숭문(崇文)주의가 사대주의라는 것을 모른다. 사대주의가 숭문주의의 가면을 쓰고 있는지 모른다. 진정한 숭문의 목표는 자주임에도 아직 여기에도 도달하지 못한 탓이다. 한국의 오늘날과 같은 발전은 숭문에 있었던 것이 아니라 무(武)의 자주정신과 과학정신, 그리고 산업의 발달에 힘입은 바 크다. 세계적인 기업과 기업가 정신이 없다면 OECD국가에 들어가는 것은 꿈도 꿀 수 없었을 것이다. 미국과 유럽 등이 자유무역협정을 맺으려고 달려오지도 않았을 것이다. 오늘날 대한민국의 성과는 역사상 어떤 성과보다도 훨씬 위업적임을 주지하여야 한다.

대체로 한국인은 삼국통일 이후 정복보다는 방어에 치중했다. 문화적으로도 그랬다. 한국이 단일민족이라고 하지만 차라리 잡종강세를 하였다고 하는 편이 옳다. 한국문화의 여성적, 모성적 특성은 생물학적 잡종강세와 각 시대마다 문화적 보편성의 획득이라는 선물을 부수적으로 얻었다. 인류사에서 전쟁이라는 것은 인도주의적 입장에서 보면 나쁜 것이지만 결코 부정적인 측면만 있는 것은 아니다. 전쟁은 인종과 문화의 교류와 통합을 이루는 첩경이고 세계가 결과적으로 점점 더 하나가 되는 역할을 수행하는 것이다. 오늘의 지구촌이라는 것은 바로 그러한 역사의 산물이다.

지구상에 큰 나라는 특별한 경우를 제외하고는 대체로 정복전쟁에 의해 이루어졌고, 작은 나라는 그 사이에서 흩어져 있는 것이다. 큰 나라는 당연히 세계를 지배하고 이끌어왔다. 또 전쟁으로 인해 수많은 인명이 죽지만 인종적으로 보면 결과적으로 살아남은 우성인자들의 조합과 잡종강세로 인해 더욱더 팽창하고 다른 생물종에 비해 지구를 지배하게 되는 결과를 낳았다. 수많은 전쟁을 치렀지만 지구상의 인구는 팽창하여 지금 60억을 넘어서고 있다. 지금은 도리어 지구에 인간이 너무 많은 것이 생태학적인 문제를 일으키고 있다고 보는 시각이 많다.

그런데 참으로 다행스럽게도 세계는 지구촌이 되는 바람에 이제 남성성보다는 여성성을 더 높이는 시대에 접어들었다. 한국인의 여성성과 평화애호주의는 이제야 각광을 받게 되었다. 앞으로 점점 더 세계적인 호응을 얻을 것이다. 김구 선생의 꿈이 실현될 시절 운이 다가온 셈이다.

"나는 우리나라가 세계에서 가장 아름다운 나라가 되기를 원한다. 가장 부강한 나라가 되기를 원하는 것은 아니다. 내가 남의 침략에 가슴이 아팠으니, 내 나라가 남을 침략하는 것을 원치 아니한다. 우리의 부력(富力)은 우리 생활을 풍족히 할 만하고 우리의 강력은 남의 침략을 막을 만하면 족하다. 오직 한없이 가지고 싶은 것은 높은 문화의 힘이다. 문화의 힘은 우리 자신을 행복하게 하고 나아가서 남에게 행복을 주기 때문이다."

일제의 식민과 탄압 속에서도 김구 선생과 안중근 의사는 '아름다운 나라'와 '동양평화주의'를 외쳤다. 도대체 이런 나라가 세상에 또 어디에 있겠는가. 너무나 한국적이고, 한국적인 지도자상이다. 여기에 우리 민족의 속성, 이상주의가 잘 드러나 있다. '맨주먹으로 싸우는' 우리 민족의 저항정신이 세계정신에 기여한 것으로 3.1 운동의 비폭력 무저항 운동을 들 수 있다. 이는 수비형의 문화가 만들어낼 수 있는 인류 최고의 사상이다. 흔히 비폭력이라고 하면 인도 독립의 아버지 간디를 떠올리지만 실은 한국 3.1 운동의 손병희 선생 등 33인의 정신이 그 출발이다. 3.1 운동(1919년 3월 1일)은 중국 5.4 운동(1919년 5월 4일)의 기폭제가 되었고 인도 독립운동의 정신을 수출한 셈이다.

역사라는 것은 항상 승패와 긍정 부정, 가부가 오르내리고 뒤바뀌는 것이다. 그런 점에서 역사에서 여성주의와 모성주의가 반드시 나쁘고 불리한 것만은 아니다. 도리어 이제 인류문명을 평화적으로 바꿀 근본적인 사상이나 패러다임이 한국에서 나올 가능성이 높다. 왜냐하면 가부장의 국가 사회에서 우리 민족만큼 시달린 민족은 드물기 때문이다. 또 그러면서도 현재 세계적으로 선진국으로 들어갈 수 있는 산업과 문화총량을 가지고 있기 때문이다.

이제 한국인은 과감하게 자기를 주장하여야 할 때가 되었다. 한(恨)의 콤플렉스를 극복하고 세계가 하나가 되는 데 기여하여야 할 때가 되었다. 문명적으로도 한국문화의 여성적·모성적 특성이 지구촌 문화에 새로운 패러다임을 제공할 기회를 맞고 있다. 한국사회는 오래 전부터 여성적인 '네트워크 사회'를 운영해왔다. 또 네트워크 사회를 운영하는 평화적, 공동체적 문화 노하우가 우리만큼 있는 곳은 세계적으로 드물다. IMF 때 '금 모으기 운동'을 한 나라를 세계는 주목하였다. 오늘날 세계 최고 반도체의 나라, 인터넷의 나라는 우연이 아니다. 민족의 웅비를 꿈꿀 기회가 온 것이다.

문화는 프로그램이다. 문제는 우리의 문 숭상이 언제나 남의 나라에서 프로그램을 빌려오고, 계속해서 자체 프로그램을 생산하지 못하며, 밖으로부터 선진이라는 이름으로 포장된 문물을 들여오는 악순환의 고리를 끊는 것이다. 이제 문화도 수출하여야 할 때를 꿈꾸어야 하고, 그것을 현실화하여야 한다. 사대주의는 선진문화를 들여오면서도 우리의 문화풍토에 맞게, 우리의 것으로 재창조하는 데 인색하였디. 지니친 외래문화 숭상은 정작 '자신의 문(文)'을 만들어내지도 못하고 유행만 따라가다가 실패하기 십상이다.

• • • •

문치(文治)와 무치(武治)를 동시에 달성하여 성군이 된 세종대왕은 1419년 대마도를 정
벌했다.

40 임란 후 韓·日문화 선후 바뀌어

'문(文)의 나라'는 무(武)를 등한시하기 쉬운데 '무(武)의 나라'는 문(文)을 무시할 수 없다. 왜냐하면 무(武)만으로 내치(內治)를 할 수 없기 때문이다. 결국 외화내빈의 문치의 나라가 역사적으로 불리할 경우가 많다. 무(武)라는 것은 물질과 신체와 직접적으로 연결되어 있어 실용적으로 되기 쉽고 문(文)은 관념적으로 되기 쉽다. 더욱이 자칫하면 문은 사대적이 되기 쉽다. 전쟁은 흔히 나라의 흥망과 함께 문화의 선후 자리가 바뀌게 되는 경우가 많다. 전쟁이라는 야만은 역설적이게도 문화를 가장 대량으로 이동시키고 문화능력을 향상시키며 전도시키는 요술을 부리는 셈이다.

우리 조상은 고대에서 중세까지, 더 징획하게는 임진왜란 진후까지 일본에게 선진문화를 전수한 나라였다. 일제를 거쳐 오늘날 우리는 일본보다 여러 면에서 후진국이다. 선진문화를 배우는 것이 결코 어리석은 일이 아니라면 그것을 배워서 토착화해야 한다. 그저 선진문화를 도입해서 향수만 하고 자가(自家) 생산을 하지 못한다면 소비국으로 전락

임진왜란을 일으킨 도요토미 히데요시의 모습. 일본에서는 전국을 통일한 최고의 영웅으로 섬김을 받는다.

하게 된다. 문화소비국이 되면 저절로 사대하게 된다. 그래서 선진문화를 받아들이는 것은 이중성이 있다. 문화능력을 키우는 데는 교류가 중요하지만 동시에 문화종속을 당할 위험도 있다. 문화는 서로 대등하게 주고받을 때 대등한 관계가 성립되는 것이다. 말로만 동반자 관계, 대등외교라고 하는 것은 괜한 공치사이다.

한국은 말의 허장성세가 심한 반면 일본은 겸손하고 착실하다. 일본은 형식과 내용을 잘 갖추고 있다. 이에 비해 한국은 내용보다 형식이 요란하다. 문질(文質: 바탕과 문채)이 균형을 잡지 못한 까닭이다. 동방예의지국이라는 명성이 무색하게 시대에 걸맞는 예의(禮義)도 갖추지 못하고 있다. 어딘가 혼란스럽다. 이에 비해 일본은 잘 정돈되어 있다는 인상을 받는다. 사무라이정신의 나라인 일본인은 예의범절에서도 세계적으로 정평이 나있다. 이것을 흔히 속과 겉이 다르고 이중적이라고 매도하는데 이는 괜한 열등감이다. 대외적으로 남의 나라를 공격하면서도 대내적으로 예의와 문물이 정비되었다는 뜻이다.

오늘날 일본의 사무라이정신은 인문적 축적과 교양을 넓히는 데서도 성공했다. 이에 비하면 한국의 선비정신은 무(武)와 과학정신을 기르는 데 등한하다. 한국의 문(文)은 아직도 당쟁에 여념이 없다. 당쟁을 붕당이니, 학파니, 정당이니 하면서 변명을 하려하지만 사회 곳곳에서 다양성이라고 하기엔 불안할 정도로 집단이기, 당리당략에 집착하고 있다.

현재를 통해서 도리어 옛날을 짐작
케 한다.

임진왜란 전까지 조선은 문화적
으로는 일본을 압도했다. 일본은 임
란 때 도공(陶工)은 물론이고 유불
경서(儒佛經書), 각종 문화재와 전
적들을 모조리 훑어갔다. 비록 임란
에서 조선이 패했다고는 할 수 없지
만, 일본은 문화적으로 커다란 소득
을 얻고 조선과의 문화적 역전의 도
약판을 만든다. 그래서 임란을 문화
전쟁이라고 부르기도 한다. 임난 후
일본의 권력을 잡은 에도막부의 도
쿠가와 이에야스가 화친을 요구해
오자 양국은 다시 평화 시대를 맞이
하는데 조선통신사는 대량으로 문
물을 교류하는 기회가 되었다. 통신

● ● ● ●

도요토미 히데요시의 야욕을 물리친 충
무공 이순신 장군은 한민족의 성웅으로
자리 잡았다. 그는 드물게 문무겸전의 인
물이었으며 세계 해전사에서도 손꼽히
는 해전의 영웅이다.

사는 순조 11년(1811년) 최후의 통신사를 끝으로 막을 내린다. 아마도
근대화에 앞섰던 일본은 서구로부터 새로운 문물을 받아들이게 되자
통신사를 멈춘 것으로 보인다. 조선통신사가 타고 갔던 배는 그야말로
'평화의 배'였다. 조신은 일본의 침략에 통신사라는 평화사질을 보냈던
것이다.

그 후의 일제침략도 임란의 연장선상으로 볼 수 있다. 일본은 국력이
강해지면 항상 조선을 침략하였는데 유라시아 대륙 동단의 섬나라인
일본은 대륙에의 진출이야말로 생존을 위한 투쟁이었던 것으로 보인

다. 혹자는 조선의 왕조가 임란을 기점으로 역성혁명이 일어나거나 어떤 형태로든 바뀌어야 했다고 주장하기도 한다. 신라 천년, 고려 오백년은 몰라도, 근세에 들어 조선의 경우 한 왕조가 5백년을 간다는 것은 여러모로 시대에 뒤떨어질 수밖에 없었다는 것이 이들의 주장이다. 평화나 전쟁은 항상 근린국가 사이에서 벌어지는 다반사이다.

지나간 역사는 받아들여야 한다. 그래서 '지나갈 역(歷)'자의 역사(歷史)이다. 조선조는 주자학적 도그마에 빠져 문화의 역동성이 없었던 것을 어찌하랴. 일본은 지금 문화의 문무에서 세계 최고를 구가하고 있다. 현재 일본의 문화능력은 미국 다음인 세계 2위이고, 어쩌면 미국보다도 문화의 균형 면에서는 더 잘 다듬어졌는지도 모른다. 우리는 일본을 실제보다 항상 왜소하게 보려는 경향이 있다. 이는 자신을 항상 크게 보는 과대망상과 대조적이다.

일본은 임진왜란을 통해 대역전의 기회를 잡았다. 일본은 비록 태평양 전쟁에서 패전국이 되었지만 그 문화적 역량은 없어지지 않아 한국전쟁을 발판으로 단시일에 선진국으로 도약하였다. '일본의 무(武)'가 결국 오늘의 '일본의 문(文)'을 만들었다고 할 수 있다. 일본의 문(文)은 현재 종교와 철학, 과학 등에 있어서 완전히 자신의 오리지널리티(originality)를 가지고 있다. 일본의 국력은 현재 우리가 존경해마지 않는 영국, 프랑스, 독일, 이탈리아 등 유럽 전체가 포함되어 있는 EC라는 경제블록과 동등한 대우를 받는 유일한 '한 국가의 블록'이다. 말하자면 미국과 거의 같은 수준의 국가이다. 미국에 비해 국가의 물리적 크기와 인구가 적지만 문화적 저력과 질서, 전통, 예절, 전문성, 합리성의 측면에서 미국에 지지 않는 나라이다. 말하자면 거의 완벽에 가까운 나라이다.

물론 그 완벽에 가까운 나라도 치명적 약점이 있기는 하다. 군국주의

●●●●

조선은 일본의 침략을 받았음에도 전후 통신사를 보내 양국의 평화증진과 문물교류에 힘썼다.

는 일본인의 삶에 있어서 '집단주의(국가주의)'와 '죽음의 미학'과 깊은 관련이 있다. 일본이 왜 국가는 부자인데 국민은 가난하고, 역대 수상들이 작은 아파트에 살며, 조금만 스쳐도 '스미마셍(미안합니다)' 하면서 소위 '미안(未安) 거리'를 지키는지 그 이면을 살펴보자. 군국주의는 일본문화의 함정이지만 한국문화의 평화주의의 함정보다 나쁘다고는 할 수 없다. 문화능력이 모자라는 평화주의는 바로 침략을 당하는 내부원리가 되기 때문이다.

일본의 근대는 여러 가지 점에서 완성되어 있다. 그러나 한국은 그렇지 않다. 말로는 세계적으로 이상적인 것들을 다 들여왔지만 실은 아직도 완성된 것이 없다. 말의 성찬이다. 우리가 말만 하면 섬기는 민주주의조차도 그렇다. 한국은 오늘날 세계 종교의 백화점과 같다. 한국에서는 어떤 종교도 망하지 않는다는 속설이 있다. 외래 종교인 기독교가

40 임란 후 韓·日문화 선후 바뀌어

435

한국만큼 성한 나라는 없다. 기독교뿐만 아니다. 불교, 유교, 기독교 등 외래 종교는 본국에서 도로 의식을 수입해 갈 정도이다. 이것이 한국문화, 한국 선비문화의 맹점인 주체성 없음과 관련이 있을 것이다. 어떤 이는 이것을 한국문화의 난자적(卵子的) 특성이라고까지 말한다. 지배를 당하는 여성적 특성을 이르는 것이다.

일본은 근대에 들어 종교적으로도 노리나가가쿠(宣長學)가 신도(神道)로 모든 이데올로기를 다 포용하면서 '그것은 모두 그때의 신도(神道)'라고 결론 내림으로써 근대적 자주 국가를 뒷받침하는 이데올로기를 완성하게 된다. 물론 신도는 나중에 일본 군국주의를 뒷받침하게 되어 일본 패망의 원인이 되기도 하지만 그러한 패망은 미국과의 패권경쟁에서 비롯된 것이지 신도 자체의 패망은 아니었다. 신도는 '마음(心)의 바깥에 다른 신(神)이 없으며 다른 이치(理)도 없다', '인격신을 말하고 있더라도 그것은 비인격적인 이(理)와 연속적으로 파악되고 있다'는 말로써 동서양문화를 통합하여 자연스럽게 근대에 진입할 수 있도록 뒷받침하였던 것이다. 일본은 자신의 나라의 전통적인 종교인 신도(神道)를 세계적인 종교로 생각하고 귀하게 여기고 있다.

일본의 고학(古學)은 전반적으로 주자학의 관념성을 탈피하기 위해 고전의 원래 뜻을 되살리고 수신(修身)과 치국(治國)을 동심원적 확대로 보지 않고 서로 독립적인 것으로 파악했다. 일본이 국가주의적 정치와 종교적 주체성을 확립한 것은 서구의 제국주의적 전략의 일환으로 창안된 이데올로기인 좌익과 우익에 의해 국가가 동요되거나 농단되는 것이 아니라 오히려 국가를 위해 좌익과 우익이 서구에서와 같이 함께 기여하도록 하는 기반을 완성한 셈이었다.

알다시피 일본은 근대화 과정에서 리가쿠(理學: 주쯔), 코지가쿠(古義學: 진사이), 그리고 코분지가쿠(古文義學: 소라이), 노리나가가쿠(宣長

· · · ·

임진왜란의 해전은 한산도 · 노량 · 명량대첩 등이 유명하다. 특히 명량대첩은 이순신 장군의 마지막 대첩이었다. 명량대첩 재현 모습

學)를 거쳐 국학(國學)을 완성시킴으로써 근대적 국가를 완성했다. 여기서 전반적으로 고학(古學)은 일종의 주자학에 대한 반론을 펴기 위한 것이었는데 합리적인 천도(天道)는 비합리적인 천명(天命)으로 대체되었고 궁리(窮理)는 능력 면에서 성인과 일반인이 구별되었다. 규범과 자연의 연속성은 끊어졌으며 주자학적 엄격주의를 폐기하여 치국평천하(治國平天下)와 수신제가(修身齊家)도 서로 독립적인 것으로 나누어졌던 것이다.

우리는 일본의 주자학에 대해 퇴계 선생이 베푼 학문적 시혜를 자랑하지만 일본은 주자학 궁리(窮理)의 제한된 싱격은 '사람의 길'을 '하늘의 길'로부터 분리시켰다. 이것은 성인(聖人)에 대해 조상신을 대치시킨 선장학(宣長學)에 있어서도 그대로 반영되었다. 선장학의 비판의 대상이 되었던 것이 주자학 및 불교, 노장사상의 형이상학적 범주─음양오행, 인과응보─였다. 일본의 고학(古學)은 일반적으로 자연과학적 인

식을 손쉽게 받아들일 수 있는 마음의 길을 열어주었다. 일본 고학의 이러한 일반적 경향은 맹목적으로 공맹(孔孟)에 의존한 우리나라보다 훨씬 근대 과학문명의 대세에 쉽게 적응할 수 있는 기반을 형성했다. 일본에 순자학(荀子學)이 성행하는 것도 이와 무관하지 않다.

한국이 유학에서 관념과 도덕만 받아들인 성향이 강하였던 것에 반해, 일본은 실용을 추출해냈던 것이다. 한마디로 일본의 근대화는 주자학 대신 과학을 도입함으로써 비롯되었던 것이다. 일본이 사무라이의 나라라고 해서 인문학이 없는 것도 아니고, 일본이 과학의 나라라고 해서 도덕이 없는 것도 아니다. 일본은 근대에 들어 중세적 사고의 틀을 벗어나 종교와 과학을 동시에 주체적으로 만든 나라이다.

일본은 근대사의 초기에 서양문물을 빨리 받아들이고 자신의 것으로 소화시켜 동양 속의 서양처럼 행세했다. 그리고 제국의 대열에 섰다. 이러한 위세는 태평양 전쟁의 패전에 잠시 주춤했지만 지금 소위 G7(서방 선진 7개국 정상회담) 국가로 자리매김하고 있다. 문을 숭상하고 밖으로는 사대주의를 표방하면서 안으로 말싸움만 하였다면 이는 문(文)도 아니다. 문(文)이 무(武), 즉 과학을 만들어내지 못하였다면 문(文)의 사명을 다하지 못한 것이다. 이들은 서로 피드백하면서 상대를 발전시켜야 한다.

무(武)의 정신을 회복하는 것은 우리문화의 건전성을 위해서도 중요하다. 조선조 주자학은 그 자체가 잘못된 것이라기보다는 형식과 위선으로 흘러 당쟁과 사화의 명분이 된 것이 문제이다. 당쟁은 마침내 사람을 위해 예(禮)가 있는 것이 아니라 예를 위해 사람이 사는 것처럼 주객이 전도되는 지경으로 몰아갔던 것이다. 우리의 역대 왕들을 보면 문(文)을 내세우는 왕 중에는 종종 문(文)을 망치는 경우가 많았다. 이는 무(武)가 문(文)의 기초임을 모르는 까닭이다. 마찬가지로 무(武)를 무시하는 통치자는 반드시 문(文)도 제대로 못하면서 문과 무를 갈라놓는다. 이것은 오늘날에도 계속되어 무(武)와 민(民)을 갈라놓고 스스로를 문민(文民)이라고 호도하면서 나라를 결국 망치게 한다.

무(武)를 문화에서 갈라놓고 문(文) 아래에 두는 못된 버릇을 고치지 않는 한 우리는 결코 선진국이나 강대국이 될 수 없을 것이다. 문(文)은 선진국이 되지 않는 한 사대주의에 빠질 위험을 안고 있다. 문화적으로 보면 큰 나라의 선진문화를 받아들이는 것은 나쁘다고 할 수 없다. 그러나 그것을 습관적으로 계속 하다보면 자주성을 잃게 된다. 그래서 선진을 향한 추월과 역전의 기회를 노려야 한다. 한국문화가 언제부터, 왜, 무(武)를 천시하고 실천력과 자주성을 잃고 세계사에서 침략을 받은 나라로 전락하게 되었는가. 지금도 평화주의자로 스스로를 위로하고, 선진이니, 세계화니 하면서 자기만족, 자기위선에 빠져있으니 사대주의를 극복할 길이 없는 것이다.

사대주의는 그 자체도 병폐지만, 문화의 균형을 잃어버리게 한다는 점에서 문화의 최대 적이다. 사대적 숭문은 오늘에도 여전하여 스스로의 위치와 입장을 잃어버리고 남의 나라 풍경을 자신의 풍경으로 그리는 관념산수적(觀念山水的) 맹종과 외래 이데올로기의 '정쟁(政爭) 도구화'로 선진국으로 도약할 수 있는 기회를 스스로 포기하게 하고 있다. 한강의 기적을 만든 것이 소위 군사정권이었다는 것은 역설적으로 우리에게 많은 교훈을 준다. 나라가 망해도 목숨을 버리는 선비가 없는 것은 그 문화가 심각한 나비와 허위에 빠져 있다는 신호이나. 언제나 학생과 노동자만 희생의 제물이 되고 있다. 현재 우리문화는 공적(公的) 공간들은 모두 사적(私的) 공간으로 변해 당파주의와 집단이기에 무너지고 있다. 이것이 위기이다.

한국문화의 치명적 약점은 모본(母本)이 드물다는 점이다. 세계에 내놓고 "이것은 우리의 것이다!"라고 큰소리칠 만한 것이 드물다. 사본(寫本)만 즐비하다. 물론 사본도 만들 줄 알아야 모본을 만들 수 있는 것은 사실이다. 그러나 사본을 계속 사용하다 보면 사본이 자기의 모본인 것처럼 착각하게 된다. 세계가 모본에 막대한 로열티를 주는 것은 그만큼 모본을 만들기 어렵기 때문이다. 이제 한국의 국력도 사본에 머물 것이 아니라 모본을 생산하는 데 주력할 때가 되었다. 이것이 문화의 주체화이다. 문화가 결국 프로그램이라면 우리의 프로그램을 많이 보유하고 있는 것이 바로 국력이다.

41 태권도를 위한 제언

심신의 균형발전, 문무를 겸하는 한국의 대표적인 무예인 태권도는 세계인들이 한국을 생각할 때 동시에 떠올리는 이름이며 이미지이다. 태권도는 여러 모습으로 변모할수록 무예로서, 혹은 스포츠로서 힘과 기술의 동시발전이라는 기본에 충실할 것을 요구받고 있다. 무예로서의 태권도가 존재해야 예술 태권도든, 스포츠 태권도든 존재할 수 있다는 말이다.

태권도는 먼저 등교세(藤蛟勢)(武德)의 모습에 충실해야 한다. 1970~1980년대 초기 해외 개척 시대의 태권도는 분명 새로운 형태의 애호가들을 자극할 수 있는 모험적 요소가 충분했다. 주먹 하나로 돌을 깨고, 얼음을 부수고, 나무판지를 쪼개는 등 완력을 바탕으로 한 파피적인 힘은 세계인들을 놀라게 하여 경외감을 갖게 했다. 이후 태권도가 경기체육으로 방향전환을 하자 이 '차력적 힘'은 풍선 터뜨리기, 얇은 송판 쪼개기, '곡예적 발차기'로 변해 갔다.

이는 '무예'의 영역에 남고자 했던 태권도가 제도권 체육으로 옮겨가면서 어쩔 수 없는 선택이기는 했다. 호기심을 자극하는 오락성과 경외심을 갖게 하는 차력적 요소가 많이 사라진 그 자리를 메울 것은 오직 등교세(藤蛟勢)밖에 없다. 등교세(藤蛟勢)란 바로 문무겸전의 정신이고, 무예의 힘이 살상이나 전쟁에서 크게 필요하지 않게 된 지금, 무예가 세상에 기여할 수 있는 존재이유이다. 차력적 요소의 상실은 세상에 적응한 측면이 있지만 동시에 무술 본래의 힘과 기술의 과시에서는 손해가 없지 않다.

현재 국내뿐만 아니라 해외의 태권도 정착이 오래된 나라일수록 성인 태권도 인구는 급속도로 줄어들고 있으며, 대부분의 도장들은 어린 초등학생들로 꾸려가고 있는 실정이다. 파괴적인 강한 힘, 강한 정신력으로 어필했던 태권도가 대중들로부터 외면당하고 있는 것이다. 만약 태권도가 어린 시절 신체단련의 수단이 되고, 어른에 이르러서는 몇몇 전문 체육인의 메달 따기 종목에 머문다면 무예로서의 태권도가 설 자리는 미래에 없을 것이다.

올림픽 메달을 따기 위해 육성되는 스포츠 태권도의 한계는 기교파 선수의 양산으로 이어졌고 '강한' 태권도의 이미지는 점차 소멸되고 있다. 가라테 시절의 엄숙주의 무도정신, 주먹에서 나오는 파괴적인 힘은 분명 경외감과 함께 호기심을 유발하여 참여해 보고 싶은 욕구를 불러일으켰다. 그러나 곡예적인 발차기는 갈채는 받아낼 수 있을지 몰라도 참여를 끌어내기는 쉽지 않다. 대중들은 서커스를 보고 즐기기는 하지만 결코 자신이 곡예사가 되는 것을 원하지는 않는다.

현재 태권도가 흥미유발을 위한 다양한 레퍼토리를 개발해내고 있지만, 대개 아동 유희적인 것들로 제도권적인 발상에서 나온 것들이다. 이런 것들로 과거 무도로서의 영광을 재현해내기는 어려울 것이다(무예 연구가 신성대 씨 조언).

442

• • • •

스포츠로서의 발전을 위해 태권도는 선수 보호장구를 착용하지 않을 수 없었다. 그러나 태권도는 공격에 소극적이라는 비판을 받는다.

현재 태권도가 표방하고 있는 체육미학은 당연히 정서적으로는 엄숙하면서도 쾌활함을, 행동적으로는 격하고 대담함을, 형태적으로는 단순하면서도 통일됨을, 취미로서는 강렬하면서도 숭고함을, 반응으로서는 충격적이면서도 신비적인 것으로 규정짓고자 할 것이다. 하지만 그 반대로 음습하고, 신경질적이고, 딱딱하고, 단조롭고, 폭력적이고, 자학적이며, 도발적일 수 있는 가능성이 힝싱 지변에 꼘러 있음도 간파할 수 없다. 이것에 대한 견제가 태권도인에게 필요하다.

미적인 것이 선한 것이고, 선한 것이 도덕적인 것일 수도 있다는 게 현대 대중들의 일반적인 인식으로 굳어 가고 있다. 따라서 태권도가 계속해서 대중들의 사랑을 받으려면 이 미적 가치 추구에 더 많은 노력을 기울여야 할 것이다. 물론 외적인 미와 내적인 미를 동시에 추구해 나가야 한다.

태권도는 궁극적으로 덕을 갖추어야 한다. 병가오덕(兵家五德)은 흔히 지(智), 신(信), 인(仁), 엄(嚴), 용(勇)이다. 무가오덕(武家五德)은 엄(嚴), 용(勇), 성(誠), 의(義), 절(節)이다. 동양의 덕(德)에는 외향적으로 드러내고자 하는 외덕(外德)이 있고, 내적인 자기 단련을 목적으로 하는 것은 내덕(內德)이 있다. 무예라면 내외를 함께 수련하지만, 결국은 외적으로 드러내야 하는 특징을 지닌다고 할 수 있다.

태권도는 분류의 불분명함 때문에 추구하는 도덕적 규범이 "스포츠맨십인가, 무도(武道) 정신인가, 등교세(藤蛟勢)(武德)인가"라는 질문에 봉착하게 된다. 태권도만의 보다 구체적이고 실천적인 덕성이 세워져야 할 것이다. 따라서 경기용 태권도와 무예로서의 태권도를 분리할 필요도 있다.

경기용은 아무래도 경기에서 승패와 관련되기 때문에 점수 따기 중심이 되기 쉽고, 따라서 무예로서의 의미가 줄어들기 쉽다. 그래서 선수들이 위험을 감수하지 않고 안전주의로, 메달 따기 위주로 나아가기 때문에 역전의 상황이나 반전의 묘미가 줄어들고 있다. 또 한 번 점수를 따면 그때부터 그것을 지키려는 자세 때문에 보는 이로 하여금 따분하게 하는 경향이 있다. 만약 그렇게 하여 세계인으로부터 외면을 받게 된다면 큰 손해이다. 스포츠로서의 태권도 작금의 스포츠의 동향에 맞춰 개선이 필요하다. 천재일우의 기회로 올림픽 종목이 된 것을 한꺼번에 잃게 되는 불상사가 생겨서는 안 될 것이다.

무예로서의 태권도는 또 다른 것을 요구받고 있다. 예컨대 기술 중심이 아니라 파워 중심, 혹은 고도의 개인기술과 심신수련을 상정할 수 있다. 그러기 위해서는 태권도에 한국 전통무예의 정신이 더 들어가야 한다. 무예의 목적은 자신의 생명을 걸고 상대(적)를 살상케 하는 데 있다. 따라서 본질적으로 보다 나은 기술을 받아들이고자 하는 속성을 갖는다. 태권도의 족보 찾기와 순혈주의는 도리어 무예로서의 태권도의 힘을 떨어뜨리게 될 것이다. 이것은 어설픈 민족주의에 다름 아니다. 좋은 기술은 다른 무예에서도 받아들여야 한다. 또 그것을 한국인에게 맞게 재창조할 수도 있어야 한다.

고대든 현대든 최고의 과학기술은 먼저 국방에 소용된다. 전통무예 역시 고대에는 최고의 과학이었다. 따라서 무예정신은 곧 과학의 정신이라 할 수 있다. 그렇기 때문에 전통적으로 무예계는 타인(혹은 타 종목)의 기예에 대해 끊임없이 관심을 갖고 연구하여 그 중 좋은 점은 받아들이기를 소홀하지 않았다. 태권도가 전통성만 강조하고, 오직 현재의 기술에만 만족한다면 머지않은 장래에 보다 우수한 기술에 제압당해 밀려날 수밖에 없는 운명을 맞게 될 것이다. 과거에 우수했던 무예가 지금은 이름도 없이 사라진 예는 많다.

자신의 법식만 고집한다면 그것은 곧 죽은 무예라 할 수 있다. 이런 과정을 통해 전통적인 무예 명가에는 수백 년 동안의 경험적 지혜가 축적되어 전해진다. 무예인이라면 당연히 그것들을 받아들이는 데 옹색할 이유가 없다. 그러나 일단 무예에서 떨어져 나온 체육(스포츠, 혹은 놀이)은 체육종목으로서의 차별성 때문에 다른 기술을 받아들이지도 않을 뿐더러 그럴 필요도 없다. 오히려 배타적인 성질을 지닐 수밖에 없는 것이다. 정해진 룰에 따라 단순하게 정해진 기술을 반복적으로 실행하면서 자신만의 독창성을 유지하고자 애쓴다. 단지 보다 많은 애호가들을 끌어 모으기 위해 운영의 묘만 살리면 되는 것이다. 바로 이 점에서 전통무예와 현대스포츠가 확연히 구별된다.

전통적인 동양의 무예에는 누천년 동안 축적된 무예에 대한 경험적

••••

충주세계무술축제, 세계 무술문화의 기선을 잡는다는 의미에서 중요하다.

이론들이 무수히 많다. 음양(陰陽)·표리(表裏)·허실(虛實)·강유(剛柔)·종횡(縱橫)·내외(內外)·입원(立圓)·장단(長短)·기락(起落)·쾌만(快慢)·난나(攔拿)·소말(消抹)·삼절론(三節論)·오법(五法)·경론(徑論) 등의 수많은 이론(이치)들이 있다. 이들 중 현재의 태권도에 접목시킬 수 있는 것은 얼마든지 있을 수 있다. 내용적으로는 전혀 전통적인 것을 흡수하지 못했으면서 오히려 그 연원만을 전통적인 것으로 꾸미는 바람에 웃음거리가 되는 것이다.

태권도는 건강과 양생에 관한 방법에 대해서도 부족하다. 태권도가 진정 육체의 건강함을 추구하고 있는가? 건전한 신체, 건전한 정신을 추구한다고 하지만 현대의 체육이 하나같이 경기방식을 택하는 바람에 신체의 일부만을 반복적으로 무리하게 사용함으로써 결과적으로 몸을 망가뜨리고 있다. 특히 격투체육으로서의 태권도는 그 위협적인 힘을 과시하기 위해 벽돌 깨기, 무리한 발차기 등 차력(借力)적인 기법을 도입하는 바람에 관절 부위가 망가지는 심한 후유증을 남기고 있다.

만약 태권도가 주장대로 예로부터 내려오는 고유한 전통무예라고 한다면, 그 숱한 세월 동안 동양의 정통양생법과 무예이론, 그리고 실기가 스며들지 않을 수 없었을 것이다. 비록 중국의 영향을 직접 받지 않았다 하더라도, 조선시대 무구옹 이창정 선생의 수양총서에 나오는 양생법, 퇴계 선생의 『활인심방』, 북창 선생의 『용호비결』, 동의보감에 실려 있는 각종 양생술을 비롯하여 『무예도보통지』에 실려 있는 십팔기와 기타 전통 건신술(健身術) 등에서 많든 적든 영향을 받았어야 했다. 독자적으로 전해져 왔다고 주장하는 것은 문화적 상식으로 전혀 인정받을 수 없다. 태권도를 전통과 연결시킬 수 있는 사료를 발굴하고 새롭게 태권도를 체계화시켜야 한다.

예로부터 전통무가(혹은 도가)에서는 반드시 무예만을 가르치지 않았다. 무예수련의 목적이 가장 먼저 내 몸을 강건하게 하는 것이기 때문에, 각종 양생법과 전통의학도 함께 공부하게 되는 것은 당연한 이치이다. 태권도는 오직 근(筋)만을 단련하고 골(骨)과 막(膜)을 단련하는 데는 소홀해 왔기 때문에 일반체육처럼 일찍 몸이 쇠하게 되고 만다. 앞으로 태권도가 어떤 방향으로 나아가든 이 같은 전래의 건신술을 적극적으로 받아들여 보다 건강한 태권도인 양성에 힘써야 할 것이다.

"오늘의 태권도엔 영웅이 없다"는 말이 있다.

무예계에 무용담이 없으면 그것보다 싱거운 일도 달리 없을 것이다. 그만큼 영웅의 이야기는 대중들의 관심을 모으는 데 없어서는 안 될 중요한 요소이다. 일본 검도의 무야모도 무사시, 극진 가라테의 최배달과 같은 걸출한 인물을 배출하지 못한 아쉬운 점이 있다. 그나마 초기 해외개척 시대에는 입지전적인 인물들이 다소 있기는 했지만, 지금까지 특별히 세계인에게 각인된 인물이 없다고 해도 과언이 아니다.

무예의 영웅은 없고 태권도 실력으로서가 아닌 행정가가 장기집권과 독선을 자행한다면 태권도의 앞날에 큰 걸림돌이 될 것이다. 태권도를 통해 이상적인 덕성으로 무장된 모험적인 인재가 양성되어야 하지만, 이 역시 현재와 같은 격투체육으로서는 쉽지 않은 일이다.

"태권도는 다양성이 부족하다"는 말이 있다.

경기체육화의 길을 가는 태권도로서는 어쩔 수 없는 선택이지만, 점점 권법적인 요소가 사라져 가면서 기예의 다양성과 그에 따른 재미는 감소할 수밖에 없다. 체육 검도가 걸어간 길을 답습하고 있는 것이다. 이 말은 곧 무예의 경계에서 더욱 멀어진다는 의미이기도 하다. 당연히 경기체육으로서의 태권도가 더 이상 다른 기예를 받아들일 여지가 없어진 것이다. 이 점이 시중에서의 태권도 애호자의 증가를 막고 있다.

현재 국내는 물론 국외에서도 어린이 위주로 도장이 운영되고 있고, 그들을 계속해서 붙들어두기 위해 쌍절봉을 비롯한 여러 가지 비공식 기예들을 모아 가르치고 있기는 하지만 근본적으로 태권도 자체 프로그램 부족을 겪고 있다. 아이들이라 해도 3년 이상을 붙들어두기가 여의치 않다. 그리고 나이 든 사람이 계속하기엔 힘에 부치고 위험하기까지 하다.

태권도의 권법적 특징인 단조로운 직선 운동은 지속적인 법식의 개발을 가로막고 있으며, 끊어 치기는 관절에 커다란 무리를 주어 운동 수명을 극히 단축시키는 결과를 초래한다. 단순과 반복은 현대 일본무도의 특징 가운데 하나이다. 바로 이런 점이 태권도가 경기체육으로 전환할 수 있게 해주었다고 볼 수도 있지만 처음부터 태권도의 법식은 무기를 다룰 예비 동작이 되지는 못했다. 적이나 맹수를 상대로 한 기예가 아니었다는 말이다. 칼 대 칼의 검도처럼 오직 맨손 대 맨손이라는 전제하에 만들어진 호신체육이었다.

개명 후 한국에 군사체육으로 도입되면서 개인호신술이었을 때 남아 있던 약간의 '권법'적 기예마저 단체훈련을 목적으로 하는 바람에 더욱 직선적이며 단순하게, 그리고 규격화되어 갔다. 또한 강인함과 절도 있는 동작을 돋보이게 하기 위해 끊어 치는 기법으로 발전되었고, 상대의 의기를 꺾기 위해 벽돌 깨기 등 차력적 기술도 마다하지 않았다. 사실 이런 점들은 전통무예로서는 말할 것도 없고 건강체육으로서도 그다지 바람직하지 않은 방법이다.

태권도의 발차기는 스포츠로서는 굳이 흠이라 할 수 없겠지만, 무예의 일반적 논리로는 치명적인 결함에 속한다. 이치상으로 따져 봐도 얼굴을 굳이 발로 올려 찰 필요가 없다. 손은 가깝고 발은 멀기 때문이다. 역으로 손으로 상대의 허벅지나 다리를 공격하면 어떻게 될지를 생각해 보면 알 수 있다. 굳이 가까운 것을 두고 멀리 있는 것으로 상대를 공격하는 것은 지극히 어리석은 일로 정통무예계에서는 금기시하는 방법이다. 기예의 으뜸은 빠름이기 때문이다. 가장 가까운 것으로 공격과 방어를 펼치는 것이다. 태권도 기술에는 이런 예가 무수히 많다. 이는 가장 효율적인 직선을 주장하면서도 거리를 무시하는 모순을 범한 것이다.

세계무술축제는 해마다 한국(충주)에서 열리고 있으며, 태권도의 성지가 된 '세계태권도 공원'(2009년 9월 4일 기공, 축구장 324개 크기)이 준공되었다. 또 '전통 무예진흥법'도 만들어서 2009년 3월부터 시행에 들어갔다. 이에 세계 무예문화를 선도하는 기선을 제압한다는 입장에서 태권도인의 심기일전이 필요하다.

• • • •

대한민국 무덕의 상징인 이순신 장군상

42 무덕(武德)이란 무엇인가

　무예의 정신을 집대성한 『무덕(武德)』이라는 책을 쓴 무예연구가 신성대 씨는 "무예는 기백(氣魄)을 키우는 것이다"고 했다. 그는 또 "무혼(武魂)이 없는 나라는 망한다"라고 말한다.[12] 그렇다면 훌륭한 무예라는 것은 어떤 것인가. 특정 종목인가, 아니면 기백과 혼령을 균형감 있게 키우는 것인가. 물론 후자이다. 그래서 어떤 무예이든 명가의 무예는 우선 기본에 충실하다.

　기본에 충실하다는 것은 어떤 신종의 테크닉에도 쉽게 적응할 수 있다는 뜻이다. 그러나 특정 테크닉을 우선하는 무예는 기본이 없는 관계로 다른 술기를 배우기 어렵다. 공부는 문과공부이든 무과공부이든 마찬가지다. 실제로 명가무예의 비기라는 깃도 알고 보민 바로 기본인 경우가 많다. 기본이라는 것은 마치 원의 중앙에서 주변 어디든 마음대로 갈 수 있는 것과 같다.

---

12 『武德-武의 문화, 武의 정신』, 신성대, (동문선, 2006) 참조.

어떤 무예이든 정(靜)을 우선한다. 정을 우선하면 동(動)을 힘들이지 않고 배우게 된다. 그러나 동을 우선하면 정이 부족한 관계로 항상 무예의 힘과 기운이 실리지 않는다. 무인은 기백(氣魄)이 충실해야 한다. 기백이 충실하지 못하면 마음만 앞서고 흔들리기 십상이다. 기백이 허약하면 혼령(魂靈)을 따라가지 못하거나 혼령에 시달리게 된다. 흔히 선비정신이라고 하는데 그 정신은 문장이나 지식이 아니라 실은 무혼(武魂)이다. 그래서 무골의 선비가 큰 선비가 되는 것이다. 한국의 문화는 '선비문화'로 대표된다. 그래서 역설적으로 무혼이 필요한 것이다.

문과 무는 서로 교차하는 것이 있다. 훌륭한 무인도 글공부를 많이 하지 않으면 달성되지 않는 것이다. 그래서 공부만 하고 체육을 등한시하거나 체육을 한다고 공부를 전혀 하지 않는 것은 문무를 둘 다 놓치는 꼴이 된다. '독립선언서'에 서명한 33인 중 일제에 넘어가지 않고 끝까지 저항한 사람은 만해 한용운 등 몇몇에 불과하다. 만해는 실은 무골 출신이다. 그의 아버지는 종 5품의 무관이었다. 문무가 이렇게 교차되어야 훌륭한 무관이 되는 것이다. 이순신이 문무를 겸전한 장수라는 것은 삼척동자로 아는 일이다.

죽음을 두려워하지 않은 선비도 적지 않았다. 동방도학의 비조인 정몽주도 그랬고, 사육신도 그랬다. 고대로 거슬러 올라가면 신라 눌지왕 때 박제상이라는 인물이 있다. 박제상은 눌지왕 2년(418)에 고구려에 사신으로 가서 장수왕을 설득해 눌지왕의 아우 복호(卜好)를 데려왔다. 또 같은 해 다시 왜국(倭國)으로 가 신라를 배반하고 도망쳐왔다고 속인 다음 눌지왕의 아우 미사흔(未斯欣)을 빼돌려 신라로 도망치게 하였다. 나중에 이 사실을 안 왜왕(倭王)은 그를 목도(木島)로 유배 보냈다가 목을 베었다. 박제상의 순절은 한국문화의 살신성인의 비조 격이다.

한국이 지구상에서 이름을 유지하고 생존한 것은 훌륭한 선비나 장

군이 있었기 때문이다. 문무가 균형
을 잃어버린다고 하는 것은 단순히
무기와 무예와 군대가 약해진다는
뜻이 아니고 '무의 정신'이 사라진
다는 의미이다. 무의 정신이 사라지
면 문의 정신도 약해지기 마련이다.
문과 무는 그렇게 상관적이다. 유가
의 오덕은 인의예지신(仁義禮智信)
이지만 병가의 오덕은 엄용인지신
(嚴勇仁智信)이다. 덕(德)은 행동으
로 나타나야 덕인 것이다. 성(性)이
본래 타고난 품성이라면 성이 동하
면 덕이 된다. 그래서 실천하지 않
는 덕은 없는 것이다.

『무덕(武德)』(2006년 동문선 발행)

　어떤 무예이든 제일 먼저 정신집중, 혹은 정신통일이 필요하다. 이것
이 되지 않으면 어떤 훈련도 성과를 거두기 어렵다. 이런 훈련의 과정
을 정신통일, 내공(內功), 외공(外功), 그리고 본격적으로 무기를 다루는
무공(武功)이라고 할 수 있다. 어떤 무예이든 호흡은 매우 중요하다. 일
상생활의 움직임과는 다르게 심하게 몸을 움직여야 하는 무예의 경우
호흡조절은 절대적이다. 호흡조절에 실패하면 바로 지는 것이나 마찬
가지이다. 무예의 모든 움직임에 호흡과 균형은 설대석이다.

　내공은 무술 종목마다 다르긴 하지만 결과적으로 깊은 호흡인 단전
호흡을 하는 것이다. 도가에서는 호흡(呼吸: 날숨과 들숨)을 토납(吐納:
날숨과 들숨)이라고 한다. 일상에서는 들숨이 더 중요한 것처럼 되어 있
지만 단전호흡에서는 날숨이 더 중요하다. 날숨이 충분하게 몸속 구석

구석의 노폐물을 몸 밖으로 잘 뱉어내야 그 빈 곳에 들숨이 잘 들어온다. 단전호흡은 결국 기(氣)를 운용하는 방법이다. 단전호흡을 하여 축기를 많이 해두면 무예를 하는 데 유리하다.

어떤 무예이든 훈련과정의 시작과 끝은 선후관계가 아니라 순환관계에 있다. 또 과정과 과정 사이가 겉으로는 단계를 끊어놓았지만 실지로는 연속적이다. 문인들이 볼 때는 무인이 무슨 정신공부를 그렇게 하는지 의심할 수 있지만 실제로 거의 접신의 경지에 든 무인들도 적지 않다. 초기의 정신통일과 이 신공이 만나서 무예가 완성된다.

이것은 원의 중심과 가장자리의 관계와 같다. 원에서 중심은 표시를 해도 되고, 하지 않아도 원이 되는 데 지장이 없다. 반대로 중심만을 표시하고 원이 없이도 된다. 우주에는 중심이 없기 때문에 내가 중심이 될 수 있다. 중심이 없다는 것은 모두가 중심이 된다는 역설을 내포하고 있다. 이것은 훈련하는 개인인 자아(소아)와 천지신명인 대우주(대아)가 하나가 되는 경지라고 할 수 있다.

무(武)는 땅에서 시작되었기 때문에 호흡 다음에 발(足)이 중요하다. 무술에서 아무리 굉장한 병기를 들었어도 발, 즉 보법 자세를 잘못 잡으면 이미 진 것이나 마찬가지이다. 기(技)는 형(形)에서 생겨나고 법(法)은 공방(攻防)에 의거하기 때문이다. 무용도 발이 중요하다. 무용은 그래서 무술과 관련이 있다. 무(武)와 무(舞)는 발음도 같지만 그 뿌리도 같다. 무용은 하나의 예술로서 성장하였지만 무와 근원이 같다.

도가계열의 원로무예가 K씨는 이렇게 말한다.

"이제 나는 죽었다고 생각한다. 나를 무(無)라고 생각한다. 그래서 세상에 나가는 것을 삼간다."

제자를 3천여 명 정도 길러낸 무술계 최고 원로인 그는 해방 후 근대무예 초장기 원로들이 거의 사라진 지금, 당시 실정을 가감 없이 제대로 전하고 기록해야 할 필요가 있을 때만 얼굴을 내민다고 한다.

한 원로무예가 P씨는 이렇게 말한다.

"자연의 힘이란 땅에서는 안정감, 몸에서는 유동성, 불에서는 간결함, 바람에는 자유로운 움직임이다. 그래서 이것을 익히면 어떠한 상황에서도 대처할 수 있다. 오직 수련을 해야 한다. 수련을 하면서 부정한 생각을 품지 않아야 한다."

자연과 참선을 통한 심신합일의 경지에 대해서 그는 "자연의 길이란 강물의 흐름이나 계절의 변화를 말합니다. 무사들은 참선을 통해 마음 경지를 비우는 데 도달할 수 있고, 무심의 경지에 도달한 무사들은 공포나 의심, 죄의식이나 증오심, 잡념 없이 깨끗한 마음으로 상대를 맞이할 수 있다"고 말한다.

"기란 공기 중에 사라지는 수증기와 같아서 눈에 보이지 않습니다. 무술에 있어 기란 신체를 타고 흐르는 에너지를 말합니다. 실제로 느끼는 기는 불가능한 것만은 아니고, 명상을 통해 마음이 안정될 때에만 기를 북돋을 수 있습니다. 기공에서는 신체의 모든 부분을 고루 발달시켜야 합니다. 적이 어느 부분을 공격해 와도 보호할 수 있도록 온몸 어느 곳에라도 순간적으로 기를 집중시킬 수 있도록 수련을 해야 합니다."

한 원로무예가 U씨는 기에 대해서 다음과 같이 말한다.

"기를 수련하는 이유는 우리 몸에서 객기과 탁기를 빼기 위한, 즉 탈기(脫氣)하기 위한 것입니다. 이때의 탈기는 흔히 말하는 기운이 빠지는 것이 아니라 나쁜 기운을 빼는 것입니다. 탈기를 한 뒤 신선한 천기(天氣)를 받아들여 기를 자기 것으로 만듭니다. 이것이 아기화(我氣化)입니다. 이렇게 하면 어린아이의 몸으로 돌아갈 수 있습니다."

"요즘 시중의 여러 기수련단체에 가보면 초심자들이 가부좌를 틀고 앉아서 호흡시간을 늘이는 수련을 하고 있는데 이는 매우 위험합니다.

제대로 된 자세가 되기도 전에 그렇게 하면 상기증(上氣症)에 걸립니다. 상기증이란 대표적인 호흡수련의 고질병으로 부작용이 심하면 고질병이 됩니다. 이는 제대로 단전이 잡히지도 않았는데 운기를 무리하게 함으로써, 기가 위로 올라간 것을 말합니다. 운기란 기를 위로 올리는 것이 아니라 말 그대로 운기하는 것입니다. 기의 순환이 잘 일어나야 하는 것이지요. 하단전 수련, 중단전 수련, 상단전 수련 이렇게 점차적으로 수준을 높여야 하는데 마음이 급한 나머지 월반하려는 것과 같습니다. 기도 공부인 한 월반을 없습니다. 수학에 왕도가 없다는 것과 같습니다.”

그는 또 “제대로 호흡을 하기 위해서는 척추를 정 위치에 놓아야 합니다. 가부좌를 틀고 심신분리 상태에까지 이르려면, 요추가 배 쪽으로 밀려들어가 골반 위에 자연스럽게 얹히는 자세가 되어야 합니다. 일반인들은 바닥에 앉게 되면 요추가 뒤로 물러나는데 이런 상태에서 허리를 펴고 앉으려면 억지로 허리에 힘을 주어야 합니다. 따라서 조금만 오래 앉아 있으면 근육의 긴장으로 인해 혈액순환이 되지 않고, 경련이 일어나서 호흡삼매의 무아경(無我境)에 들어가기란 불가능합니다. 육체를 강건하게 만들어놓아야 심신분리법을 통해 심신합일이라는 최상의 경지에 입문할 수 있습니다”라고 강조한다.

무예연구가 S씨는 한국무예의 상황을 이렇게 요약한다.

“한국의 경우 선비들이 무인들의 자주정신을 배워야 하는데 도리어 무인들이 선비들의 사대주의를 배운 것 같습니다. 무술을 제대로 배우지도 않고 사부노릇이나 하려고 들고, 몸 공부를 게을리 하면서 선비인 체하면서 감투싸움이나 하는 경우가 많습니다.”

한반도의 역사를 보면 북에서 고구려가 막고 있을 때 백제와 신라는 해양세력을 강화하였다. 바다가 아니고는 중국 대륙과 소통할 수 없었기 때문이다. 오늘날 북한이 막고 있어서 남한은 해양세력을 강화하지 않을 수 없게 된다. 만약 통일이 된다면 비용이 적게 드는 육로를 택하여 중국, 러시아 등과 거래할 확률이 높아진다. 그러면 해양세력이 약화될 소지가 있다. 오늘날 수출입국의 한국은 조선 등 해양세력을 강화하지 않고는 국부를 증대할 수 없는 점이 우리를 더욱 해양국가로 발돋움하게 한 것인지도 모른다. 역사는 언제나 궁하면 통한다는 말을 증명해 보이는 경우가 많다.

무언(武諺)에서는 "글로는 마음을 평하고, 무(武)로는 덕을 살핀다(文而評心 武而觀德)"고 하였다. 이 시대의 덕(德)이란 진리와 행동에 대한 어떤 관계가 되어야 한다. 강력한 통찰력, 실현중인 능동적 인식이어야 한다. 인식하고 수용하는 것, 이해하고 변화시키는 것, 저항하고 극복하는 것, 즉 행동하기이다. 문(文)이 사고하는 철학이라면, 무(武)는 행동하는 철학이다. 내덕(武德)은 닦아야 하고, 외덕(文德)은 쌓아야 한다. 진정한 내외합일(內外合一), 즉 문무(文武)가 하나 되어야 한다는 말이다.

(중복 554)우리역사를 보면 화랑(花郞)의 문무겸전(文武兼全)을 실현한 신라가 삼국을 통일하였고, 문약에 빠진 백제와 무단에 빠진 고구려는 망했으며, 무신을 업신여기던 고려는 결국 무신(武臣) 정권이 들어서 혼란 끝에 망하였다. 고려를 이은 조선은 문치(文治)를 표방하였으나 결국 무(武)를 소홀히 하다 결국 일제 식민지 시대를 맞는다. 문은 확실히 개인이든, 사회든, 나라이든 인으로 다스리는 데 특성이 있고, 무는 외적으로부터 나라를 방어하는 데 그 특성이 있다.

무예 가운데는 기(氣)운동을 통해서 양생을 목표로 하는 것도 있고, 더 나아가서 내공에 치중하는 것도 있으며, 또 연장하여 외공에 치중하는 것도 있고 마지막에 무공에 치중하는 것도 있다. 물론 무공을 하는 것이 무예이다. 그러나 무예를 위한 전 단계의 내외공도 실은 단지 무예를 위한 전 단계의 것으로 치부하기는 어렵다. 맨몸도 실은 엄청난 무기일 수 있기 때문이다. 인간의 손과 발이 얼마나 가공할 만한 무기가 되는지, 무예를 조금만 아는 사람도 이를 수긍할 것이다. 그래서 손과 발을 사용하는 권(拳)도 무예에 넣지 않을 수 없는 것이다.

외공을 하는 무예가 내공을 겸하지 못하면 결코 오래 갈 수 없다. 내공이란 쉽게 말하면 호흡이다. 호흡을 하지 않고는 사람이 살 수도 없기 때문에 호흡이 없는 무예는 없다. 그러나 여기서 호흡이라고 하는 것은 호흡에 맞춰서 동작을 하는 것과 평소에 단전호흡을 통해서 몸의 기운을 북돋워 주는 것을 말한다. 외공의 무예나 스포츠라고 하더라도 전문가들은 내공을 기르지 않으면 안 된다. 어떤 무예이든 숨이 가쁘면 이미 진 것이나 다름없기 때문이다. 평소에 단전호흡을 하면서 축기를 내두는 것은 필수이다.

문(文)은 문약(文弱)에 흐르기 쉽고, 무(武)는 무단(武斷)에 흐르기 쉽다. 그래서 문과 무는 서로를 동반하여야 한다. 역설적으로 문의 완성은 무에서 이루어지고 무의 완성은 문에서 이루어진다. 인간은 포유류 중에서도 뇌 용량이 가장 커서 머리를 사용하는 것을 특징으로 하는 동물이다. 그래서 흔히 인간의 머리 이외의 신체는 무시되기 쉽다. 그러나 문에 성공한 사람들은 머리 이외의 몸이 얼마나 중요한가를 안다. 더욱이 머리와 몸이 하나라는 것을 안다. 분명이 뇌는 신체의 중심이고 꽃이다. 그러나 뇌가 명령을 하기도 하지만 사지의 보고에 따라 반응한다. 우리는 의외로 배(腹)와 사지에 대해 무관심한 경우가 많다. 무예는 중심을 잡고 사지를 자유자재로 움직이기 위해서 배와 사지에 대해 가장 민감하다.

문무의 이러한 특성을 가지고 역사적으로 교훈을 준 글들은 많다. 문은 항상 정신, 마음과 관련이 있고, 무는 항상 육체, 물질과 관련이 있다. 이러한 이분법은 불가피하다. 그러나 이러한 특성을 교차하여 이해하고 습득하지 않으면 진정한 이해나 체득은 불가능하다. 몸은 일종의 뿌리와 같아서 몸에서부터 일어나는, 무의식에서부터 솟아나는 문(文)과 무(武)가 아니면 진정한 자신의 것이 아닌 경우가 많다.

자기 몸에 맞는 문화는 마치 음식과 같아서 편안하고 자연스러워야 한다. 그래서 물질문화인 의식주는 단순히 물질이 아니라 정신이 가미되어 있는 형상인 것이다. 무예도 그렇다. 한 나라의 무예의 확립이야말로 실은 문화가 주체적이고 독립적일 수 있는 마지막 기로이다.

한반도의 역사를 보면 북에서 고구려가 막고 있을 때에 백제와 신라는 해양세력을 강화하였다. 바다가 아니고는 중국 대륙과 소통할 수 없었기 때문이다. 오늘날 북한이 막고 있으니까 남한은 해양세력을 강화하지 않을 수 없게 된다. 한국이 오늘날 해양대국이 된 것은 그러한 장애를 극복한 것이다. 만약 통일이 된다면 비용이 적게 드는 육로를 택하여 중국과 러시아 등과 거래할 확률이 높아진다. 그러면 해양세력이 약화될 소지도 있다. 역사는 항상 인간이 대응하기에 따라 달라진다. 유리(有利)와 불리(不利)가 교차되는 경우가 많다.

해양세력이 역사를 주도하고 있는 21세기, 한국의 미래는 해외로 관심을 넓히고, 시장을 개척하고 이를 뒷받침하는 튼튼한 무혼(武魂)이 함께 해야 선진국가를 유지할 수 있을 것이다. 광화문 세종로에는 세종대왕의 좌상과 이순신 장군의 입상이 동시에 서 있다. 이것은 한국문화의 문무를 상징하는 것이다. 세종로에 이순신 장군의 동상이 서 있는 것은 선비문화의 자주성과 독립성을 희구하는 한민족의 집단무의식적 염원일 것이다.

동시아의 무예 복원과 무예 마스터십의 성공

스포츠는 사냥과 전쟁무예에 그 기원을 두고 있으며, 승부에 집착하는 게임과 놀이의 성격이 공존하고 있다. 무예와 스포츠는 서로 공유하는 부분이 많으며, 이들의 발달은 전쟁수행과 떼래야 뗄 수 없는 관계에 있다. 오늘날 무예는 전쟁무기의 발달로 인해서 그 필요성이 현저히 줄어든 것이 사실이다.

프랑스의 쿠베르탱은 일찍이 그리스의 고대올림픽을 모델로 하여 근대올림픽을 창안했으며, 올림픽은 오늘날 4년마다 열리는 인류의 제전으로 각광을 받은 지 오래다. 그렇지만 올림픽은 스포츠라는 개념 속에 고대의 각종 무예와 스포츠를 담았으며, 이에 따라 각종 무예는 스포츠화의 길을 걸었다고 할 수 있디. 오늘날 올림픽 종목에는 무예의 본래 모습이 퇴색된 게 사실이다.

다행스럽게도 동양에서는 각종 무예인의 활동과 전승에 힘입어 무예가 아직 그 뿌리를 잃지 않고 있어서 동양에서 무예 올림픽 같은 것이 성사된다면 올림픽과는 또 다른 새로운 올림픽의 등장이 기대된다고 하지 않을 수 없다. 바로 그러한 시대적 요구에 힘입어 보다 전통적이고, 비의적(祕儀的, esoteric)이며, 축제적 성격이 강한 무예 올림픽을 통해 인류가 보다 평화에의 증진을 도모한다면 새로운 인류의 축제가 될 가능성이 높다.

서양에 스포츠가 있다면, 동양에는 무예가 있다. 서양에 올림픽이 있다면 동양에서 무예 마스터십 대회(무예 올림픽)가 존속되어야 할 이유가 여기에 있다. 필자가 지난 제1회 무예 마스터십 대회에서 '세계평화를 위한 무예부흥의 시대적 과제'(2016년 9월 2일) 기조강연을 한 것은 그러한 이유에서다.

필자가 동양 무예의 복원과 그것의 뿌리를 밝히기 위해 동분서주한 끝에 최근 놀랍게도 조선 시대 정조(正祖) 때 완성한『무예도보통지(武藝圖譜通志)』의 권법과 민간에 전해진 택견과 수박, 만주에서 전해진 육로십단금(六路十段錦), 그리고 그동안 오키나와 무술로 알려진 당수도가 같은 뿌리를 갖고 있음이 밝혀져 놀라움을 금할 수 없다.

다행스럽게도 택견이 태권도의 원류무예로서 1983년 6월 1일 중요무형문화재 제76호로 지정되었고, 송덕기(우대)와 신한승(아래대)이 기능보유자로 인정된 것은 참으로 다행스럽다고 하지 않을 수 없다. 더욱이 2011년 11월 28일 인도네시아 발리에서 열린 제6차 유네스코 무형유산위원회에서 무예로는 세계 최초로 택견이 유네스코 인류무형유산으로 등재되었다. 택견은 한국의 맨손전통무예로서 역사적으로도 상당히 오래 전부터 이어져 온 것으로 알려져 있다.

지난 2017년 프랑스 파리에서 열린 제13차 유네스코 세계기록유산 국제자문위원회(IAC, 10월 24일~27일)는 세계 유일의 무예의 경전, 무경(武經)이라고 할 수 있는『무예도보통지』를 유네스코 세계기록유산으로 지정한 바 있다. 세계가 우리 민족의 자랑스러운 무예유산인

『무예도보통지』의 세계 무예사적 가치를 인정한 셈이다.

무예의 전승은 책으로만 이루어지는 것이 아니라 신체적 훈련을 통한 사자상승으로 전해질 수 있다는 점에서 무예는 반드시 스스로 복원된다는 신념을 배반하지 않았다. 그동안 어려운 여건 속에서 전통무예를 몸에 익혀온 무예인들에게 고마움을 표시하지 않을 수 없게 된다.

오늘날 무예는 각종 무기의 발달로 스포츠화의 길을 가고 있는 것이 대세라고 하지만 전문적으로 무예의 술기를 닦아서 자신의 건강과 기백을 살리거나 전문 무예인으로 입신하기를 원하는 사람들이 적지 않다. 무예는 오늘날 건강호신술로 새롭게 각광 받고 있다.

세계에서 하나뿐인 무예의 경전이라고 할 수 있는 『무예도보통지』는 특히 동아시아의 무예를 종합하고 있으며, 『무예도보통지』의 기본적인 참고 서적이라고 할 수 있는 『무비지(武備志)』와 『기효신서(紀效新書)』는 동아시아 무예의 원류를 헷갈리게 하기도 했다.

세계적 대제국이었던 몽골과의 항몽전쟁에서 밀리던 고려의 삼별초(三別抄, 1273년)군은 강화도, 진도, 제주도로 전전하다가 결국 유구(琉球, 오키나와)로 망명(정착)했다는 사실이 밝혀지고 있다. 오키나와의 당수도가 실은 고려의 삼별초에 의해 전해진 수박(手搏)이었다는 사실이 최근 공개된 『오키나와전무비지(沖縄伝武備志)』를 통해 확인되었다.

중국과 일본은 삼별초의 무술에 책 표지만 바꿔서 자신들의 것으로 조작하였음을 알 수 있다. 그 본 내용을 보면 상투를 튼 조선인이 그림으로 등장하고 있다. 그동안 중국 측은 오기나와 가라테의 시원은 중국 백학권(白鶴拳)이었다고 주장해왔다. 중국 국제 오키나와 공수도사 상회(国際沖縄空手道 無想会, International Okinawa Karate-do Muso-kai)는 백학권이 1850년 전후에 복건성에서 폭발적으로 보급한 것으로 류큐 왕국에서 전래된 오키나와 가라테와 관계없는 것으로 주장하고 있다.

아울러 『오키나와전무비지』를 통해 『기효신서』의 권경(拳經)과 삼별초(三別抄)의 수박(手搏)이 연결된 것을 알 수 있다. (사)한국본국검예 총재이며 무예연구가인 임성묵에 따르면 특히 권경의 32세보다 더 많은 96세의 살수(殺手)가 기록되어 있을 뿐만 아니라 대부분 조선의 마지막 택견 명인 송덕기 옹이 남겨놓은 기술과 동일한 것으로 확인되어 고구려 벽화 이래 단절된 수박의 원형을 찾을 수 있는 계기가 된 것이다.

류구국(琉球國)의 가라테(伽羅手)에서 파생된 일본 공수도의 뿌리는 고려의 수박에 시원을 두고 있음이 증명되었다. 한국의 택견이 중국과 오키나와에 보급되고 오키나와 가라테는 일본 본토로 이식된 것으로 밝혀짐으로써 실제적으로 동양 3국 무예의 메카는 한국임을 자부할 수 있게 된 것이다.

한국이 한·중·일 3국 무예의 원산지이며, 특히 동이족의 고조선 강역을 중심으로 전개된 무예의 메카임이 밝혀져 우리는 한층 더 무예 올림픽을 주창하고 선도할 위치에 설 수 있음을 확인하게 되었다. 무예의 원류를 따지기 전에 오늘날 한·중·일 3국의 무예는 동아시아 무예 교류의 역사와 공동문화유산임을 확인하게 하고 있다.

미래의 무예문화는 세계인류가 하나 되게 하고 인류의 문화를 더욱 더 풍성하게 하는 데 기여함은 물론이고, 나아가 세계평화를 도모하는 데 앞장서야 할 것이다.

1 2016년(제1회) 무예마스터대회 기조강연

세계평화를 위한 무예부흥(武藝復興)의 시대적 과제

박정진(무예인류학 박사)

1. 인류문화와 무예(武藝)의 위상
2. 서양의 스포츠(sport)와 동양의 무예(martial art)
3. 세계에서 하나뿐인 '무경(武經)', 『무예도보통지(朝鮮武藝圖譜通志)』
4. 문무겸전(文武兼全), 무예인(武藝人)의 이상(理想)
5. 동양의 무예와 정신수련의 전통
6. 무예의 평화에의 기여
7. 무예부흥(武藝復興)과 무예 올림픽(Martial Art Olympic)을 위하여

1. 인류문화와 무예의 위상

흔히 문화(文化, culture)를 종합적이고 총체적으로 말할 때, 문(文)과 무(武)를 예로 든다. 말하자면 문(文)과 무(武)는 문화의 대표성과 상징성을 갖는 말이다. 다른 한편으로 문화는 크게 종교(도덕), 과학(기술), 예술로 나누기도 한다. 만약 그렇다면 문화에서 무(武)의 위치는 어떤 것인가. 물론 무(武)는 종교와 과학과 예술을 특성을 골고루 갖춘 교집합(交集合)의 위치에 있다.

무예(martial art)도 문화(文化)의 한 요소(element)이다. 특히 무예가 축제(festival)가 될 때는 더욱 힘을 발휘한다. 흔히 무(武)라고 말하면 전쟁을 연상하고, 전쟁의 필요로서 무(武)를 떠올리는 선입관과 편견을 갖는다. 물론 신체를 단련하고, 무기를 만들고 하는 것이 무(武)에 속한다고 할 수 있다.

특히 청년으로 구성된 남자 연령집단을 전사(戰士)로 키우는 원시고대의 통과의례(rite of passage)는 인류문화와 더불어 무술이 시작된 것임을 짐작케 한다. 성인 남자의 무사로서의 역할과 기능은 여러 가지 변형된 형태로서 오늘날도 면면히 이어지고 있다. 남녀평등 사상의 발달과 더불어 혹은 삶의 조건과 환경에 따라 일부 국가에서는 여성들도 군인으로 참여하는 길을 열어두고 있지만 주로 무를 담당하는 세력은 여전히 남자이다.

예컨대 한국의 경우, 불교가 한창 번창할 때에 원광법사(圓光法師)가 제정한 세속오계(世俗五戒)라는 것이 있었다. 세속오계(五戒) 중 사군이충(事君以忠), 사친이효(事親以孝), 교우이신(交友以信), 임전무퇴(臨戰無退), 살생유택(殺生有擇)은 어느 하나도 군사집단에 필요하지 않은 것이 없다. 혹자는 부모에게 효도(孝道)하는 것이 전쟁에 무슨 필요가 있겠느냐고 물을지 모르지만 효(孝)는 충(忠)과 밀접히 관련이 있어서 흔히 충효(忠孝)를 묶어서 말하기도 한다.

한마디로 인간집단은 고대로 갈수록 군사집단이었으며, 이 군사집단을 위해서 혹은 군사집단을 중심으로 문화가 운명되었다고 할 수 있다. 오늘날은 문화가 더욱더 세분화되어 무(武)라는 개념도 희박해지고, 전쟁을 담당하는 군인은 일상생활과 분리된 특별한 신분이 되어 있다. 이들은 혹시 있을 지도 모르는 전쟁에 대비해서 양성하는 집단이다. 과학기술과 전쟁무기의 발달에 따라 신체단련 혹은 무예단련은 과거보다 덜 중요한 것으로 생각되기도 하지만 그러나 전쟁을 수행하는 것은 인간이기 때문에 신체무예훈련의 기능은 사라질 수 없다.

2. 서양의 스포츠(sport)와 동양의 무예(martial art)

신체를 단련하여 승부를 겨루는 스포츠(sport)와 전쟁을 목적으로 신체를 단련하여 승패를 겨루는 무예(martial art)는 서로 교차하는 부분이 많다. 신체단련은 자연스럽게 전쟁이 발발하였을 때에 훌륭한 군사로서의 역할을 수행하게 하고, 무예훈련은 자연스럽게 신체를 단련하는 것이 필연적인 과정이 되지 않을 수 없다.

그런데 원시고대에는 크게 차이가 없었겠지만, 동서양의 스포츠 및 무예사를 보면 서양에서는 일찍부터 올림픽의 등장으로 스포츠를 통해서 군사집단을 키워온 경향이 있는 것 같다. 물론 올림픽이라는 것이 전쟁을 막고 공동체의 평화를 위해서 개최된 평화(peace)의 축제(festival)이기는 하지만, 그 이면에는 선수가 소속한 집단의 신체적 능력의 과시, 혹은 주기적으로 개최되는 올림픽에 대비한 것을 통해 전쟁

수행 능력을 키워온 것도 사실이다. 그리스의 고대올림픽은 그 대표적인 사례이다. 서양의 스포츠전통은 근대올림픽의 부활로 이어지게 되었다.

서양에서는 스포츠가 중심이 된 까닭에 무예는 동양에 비해서 단조로운 편이다. 서양의 무예는 중세 기사도(騎士道)정신과 긴밀하게 결부되는데 말을 타고 마상(馬上)에서 벌이는 창과 검의 복합기술, '창검복합기술'이 대표적인 것으로 알려져 있다.

이에 비해 동양은 스포츠 대신에 무예의 전통이 강하기 때문에 지금도 다종다양한 무예가 창작되고 있고, 다른 한편 전통무예도 복원되고 있다. '서양은 스포츠', '동양은 무예'라고 말하는 것은 동서양 신체훈련의 전반적인 특징과 경향을 구분해서 말한 것이다. 앞에서도 말했지만 무예집단은 고대문화의 특성이고, 서양도 그것에서 예외일 수 없기 때문이다.

동양에서는 특히, 한국과 중국과 일본을 포함하는 동아시아 삼국에서는 무예의 역사가 뚜렷한 편이다. 무예를 부르는 용어도 무법(武法), 무예(武藝), 무도(武道) 등 여러 가지이다. 만주와 한반도의 산악지역의 한국은 활(弓), 중원대륙의 평야지역의 중국은 창(槍), 섬나라인 일본은 검(劍)에 의존하여 전쟁을 치르는 바가 컸다.

문화적으로 볼 때 대체로 중국에서는 법(法)을 중시하고, 한국에서는 예(藝, 禮)를 중시하고, 일본에서는 도(道)를 중시하는 경향이 있다. 그래서 무예의 정신도 조금씩 다르다고 볼 수 있다. 이러한 문화적 양상은 서예(書藝)와 차(茶) 문화에서도 비슷한 모습을 보이고 있다.

물론 문화의 활발한 교류에 의해서 이러한 용어들은 서로 혼용되고 있고, 점자 문화의 예술화 경향에 의해서 예(藝, Art)자를 붙이는 경향이 많이 등장하고 있다.

한국	중국	일본
무예(武藝): 활(弓)	무법(武法): 창(槍)	무도(武道): 검(劍)
서예(書藝)	서법(書法)	서도(書道)
다예(茶藝), 다례(茶禮)	다법(茶法), 다예(茶藝)	다도(茶道), 다예(茶藝)

한자문화권으로 통칭되는 동아시아 삼국의 문화전파 및 교류의 양상을 보면, 고대에는 중국에서 한국을 거쳐서 일본으로, 근대에는 일본에서 한국을 거쳐서 중국으로 흐르는 경향이 뚜렷하다. 따라서 근대에 들어 일본은 한자문화권의 문화를 집대성하고 종합하는 것을 통해 이들 지역문화의 특성인 '도(道)'자를 일본문화의 특성으로 키우고, 자리매김한 흔적을 볼 수 있다.

3. 세계에서 하나 뿐인 무경(武經), 『무예도보통지』(朝鮮武藝圖譜通志)

문화와 무예의 전승은 때때로 아슬아슬하기만 하다. 사람의 생명처럼 끊어질 듯하면서도 이어지고 생사고비에서 역전의 드라마를 쓰기도 한다. 세계에서 하나뿐인 '무경(武經)', 조선(朝鮮)의 『무예도보통지』(武藝圖譜通志)[1]는 그렇게 탄생했다.

---

1   4권 4책. 목판본. 1790년(정조 14)에 완간. 『무예통지』・『무예도보』・『무예보』라고도 한다. 임진왜란 후 군사의 무예훈련을 위한 필요성에 따라 1598년(선조 31) 한교(韓嶠)의 『무예제보(武藝諸譜)』, 1759년(영조 35) 『무예신보(武藝新譜)』가 간행되었는데, 이 책은 『무예제보』와 『무예신보』를 집대성하고 보완한 것이다. 체재는 첫머리에 정조의 서(序)를 비롯하여 범례, 병기총서(兵技總敍), 척・모사실(戚茅事實), 기예질의(技藝質疑), 인용서목(引用書目) 등이 있으며, 본문에는 24종의 병기(兵技)를 수

『한국민족문화대백과사전』에 따르면 이 '무경(武經)'은 조선조(朝鮮朝) 22대왕 정조(正祖, 1752~1800)) 때 이덕무(李德懋)·박제가(朴齊家)·백동수(白東修) 등이 왕명에 따라 편찬한, 동양의 무예를 집대성한 종합무예서이다. 국가 간의 군사전략으로 인해 구전심수(口傳心授)의 비전(祕傳)으로 전해지는 무예의 특성으로 볼 때, 이 책이 만들어진 것은 세계 유일의 일로서, 조선의 특수한 상황이 빚어낸 세계사적 업적인 셈이다. 종교의 경전은 나라마다, 시대마다 다르게 창작되고, 변형되어 수많은 경전으로 전해지고 있지만, 무예의 경전은 이것 하나뿐이다. 『무예도보통지』는 2016년 유네스코 세계기록유산 아시아태평양지역 기록유산으로 등재됐다.[2]

임진왜란을 치르고 무(武)를 천시하던 조선은 비록 사후약방문 격이지만 무술(武術)에 관한 동아시아의 서적을 집대성하기 시작한다. 동이족(東夷族)[3]의 후예답게 종래 활에만 주로 의지하던 무술체계를 검(劍)과 창(槍)으로 보완함으로서 무술체계를 새롭게 정비할 필요가 있었던 것이다.

세계에서 하나뿐인 『무예도보통지』는 사도세자(思悼世子)의 유업을 이어받은 정조(正祖)가 만들어낸 야심작이다. 그의 일등참모였던 서얼

록하였고, 책 끝에는 관복도설(冠服圖說)과 고이표(考異表)가 부록으로 포함되어 있다.

2 유네스코 세계기록유산 아시아태평양지역위원회 제7차 총회(2016년 5월 18~20일 베트남)는 심사 성원들과 대표들의 만장일치로 유네스코 기록유산으로 등록하기로 결정했다. 지정된 책자는 1952년 평안남도 지역에서 발견된 것으로 현재 평양 인민 대학습당에 보존되어 있다. 목판 인쇄본인 이 도서는 조선의 전통무술 동작을 체계화한 무술도서로, 조선 정조의 지시로 편찬돼 1790년 4월 간행됐다. 그림은 김홍도가 그렸다.

3 동이족(東夷族)이라는 말에는 중국 동쪽의 활(夷=大+弓)을 잘 쏘는 민족이라는 뜻이 있다.

출신의 이덕무, 박제가, 그리고 무관 백동수(白東脩)가 실학의 정신으로 일체가 되어 간행한 책이다. 특히 무예실기를 한 몸에 익히고 있었던 백동수의 역할은 지대하였다.

조선조 14대왕 선조(宣祖)는 임진왜란 당시 명(明)의 원병이 사용했던 척계광(戚繼光)의 병서인『기효신서(紀效新書)』를 마치 요즘의 스파이전처럼 몰래 입수하고, 뛰어난 무사 몇 명을 뽑아 명나라 장수들에게 비밀리에 기예를 배워 조선군에게 훈련시키게 했다. 무예제보는 기효신서 중에서 군사 격자기술인 6가지를 당시 조선군사 조련용으로 재편성하고 재창안한 것이었다.

『무예도보통지』의 무술체계, 즉 '본국검'(本國劍)과 '예도'(銳刀)는 그동안 무예인과 이 방면의 인문학자들의 노력에 의해 대체로 복원되긴 했으나 아직 많은 보완이 필요한 것으로 알려져 있다. 일제 식민지를 거치면서 한국은 무예는 전수가 끊겨지고, 이러한 공백을 일본의 무술이 그 자리를 매우는 바람에 한동안 복원이 어려웠고, 혼란에 빠졌다.

우선 일본무술을 바탕으로 복원을 시도했으나 많은 한계에 부딪혔고, 다시 중국무술을 바탕으로 보완작업을 시도했으나 역시 한계를 벗어나지 못했다. 이는 무술체계도 나라마다 사정이 다르고, 자연환경과 집단의 체형, 그리고 역사적 필요에 따라 다른 것을 피할 수 없었기 때문이다.

최근 전통무예가 임성묵(林成黙)이 발간한『本國劍藝』(1, 2권)[4]는 한국인의 체형과 검의 유형과 무술동작의 자연스러움을 통해 '본국검'과 '예도'의 본래 모습인 '조선세법'을 살려내는 한편 무예의 실질적인 효과를 검증함으로써『무예도보통지』의 복원에 한층 가깝게 다가간 것으

---

4   임성묵,『本國劍藝』(1, 2권), 행복에너지, 2013.

로 평가된다. 앞으로도 많은 노력이 경주되어야 할 것이다.

『무예도보통지』는 어쨌든 당시 동아시아의 병장무예를 총 정리한 것으로 마치 오늘날 슬로비디오를 보듯이 연속동작을 세밀하게 그림으로써 이를 복원하는 데에 결정적인 도움을 준다. 또 이 책이 '통지'(通志)라는 제목을 붙인 것은 새로운 분류와 체계화를 시도했음을 천명한 셈이다. 창(槍), 검(劍), 도(刀), 권법(拳法), 봉(棒) 등으로 나누어 자연스럽게 무예의 수준을 따라가게 정리했다.

세계에서 하나 뿐인 『무예도보통지』를 가진 한국에서 이번 '청주세계무예마스터십' 대회를 갖는 것은 그러한 점에서 매우 뜻깊은 일이라고 하지 않을 수 없다.

동양의 무예를 인류학적으로 연구한 필자의 경험으로 볼 때, 조선세법(朝鮮洗法)의 검결(劍訣) 속에 숨어있는 기법을 풀면 동양무예의 비밀을 풀 수 있는 길이 열릴 것으로 보인다.

4. 문무겸전(文武兼全), 무예(武藝)인의 이상(理想)

무예는 무예인이나 군인들의 전유물이 아니다. 예부터 동아시아 삼국에서는 문무겸전(文武兼全)과 문질빈빈(文質彬彬)을 추구하였다. 옛 선비들은 비록 무인이 아니어도 무예를 체득했다. 공자의 육예(六藝)를 보면, 예(禮), 악(樂), 사(射), 어(御), 서(書), 수(數) 중에서 활쏘기와 말타기는 바로 무예와 직결되는 것이다.

특히 활쏘기는 '적중(的中)'이라는 말이 유래된 무예분야이다. 활쏘기의 과녁의 중심을 맞추는 것을 의미하는 '적중'은 활쏘기뿐만 아니라 유학(儒學)의 최고 덕목인 『중용(中庸)』의 '시중(時中)'이라는 형이상학으로 발전한다. 말하자면 무예에 '적중'이 있다면 유학에 '시중'이 있는 셈이다.

중국 양(梁)나라의 소명태자(昭明太子) 소통(蕭通)은 "문화(文化)로써 내부를 화목하게 하고, 무덕(武德)으로써 밖으로 멀리까지 미치게 한다"고 하였다. 이는 나라를 이끌어가는 문무균형의 태도를 가장 효과적으로 표현한 말이다.

머리를 이용하는 문(文)보다 신체를 이용하는 무(武)와 스포츠(sport)에 대한 관심이 더욱더 높아지고 있다. 역설적인 하지만 문명이 발달할수록 신체와 물질에 대한 관심이 높아지고 있기 때문이다. 이는 인류의 문화가 문자(文子)와 텍스트(text)에 치중하던 것이 신체(身體)와 퍼포먼스(performance)로 그 영역을 넓히기 때문일 것이다. 더욱이 신체를 움직이는 퍼포먼스에 삶의 진정성과 예술적 의미가 부여되면서 무예는 미래문화의 블루오션(blue ocean)으로 떠오르고 있다.

스포츠도 물론 고도로 발전하면, 훌륭한 선수의 경우, 예술의 경지에 이르기는 하지만, 스포츠를 '스포츠예술'이라고 하지는 않는다. 피겨 스케이트나 리듬체조 분야, 스포츠 댄스(sport dance) 등은 스포츠의 예술성을 과시하기는 하지만, 무예처럼 아예 그 이름에 '아트(art)'라는 말을 붙인 경우는 없다.

왜 무예는 예술인가? 앞서 '육예(六藝)'에서도 발견하였지만, 무예는 무엇보다도 신체의 수련을 목적으로 한다. 신체의 수련은 승패를 위한 것이라기보다는 인간의 수양(修養)과 수련(修練, 修鍊)과 수도(修道)를 목적으로 한다. 동양 문화권에서 공부(功夫)라는 말은 문(文)과 무(武)에 모두 적용되는 말이다. 무예는 무예로서 공부를 하는 것이다. 임진왜란을 승리로 이끈, 세계 해전사의 최고명장인 성웅(聖雄) 이순신(李舜臣)은 바로 무인(武人)으로서 문무겸전을 이루어 인격완성의 최고의 경지에 이르는 인물이다.

무예가 예술이 되는 이유는 여러 가지가 있겠지만, 무엇보다도 심신일체(心身一體)이기 때문이다. 마음과 몸은 하나이다. 서양문명은 정신과 육체를 이분화하고 있지만, 동양 문화권에서는 이를 하나로 보는 경향이 있다. 물론 그렇기 때문에, 그러한 철학 때문에 근대자연과학에서 동양은 서양에 뒤지긴 했지만 동양문화의 장점은 역시 정신문화에 있다.

서양에도 정신문화와 물질문화가 있고, 동양도 그렇겠지만, 상대적으로 두 문화를 평가할 때, 동양은 정신과 마음에, 서양은 물질과 육체에 무게가 더 주어져 있다. 서양의 육체와 동양의 신체는 의미가 좀 다르다. 서양은 육체의 물질성에 더 비중을 두고 있지만, 동양은 신체의 정신성에 더 비중을 두고 있다. 동양에서 특히 신체는 정신과 물질이 하나로 존재하는 바탕 혹은 그릇과 같다고 볼 수 있다. 그래서 수신(修身), 수양(修養), 수도(修道)라고 한다.

5. 동양의 무예와 정신수련의 전통

무예무도의 경지가 어떤 것인 지에 대해서 『도덕경(道德經)』 36장은 잘 말해주고 있다.

"장차 오므리려고 하면 반드시 펴야 한다. 장차 약하게 하려면 반드시 강하게 하여야 한다. 장차 폐하려고 하면 반드시 흥하게 하여야 한다. 장차 빼앗으려고 하면 반드시 주어야 한다. 이것을 '미묘한 밝음(微明)'이라고 한다. 부드럽고 약한 것이 강하고 굳센 것을 이긴다. 물고기는 못에서 벗어날 수 없듯이 국가의 첨단무기는 남에게 보여줄 수가 없는 것이다.(將欲歙之, 必固張之, 將欲弱之, 必固强之, 將欲廢之, 必固興之, 將欲奪之, 必固與之, 是謂微明, 柔弱勝剛强, 魚不可脫於淵, 國之利器, 不可以示人)

무예가 어떻게 무도가 되는지를 이 구절만큼 극명하게 보여주는 문장은 없을 것이다. 우리는 평화를 지향하는 무술이라면 반드시 부드러움을 추구하는 무술, 무예무도를 생각하지 않을 수 없다. 오늘날 세계의 중심권은 아시아태평양 시대로 옮겨오고 있다. 미국도 대서양 유럽의 일원으로 있기보다는 아시아태평양의 일원임을 강조하고 있다. 따라서 인류의 무예문화도 아시아권이 주도하게 될 것이다.

무(武)자가 본래 '창 춤'을 추는 것을 의미하는 것과 오늘날 춤도 같은 발음의 '무'(舞)라는 것은 연관성이 있을 것이다. 그런데 '춤 출 무(舞)' 자는 본래 '무'(無)자였다. 말하자면 '춤 출 무(舞)'자가 생기기 전에 '없을 무(無)'자가 춤추는 것을 대신하였다는 뜻이다. 무(無)자가 '없을 무' 자로 사용되니까 구별을 위해서 '춤 출 무(舞)'자를 만들어낸 것이다. 그런데 한글 발음이 비슷한 것은 무언가(어디에선가) 친연성이 있고, 뿌리가 같을 가능성이 높다.[5]

무기를 들면 무예였고, 무기를 들지 않고 맨손으로 하면 권법이었으며, 권법은 실은 춤의 동작과 연관이 많은 것으로 드러나고 있다. 최근 합기도의 동작이 조선세법의 동작을 맨손무예로 실행한 것으로 임성묵의 연구결과로 드러나고 있다.

동양의 무예는 항상 정신수련과 함께 맨손으로 하는 보법(步法)과 권법(拳法)을 먼저 익힌 다음에 무기를 드는 단계로 접어든다. 물론 무기

---

5 여기에 '무당 무(巫)'자를 보태면 '무'자의 의미는 더욱더 의미심장해진다. 무(武)자는 문(文)자보다 훨씬 더 일찍 인류의 문화종합을 나타내는 대표적인 용어로 사용되었을 가능성이 높다. 말하자면 '무'자의 巫, 武, 舞, 無자는 역사적 연관성이 있을 것이다.

를 사용하지 않는 권법만으로 구성된 무예도 있다. 한국의 택견과 태권도는 그 대표적인 것이다.

권법무예이든 무기무예이든 정신수련에는 반드시 호흡수련(이를 현대에서는 명상이라고 함), 즉 단전호흡을 통해 단전의 힘을 강화하는 것을 기초로 한다. 이것이 바로 동양의 무예가 정신수양과 깊은 관련이 있음을 의미한다.

무예에서 신체의 중심을 잃지 않는다는 것은 단순히 신체의 중심뿐만이 아니라 정신상태·심리상태의 중심을 잃지 않음을 의미한다. 이는 바로 선비들이 글공부를 통해 '시중(時中)'에 도달하는 것과 같다. 무예, 즉 몸 공부에 '적중(的中)'이 있다면 문예, 즉 글공부에는 '시중(時中)'이 있는 셈이다.

6. 무예(武藝)의 평화에의 기여

무예의 전쟁의 수단적 기능은 이제 많이 상실되어가고 있다. 이제 신체와 무예의 단련으로서 전쟁의 승패를 가름하는 일은 드물 것이다. 물론 현대과학기술이 동원된 무기체계라고 하지만 그것을 정작 다루는 주인은 인간이라는 점에서 여전히 정신무장은 중요하기는 하지만 말이다.

현대의 전쟁은 대세의 측면에서는 과학무기체계와 경제력의 싸움이라고 말한다. 인류사에서 총포(銃砲)의 등장은 활과 칼과 창으로 전쟁을 하던 모습을 일시에 변화시켜버렸다. 이제 무예는 더 이상 전쟁의 본격적이고 직접적인 수단이 될 수 없다.

무예는 이제 서양에서 스포츠가 발달한 것처럼 동양에서 발달하여야 할 신체적 수련을 겸한 예술로서 글자그대로 '무예'가 되지 않으면 안 된다. 그러한 점에서 무예대회는 무예축제(martial art festival)가 되지 않으면 안 된다. 이러한 인류문화의 상황은 그야말로 무예의 평화에의 기여를 생각하게 하고 제고하게 한다.

한국무예의 종목 가운데 '세계평화통일무도'라는 종목이 있듯이 무예는 이제 평화에 봉사하지 않으면 그 존립의 가치를 찾을 길이 없다. 말하자면 현대문명은 무예로 하여금 인간의 건강증진과 호신(護身), 그리고 예술적 깊이에 도달하는 도구 및 방편으로서 무예의 미래상을 정립할 것을 요구하고 있다.

지금은 몸, 혹은 신체(身體)의 시대이다. 몸의 시대는 무예무도가 문화의 핵심코드가 된다. 그래서 무예무도는 그 어느 때보다 인류의 문화에서 높은 비중을 차지하게 될 것이다. 몸의 시대에는 생각에서 멈추는 것이 아니라 실천으로 완성되는 시대이다.

인류의 무예는 자연적·인문적 환경에 따라 세계적으로 다양하게 분포하고 있지만, 어떤 무예라도 인간의 신체적 조건을 토대로 하지 않을 수 없고, 그것을 무시하거나 벗어나서는 훌륭한 무예를 만들 수 없다.

인류의 문화는 크게 보면 고대 중세의 신화종교시대, 근대의 과학시대, 그리고 미래 후기근대의 예술시대로 나눌 수 있다. 무술의 예술화는 바로 예술시대에 적응하기 위한 무술계 자체의 노력이라고 말할 수 있다. 무술의 예술화는 무엇보다도 전쟁이나 싸움의 경쟁의 기술과 도구로서의 무술을 떠나서 평화시대이 건강과 아름다움을 유지하는 데에 무술이 기여하여야 한다는 시대적 사명과 관련된다.

오늘날 무술이 호신술과 건강유지단련에 크게 도움이 되어야만 살아남을 수 있다는 점은 이미 무술계가 이러한 흐름을 인지하였다고 해도 과언이 아니다. 인류의 무술은 이제 공격하여 남(적)을 필살하거나 살상하는 것을 지양하여 자신을 위한 소극적 자기방어와 평소 건강유지, 그리고 신체적 아름다움의 추구를 중심을 두고 있다.

　무예무도의 종합화는 시대적 대세이다. 그렇다면 인류의 수많은 무술 가운데 장점을 취해서 그것을 종합하여 연결동작을 자연스럽게 효과적으로 잘 만들어내는 것이 현실적 과제이다. 무술의 목적이 전쟁에서 상대를 죽이는 것이 목적인 때는 이제 지났다. 이에 무술을 통해서 인류의 정신성을 높이고, 고양된 정신 상태에서 도(道)를 터득하고, 자연의 천리와 인류의 평화에 이바지하는 무술의 탄생이 요구된다고 하겠다. 살상(殺傷)기술과는 다른, 평화목적의 무도가 필요한 시점이다.

7. 무예부흥(武藝復興)과 무예올림픽(Martial Art Olympic)을 위하여

　우리는 흔히 문예부흥(文藝復興), 즉 유럽에서 14~16세기에 일어난 고전문예부흥운동을 말하는 르네상스(Renaissance)라는 말을 익히 들어왔다. 현 시점에서 인류가 되돌아보아야 하는 문화요소 가운데 하나가 바로 인간의 몸과 마음을 함께 수련하는 무예의 전통이다. 역설적으로 문예부흥이 아니라 이제 무예부흥(武藝復興)을 통해서 인간의 심신의 균형과 안정을 되찾는 것이 급선무가 되었다. 기계화된 문명의 각종 스트레스에 억눌린 현대인은 이제 심신을 별도로 단련하지 않으면 각종 정신질환에 노출될 위기에 직면하게 된 셈이다.

　과도하게 대뇌에 집중된 인간의 문명을 신체로 중심이동을 시킴으로써 심신일체의 본래모습을 찾아야 하는 절체절명의 위기에 서게 된 것이다. 무예는 신체훈련을 통해서 인간으로 하여금 인간의 몸(신체)

이 우주와 분리된 것이 아니며 본래 하나였다는 것을 깨닫게 하는 장점이 있다. 신체훈련을 통해서 본래의 인간이 행동을 하는 '퍼포먼스(performance)의 존재'였으며, '축제적(ritual) 존재'였다는 것을 자각하게 하는 것은 인간으로 하여금 '본래존재(本來存在)'로 돌아가게 하는 힘을 부여해준다.

그런 점에서 무예는 이제 무예의 기술을 겨루는 '대회(contest)'가 아니라 '축제(festival)'가 되어야 한다. 축제는 무엇보다도 인간의 신체적 상징성을 회복케 함으로써 문화체계와 기계적 환경의 부품과 같은 존재가 아니라 개개의 인간 자체가 바로 '세계적 존재'임을 깨닫게 한다. 다시 말하면 인간으로 하여금 세계로부터 소외된 '체계의 요소'와 '기계의 부품'이 아니라는 선언을 할 수 있게 만든다.

오늘의 인류에게 서양에서 출발한 '올림픽과 월드컵'이 있다면 동양에서 출발한 '무예올림픽(Martial Art Olympic)'이 있어야 하는 것이 당위적 과제로 떠오르고 있다. 이러한 축제가 있는 것이야말로 그것 자체가 이미 평화로 한 걸음 더 발을 디디게 하는 것일 뿐만 아니라 실지로 전쟁을 막을 수 있는 문화적 기제(mechanism)로서 역할하기에 충분하다.

각종 축제로 자주 만나고 의사소통을 하고 문화교류를 하다보면 인류는 종전보다 더 잘 이해할 수 있고, 서로 상부상조하고, 함께 사는 지구공동체를 인식하는 의식을 확장하고, 그것을 제도화할 수 있는 것이다.

Martial Art's Constant Project for World Peace

Park Jung Jin Ph. D(Anthropologist of Martial Art)

To understand the non-verbal area of martial art training that is based on expressing the techniques through training intensively with the entire body, "tacit knowledge" must be in the center of the research of martial arts. From simple movement connecting to complicated technique, the process of learning martial art and passing it on us done through figurative verbal topics, nonverbal focus, and the enlightenment occurring in the harmony of these two. Western sports and physical education is based on the mentality that exercise and health improvement cultivate the psychological and social adaptability, which feeds on competitive logic and the triumphalism that builds up on it. The values, objectification of body, the limitation of desire, and the competitive structure that develop from the problematic concept are pursing individual attachment. On the other hand, Oriental martial art training focuses on the process and reaches the ultimate goal of martial technique and the body's consciousness through 'endless perfection of the present'. The groundwork for focus and learning is the bodily consciousness. This is the training that allows the body's cell and nerves to feel and realize minutely and the meaning of the martial art's nonverbal learning and accumulation. Due to the tacitness of the Oriental martial arts training, the practice starts and ends with the figurativeness, tacit teachings from the master, and inner focus and body consciousness rather than tangible and documentation of knowledge.

From the training process of this martial art, there is naturally the conversation happening at a body conscious level. The unseen communication happening during the learning and the teaching of the martial art reaches the ultimate level of mind, body, and soul. From this standard, the tacit and the nonverbal knowledge of the Oriental martial arts is passed down. Such nonverbal and tacit training and enlightenment of the Oriental martial arts can have positive impact on healing of mentality and ethical cultivation of character of the modern people who are exhausted from the competitive society. Martial technique experience deriving from focus and inner peace will serve as a source of energy to restore a healthy life.

1. Human culture and the position of martial art
2. Western sports and Oriental martial arts
3. The world's one and only tactic book (Mookyung) and Muyedobotongji
4. Ideal martial artist, the one with accomplishment in literature and military
5. Tradition of Oriental martial arts and mental training
6. Martial art's contribution to peace
7. For the revival of martial art and martial art olympic

1. Human culture and the position of martial arts

Usually when talking about culture in a general sense, literature and martial arts are included. To put in another way, literature and martial arts take big parts in symbolizing a culture. Literature can be divided into religion (moral), science, and art. In that case, where does martial arts stand? It, without a doubt, stands at the intersection surrounded by religion, techniques, and arts. For martial arts is also one element of culture. This fact shines especially in martial arts festivals. People mistakenly prejudice martial arts with war and its violence, which is not uncommon for strengthening the body and making weaponry is also part of martial arts. The rite of passage of the ancient times, in which make men into warriors, is thought to have acted as the starting point of martial arts. The responsibility and functions of adult male as warriors still stand today only in different forms. In a gender-equality focused society today, nations are open to female participation in the military, it is generally male that take part in such force. For example in Korea during the time of Buddhism, there was Sae Sok O-Gye (the five secular injuction) proposed by Won'gwang Buddhist priest. In those commandments existed loyalty to one's lord, piety towards one's parents, trust among friends, never retreat in battle, be selective in the taking of life or always make a just kill, of which none of them lacked connections to military. Some may ask what piety towards parents is necessary for military, but in Oriental history, the two have so closely tied together by many, that there exists a term filial piety (Choong Hyo). As such, the humankind was more of a military-based group in the ancient history and to preserve such ideals, culture was created. In today's world, culture has subdivided so much that concept of military has become rare and have divided from the general population that there are separate title for those who partake in war. These are the people who train for times of war. Martial art training has come to seen as a less important factor in war due to evolution of science and weaponry, but since it is the humans who directly contribute to war, martial art's original functions and ideals cannot disappear

2. Western sports and Oriental martial arts

There are a lot of cross sections between sports which focus on competition through training one's body and martial arts which focus on war also through training one's body. Body training allows a soldier to perform his duty during the times of war and in martial art, body training is an important process. Though there might not have been a big difference in the ancient era, the Eastern and Western sports and martial arts seemed to have affected the growth of the military through the Olympics. Although the Olympics was created to be a festival of peace to stop war and empower harmony between nations, behind it were the Olympic athletes' competition, intense training, and display of skill and strength. The ancient origin of the Olympics in Greece further supports this idea. The revival of the modern Olympics took a big part in the Western sports tradition. The Eastern (Oriental) martial arts are rather dull compared to the upbringing of the Western sports. The Western martial arts is closely connected to the Medieval chivalry mentality and the swordsmanship display on horse in that era is the definitive technique of this connection. On the other hand, the Oriental martial arts focus on tradition rather than the sports mentality, which is why there are, even now, new form of martial arts created, as well as revival of military martial arts. Differentiating martial arts in different region as 'Western sports' and 'Oriental martial arts' is because to give each of the two an identity fitting for its style and method of training. As was stated before, martial art group belongs to the ancient culture that has built so much of what the modern world has today and the Western culture is no exception.

Especially in Eastern Asia, including Korea, Japan, and China, the history of martial arts is vivid. There are even different terms that we name martial arts, such are Moo Bub (martial law) or Moo Do (martial duty). Manchuria and Korea, the mountain countries, relied on bows and arrows, the flat region on Asia, such as China relied on spears, and an island like Japan relied on swords to fight in wars. In a cultural perspective, China respected the martial laws, Korea respected the martial arts, and Japan respected the martial duty the most, which resulted in the difference in mentality for martial arts. This kind of cultural aspect is also seen in caligraphy and tea culture. Of course, due to active cultural exchange between nations, the different words are used in interchangeable ways and in brailes, due to artistic influence on cultures, 'art' is used more.

Korea	China	Japan
Martial art(武藝): bow	Martial law(武法): spear	Martial duty(武道): sword
Caligraphy(書藝)	서법(書法)	서도(書道)
다예(茶藝), 다례(茶禮)	다법(茶法), 다예(茶藝)	다도(茶道), 다예(茶藝)

Looking at how the 3 Eastern Asian nations, China, Korea, and Japan, are culturally connected by Chinese characters, one can see that in ancient times, the culture spread from China, passing Korea, to Japan. Whereas in modern days, the cultural wave starts from Japan, passes Korea, and reaches China. Therefore, modern Japan has embraced the Chinese character culture and grew the 'duty (道)' culture to make its own.

3. The world's one and only tactic book (Mookyung) and Muyedobotongji

The passing down of culture and martial arts is in critical shape. It sometimes, like a movie story, seems to disconnect, but pulls through the needle in the nick of time. This was how the Muyedobotongji, the world's one and only 'martial book (Moo Gyung)' was created. According to the encyclopedia of Korean culture, this martial book that complied the Asian martial arts, was published during the era of 22nd king of the Joseon Dynasty, Jung-Jo, by Lee-Duk Moo, Park-Je Gah, Baek-Dong Soo by the king's order. Seeing how the specialty of martial arts is passed down with spoken words in secret, the publishing of this book was the world's first and made possible due to Jo-Sun's special situation. Scriptures for religion was created in different eras in different forms, but scripture for martial art is just the Muyedobotongji. This book was listed as World Heritage by the UNESCO. For Jo-Sun, who had deep contempt for war and violence after the Japanese invasion of Korea in 1592, it was not entirely pleasant to get together all the books about martial techniques; nonetheless, they started to do so. As the descendants of the Eastern barbarians, Jo-Sun primarily used bows and arrows, but they needed to develop a new world of martial arts by strengthening their skills with swords and spears as well. The world's one and only Muyedobotongji was the proud work of Jung-Jo who carried on the unfinished work of the Prince Sado. Jung-Jo's most trusted advisers, Lee Duk-Moo, Park Jeh-Gah, and Baek Dong-Soo, who were involved in Realism study, published this book. Baek Dong-Soo who was trained highly in martial arts, had great impact on this project. Jo-Sun Dynasty's 14th king, Sun-Jo, obtained the 'Ghi Hyo Sin Suh', the Qi Jiguang's military book, similar to how modern day spies would obtain information. He also picked elite soldiers to learn the techniques of the Ming dynasty in secret to transmit the knowledge to the Jo Sun soldiers. The lattice techniques of the 'Ghi Hyo Sin Suh' was reorganized and reinvented for the training of the Jo-Sun soldiers. The system of the Muyedo-botongji, the 'Bon Kook Gum' and 'Yeh Do' were recovered thanks to the martial artists and scholars who specialize in this area, but still have a long way to go. During the time of Japanese colonization, the transmission of the martial knowledge was halted and was instead filled with Japanese martial arts, making the tradition harder to recover. Trials of revival based off of Japanese and Chinese martial arts was done, but came across many limitations because the historical background, environment, and the need for martial arts were all so different among nations. The book published by the modern artist Lim Sung-Mook, 本國劍藝 (Bon Kook Gum Yeh) volume 1 and 2, has shone a light on the faint revival of Korean traditional martial arts by analyzing the Korean people's body types, sword movement, martial movements, and how they all flow together. This still needs work, but it was able to give new light in the rebirth of the Muyedobotongji by recognizing the lost faces by 'Bon Kook Gum' and 'Yeh Do'. The Muyedobotongji consists of the compilation of Oriental military martial arts and shows through pictures the careful movement of the techniques, similar to modern day slow-motion videos, which helps greatly in the revival of martial arts in Eastern Asia. The -tongji part of Muyedobotongji describes that clarifies that it was a new type of literature as well as systematization. It divides into swords, spears, knives and pole to give a natural rhythm in learning the martial arts. Korea hosting the 'Chun-Joo world martial arts mastership' competition has a big meaning in that it is the only nation with the Muyedobotongji. Looking at Oriental martial art from a perspective of a anthropological scholar, to find the hidden technique in 'Jo Sun Se Buhb' is to find the secret of Oriental martial arts.

4. Ideal martial artist, the one with accomplishment in literature and miliatry

Martial artist is not exclusive to martial artists or soldiers only. From ancient times, East Asian nations strived for accomplishment in both literature and military, and harmony between inner and outer image. ancient scholars, though they were not of military, studied martial arts. In the Six Arts of Confucius, etiquette, music, archery, horsemanship, caligraphy, and mathematics, the two form of martial arts, horsemanship and archery, is shown. Archery, especially, was a part of martial arts where 'Juk-Joong (hitting the mark)' has originated from. The term not only applies to archery, but also about 'Si-Joong (poetry)' in one of Confucianism's virtue, moderation. In other words, if there is 'Juk-Joong' in martial arts, there is 'Si-Joong' in education.

In Chinese Yang dynasty, the crown prince, So-Tong stated "with culture, harmonize the inner, and with chivalry, let it reach far outside"; he was describing the balance between education and military that leads the country.

Nowadays, there are more interest in sports and martial arts that used the body rather than education that uses knowledge. It is ironic, but with growth in civilization, there is an increased interest in body and materials. This is most likely due to the emphasis humanity has been putting on text and letters has now expanded to physical performance. Furthermore, by giving artistic definition and sincerity in physical performance, martial arts is rising to be the blue ocean in future cultures. Sports, as well, with high level of training, can lead to the level of art, but is not referred to as 'sports art'. Figure skating, gymnastics, and other sports dance show artistic aspect, but is not title 'art' like martial arts are. Why is martial arts art? As mentioned before in the Six Arts, martial arts is primarily based on training of the body. This training is not for winning a competition, but to focus on development, practice, and asceticism of humanity. In Oriental cultures, the term education applies to both literature and martial. Martial arts is studied as martial arts. The man who led Korea to victory in the Japanese invasion of 1592, and who was the greatest commander in naval warfare, Lee Soon-Shin was made to the soldier and the person he is due to his accomplishments in both literary and martial education. There may be a lot of factors that make martial arts art, but the main reason is unity in mind and body. The Western civilization treat the two differently, but in Oriental civilizations, the two are often seen as unified. Due to such philosophy, Orientals fall behind the Westerners in modern natural science, but Oriental cultures' strong point is in moral culture. Westerners also have moral cultures and material culture, as do Oriental cultures, but in comparison, Oriental cultures put more focus on the mentality and mind, whereas Western cultures tend to put more emphasis on the material and body. The definition itself is different in Western and Oriental cultures. Western cultures put more weight on the materiality of the body, but Oriental cultures lean more towards the spirituality of the body. In Oriental cultures especially, the physical body is seen to be a vessel for spirit and materials to coexist, hence the terms Soo-Shin (defeating evil and harnessing goodness), Soo-Yang (cultivation) and, Soo-Do (ascetic pracitce).

5. Tradition of Oriental martial arts and mental training

Tao Te Ching page 36 explains well what the realm of chivalry and martial arts is.

"What should be shrunken must first be stretched.
What should be weakened must first be strengthened.
What should be abolished must first be cherished.
What should be deprived must first be enriched.

This is called understanding the hidden.
The soft and weak overcome the hard and strong.

The fish cannot leave the deep waters.
The state's weaponry should not be displayed."

(將欲歙之, 必固張之, 將欲弱之, 必固強之, 將欲廢之, 必固興之, 將欲奪之, 必固與之, 是謂微明, 柔弱勝剛強, 魚不可脫於淵, 國之利器, 不可以示人)

There are no other sentences that describes how martial arts becomes martial duty as clearly as these lines. For the sake of peaceful martial arts, we must strive for the flowing art that is martial arts. In modern days, the world's focus is shifting to Asia-Pacific. Even America is emphasing its membership to the Asia-Pacific rather than Europe. Therefore, humanity's martial arts culture will be led by Asia as well. The fact that the Chinese character for 'martial' has the same sound, both being 'Mu', with the character meaning 'dance' implies a connection. The 'Mu' for 'dance' originally was the 'Mu' for 'not existing', meaning the Chinese character meaning 'not existing' was used to describe dancing. To differentiate the two, 'Mu' character for dancing was created. However, the similarity in Korean pronunciation of the 'Mu' for martial and dance still stands for the sharing of the root somewhere of the two Chinese characters.

With a weapon, it was martial arts. Without it, it was the martial arts of the fist and the latter is proven to be similar to dancing in regards to movement. Recently, it has been discovered that Hapkido's movement is that of the 'Jo Sun Seh Buhb' with fists. Oriental martial arts always start training with fist and foot before they use an actual weapon. There are also those without the usage of weapons such as Tae Kwon Do or Taekkyon. Either weapon martial arts or bare-fist martial arts, there is a breathing training (modern day meditation), which is strengthening the abdomen through hypogastric breathing. This implies that Oriental martial arts have a lot to do with mental training. In martial arts, to not lose the physical balance means not only the body, but refers to the psychological balance. This is similar to scholars reaching 'Si-Joong' through literature. In martial arts, there is 'Juk-Joong', and in literature, there is 'Si-Joong' as mentioned earlier.

6. Martial art's contribution to peace

Purpose of martial arts in was is diminishing. For nowadays, it is rare to win a war with training one's body and martial techniques. However, modern military technology requires manual activation by a human and in that sense, there is still need for mental armament. The modern war heavily relies on military technology and money. The appearance of guns has changed to war format in an instant, banishing the days where a battle was fought with bow, swords, or spears. Martial arts cannot function as a direct form of war anymore. Martial arts must change as the Western sports have changed ways as time passed. It cannot stay as it is, being a still form of art without any development. Therefore, a martial arts competition cannot be a martial art festival. Such situations in humanity allow for thoughts and enhancements regarding contribution of martial arts towards peace. As there exists a 'world peace unity chivalry' in one of the categories of Korean martial arts, if martial arts cannot work for peace, it will not be able to find its value in existing. To put in different words, modern civilization requires humans to promote good health, protect one self, and reach a certain artistic level by using martial arts to correct its future image. Today is an era of physical body and martial arts serve as the focus for this period. Therefore, it will have more importance than before. For in the era of physical body, one must not just think something through, but must act it out with one's own body.

Martial arts are spread throughout the world, but all of them require body training, and one cannot create a great martial art if he or she is too far from its root.

Human culture can be divided into the medieval religion based era, modern science-based era, and the art-based post-modern era. In this sense, one can say that treating martial arts solely as arts is martial arts' effort to adapt to the future. Only focusing on the artistic factor of martial arts is its approach to leave the violence and help conserve the peaceful era that we live in. It's safe to say that the martial world has realized the flow of the world and that martial arts is now needed for self-protection and health-promotion. It is not used to hurt or kill others, but to preserve bodily beauty and health. The integration of martial arts come with the era. The modern task at hand is to make a smooth, flowing connection with all the benefits of martial arts that the today's world can reap. Time has passed for martial arts to be used for violence. There is a need for a birth of a type of martial arts that would raise humanity moral, reach enlightenment, and serve the law of nature and world peace. A peaceful martial arts, not a deadly one, is needed in this era.

7. For the revival of martial art and martial art olympic

When we talk about the revival of learning, we often connect it directly with the Renaissance in Europe during the 14~16th century. At this point of time, one of the cultural factor that humanity needs to look back to is the martial tradition that unites the body and mind. Ironically humans now find peace and balance of the mind through revival of martial arts. In today's mechanized world, modern people, without strengthening of body and mind, are under the risk of mental illness due to immense stress and pressure that the society puts them under and stress-relief has become a number one concern in them. The human civilization having been so focused on the mind, has to resort shifting to the body to find its original form. Martial arts allow people to realize that body and space were originally united through physical training. Through training, people are able to realize that they were born to perform and are ritual existence, allowing them to return to their original form. In that sense, martial arts now must not be a 'contest', but a festival. For it is the festiveness that allows healing of the physical symbolism of humanity, which can help individuals realize that they are not a cog in a vast machinery of society, but each of them are a worldly being. In other words, humans are able to declare to not be a part in a machine nor an element in a system.

In today's world, an issue of if there are the Olympics and the World Cup that started in the Western hemisphere, there must be a 'Martial Art Olympics' that starts in the Orient is rising. The existence of these kinds of events not only allow humanity to be steps closer to world peace, but can also, in actuality, become a cultural mechanism to stop wars.

Through cultural exchange and communication, humanity can better understand each other, mutually help one another, increase the perspective that the earth is just a big community, and help to institutionalize it.

2016 청주세계무예마스터십 국제학술대회 일정표
"Martial Arts and World Harmony (무예와 세계의 조화)"

▷ 일 시 : 2016년 9월 2일(금) 09:00 - 9월 3일(토)
▷ 장 소 : 청주대학교 및 청주 라마다호텔

■ 1일차: 9월 2일(금) 09:00~20:00　　　　장소: 청주대학교 세미나홀

개회식 9월 2일(금) 09:00~09:40　　　　사회: 최승식(남부대학교)

개회사	권태동(대한무도학회장)
환영사	이시종(충청북도지사)
축 사	남상남(한국체육학회장)
축 사	○○○○(유네스코 사무총장)
축하공연	합기아자흔 시범(선문대학교 투혼시범단)

※ Tea Break Time (09:40~10:00)

학술발표(10:00~10:40)　　　　좌장: 옥광(충북대학교)

기조발제자 : 박정진(무예인류학자·세계일보 논설위원 겸 칼럼니스트)
주제 : 세계 평화를 향한 무예부흥의 시대적 과제

질의응답(10:40~11:00)

※ Tea Break Time (11:00~11:10)

학술발표(11:10~12:10)　　　　좌장: 옥광(충북대학교)

제1주제 발제자 : Fan Hong(Bangor University, UK)
주제 :

제2주제 발제자 : Sandra Collins(San Francisco State University)

주제 :

질의응답(12:10~12:30)　　　　　　　　좌장: 옥광(충북대학교)

※ Lunch Time (12:30~14:00)

학술발표(14:00~15:30)　　　　　　　　좌장: 박귀순(영산대학교)

제3주제 발제자 : I-Min Yu(前 대만사범대학 학장)

주제 :

제4주제 발제자 : Guo Bin, Dai(상해체육대학 무술학원장)

주제 :

제5주제 발제자 : Wei Li(성도대학교 박사)

주제 :

질의응답(15:30~16:00)　　　　　　　　좌장: 박귀순(영산대학교)

※ Tea Break Time (16:00~16:10)

학술발표(16:10~17:40)　　　　　　　　좌장: 최종균(선문대학교)

제6주제 발제자 : Andreas Niehaus(벨기에 겐트대학 문화언어학과장)

주제 :

제7주제 발제자 : Sixt Wetzler(독일 클링겐박물관 관장)

주제 :

제8주제 발제자 : Seiki Takimoto(Sapporo University)

주제 :

질의응답(17:40~18:00)   좌장: 최종균(선문대학교)

※ 저녁 만찬 (18:00~20:00)   장소: 청주 라마다호텔

  - 축하공연1
  - 축하공연2
  - 감사패 전달
  - 기타 저녁 만찬 프로그램

■ 2일차: 9월 3일(토) 09:00-12:30

학술발표(09:00~11:30)   좌장: 박창범(상지대학교)

제9주제 발제자 : Yong Chin Pak(미국 아이오와대학교)

주제 :

제10주제 발제자 : Bok Kyu Choi(네덜란드 십팔기협회 회장)

주제 :

제11주제 발제자 : 이준우(호서대학교)

주제 :

제12주제 발제자 : 안한주(선문대학교)

주제 :

제13주제 발제자 : 김형준(선문대학교)

주제 :

질의응답(11:30~12:00)   좌장: 박창범(상지대학교)

폐회식 및 기념촬영(12:00~12:30)

※ Lunch Time (12:30~14:00)

(안) 경기장 및 청주 투어(14:00~18:00)   (비공식 행사로 진행)

2 고려 삼별초의 수박과 6로10단금(六路十段錦)

임성묵(대한본국검예협회 총재)

2019년 11월 1일부터 2일까지 양일간 대한무도학회(회장 양명환)가 주최하고 제주대 체육학과와 해양스포츠센터가 주관하는 '2019 전통무예진흥 국제학술대회'에서 벨기에, 미국, 중국, 대만 등 국내외 관련 학자 120 여명이 참석하여 무술·무예 논문 33편을 발표했다.

이번 국제학술대회는 대한무도학회 창립 20주년을 기념하고 제주도의 전통무예 복원을 위해 기획됐다. 주제는 '전통무예의 대중화와 세계화'였다. 국내외의 전통무예에 대한 학문적 이해를 통해 무도학을 연구하는 학자와 후학들에게 무예에 관한 국제적 담론의 장[1]을 제공했다. 오랜 기간 『무예도보통지』를 연구해온 필자는 대한무도학회의 초청으로 "태권도와 '6로10단금(六路10段錦)'의 관련성에 대하여"란 주제로 오키나와 당수도의 뿌리를 '6로10단금'을 통해 밝힘으로써 태권도의 시원

---

1 서울대 나영일 교수, 대한본국검예협회 임성묵 총재, 용인대 김의환 교수가 기조강연을 하고 서울대 스포츠과학연구소 최석규 교수, 전남대 김대열 교수, 제주대 박경호 교수가 주제강연을 했다.

과 잃어버린 맨손 무예의 뿌리를 학술적으로 밝혔다.[2]

한국의 태권도는 2007년 태권도특별법이 제정되고, 2018년 3월 30일 태권도가 국가의 국기(國技)로 공식 지정되었다. 2000년 제 27회 시드니 올림픽, 2004년 제 28회 아테네 올림픽에서 정식종목으로 지정되었다. 또한 세계태권도연맹(WTF) 산하 188개국 회원국과 전 세계적으로 610만여 도장과 6천만 명의 수련인구를 가진 세계적인 무도이자 스포츠다(최명수, 2008). 그러나 세계적인 스포츠가 되었음에도 불구하고 태권도의 기원과 정체성에 대한 정확한 근거를 제시하고 못하고 있는 실정이다.

이에 삼국 시대의 각저총(角抵塚)과 무용총(舞踊塚)에 나오는 벽화와 상박(相撲), 수박(手搏), 태견과 연결시키며, 태권도와 타 무술의 기본자세를 비교 분석하여 유사성과 차별성을 확보하고 있는 추세다(김정록, 1988; 정현도, 2002; 연규현, 1987; 최명수, 2008; 엄재영, 2016). 또한 가라테의 오키나와 기원설도 있다(이재학, 2010; 김태양, 2010; 문화관광부, 2012).

이처럼 태권도의 자세와 타 무예의 자세 비교, 가라테 기원설에 대한 연구가 있지만(최명수, 2008), '테(手)'와 관련하여 『무예도보통지』에 기록된 '6로10단금'의 권법 자세와 동작비교에 대한 연구는 전무하다. 가라테 기원설에서 보듯 오키나와 가라테는 '테(手)'와 관련되어 있다. 이것은 한민족에게 오래전부터 내려온 수박(手搏)의 이두음이다. 류구국의 문화적 언어학적으로 보면 아버지를 '아부지', 어머니를 '암마', 할머니를 '할메'라고 부른다(김산호, 2011). 또한 오키나와 가라테는 고려

---

2   임성묵, Relationship between Taekwondo and 6Ro10Dangeum(六路10段錦), 『2019 International Academic Conference for Promotion of Traditional Martial Arts』, p31~38.

의 삼별초 설[오키나와 浦添城(포첨성)]에서 발굴된 '계유년고려와장조(癸酉年高麗瓦匠造)'[3]와 매우 밀접한 관계가 있다. 뿐만 아니라 최근 문헌적 증거로 택견과 수박의 뿌리가 『류구무비지(琉球武備志)』[4]에 있는 것을 밝혀냈다.

류구국은 독립된 왕국이 100여 년간 삼국으로 분할된 것을, 1429년 상파지왕(尚巴志王)이 통일하여 중산국(中山國)을 건국했다. 일본으로 편입된 것은 불과 1879년이다. 한국과의 교류는 1389년 고려 시대부터였으며 『조선왕조실록』에도 류구국이 조공을 바쳤고, 1416년(태종 16)에는 사신을 파견하기도 했다. 역사적으로 일본보다 조선에 더 가까웠다. 류구국에 '國(국)'자를 사용한 것은 매우 주요하다. '류(琉)'자는 '王+流(흐를류)'로 '왕이 바다를 건너왔음'을 알 수 있다. '구(球)'자도 '王+求(구할구)'로 '왕이 나라를 구하고 세웠다'는 뜻이 담겨있다. 또한 오키나와의 '시마'는 일본의 스모와 다르고 우리의 씨름과 같다. 이것은 류구국 사람들이 한민족 계열임을 명확하게 드러내는 것이다. 장보고가 암살당한 후, 그의 세력이 왜로 건너가 오늘날 대동류유술의 시원이 되었듯이 사국 시대에 이미 '가라'에서 류구국으로 사람과 문화가 건너가고 고려 말 몽골군에 항전하던 삼별초가 류구국으로 이주했다. 몽골의 추격에 대비하여 지도층과 백성들은 축성하면서 무술을 연마했다. 이때 무기를 대신하여 맨손으로 수련한 것이다. 언어학적으로 보면 한반도 세력의 무술이 전래되고 흡수된 것을 알 수 있다(임성묵, 『본

---

3 전남대학교 호남학연구원, 오키나와 구스쿠의 축조 배경-삼별초 세력의 이주 관련성, 2012.

4 2016년 4월 대만에서 발행한 『琉球武備志(류구무비지)』에 그려진 무인들은 중국인들이 아닌 조선인들이다. 이두문이 있는 것으로 보아 한민족의 무예와 관련 있다. 일본에서는 이 책을 공수도의 경전으로 여긴다. 한국에서 사라진 實戰柔術(실전유술)의 뿌리를 찾을 수 있는 중요한 문서로 이에 대한 학계의 적극적인 연구가 필요해 보인다.

국검예』, 2018). 이러한 증거로 우리나라의 각 군현을 그린 여지도(輿地圖)[5]에는 유구국이 포함되어 있다. 그곳에는 고려, 조선 시대, 각 고을에 둔 관사나 객관이 그려져 있다. 15세기에 들어 류구국은 중원과도 사신 왕래 등 문화적 교류가 본격적으로 이루어진다.

류구국에서 '가라테'의 초기 명칭은 단순히 '테(手)'였다. 즉 슈리 지방은 슈리테(首里手), 나하 지방은 나하테(那覇手)로 지방 명칭에 '테(手)'자를 붙여 불렀다. 이것은 전통적으로 한민족에게 내려온 우리나라 '수박(手搏)'이 소리음으로 표현된 이두음이다. '手(수)'를 'て(데)'로 읽는 것은 한자의 뜻과 음을 분류하여 사용하는 한자의 '의미'가 일본의 '훈독'이다. '手(수)'를 '때 · 테'로 소리하고 손동작의 의미와 일치된 어원의 뿌리를 알아보면 언어를 사용한 계통을 충분히 유추할 수 있다. '손을 대다, 때리다', '태질(세게 메어치거나 내던지는 짓)'처럼 우리 민족은 손의 작용을 표현할 때는 '대 · 태'를 사용함을 알 수 있다. "て · た: 手(수)는 대는 기능을 하는 신체의 부위다. '대다'에서 '대(다)-て(た)'로 이어진다(김세택, 2015). 'そ(소)'는 '손' め(매)은 '매질'의 '매'의 음가와도 일치되어 '손으로 매질'한다는 의미와 상통한다. "당수(唐手)라는 문자가 처음으로 나타난 것은 도테 사쿠가와(唐手 佐久川)라는 별명으로 불리던 사쿠가와 간카에 의해서이다. 사쿠가와는 20대에 청나라에 유학하여 중국무술을 익힌 후 류큐에 가지고 돌아왔다. 이전에는 오키나와의 고유무술인 테(手)가 이 중국무술과 융합하여 만들어진 것

---

5 보물 제1592호. 3책의 지도책으로, 1책에는 세계지도인 천하도지도(天下都地圖), 조선전도인 아국총도(我國摠圖), 청나라의 수도인 북경 지도인 북경도성삼가유시오단팔묘전도(北京都城三街六市五增八廟全圖), 중국지도, 의주-북경 사이의 사신로(使臣路)를 그린 지도, 도성도, 조선 · 일본 · 유구(오키나와)를 합한 동부아시아 지도가 수록되어 있다(한국민족문화대백과, 한국학중앙연구원). 1787~1795년 사이 제작된 것으로 추정.

이 지금의 당수(唐手)가 되었다."[6] "엄밀히 말하면 사쿠가와의 도테는 중국무술로 하는 테이다."[7] '테(수手)'가 일본으로 건너오면서 초기에는 '오키나와테(沖縄手)'로 불리우다 다시 '도테(唐手)'로 불렸으며 청일전쟁 이후, 일본 내 중국에 대한 감정이 적대적으로 변하자, '당(唐)'자를 당나라 혹은 중국 자체를 지칭하는 말로 인식하게 된다. '당(唐)'을 '공(空)'으로 바꿨다.

『무예도보통지』의 권법 편에 나오는 '6로10단금'은 청나라 초기에 왕정남이 황백가에서 전하여 『내가권법』[8]에 수록된 것이다. 내가장권에 기록된 '6로10단금'은 한민족 장삼봉과 관련된 문서로 장삼봉의 제자 단사남과 왕정남에 의해 황백가를 통해 전해진 문서다.

"육로(六路)는 통비(通臂), 두문(斗門), 선인조천세(仙人朝天勢), 포월(抱月), 양편(揚鞭), 살추(煞鎚)인데, 심수(沈壽:1930~) 선생은 『심수태극권문집(沈壽太極拳文集)』에서 '현재 민간에서 유전하고 있는 『12로담퇴(十二路潭腿)』의 반(半)에 상당(相當)한다고 하였다. 십단금은 육로와

---

6 琉球の歴史において 唐手 (とうで トゥーディー) の文字が初めて現れるのは唐手佐久川 (とうでさくがわ) とあだ名された佐久川寛賀においてである 佐久川は20代の頃 (19世紀初頭) 当時の清へ留学し中国武術を学んできたとされ この佐久川が琉球へ持ち帰った中国武術に 以前からあった沖縄固有の武術「手 (ティー) 」が融合してできたものが 今日の空手の源流である唐手であったと考えられている. 일본 위키피디아

7 厳密に言えば 佐久川はあくまで「トゥーディー」＝中国武術の使い手であり. 일본 위키피디아

8 王征南(왕정남: 1616~1669) 선생의 본명은 來咸(내함), 字(사)가 征南(정남)이나. 明末淸初 四明(사명)지방, 지금의 절강성 寧波市(영파시)에 있던 무당권의 명가에서 世居(세거)했다. 왕정남은 어려서 張松溪(장송계)의 제자 單思南(단사남) 선생에게 내가권법을 배웠다. 왕정남의 술기는 그의 제자 황백가가 지은 『내가권법』에 전해졌고, 왕정남의 약력은 황백가의 부친 黃宗羲(황종희)가 지은 『南雷文定(남뢰문정)』 가운데, '王征南墓志銘'을 통해 전해졌다. 박청정, 『무예도보통지주해』, 동문선, 2007, p681.

중복되면서, 곤작(滾斫), 분신십자(分身十字) 등이 있다."[9]며 오늘날 중국 무술의 선봉이된 태극권의 뿌리가 '6로10단금'에 들어있다. '6로10단금'은 동양삼국 맨손무술의 시원이 될 수 있는 매우 중요한 기록이다.

한편, 당수도를 창시한 황기 선생의 『화수도교본』에, "23세 때 만주에서 중국인에게 배웠던 中國夕術(중국국술)이 오키나와권법(沖繩拳法)과 관련성을 느꼈다(황기, 단기 4282)."[10]고 한다.

황기 선생은 그간 만주에서 배운 국술을 보급했으나 해방된 지 얼마되지 않아 일제 잔재의 영향으로 당시의 성행했던 당수도에 밀리게 되자, 철도도서관에서 오키나와 서적을 보고 연구하면서 오키나와 식 무술을 수련, 보급했다. 그리고 본인이 사용하고자 했던 화수도(花手道)란 무명 대신 부득이 시류에 따라 당수도(唐手道)로 개명하게 된다. 그 후 1956년 『무예도보통지』를 접하고[11] 당수도의 뿌리를 수박(手搏)에 두게 된다. 황기 선생은 잃어버린 맨손 무예의 뿌리를 찾기 위해 무던히 애를 쓴, 문무를 겸전하고 정체성이 확고한 무인이었다.

황기 선생도 '6로10단금(송대, 장삼봉)'[12]을 해석하는데 많은 어려움을 겪었던 것 같다. "모든 문장은 각 동작의 중요 골자만 기록되어 있고, 자세와 요령, 보법도 자세히 설명되어 있지 않다. 주 동작에 대한 부수 동작에 대한 기록이 없어 번역과 해석이 어렵다"[13]며 자신의 체험을 기

9 박청정, 『무예도보통지주해』, 동문선, 2007, p 683

10 황기, 『화수도교본』, 조선문화교육출판사, 단기 4282.5.30. 서문 중 일부 발췌.

11 1956년 서울대학 나현성 교수를 우연히 만나 서울대학 도서관에 『무예도보통지』가 있다는 정보를 듣고 『무예도보통지』를 전부 복사하여 1970년 5월 『수박도대감』에 기재 발표하게 된다.

12 장삼봉은 장삼풍이라고도 하며, 역사상 세 명의 동명이인이 있다. 북송 말기 장삼봉, 원말 문예가 장삼봉, 명초 장삼봉이 있다. (『무예도보통지주해』, 동문선, p677~678.)

13 황기. 『수박도』, 사)대한수박도회, 1992. 3

록했다. 또한 고문서를 해석하려면, 첫째 한학에 능통하고, 둘째 무도의 본질을 터득해야 하고, 셋째 실기에 능해야 하고, 넷째 삽삼 세의 진리에 입각한 사람만이 가능하다고 봤다.

필자는 '6로10단금'을 복합적 문화연구방식으로 접근했다.

이것이 고려의 삼별초를 통해 오키나와로 전래된 '手(테)'임을 밝혀 냄으로써 태권도의 기원을 밝힐 수 있는 역사적인 토대를 놓았다.

첫째 '6로10단금' 한자를 갑골문·금문·전문·해서를 분석하여 동작을 찾아내고, 둘째 '수(手)'의 '음가'를 언어적으로 분석하고, 셋째 '6로10단금' 문장의 역사적, 문화적 계통을 분석하여, 넷째 이를 통해 '6로10단금' 동작과 태권도(당수도)의 기본동작의 동일성 비교했다.

즉 '두문(斗門)'의 두(斗)는 '둘'을 나타내는 '이두문'이고, '문(門)'은 양 주먹을 표현한다. 상형문자인 한자의 모습에서 동작을 취해 권결(拳訣)을 만들었다. '6로10단금'의 문장에 있는 '勢(세)'자는 '~하세'처럼 일상에서 사용되는 우리의 언어로 모두 '이두문'이다. 시의 중요 요소인 음률로 '勢(세)'를 썼다.

이런 방식은 조선세법과 본국검의 '검결(劍訣)'에서도 똑같이 나타나는 현상으로 '6로10단금'은 한민족계열에서 만든 문서로 보여진다. 무예에서는 이런 방식으로 만들었기 때문에 일반적 해석으로는 그 본질을 알아낼 수가 없다. 이러한 사실을 모르면 구체적 동작이 추상적 동작으로 복원희게 된다.

六路曰　　　　　　'6로'에 이르기를

佑神通臂最爲高　　오른손을 들어 신께 도움 구하네.

斗門深鎖轉英豪　　수레에 두 손 묶여 끌려가는 호걸이여!

仙人立起朝天勢	선인이 떨쳐 일어나니 조선의 하늘이 도울세!
撒出抱月不相饒	산문을 나서보니 둥근 달도 반기네.
揚鞭左右人難及	좌우에서 채찍을 휘두르며 어지럽게 다가오네!
煞鎚衝搣兩翅搖	급히 철퇴로 죽여 포획하고 양손을 거두었네.

7언율시 42자에 담겨진 문장을 보면, 옛 무인들의 문력에 놀라지 않을 수 없다. 무예의 동작에서 자형을 취하고, 또 자형에 맞는 글자를 취하여 하나의 개념으로 만들어 무예의 동작으로 규정했을 뿐만아니라 한편의 시로 연결시켰다. 당연히 이러한 개념들은 당시의 신화와 문화를 내포하게 된다. 선조들의 학식과 지혜가 참으로 대단하다. 이런 문장을 단순하게 본다면 한편의 시(詩)에 불과하기 때문에 무예의 동작을 찾아낸다는 것을 불가능에 가깝다.

'우신통비최위고(佑神通臂最爲高)'란 첫 문장은 '양손 높이 들어 신께 도움 구하네'라는 문장은 제례 행위를 나타낸다. 이러한 문학적 구성은 조선세법(임성묵, 2013)에서도 나타난다.

'두문(斗門)'은 밤하늘 북두칠성으로 북두칠성의 신화와 연결된다. 여기에서 '선인(仙人)'은 신선이 아니라 '무사(武士)'다. 이런 무사를 고구려는 '조의선인(皁衣仙人)'이라 했다. '선인(仙人)'은 '선인(先人)'으로 '선배'다. 선인은 마지막 문장에서 '수리새'인 '시요(翅搖)'이다. '조천세(朝天勢)'는 '조선의 하늘'이란 뜻으로 본국검의 검결과 같고 선인이 곧 '새'로 비유된다. 이처럼 고조선의 신선 사상이 '6로'의 시에 담겨있다. '6로10단금'의 시어 속에서 고조선의 신앙과 문화 그리고 영웅의 이야기를 찾아낸 것도 매우 신선하다.

十段錦曰	'10단금'에 이르기를
立起坐山虎勢	산에 숨은 호랑이 잡으러 가세.
廻身急步三追	몸 돌려 급히 삼보 뒤를 쫓고,
架起雙刀斂步	가로 멘 쌍도 뽑아 발을 거두네.
滾斫進退三廻	도끼 치며 나가고 물러서고 몸 돌리길 세 번 했네.
分身十字急三追	쌍도를 십자로 벌려 휘둘러 삼보 추격해 잡았네.
架刀斫歸營寨	칼은 등에 가로 메고, 손엔 도끼를 들고 영체로 돌아가네.
紐拳碾步勢	불끈 쥔 주먹을 허공에 빙빙 돌리며 걸어가세.
如初滾斫退歸原路	도끼 치며 왔던 길 다시 가고 있네.
入步踸隨前進	영체에 다다르니 기쁨에 발을 재촉하네.
滾斫歸初飛步	도끼 휘두르며 날듯이 뛰어가네.
金鷄獨立緊攀弓	금계는 등 굽은 몸으로 홀로 반기네.

'10단금'은 영웅의 서사시가 아니라 깊은 산속 한 성채에서 일어나는 일상의 삶을 시로 표현하면서 이 시속에 맨손 무술의 기법을 숨겨 놓은 것이다.

'좌산호세(坐山虎勢)'은 산속에 숨은 호랑이다. '금계독립(金鷄獨立)'은 본국검의 금계독립과 똑같다. '10단금'이 본국검과 관련성이 있음을 유추할 수 있다. 시어는 "호랑이 사냥을 갔다 돌아오는 아들이 영체로 놀아와 홀로 집에서 기다리는 노모를 보고 반갑게 뛰어가다"는 내용이다. '금계(金鷄)'는 노인(왕족)으로 비유했다. 태견에서 사용하는 '도끼질'이란 기법이 바로 곤작(滾斫)이다.

'6로10단금'의 보법에 사용된 동물들은 '좌마(坐馬: 말)·조마(釣馬: 조랑말)·시(翅: 새)·파(擺: 곰)'으로 '동북유목지방'의 동물들이다. 특히 곰, 호랑이는 동이족 토템 동물이다. 또한 '6로10단금'에 사용된 무기는 작(斫: 도끼)·월(鉞: 큰도끼)·부(斧: 작은쌍도끼)·도(刀)·구(鉤: 갈고리)·편(鞭:채찍)이다. 이들 무기는 주로 북방계열의 무기들이다.

'6로10단금'의 가결로만으로는 기법의 전모를 알 재간이 없다. 『무예도보통지』의 병서와 역사를 담당한 이덕무는 "그 가사를 살펴보면 뜻이 숨겨져 있고 문자가 간략하여 또렷이 알기 어렵다. 이로 인하여 내가 설명한다"며 천만다행으로 기법을 풀이해 놓았다.

두문(斗門)은 양 주먹을 허리에 좌우 번갈아 앞으로 치는 것으로 태권도의 중단 치기와 같다. 좌마세(坐馬步)는 태권도의 기마세)(騎馬勢와 같다. 좌마세가 후대에 기마세로 바뀐 것을 알 수 있다. 난추마(亂抽麻)는 두문을 하되, 앞에 나갈 때는 권(拳)이 아니라 장(掌)으로 치고, 가슴으로 올 때는 주먹을 쥔다. 손을 최대한 뻗은 것을 장권(長拳)이라 하고, 손을 들일 때 젖가슴 밑으로 가져다 두는 것을 복유(伏乳)라 하고, 양 허리에 주먹을 두는 것을 포월(抱月)이라 한다. 선인조천세(仙人朝天勢)는 좌수를 우측 귀 뒤쪽으로 보낸 다음 좌측 무릎 앞에 도끼를 찍듯 내려치고 막는 동작으로 태권도에서 앞굽이로 나가면서 아래 막는 기법이다. 살문(撒門)은 앞에서 뒤로 돌면서 조천세를 하는 동작이다. 모두 정권 찌르기를 할 때 나타나는 손동작의 위치와 모양에 대한 개념들이다. 이런 동작들은 도끼나 칼을 들고 사용하던 동작을 맨손으로 대체한 동작들이다. 이런 동작의 특징은 손을 주로 사용하게 되고 손동작은 무기를 다루듯 끊어진다. '6로10단금'에 사용된 보법·신법·수법의 용어들은 풍부하다. 또한 '6로10단금'은 동작이 연결된 투로(품새)가 있다. 이것은 현존하는 기록 중 가장 오래된 기록이다. '6로10단금'의 시어를 분석해보면 조선세법과 본국검에서 사용된 검결들과 연결되어있는 것으로 보아 고조선의 문화와 연결되어 있음을 알 수 있다. 즉 고조

선 여러 무예가 고려에까지 전해지고 이것이 삼별초를 통해 오키나와
로 전래된 것으로 보인다.[14]

---

14 6로10단금을 증명이나 하듯이 임 총재는 최근에 백학권과 공수도의 경전인『류규무
　비지』가 삼별초의 무비였다는 것을 밝혀냈다.『류구무비지』에 기록된 술기는 송덕
　기 옹의 택견의 술기와 동일한 것임을 밝힘으로써 고려의 수박이 한 갈래는 조선 후
　기까지 송덕기의 택견에 계승되어 내려왔고 다른 한 갈래는 삼별초를 통해 오키나와
　로 전래된 것을 밝혀내는 커다란 업적을 세웠다.
　『무예제보번역속집』에『새보전서』가 기록되어 있지만 현재 조선에서 사라졌다. 이것
　을 명말청초의 백과사전『천하사민편람삼태만용정종(天下四民便覽三台萬用正宗)』에
　서 부분적 기록을 찾아냄으로써『기효신서』에 기록된 권경이 오히려 조선 무예의 영
　향을 받거나 서로 교류한 것임을 밝혀냈고, 장권(長拳) 24세도 척계광이『기효신서』
　에 옮겨 적으면서 이두문자를 이해하지 못한 관계로 중국식 한자로 바뀌 권경에 기록
　한 것도 밝혀냈다.
　척계광의『무비지(武備志)』도『무비문(武備門)』을 표지갈이를 한 것이다. 이처럼 중국
　과 일본은 우리와 관련된 자료가 나오면 모두 표지갈이나 세명갈이로 바뀌치기 한다.
　이처럼 중국의『기효신서』의 권경과『오카나와무비지(沖繩武備志)』의 실체를 밝힘으
　로써『무예도보통지』에 실린 무예가 조선의 무예임이 밝혀졌고, 공수도의 경전인『류
　구무비지』도 삼별초의 수박이었음을 밝힘으로써 태권도의 공수도 도입설을 일거에
　바꿀 수 있을 뿐만아니라 오히려 한국종주국설을 확고히 할 수 있게 되었다. 이것은
　한국무예사의 커다란 업적이며 경사가 아닐 수 없다.
　북한은『무예도보통지』를 유네스코에 등재하면서 태권도의 뿌리를『무예도보통지』
　의 기록을 근거로 고조선에 두었지만, 이처럼 학술적으로 태권도의 뿌리를 '6로10단
　금'과『류구무비지』와 구제적으로 연결짓진 못했다. 우리가 먼저 대권도의 역시뙤 뿌
　리를 '6로10단금'과『류구무비지』그리고『새보전서』와 장권을 근거로 정리된 권경에
　두어야 한다. 그리고 이러한 사료의 동작과 개념을 태권도의 술기와 연결시켜 태권도
　의 역사와 정체성을 세워야 한다.
　그러기 위해서는『내가장권』·『장권』·『권경』·『새보전서』·『만보전서』·『무예제보
　번역속집』·『무예도보통지』·『류구무비지』과 연결된 맨손무예의 역사를 새롭게 연
　구해야 할 것이다.

Relationship between Taekwondo and 6Ro10Dangeum(六路十段錦)

Seong Mook Lim*

Daehan Bongukumye Association, Korea

ABSTRACT

The purpose of this study is to confirm that Taekwondo is a traditional Korean martial arts through the interpretation of '6ro-10dangeum.' To achieve this goal, analyzed '6ro-10dangeum' and compared them to the movements of Taekwondo.

First, the '手(te)' in Okinawa was influenced by Chinese martial arts. On the contrary, however, it is more like a '6ro-10dangeum' movement. In particular, '6ro-10dangeum' is linked to the swordsmanship of 'Joseon-sebeop' with the words of the Gojoseon Dynasty's culture. Second, considering that the martial arts that Hwang Ki learned in China were similar to '手(te)' in Okinawa, and that of Muyedobotongji, Dangsu is related to '6ro-10dangeum'. Third. The composition of '6ro-10dangeum' is a bare-handed version of the movements practiced with axes, sticks and knives. This behavior is characterized by the use of the hands, which are usually large and cut as if they were using a weapon.

Fourth, there are various terms for running, body using, and airway in '6ro-10dangeum'. There is a connected "turo" in "six-to-10 dangeum," which is the same as a form of Taekwondo. This is the oldest record OF 'Turo'. It seems that it has developed gradually in later generations.

Key words: Traditional Martial Arts, Cultural Values, TaeKwonDo, 6ro-10dangeum

한국의 무예마스터들

펴낸날	**초판 1쇄 2020년 12월 15일**

지은이	**박정진**
펴낸이	**심만수**
펴낸곳	**(주)살림출판사**
출판등록	**1989년 11월 1일 제9-210호**

주소	**경기도 파주시 광인사길 30**
전화	**031-955-1350**　　**팩스　031-624-1356**
홈페이지	**http://www.sallimbooks.com**
이메일	**book@sallimbooks.com**

ISBN	978-89-522-4268-6　　03690

※ 값은 뒤표지에 있습니다.
※ 잘못 만들어진 책은 구입하신 서점에서 바꾸어 드립니다.